中国公共文化政策研究
实验基地观察报告
(2016~2017)

ANNUAL REPORT ON THE EXPERIEMENTAL BASE OF CHINESE PUBLIC CULTURAL POLICY RESEARCH (2016-2017)

武汉大学国家文化财政政策研究基地

主编/傅才武

社会科学文献出版社
SOCIAL SCIENCES ACADEMIC PRESS (CHINA)

《中国公共文化政策研究实验基地观察报告(2016~2017)》编委会

顾　　问　冯天瑜

主　　任　赵　雯

委　　员（以姓氏笔画为序）

马秦临　王　丰　王列生　王向红　王明亮
祁述裕　齐勇锋　孙一刚　李　松　李国琳
宋文玉　张　钢　张永新　陈　波　金元浦
金贞淑　赵　雯　胡惠林　饶　权　郭　阳
彭泽明　韩永进　傅才武　燕东升　魏　冀

课题组工作人员

庞静茹　杜　方　于爱国　王浩任　李一帆
陈　庚　彭雷霆　肖　波

摘 要

2012年，武汉大学国家文化财政政策研究基地启动"国家公共文化政策研究实验基地"（以下简称"实验基地"）项目建设计划，拟在东中西部地区建立100家文化政策观察点，覆盖省、市、县、乡镇四级文化机构，在全国范围内遴选一批具有代表性的文化事业单位和文化企业作为国家公共文化政策研究实验基地，构成我国公共文化事业与文化产业领域的实证观察研究网络。

本报告立足于85家"国家公共文化政策研究实验基地"的观察数据与理论思考，围绕我国"文化政策"这一重大课题，对中国基层文化单位改革与发展的微观进程进行观察和分析，主要反映近年来我国公共文化发展、文化体制改革等方面的政策问题，在此基础上检视和评价我国公共文化政策的政策效应，为完善国家公共文化政策提供实践支撑和理论支持。

全书包含总报告、行业观察篇、理论研究篇、案例研究篇四大部分。总报告从宏观层面梳理了2014~2015年我国公共文化政策的发展演变及其阶段特征，以"国家公共文化政策研究实验基地"为中心对公共文化机构绩效进行评价，分析了当前国家公共文化政策执行过程中存在的问题，并由此提出了优化我国公共文化政策的建议。行业观察篇主要以实验基地为中心，对当前我国图书馆、博物馆、文化馆、文化站、文艺演出等公共文化行业进行行业观察和研究，力图从微观或宏观视角展现当前公共文化行业发展态势。理论研究篇集中近年来基层文化工作者源于实践工作的理论思考，就当前图书馆、博物馆、群众文化机构等存在的问题以及对于公共文化政策的要求进行了理论阐述。案例研究篇汇集多家"国家公共文化政策研究实验基地"的典型经验，聚焦于基层文化机构的体制机制创新、管理创新、社会服务创新等问题，试图以案例研究方式为人们了解我国基层公共文化改革发展的前沿与趋势提供观察窗口。

序

进入 21 世纪以来,随着国家文化行业改革发展的不断提速,一系列作用于公共文化领域、文化产业领域、对外文化交流领域的文化政策密集出台,在保障公民文化权利、推动文化改革与发展、建设社会主义文化强国过程中发挥更加显著的作用。在获得文化政策红利的同时,相关文化决策机构及研究机构也面临着不断检视政策效应、观测政策执行效果、完善健全政策体系的历史性任务。但如何检视政策效应,谁来评价,采取何种手段和方式评价,这一系列问题不同程度体现了文化行业部门和研究机构在文化政策研究和制定过程中的困惑。党的十七届六中全会《中共中央关于深化文化体制改革推动社会主义文化大发展大繁荣若干重大问题的决定》提出,"整合哲学社会科学研究力量,建设一批社会科学研究基地和国家重点实验室,建设一批具有专业优势的思想库,加强哲学社会科学信息化建设",为文化决策部门和高校研究机构完善相应的专门性研究机构指明了实施路径。

2012 年,在文化部财务司和财政部教科文司的直接支持和领导下,武汉大学国家文化财政政策研究基地启动了"国家公共文化政策研究实验基地"(以下简称"实验基地")建设,计划 5 年内在东中西部地区选择 100 家文化政策观察点,覆盖省、市、县、乡镇四级文化机构。该项目在全国范围内遴选一批具有代表性的文化事业单位和文化企业作为国家公共文化政策研究实验基地,构成我国公共文化事业领域与文化产业领域的实证观察研究网络。实验基地建设采用"政策研究+基层实践+效用评价"的模式,提供一种自下而上的观察国家文化政策绩效的视角。相关部门和高校下大力气进行实验基地的建设,旨在从学术和实证研究的双重角度检视和优化国家文化政策的设计和执行过程,为国家财政文化主管部门提供政策决策的理论依据，推动文化政策在实验基地先试先行，同时为文化行业部门对接基层需求、总结重大问题、解决实际问题提供一种研究和观察通道。

在中国经济社会发展大转型和国家经济文明、政治文明、文化文明、社会文明和生态文明建设"五位一体"的社会环境下，文化作为一种战略性力量引领经济社会发展的独特价值逐步显现。特别是国家文化强国战略的确立，对文化政策的设计和执行提出了更高要求，它要求公共政策产生更大的政策效用。实验基地的设立，对于观察当前我国文化改革发展的微观过程具有重要的意义。

第一，建立了中央财政文化部门与基层文化机构的信息沟通渠道。通过创新政府、高校、基层文化机构的合作机制，形成公共文化政策研究的信息体系，可以疏通理论联系实际的信息传播与反馈渠道，便于政府和研究机构直接从实践一线了解和获取当前文化体制改革、文化政策实施、公共文化服务体系建设的最新动态，及时了解我国文化建设领域的新变化，为公共文化政策的制定和修订提供理论和实践依据，以理论创新推动文化行业的改革发展。

第二，有望成为国家文化政策的试验田。实验基地的一个重要职能是承担文化政策试验的责任。一项文化政策从制定到执行要有一个较长的周期，同时，政策的执行效果也要经过实践的检验。利用实验基地的先行试验功能，为国家政策的出台提供先期经验，有利于减少文化政策制定过程中的不确定性，也有利于在实践的基础上进行政策效应的评估，建立政策制定、执行与修正的快速反应机制，这样不仅有利于提高政策制定的科学性，也将极大提高文化政策执行的效果。

第三，有利于建立一条基层文化机构表达文化政策诉求的"通路"。在中国，文化机构设置复杂、体系庞大，尽管基层文化机构规模大、影响面广，但由于存在因层级而产生的信息传达功能性障碍，广大的基层文化单位在文化领域的话语权仍较为微弱，它们的诉求难以得到完整和对称性的传达。实验基地的设立，以及基于实验基地年度数据的《中国公共文化政策研究实验基地观察报告》的编辑出版，为基层文化机构提供了向相关决策层面传达信息、表达政策需求的平台。

第四，代表了当前人文社会科学领域研究模式的创新。从研究层面来说，设立实验基地并由此联通政府、研究机构和基层文化单位，可使理论研究和行动研究融合，这种模式是新形势下建设国家专业型新型智库的基础，也是2012年教育部关于在全国高校设立"2011协同创新中心"的本意。实验基地的设计布局，涵盖了我国各类文化事业机构与文化企业，可形成供高校和政府有关部门进行长期观察的公共文化政策研究网络；同时以高校科研机构为桥梁，连接了政府主管部门与基层文化单位，有利于形成文化领域理论研究对接实践需求的有效通道，是高校积极参与决策咨询，主动开展前瞻性、对策性研究，充分发挥思想库、智囊团作用的一种路径创新。

截至2016年9月，武汉大学国家公共文化政策研究实验基地已发展到100家，涵盖图书馆、博物馆、文化馆（群艺馆）、文化站、剧团、非遗中心、文化企业和艺术研究机构等不同类型的文化机构。为发挥这些实验基地在文化政策制定、执行和优化中的作用，武汉大学国家文化财政政策研究基地以这100家实验基地为研究对象，同时观照行业发展态势，结集各类文章汇编成《中国公共文化政策研究实验基地观察报告》，从行业观察、理论探讨、案例研究的层面进行系统的梳理和分析，展现当前国家文化政策主导下公共文化行业及基层文化机构生存与发展现状、改革创新成就和基层文化工作者对公共文化机构发展的理论思考。《中国公共文化政策研究实验基地观察报告》以年度报告形式出版，以期建成政府相关行业部门、高校及其他研究机构观察中国基层文化单位改革与发展过程的一个微观窗口。

是为序。

编　者

目　录

总报告

2014~2015年国家公共文化政策研究实验
基地观察报告 …………………………… 傅才武　郭　阳　魏　冀 / 001

行业观察篇

免费开放政策实施现状、问题及对策分析
　　——基于2015年全国31个省份"四馆一站"的
　　实地调查 ………………………………………… 彭雷霆　何　璐 / 015

我国博物馆公共文化服务绩效评价研究
　　——来自全国31个省份114家博物馆的调查
　　…………………………………… 陈　波　杨　瑞　李婷婷 / 035

我国公共图书馆免费开放绩效评价研究
　　——基于全国31个省份116个图书馆的调查研究
　　………………………………………………… 孙　颖　陈　庚 / 053

我国美术馆免费开放绩效评价研究
　　——基于全国42个美术馆的调研分析 ………………… 李朝晖 / 069

文艺院团公共文化服务效能评价及其路径优化浅析
　　——基于国家公共文化政策研究实验基地文艺院团的观察
　　………………………………………………………… 王琼波 / 084

乡镇综合文化站文化服务及效应研究
　　——基于27省105个乡镇综合文化站公众参与
　　状况的分析 ……………………………… 莫 嶷　曾 睿 / 097

理论研究篇

浅析博物馆观众研究、媒介属性与传播模式 ………… 于 淼 / 110
当代城市博物馆文化功能的思考
　　——以武汉博物馆为例 ………………………… 任晓飞 / 122
重庆市博物馆免费开放运行绩效评估研究 …………… 谢 硕 / 134
公共图书馆志愿服务管理模式初探 …………………… 夏汉群 / 143
重庆图书馆抗战文献资源建设的评价体系研究 …… 王兆辉　闫 峰 / 150
浅谈数字图书馆建设及其服务推广 …………………… 周 未 / 160
四川省公共文化馆事业发展现状研究 …… 赵红川　邓华南　毛 玲 / 169
十堰市群艺馆免费开放工作中的基本
　　经验、问题及对策研究 ………………… 秦 黎　温 静 / 182
文化馆期刊现状与改革发展刍议
　　——以北碚区文化馆《北泉歌声》为例 ………… 唐 强 / 194
美术馆公共教育工作的现状、问题及对策研究
　　——以部分中外美术馆为例 ……………………… 李 潇 / 202
乡村文化瑰宝
　　——中国村落森林文化解读 ……………………… 赵家华 / 213

案例研究篇

社会组织共建共享公共文化服务研究
　　——以重庆市九龙坡区为例 …………… 罗智敏　荣 辉 / 224

目 录

公共文化服务的创新模式研究
　　——以西安市高陵区"110"模式为例 ………… 穆平潮 / 233

博物馆馆际交流的成功尝试
　　——保山市博物馆开展馆际交流的实践与思考 ………… 段德李 / 247

边疆万里数字文化长廊试点建设观察报告
　　——以云南省德宏州陇川县为例 ………… 鲁兴勇 / 257

名人纪念馆免费开放服务实践与创新
　　——以浠水县闻一多纪念馆为例 ………… 蔡　诚 / 269

创新现代公共文化服务的地方经验
　　——以乐山市文化馆实施"文瀚嘉州·百姓直通车"为例
　　　　………… 陈一华　胡海琪　魏　源　甘　澍 / 280

创新文化服务方式　让老百姓唱主角
　　——以十堰市群艺馆"社区群众文艺辅导员"服务模式为例
　　　　………… 韩　谦　陈秋娟 / 292

传承传统文化　抢救濒危剧种
　　——以山东大弦子戏"三位一体"保护和传承模式为例
　　　　………… 李　磊 / 304

创新发展模式　传承地方戏剧
　　——以孝感楚剧"1+7"模式为例 ………… 肖正礼　李　玮 / 316

基层公共文化服务体系建设中的农村演艺发展
　　——以泸县农民演艺网为例 ………… 孔　芒　肖　鹏 / 328

基层公共文化服务体系建设路径探究
　　——以浩口镇综合文化站"十五分钟公共文化服务圈"为例
　　　　………… 潘世茂　张秋发　刘文虎 / 339

Abstract ………… / 348
Contents ………… / 349

总 报 告

General Report

2014~2015年国家公共文化政策研究实验基地观察报告

傅才武 郭阳 魏冀*

摘　要： 对公共文化政策研究实验基地的观察表明，2015年以来，我国公共文化政策密集出台，以推进现代公共文化服务体系建设为核心目标，重点突出公共文化服务体系法制化建设、补齐公共文化服务体系老少边穷等基层短板、提升公共文化服务体系社会化参与程度等，进一步分类细化公共文化服务体系建设的保障措施，博物馆、图书馆、文化馆等公共文化机构的服务能力得到持续提升，群众参与积极性有所提高，免费开放资金落实基本到位，验证了文化政策对公共文化机构的导向和激励效应。与此同时，存在部分公共文化机构公共投入边际效益递减现象，财政保障方式和保障标准有待完善，

---

* 傅才武，武汉大学国家文化发展研究院院长、教授；郭阳，财政部教科文司文化处处长；魏冀，文化部财务司预算管理处处长。特别说明，本报告为研究成果，与作者任职单位无关。

"以钱养事"的文化站体制改革配套措施仍需跟进等问题。建议进一步研究制订完善公共文化服务体系建设的实施细则，落实地方政府的公共文化事权与保障责任，完善对基层公共文化服务机构的管理体制和人员管理机制，继续完善公共文化机构绩效评价及奖惩机制。

关键词： 公共文化政策　公共文化服务　绩效

十八届三中全会提出要紧紧围绕建设社会主义文化强国的战略目标，深化文化体制改革，建立健全现代公共文化服务体系。2015年以来，围绕构建现代公共文化服务体系的战略目标，国家制定出台了多种政策法规和建设规划，为了评估这些政策法规的实施效果，武汉大学课题组以国家公共文化政策研究实验基地为观察对象，通过实地调研观察2014~2015年国家公共文化政策的落实情况，对公共文化政策实施效果进行评估。

一　2014~2015年公共文化政策演进

十八届三中全会提出要构建现代公共文化服务体系，要求"建立公共文化服务体系建设协调机制，统筹服务设施网络建设，促进基本公共文化服务标准化、均等化。明确不同文化事业单位功能定位，建立法人治理结构，完善绩效考核机制。引入竞争机制，推动公共文化服务社会化发展。鼓励社会力量、社会资本参与公共文化服务体系建设，培育文化非营利组织"。2015年，我国公共文化服务政策体系建设取得显著进展，完善了公共文化服务体系建设纲领性文件和法律法规，兼顾了老少边穷等欠发展地区公共文化服务短板建设，落实了公共文化服务体系建设社会力量参与政策，回应了广场舞和基层综合性文化服务中心发展的热点动态，出台了关于推动文化创意产品开发等创新性政策措施。

2015年1月，中共中央办公厅、国务院办公厅发布《关于加快构建现代公共文化服务体系的意见》，对加快构建现代公共文化服务体系做了全面部署。2015年5月，全国人大教科文卫委员会发布《公共文化服务保障法草案稿》，面向社会公开征求意见，公共文化服务保障立法工作稳步推进。2015年5月，国务院办公厅转发《关于做好政府向社会力量购买公共文化服务工作的意见》，对政府向社会购买公共文化服务的购买主体、承接主体、购买内容、购买机制、资金保障、监管机制、绩效评价等提出了明确规定和目标。国家公共文化服务体系建设逐步从战略规划阶段转入全面推进的新阶段。2015年5月，中共中央办公厅、国务院办公厅印发了《关于深入推进农村社区建设试点工作的指导意见》，指出要创新农村基层社会治理，提升农村公共服务水平，促进城乡一体化建设。2015年6月18日，文化部、财政部共同开展了"拉动城乡居民文化消费试点项目"，从东、中、西部选择典型地区，采取不同的促进文化消费的措施进行政策试点，进而总结拉动文化消费的有效模式。2015年8月，文化部等部委联合发布《关于引导广场舞活动健康开展的通知》，充分肯定广场舞的积极作用和意义，针对主要问题，从改善条件、加强管理、促进健康文明有序开展等方面进行了总体部署。2015年10月，《关于推进基层综合性文化服务中心建设的指导意见》提出要以强化资源整合、创新管理机制、提升服务效能为重点，因地制宜推进基层综合性文化服务中心建设，明确了基层综合性文化服务中心的功能定位，对服务内容和方式提出了具体要求。2015年12月，文化部等七部委联合发布《"十三五"时期贫困地区公共文化服务体系建设规划纲要》，结合贫困地区公共文化建设的突出问题，从设施建设、服务内容、服务效能等方面提出了针对性的政策措施。

表1 2015年以来国家出台的重要公共文化政策目录

政策名称	出台年份	出台部门
《关于加快构建现代公共文化服务体系的意见》	2015年	中共中央办公厅、国务院办公厅
《公共文化服务保障法草案稿》	2015年5月11日	全国人大教科文卫委员会
《关于做好政府向社会力量购买公共文化服务工作的意见》	2015年5月11日	文化部、财政部、新闻出版广电总局、体育总局

续表

政策名称	出台年份	出台部门
《中共中央关于繁荣发展社会主义文艺的意见》	2015年10月3日	中共中央
《博物馆条例》*	2015年1月14日	国务院令
《关于引导广场舞活动健康开展的通知》	2015年8月26日	文化部、国家体育总局、民政部、住房城乡建设部
《关于支持戏曲传承发展的若干政策》**	2015年7月11日	国务院办公厅
《关于推动文化文物单位文化创意产品开发的若干意见》***	2015年5月11日	文化部、国家发展改革委、财政部、国家文物局
《关于推进基层综合性文化服务中心建设的指导意见》****	2015年10月2日	国务院办公厅
《关于开展引导城乡居民扩大文化消费试点工作的通知》*****	2016年4月28日	文化部、财政部

* http://www.gov.cn/zhengce/content/2015-03/02/content_9508.htm。
** http://zwgk.mcprc.gov.cn/auto255/201507/t20150723_30407.html。
*** http://zwgk.mcprc.gov.cn/auto255/201605/t20160516_30473.html。
**** http://zwgk.mcprc.gov.cn/auto255/201510/t20151020_30427.html。
***** http://www.jscnt.gov.cn/gk/zd/fg/fg/201605/t20160509_39096.html。

二 基于实验基地的国家公共文化政策效果检视与评价

截至2016年8月,在国家文化财政部门的支持下,武汉大学国家公共文化政策研究实验基地已在全国范围内签约建设85家,涵盖我国东部、中部、西部、东北7个省份的图书馆、博物馆、文化馆、文化站等各类文化主体,覆盖了省级、地市、县、乡镇各级各类公共文化机构,基本形成覆盖我国公共文化事业领域的实验观察网络。本文主要以图书馆、文化馆、文化站三类公共文化服务机构作为本年度重点观察对象进行政策效果分析。

(一)基于公共文化政策实验基地的政策效果检验

1. 实验基地2014~2015年度基本情况分析

图书馆方面,2015年实验基地中共有公共图书馆16家,其中省级场馆

4家，市级和县级场馆各6家。相比2014年，2015年实验基地各个层级图书馆从业人员数小幅减少，基层图书馆投入和产出的增长率都在下降。省级和市级图书馆的财政拨款增长幅度明显比县级馆大，省级和市级增长率分别为9.7%、8.2%，而县级为2.9%。财政投入的增加带动了流通人次的增加，省级、市级图书馆总流通人次的增长率分别为6.9%、3.6%，而县级为0.5%（详见表2）。

表2　2014~2015年实验基地公共图书馆投入产出指标均值概况

		统计指标	2014	2015	增幅（%）
省级	投入指标	财政拨款（万元）	10008.1	10980.7	9.7
		从业人员数（人）	266.8	262.8	-1.5
		藏书量（万册）	544.0	571.0	5.0
	产出指标	总流通人次（万人次）	237.2	253.6	6.9
		书刊外借册次（万册）	153.2	158.3	3.3
市级	投入指标	财政拨款（万元）	1573.3	1703.0	8.2
		从业人员数（人）	68.0	66.8	-1.7
		藏书量（万册）	111.3	115.6	3.9
	产出指标	总流通人次（万人次）	80.5	83.4	3.6
		书刊外借册次（万册）	88.8	91.1	2.6
县级	投入指标	财政拨款（万元）	160.0	164.6	2.9
		从业人员数（人）	13.7	13.3	-2.9
		藏书量（万册）	12.79	13.79	7.8
	产出指标	总流通人次（万人次）	9.73	9.78	0.5
		书刊外借册次（万册）	10.3	11.4	10.7

文化馆方面，2015年实验基地中有文化馆15家，增加了2家，省级、市级和县级场馆各5家。数据显示，2015年政府投入大幅增加但产出水平大幅下降。2015年实验基地财政拨款都有大幅提升，其中省级和市级馆幅度均超过35%，而县级馆增长率仅5.6%；文化服务次数和服务人次均大幅度下降，其中省级、市级和县级文化馆的服务人次的降幅依次为19.6%、47.1%、33.3%，服务次数降幅依次是1.5%、48.7%和17.2%，凸显文化馆边际效益递减明显（详见表3）。

表3 2014~2015年实验基地文化馆投入产出指标均值

	统计指标		2014	2015	增幅(%)
省级	投入指标	财政拨款(万元)	2078.5	2845.4	36.9
		从业人员数(人)	76.6	76.6	0
	产出指标	文化服务次数(次)	182.4	179.6	-1.5
		文化服务人次(万人次)	18.4	14.8	-19.6
市级	投入指标	财政拨款(万元)	919.3	1247.6	35.7
		从业人员数(人)	46.8	46.2	-1.3
	产出指标	文化服务次数(次)	254	130.2	-48.7
		文化服务人次(万人次)	31.8	16.8	-47.1
县级	投入指标	财政拨款(万元)	352.8	372.6	5.6
		从业人员数(人)	25.2	25	-0.8
	产出指标	文化服务次数(次)	177.6	147	-17.2
		文化服务人次(万人次)	15.6	10.4	-33.3

文化站方面，2015年实验基地中有文化站9家，其中7家乡镇文化站，2家街道文化站。数据显示，2015年政府投入增幅显著但产出水平降幅也明显。2015年实验基地的文化站财政投入增幅达25.7%，从业人数增幅达9.3%；文化服务次数增长了10.5%，但服务人次骤降了28%。数据对比显示，政府对文化站的投入力度在加大，但服务产出却在减少，也出现了投入边际效益递减现象（详见表4）。

表4 2014~2015年实验基地文化站投入产出指标均值

	统计指标	2014	2015	增幅(%)
投入指标	财政拨款(万元)	19.1	24.0	25.7
	从业人员数(人)	4.3	4.7	9.3
产出指标	文化服务次数(次)	24.7	27.3	10.5
	文化服务人次(人次)	8615.6	6204.4	-28.0

2. 从实验基地整体数据看公共文化政策效果

（1）国家战略明显推动了公共投入的持续增长，但基层服务产出水平却在下降。对实验基地的观察发现，公共文化服务场馆的公共投入在增长，

2011～2015年，实验基地中省级、市级和县级图书馆的馆均藏书量年均增长依次达3.8%、6.3%、5.4%。博物馆陈列展览服务次数持续增长，如鄂州市博物馆2011年陈列展览5次，2015年达15次。2011～2015年，各级文化馆文化服务次数快速增长，特别是省级馆服务次数从2011年的43次，增至2015年的180次。不同类型文化服务的参与率差异较大。2011～2015年，省级图书馆观众人次年均增长率达16.5%，市级馆为10.7%，县级馆为5.7%；博物馆参观人次增幅较大，2011～2015年，麻城市革命博物馆参观人次增长至34万，增幅达25.93%，重庆中国三峡博物馆参观人次增至209万，增幅达20.11%；文化馆服务惠及人次波动性很大，浠水县文化馆2011年服务人次为6690人次，2014年超过15万人次，但2015年只有2万人次。分析发现，公共文化服务政策促进了公共文化服务能力显著提升，激发了群众文化参与的积极性，但随着政策短期刺激效果的释放，开始出现参与人次的结构性下降。

（2）公共文化机构出现公共投入边际效益递减现象，财政保障标准和保障方式存在进一步优化的空间。除博物馆情况良好外，实验基地图书馆与文化馆的公共投入呈现边际效益递减现象。图书馆2014年、2015年的馆均财政支出增长率分别为5.6%、17.6%，而馆均参观人次增长率为8.4%、5.6%，财政投入相对参观人次的弹性系数从1.5下降到0.3。实验基地文化馆2014年馆均总支出为12.5万元，2015年为15.4万元，增幅较大，然而馆均文化服务惠及人次减少，从22万减少到14万。上述情况表明较大的公共资源投入却难以实现服务产出的同步提高。从投入产出绩效角度考虑，以传统的单纯增加对公共文化机构财政投入的方式已难以带来更高效率，需进一步调整优化文化财政投入方式和政策激励机制。

（3）中央补助免费开放资金基本落实到位，但地方相应的财政支出责任未完全落实，延续了上个报告期的趋势。根据实验基地调研数据来看，调查样本中的图书馆、博物馆、文化馆和文化站均实行了免费开放，2015年各地文化机构中央补助免费开放经费基本落实，带动地方政府的跟从性投入。博物馆的中央补助免费开放资金落实情况良好，但个别博物馆的地方支出责任没有到位，如鄂州市博物馆的地方政府支出责任300万元，实际落实250万元。除部分未提供数据的图书馆外，中央补助资金和地方公共资金落实情况良好。文化馆的中央免费开放经费基本到位，也有地方支出责任未到位情况，如浠水县文化馆地方财政经费10万元，实际落实8万元。当然，也有地方政府实际落实资金远超出预期，如重庆北碚区文化馆的地方支出8万元，实际落实资金达20万元。

（二）基于特定公共文化服务场馆的政策效果检验

为了解不同公共文化服务机构的服务情况，武汉大学国家文化财政政策研究基地对基层公共文化服务场馆的服务效果进行问卷调查。

1. 从基层图书馆看公共文化政策效果

武汉大学课题组在2015年7~9月暑假期间，对全国18个省（区）49个基层图书馆（东部10个，中部24个，西部15个）的2816位参与者（有效样本）进行了问卷调查，发现我国基层公共图书馆受众因性别、年龄、职业、收入水平、文化程度等因素的差异，形成了不同的行为模式。当前我国基层公共图书馆的群众呈现如下特点。

第一，男性参与度略高于女性，其中男性样本占53.76%，女性样本占46.24%，性别比例上基本保持平衡。第二，以中青年为主，参与人口的平均年龄约为33.72岁，以中青年和青年群体为主，26~40岁的中青年占28.44%，18~25岁的青年占23.69%，18岁以下的青少年和41~60岁的中年读者均占18%左右，60岁以上的老年群体参与度较低，仅占10.48%。第三，以学生群体为主，占36.08%；其次是企事业单位与公务员群体，占32.21%；自由职业和个体工商户等其他职业群体占27.24%，农民群体所占比重最低，仅为4.47%。第四，在参与人口的文化程度上，大专、本科及以上学历的知识群体与中学、中专学历的群体所占比重大致相当，分别为48.54%和43.15%，小学及以下学历的初知群体占比最低，仅为8.31%。第五，以中低收入为主，中等偏低收入群体（1001~3000元/月）的读者占41.37%；相对低收入群体（1000元/月及以下）占34.73%；中等偏高型群体（3001～5000元）和小康型群体（5000元以上）的参与度相对较低，分别占18.54%和5.36%。

调查发现，当前我国基层公共图书馆普遍出现主体受众需求类型与公共供给产品错位、基层图书馆功能单一与公共文化领域的功能配置不对称等问题。

第一，相对弱势群体参与严重不足，与公共图书馆的普惠性、均等化目标仍有差距。从参与人口的职业来看，农民群体所占比重不到总数的5%，与庞大农民群体的总量显然不成比例。第二，基层图书馆的功能拓展赶不上受众需求变化的节奏，导致图书馆在受众心目中的重要性逐步降低。在供给产品上，包括电子信息资源与配套设施在内的诸多服务内容都普遍难以满足公众对服务内容和载体的需求，尽管不同年龄、职业、收入和学历群体的文化需求呈现多元化，但其对"专业性功能"、"社交功能"、"家庭活动空间"以及"休闲娱乐功能"有不同程度的期待，基层图书馆没有能够满足民众的这些发展性需求。第三，对图书馆的服务满意度有提升空间，对设备设施满意度最低，仅为3.74分（对场馆环境、服务内容的评价分别为4.16分和4.02分），说明基层图书馆硬件条件已跟不上群众的要求。老年群体对图书馆服务获取的便捷性评价较低；企事业单位和公务员群体对配套设施（如停车场面积）评价最低；青年群体对服务活动内容的丰富度评价最低。第四，对图书馆重要性认识不足，尤其是农民群体、半知群体、其他职业群体等中有54.76%、43.13%和41.85%的认为图书馆"一般或不重要"，说明图书馆在弱势群众生活中的重要性在降低。

2. 从博物馆看公共文化政策效果

群众参与博物馆公共文化服务的均等化水平在不断提高。武汉大学"2015年博物馆文化参与人口调查统计"课题组的调查显示，博物馆参观人口结构日益多元化，老人、农民工、残疾人等群体规模显著增大，观众学历、职业和收入结构也有所优化。博物馆参与人口以青壮年为主，儿童和老人次之。年龄上以26～40岁的青壮年阶层居多，为32.17%，其次是19～25岁的青年阶层，为27.34%。12岁以下的少年儿童以及61岁以上的老年人所占的比重最低，分别为1.04%和6.34%。学历方面，以中等学历为主，大专、本科学历的人数占比最大，为46.10%。研究生及以上的高学历者和小学及以下的低学历者所占比重总体较低，仅为6.51%和6.10%。职业分布上，学生所占比重最高，为29.23%，其次为企业员工（17.37%）、教师或科研人员（10.48%）和自由职业者（10.07%）。农民及其他职业者所占的比重偏小，分别为5.42%和8.74%。收入方面主要以中低收入者为主。月收入2001~3000元的人数所占比重最高，占总数的26.61%，1000元以下的占比25.21%，月收入5000以上的高收入者最少，仅占9.37%。

调查表明，博物馆免费开放政策赋予了弱势群体平等参与的机会，弱势群体和青年人群的广泛参与，使得更广泛的群体在享受文化权利的过程中，建立起共同的记忆、共同的话语和共同的价值趋向，在此基础上逐渐形成了特定的认同价值和集体身份，逐渐认同民族文化价值观念、强化中华民族成员身份意识，增强社会大众对文化权利的获得感。

调查表明，民众对博物馆免费开放服务的满意度整体上较高，但对服务内容和纪念品增值服务水平的满意度相对较低。武汉大学"2015年博物馆文化参与人口调查统计"课题组的调查显示，文化参与人口基于知识增长和欣赏文化的角度参观博物馆，对服务整体满意度较高。统计显示，群众参观博物馆的主要目的包括"增广见闻"、"丰富文物及艺术品的相关知识"、"欣赏喜欢的文物"和"了解当地特色文化"，观众关注比例分别是49.7%、49.3%、48.7%和41.2%，说明博物馆为观众提供地方特色历史民族文化知识的功能仍然是主流。从公众满意度来看，观众对场馆环境的满意度评价最高（4.38分[①]），服务水平次之（4.11分），服务内容最低（4.05分）。其中对外观设计满意度最高，达4.46分，对"纪念品商店出售的商品"评价最低，仅3.88分。这反映了目前观众对博物馆的整体硬件设施条件比较认可，对博物馆文化创意产品的开发不满意，对博物馆文创产品有需求但尚未得到有效满足，文化文物单位文化创意产品开发的力度有待进

---

① 1代表很不满意，2代表不满意，3代表一般，4代表满意，5代表非常满意。

一步加强。

3. 从文化站看公共文化政策效果

中央领导高度重视基层文化建设,对江西省基层文化站调研报告做了明确批示。武汉大学国家文化财政政策研究基地于2016年6月在武汉大学召开了"基层公共文化站建设现状与对策研讨会",与实验基地文化站负责人就该问题进行了深入讨论,形成了如下观点。

第一,乡镇文化站是最基层的文化阵地,在服务群众文化生活和宣传国家政策方面能够发挥其独特的功能。当前农村干群关系僵化,仇富现象严重,吸毒、盗窃、赌博等不同程度地存在,民众精神文化生活空虚,亟待基层文化站发挥健康精神文化引导功能,通过组织大量丰富多彩的文化活动充实居民精神文化生活,进而促进整个基层社会的稳定团结。[1]

第二,湖北省实施的文化站以"以钱养事"改革,引起基层文化工作者的激烈讨论,作为一项不曾完成的改革,应该进一步完成其剩下的改革进程。"以钱养事"是湖北省为了全面深化乡镇综合配套改革而推行的重大政策举措,2003年6月试点,2006年省内全面推广。该政策将基层单位(所谓"七站八所")转为非事业单位、将原有人员转为非事业编制,再通过政府财政支出向这些改制单位购买农村基本公共服务,其中也包括乡镇文化站。改制至今,文化站工作人员满意度较低,究其原因:一是破除传统的体制惯性、消除文化站工作人员的"身份积累"而引起体制内人员的不适应;二是有关配套的体制机制建设相对滞后使得运营中存在的问题没有及时被解决,人员福利待遇没有很好地落实到位等,身份赎买、竞争性购买服务等改革措施还应该继续深化。

第三,文化站人才短缺问题的核心不是编制问题,而是"留不住、用不着"的问题。虽然文化站有编制能吸引一些年轻人报考岗位,但实际运行中的文化站工作的工资水平、发展潜力、成就感等难以满足年轻人的实际

---

[1] 潘世茂(湖北省潜江市浩口镇文化站站长)发言,见《基层公共文化站建设现状与对策研讨会会议记录》,武汉大学国家文化发展研究院会议室,2016年6月。

需要，最终很难留住优秀人才。关于人才短缺也不能一味强调增加人手，问题的关键还在于文化站的职能定位问题，如果文化站始终定位于"说说笑笑、蹦蹦跳跳"，不能被纳入地方政府的主要工作日程，增加再多的人也会被地方政府另行安排去做其他"中心工作"，关键是文化站在现阶段到底应该如何定位。

第四，文化站建设水平和发挥作用的程度受到地方政府重视与否的严重影响，需要建立健全刚性评价约束机制，调动地方政府积极性。调研显示，当前文化站发展主要靠领导重视，提高文化任务指标在领导政绩考核中的权重是重要的制度保障。如重庆市北碚区文化馆的地方政府拨款是预期资金的2.5倍，江北区鱼嘴镇文化站镇财政支出超过200万元，这与公共文化建设被纳入地方政绩考核体系高度相关，鱼嘴镇文化站所占绩效考评分数为11分，涉及文化3分、体育3分、宣传2分，这对地方政府绩效评比影响很大，促使政府对文化站发展给予更多支持。

三 对策和建议

（一）推进基层功能单一型的文化场馆转变为区域综合性公共文化生活空间

调研显示，我国公共文化机构投入边际效益递减，公共文化服务参与人次下降，与大幅增长的政府投入相悖，并不是民众的公共文化需求已得到充分满足，而是政府主导的公共供给与民众的需求类型不匹配，体现的是传统计划体制下的供给主导服务模式已难以满足互联网时代人民群众日益丰富和日益多样化的公共服务需求。基层文化单位的"老四样"（提供书报、放电影、送戏下乡和组织群众文体活动）供给方式，使得文化机构功能单一、难以满足民众的多样性需求，基于行政层级的资源配置模式导致基层资源不足以支撑群众日益升级的公共文化需求。由于社会群体具有异质性，其文化需求因年龄、职业和所处阶层的不同而存在显著差异，未来的公共文化生产机构一定是同时提供多种文化产品（包括基本公共产品和市场化产品）的区域综合性文化生产中心。政府作为供给方必须在产品内容和产品类型供给上，关注各类群体的多元化文化需求，推动基层文化场馆的功能结构从传统的书刊传阅、知识管理向信息管理、知识生产和社区综合性文化中心转变。相关部门和地方政府应从总体设计入手，推动基层公共文化场馆由行业系统内的相对封闭的文化单位向市场体制环境下的开放性公共文化服务机构转变，将基层文化场馆集中打造成为社区公共文化生活空间。

（二）建立完善民众文化需求表达与反馈机制，尽快完善吸引公众文化参与的制度渠道

文化需求表达机制和民主参与机制的不足就是制约公众文化意识和参与积极性的一大制度性壁垒，我国学界将这种计划时期事业体制下形成的文化单位与社会的关系模式概括为"行政主导的乏公民参与模式"，这也是形成国家公共投入增长而民众参与程度下降的一个技术性制度因素。因而，建立畅通的文化需求表达与反馈机制，从体制机制上保证公共文化服务不偏离民众的要求和期待，从制度上建立完善便于社会公众参与的渠道，使社会公众拥有更多的文化知情权和选择权，才能提高民众的文化参与度和获得感。

建议要借助现代信息传播技术建立基层公共文化服务的发布平台，利用信息化手段增强公众在个体和群体文化需求方面的主体意识和表达能力，进一步完善民众文化需求的表达渠道，如借助APP、微信公众号等新型网上交流空间、完善听证制度、培育社会团体、设置公共议程（课题）和设置联络专员等，为民众与文化机构提供双向交流的平台，从需求信息的征集、需求表达的整合、需求意愿的反馈等各个层面保证公众文化需求与文化权益的平等和有效表达。同时建立基层文化机构对于民众需求的响应机制，纳入绩效考核体系，进一步推动基层文化供给与需求的有效对接。

（三）加大政府向社会力量购买公共文化服务的力度，建立文化机构与社会的制度性通道

某种程度上，政府向社会力量购买公共文化服务是推动计划体制下形成

的"行政主导的乏公民参与模式"向市场体制要求的"合作式公民参与模式"转变的外在力量。现代公共文化服务体系是由公共部门、私营部门、第三部门以及各种社会力量组成的合作网络治理，是一种政府权力和社会权力互动合作的扁平式治理结构，政府向社会力量购买公共文化服务是连接政府公共部门、私人部门和公民的"渡口"，符合当前我国政府文化治理能力现代化的新趋势。

相比于政府直接拨款，政府购买是一种间接资助方式，具有以结果为导向的内在约束力，在一定程度上有利于纠正文化单位预算"软约束"导致的文化经费使用绩效不高的弊端。建议以贯彻落实2015年5月国务院办公厅转发文化部财政部等《关于做好政府向社会力量购买公共文化服务工作的意见》为契机，通过调整文化预算结构，扩大政府购买公共文化服务的经费规模，扶持发展社会化公共文化生产机构，同时鼓励公共文化机构参与政府公共购买项目，盘活公共文化机构的资源存量，提高公共文化服务能力。通过政府的公共购买，建立起政府、公共文化机构、社会文化机构和民众文化需求相连接的常态性的政策通道。

（四）进一步建立健全公共文化服务绩效评价指标体系，将公共文化服务体系建设纳入地方政绩考核体系，提高地方政府的重视程度和执行约束力

调研发现，公共文化服务体系建设水平与地方政府主要领导的重视程度高度相关，将公共文化服务体系纳入地方政绩考核体系十分必要，建议文化主管部门研究出台公共文化服务政绩考核指导意见，为各地提供参考借鉴。

同时，尽快制订出台公共文化服务绩效评价指标体系。针对不同层级和不同类型的文化服务机构，明确公共文化服务绩效评价的目标定位，增加群众满意度在绩效评价指标体系中的权重，研究绩效评价的共性指标，研究发布具有针对性和科学性的分类文化服务绩效评价指标体系。培育第三方评价机构，强化第三方评价结果的应用，建立健全与绩效评价结果挂钩的奖惩机制。

行业观察篇

Industry Observation

免费开放政策实施现状、问题及对策分析

——基于 2015 年全国 31 个省份"四馆一站"的实地调查

彭雷霆 何璐*

摘　要： 本文通过对全国 31 个省（自治区、直辖市）116 家图书馆、114 家博物馆、108 家文化馆（群艺馆）、42 家美术馆、105 家文化站的免费开放情况进行实地问卷调查，认为当前我国"四馆一站"免费开放成效日益显现，公共文化场馆软硬件设施水平均有所提升，影响公众利用公共文化服务设施的因素也日趋多样，受到公众普遍肯定。现阶段实施免费开放的"四馆一站"仍存在场馆参与率不高、区域不均衡、层级不

---

* 彭雷霆：武汉大学国家文化发展研究院副院长、副研究员，主要从事公共文化、文化政策领域的研究；何璐：武汉大学国家文化发展研究院 2015 级硕士研究生。本文系国家社科基金艺术学重大招标项目"公共文化服务体系建设和运行中的财政保障标准与保障方式研究"（13ZD04）系列成果之一。

平衡、供需部分不对位，经费来源渠道单一、宣传手段滞后等问题，亟须通过推动"供给侧改革"，拓展公共文化场馆功能，创新服务方式，提升服务效能。

关键词： 四馆一站　满意度　标准化　均等化

为了维护、保障人民的基本文化权益，丰富人民的精神文化生活，提升全民的精神文化素质，促进社会主义文化大发展大繁荣，自2008年起，国家先后实施了博物馆、图书馆、美术馆、文化馆和文化站（即"四馆一站"）的免费开放政策。随着免费开放政策的全面推行，学界对免费开放的成效、出现的问题、带来的挑战等一系列内容也展开了多角度的研究。如余胜、吴晞梳理、总结了公共图书馆免费开放的理论研究脉络和成果，回顾了我国公共图书馆免费服务的百年历程[1]；胡智峰、杨乘虎认为免费开放完成了从全球理念到中国实践的过程，极大地推动了国家公共文化服务体系的发展与创新，也暴露出了亟须解决的现实问题[2]；单霁翔回顾了欧美博物馆在免费开放上的探索与经验，对我国博物馆在免费开放中出现的新情况进行了深入的思考[3]；聂虹以湖北省为例提出美术馆开放以后转变社会职能的建议[4]。

总体来看，当前学界对免费开放政策的研究主要集中于某一类型或单个场馆的研究，比较缺乏针对全国范围"四馆一站"的整体研究，同时也较少有实证调研数据的支撑。本文基于2015年7、8月份在全国范围内展开的抽样问卷调查，对"四馆一站"的免费开放效果和公众满意度进行量化研

---

[1] 余胜、吴晞：《免费开放：理论追寻、历史回顾与现实思考》，《中国图书馆学报》2011年第3期。
[2] 胡智锋、杨乘虎：《免费开放：国家公共文化体系的发展与创新》，《清华大学学报》2013年第1期。
[3] 单霁翔：《博物馆免费开放实践的回顾与思考》，《福建文博》2013年第2期。
[4] 聂虹：《推进美术馆免费开放后社会职能转变的思考——以湖北省为例》，《理论月刊》2016年第4期。

究。调查采取的是"分区域分类型随机抽样"的问卷调查方式,在全国选取31个省(直辖市、自治区)进行调研,包括东部13省、中部6省、西部12省,共计发放公众调查问卷65038份、单位问卷248份,实际回收有效公众调查问卷为54823份、单位问卷224份,有效问卷率分别达到了84.3%和90.3%。本次调研基本能客观真实地反映我国"四馆一站"免费开放实施情况。

一 我国免费开放政策实施现状

(一)"四馆一站"免费开放成效日益显现,受到公众普遍肯定

1. 公众对于免费开放整体满意度较高

满意度是消费者消费前的期待与消费后实际评价的关系,它超越了"品质"的概念,突出的是无形的服务。本次调研关于公众对各公共文化场馆各项内容的满意度评价均使用李克特等级量表进行打分,以实现不同群体满意度的可比性。以数值1~5分别代表5种升序递增的满意程度。其中,1代表很不满意,5代表非常满意。

本次调研的满意度评价主要从场馆环境、设施设备、服务内容、服务水平这四个方面展开,目的是从受众主体的角度来分析服务主体的运营状况和绩效成果。调研显示,公众对"四馆一站"的满意度都比较高,在满分为5.0分的条件下,博物馆和图书馆的满意度均值稍微领先,在4.05分以上;唯一在4.0分以下的是美术馆,不过也达到了3.99分(见图1)。

2. 低收入群体成为"四馆一站"免费开放的主要参与人群

调研显示,参与群体中月收入在1000元及以下的群体所占比重最高,月收入在5000元以上的群体不足20%。这表明我国"四馆一站"零门槛开放后,扩大公共文化场馆覆盖的人群范围,保障了低收入群体享受公共文化服务的基本权益。

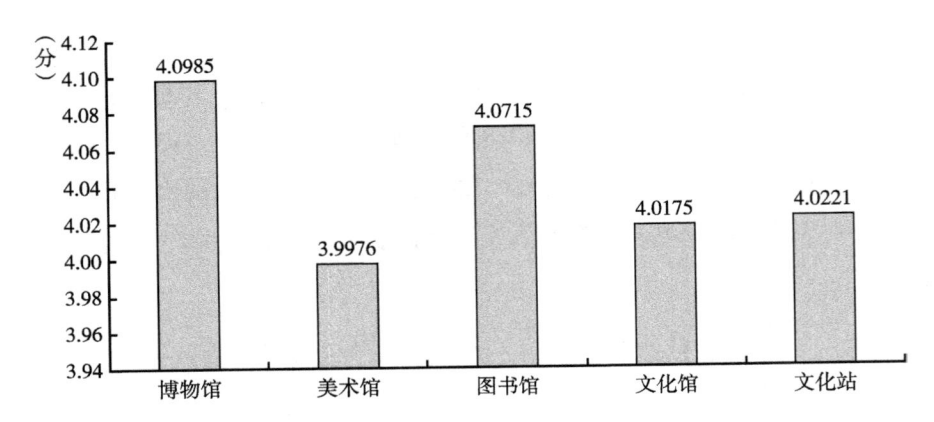

图1 2015年"四馆一站"公共文化服务满意度

表1 被调研"四馆一站"受众群体的收入水平分布

单位：%

收入	博物馆	图书馆	美术馆	群艺馆	文化站
1000元及以下	33.1	42.8	33.5	24.2	27.4
1001~2000元	12.1	11.7	9.5	13.6	20
2001~3000元	18.1	15.8	16.3	25.6	28.4
3001~5000元	19.7	17.9	20.9	24.3	16.2
5001~10000元	13.6	9.8	16.8	10.4	6.7
10000元以上	3.3	1.9	3.1	1.9	1.4
合计	100	100	100	100	100

（二）影响公众利用公共文化服务设施的因素多样

本次调研显示，不同年龄段的城市居民使用公共文化服务设施频率有明显的差异（具体见图2）。其中12岁以下和60岁以上人群使用公共文化服务设施频率较高，每周都使用公共文化服务设施的比重分别为61.75%和58.22%；19~25岁、26~40岁和41~60岁这三个年龄层的群体很少使用或基本不使用公共文化服务设施的比重均在22%以上，该三类群体中使用公共文化服务设施每月1~2次者居多，比重均在30%以上。

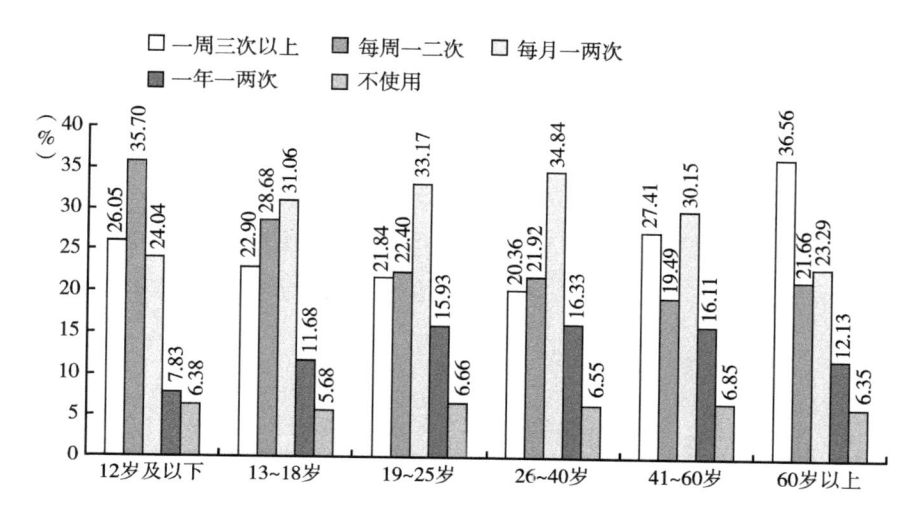

图2 分年龄层的城市居民公共文化服务设施使用频率

同时，不同的职业性质和职业内容，会影响公众的文化品位和文化消费习惯，从而对于公众使用公共文化场馆的频次也会产生深刻的影响。以美术馆为例，在美术馆的参观人次中，美术领域专业人员最多，其次是教师或科研人员和公务员；频次偏少的人群是企业员工和农民，这或许是他们的职业与美术相关性不大的原因所致（见图3）。

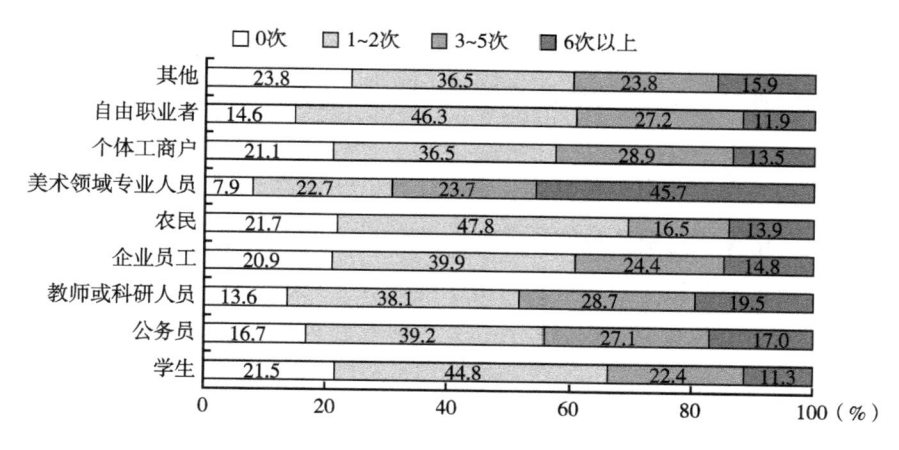

图3 不同职业群体2015年参观博物馆次数分布

（三）公共文化场馆软硬件设施均有提升，从业人员素质有明显提高

1. 公众对场馆的环境、服务内容、服务水平的评价为满意

调研显示，公众对于公共文化场馆的环境、设施设备、服务内容、服务水平的满意度评价，除设施设备外，均达到了4分及以上。具体如表2所示。

表2 2015年被调研公共文化场馆满意度分项评价

	场馆环境	设施设备	服务内容	服务水平
博物馆	4.3547	4.0326	4.055	4.024
美术馆	4.273	3.9167	3.9774	3.9373
图书馆	4.2667	4.0076	3.9994	4.0506
文化馆	4.1594	3.9321	4.0167	4.058
文化站	4.2362	3.9643	3.9947	3.9301
平均值	4.258	3.97066	4.00864	4

从表2可知，公众对于场馆的场馆环境、服务内容、服务水平的满意度评价均值分别为4.258、4.00864和4分，达到满意状态；从具体场馆类型看，公众对各项目的评分项都在3.9分以上。这表明，随着免费开放的实施，各级"四馆一站"的软硬件建设均有一定改善，特别是在场馆环境方面。

2. 专业技术人员成为公共文化场馆人才队伍的主力军

公共文化设施免费开放效果如何，关键在于是否能提供高效的服务、提供高质量的服务产品，而这一切取决于场馆业务人员的素质和能力。一支人员规模化、结构合理化、业务专业化、服务高效化的人才队伍是保障场馆服务效能的关键一环。

从表3和图4中可以看到，被调查的"四馆"工作人员中占比最大的是专业技术人才，超过50%，说明公共文化场馆从业人员的专业化水平整体较高，其中图书馆的专业技术人才占比甚至超过80%；在专业技术人员

中，中级及以上职称人员占比达到30%以上，其中美术馆、图书馆和文化馆的中高级职称工作人员分别占50%左右。我国公共文化场馆的人才队伍结构已日趋合理。

表3 2015年被调研"四馆"从业人员占比

单位：%

	专业技术人才	正高级职称	副高级职称	中级职称
博物馆	52	3	9	20
美术馆	62	10	13	24
图书馆	81	3	14	34
文化馆	73	4	14	30

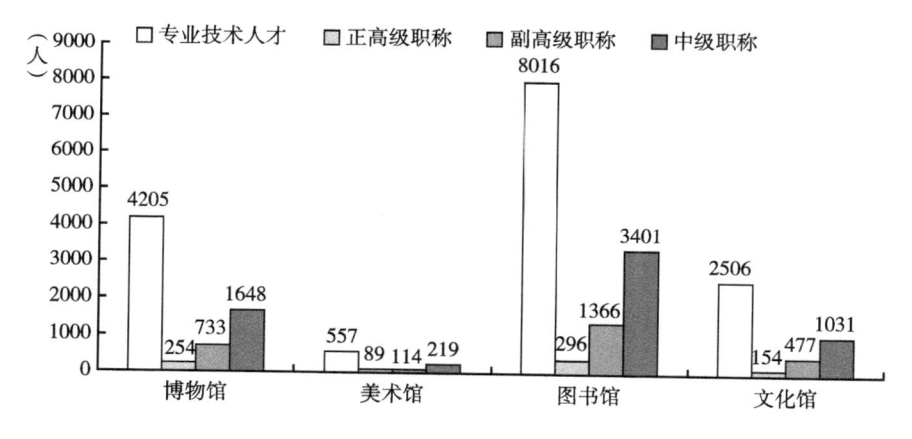

图4 2015年被调研"四馆"从业人员结构

二 当前"四馆一站"免费开放存在的问题

（一）公共文化服务参与率仍有待加强

1. 城市居民中高频率使用公共文化服务设施的不到一半

如图5所示，21.2%的城市居民很少使用（指一年使用1~2次）

021

甚至不使用公共文化服务设施，31.4%的城市居民每月使用公共文化服务设施1~2次，47.4%的城市居民每周都会使用公共文化服务设施（见图5）。若将每周都会使用公共文化服务设施的人群定义为高频使用者，那么，城市样本中高频使用公共文化服务设施的居民比例小于50%。换言之，城市中一半以上的居民对公共文化服务设施的使用频率是偏低的。

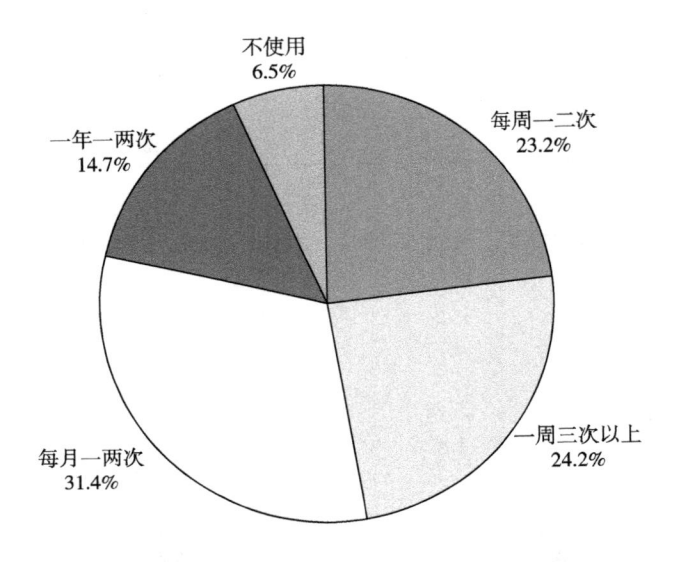

图5　城市居民的公共文化服务设施使用频率分布

2. 少年群体与老年群体参与度有待提高

调研发现，尽管免费开放扩大了"四馆一站"公共文化服务覆盖的范围，但部分群体参与度仍有待提升。从被调查样本的年龄比例分析，19~25岁和26~40岁两个年龄段在受访对象中所占比重较大，是公共文化服务的主要对象。图书馆调研中，13~18岁中学生所占比例最大，群艺馆调研中，41~60岁的中老年人所占比重最高。13岁以下和60岁以上群体在四个场馆中所占比例平均不足10%，说明我国公共文化场馆缺乏针对少年群体和老年群体的个性化服务，组织的活动对这两个年龄段的吸引力相对不高。

表4 样本的年龄比例

单位：%

年龄	博物馆	图书馆	美术馆	群艺馆	文化站
12岁以下	5.4	4.9	4.5	6	4.9
13~18岁	19.4	28.6	18.6	13.2	12.7
19~25岁	29.1	28.2	30.1	18.2	19.6
26~40岁	22.3	21	21.1	19.7	23.7
41~60岁	18.9	13.1	19.9	29.9	28.9
60岁以上	4.9	4.2	5.8	12.9	10.2

（二）公共文化场馆区域不均衡、层级不平衡仍然存在，客观要求进一步推进均等化建设

1. 公共文化场馆区域差距大

从基础设施看，我国不同区域的公共文化场馆仍存在较大差距。由图6可知，我国东、中、西部"四馆一站"实际使用房屋建筑面积整体呈递减趋势。东部地区明显高于中西部地区，尤其是美术馆和文化站。其中，东部地区美术馆平均实际建筑面积约为中部地区的5倍，是西部地区的约7倍；东部地区的文化站实际建筑面积约为中西部地区的3倍。

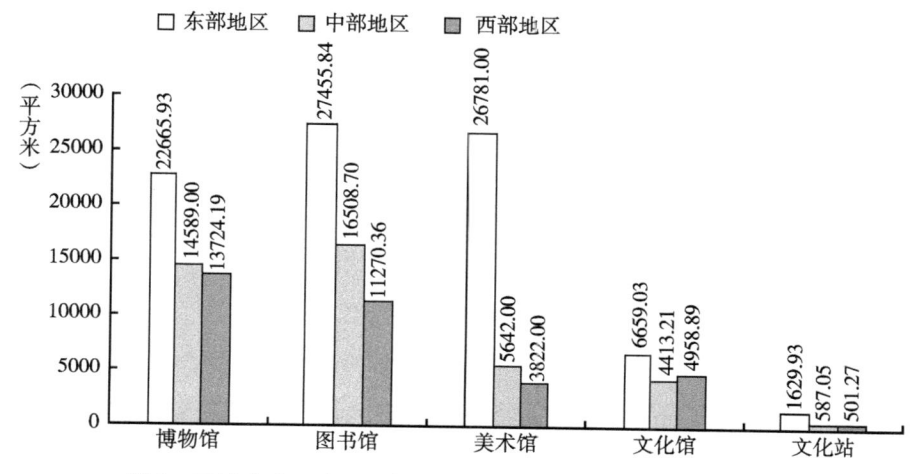

图6 2015年东、中、西部"四馆一站"实际使用房屋建筑面积

基于东中西不同地区经济发展状况,各地区公共文化场馆所获得的财政支持力度也存在区际差距。以图书馆为例,如表5所示,我国公共图书馆在馆均总收入和财政支持力度上存在着地区性差异。在馆均总收入上,东部地区最高,达到4431.787万元;其次是中部地区,为2194.426万元;西部地区最少,为2041.4万元。在馆均财政拨款上,东部地区也远超过中西部地区。

表5　2014年被调查图书馆财务收入情况一览

区域	馆均总收入(千元)	馆均财政拨款(千元)	馆均财政拨款占馆均总收入比例(%)
东部地区	44317.87	40516.27	91.42
中部地区	21944.26	21356.48	97.32
西部地区	20414	19802.62	97.00
全体	30608.67	28681.88	93.70

与此相应,公众对于不同区域公共文化场馆的满意度也呈现一定差异。总体而言,东部"四馆一站"的满意度评价明显高于中西部,尤其是文化站,东部地区文化站满意度比中部地区高出近1分。就博物馆、美术馆、图书馆而言,东、中、西部的满意度评价依次呈阶梯状递减,东部最高,西部最低;但文化馆和文化站,东、中、西部的满意度评价呈现"盆地"形态,东部最高、西部次之、中部最低。总之,中西部地区在公共文化场馆设备设施建设、服务内容与服务水平方面都有提升的空间。

2.公共文化场馆在不同层级之间也存在不均衡

由各类公共文化场馆的行政级别差异所导致的财政资源、人力资源及其领导的注意力资源的不同,直接导致不同级别场馆的资源投入、硬件条件的不均衡。调研显示,各级场馆之间无论是从业人员还是经费投入,都存在差异。整体来看,省级场馆要明显优于市、县两级场馆。以博物馆为例,省级博物馆平均每平方千米的从业人员数、平均每一参观人次的投入经费分别为

免费开放政策实施现状、问题及对策分析

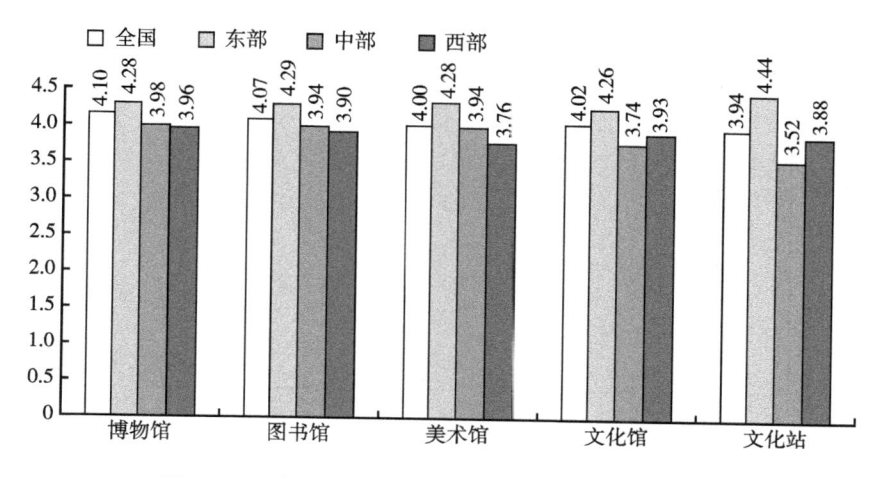

图7 2015年东、中、西部"四馆一站"整体满意度

	全国	东部	中部	西部
博物馆	4.10	4.28	3.98	3.96
图书馆	4.07	4.29	3.94	3.90
美术馆	4.00	4.28	3.94	3.76
文化馆	4.02	4.26	3.74	3.93
文化站	3.94	4.44	3.52	3.88

4.8人与68元,而市级博物馆为4.1人与39元,县级则为4.7人与14元。换言之,省级博物馆平均每一参观人次的投入经费分别是市级博物馆、县级博物馆的1.74倍、4.86倍。

表6 被调查博物馆从业人员、投入经费比较

	平均每平方千米的从业人员数（人/平方千米）	平均每参观人次的投入经费数（元/人次）
省级博物馆	4.8	68
市级博物馆	4.1	39
县级博物馆	4.7	14

再从藏品数量看,省、市、县三级博物馆之间更是分布不均。由于省级博物馆条件较好,对馆藏品的保养与维修技术较高,省级馆藏品数是市级馆藏品数的25倍,是县级博物馆藏品数的77倍。在调研过程中还了解到,省级场馆的部分藏品是从市、县两级场馆调走的,这导致市、县级场馆的馆藏数相对较少,缺乏对公众的核心吸引力,也客观限制了市、县两级博物馆公共文化服务效能的发挥。

025

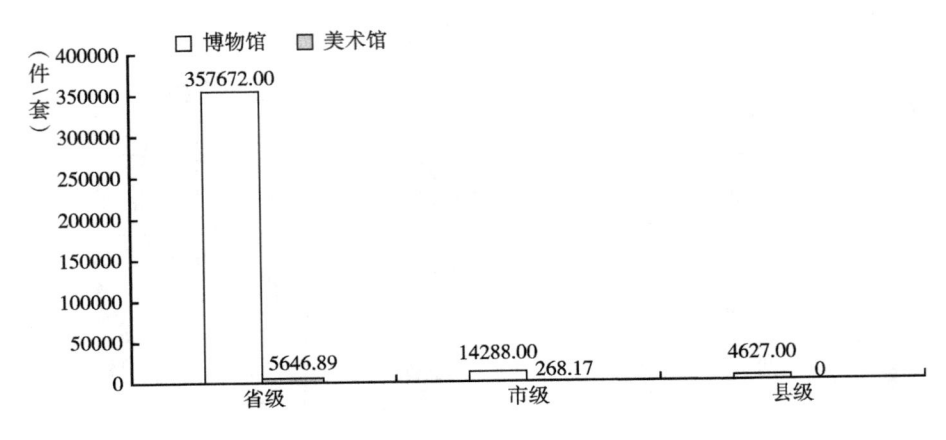

图8 省、市、县级博物馆、美术馆馆藏品统计

（三）刚性化的供给模式难以满足群众的弹性文化需求

公众文化需求日趋多样化、个性化，对公共文化场馆服务提出新的要求。提高公众的参与度是实施免费开放政策的主要目标之一，特别是要激发公众对场馆开展的活动和延伸项目的参与热情。但当前刚性化的供给模式难以满足不同群众弹性的文化需求。

以博物馆为例，如图9所示，公众对博物馆服务内容的满意度评价，展览主题、展品丰富程度及展品布置的评价都在4.1分及以上，而对"展厅动画、电视等多媒体效果"的评价不足4分，说明目前博物馆在提供公共文化服务方面忽视了电子资源及其配套设施方面的建设，与公众的需求之间存在一定的差距，博物馆的外延功能还有待进一步拓展。此外，调研也显示，不同身份的参与群体对博物馆公共文化服务存在多样化的要求，而现阶段我国博物馆的服务内容与活动设计仍主要以馆藏品展览与系列讲座为主，缺少个性化、体验性服务设计，模式较为固定，难以满足不同群体的差异化需求，难以从真正意义上实现博物馆的教育、休闲功能。

同时，本次调查结果显示，对各类公共文化单位利用率最高的仍然是相关专业人士，例如，参观美术馆频次最高、停留时间最长的依然是美术领域

免费开放政策实施现状、问题及对策分析

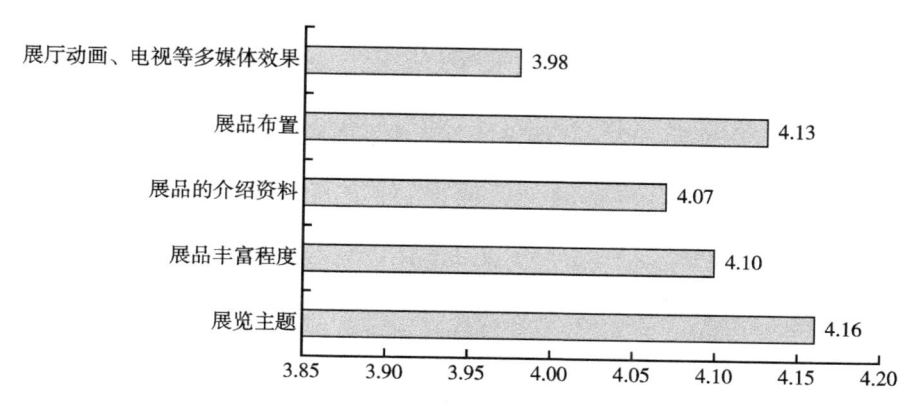

展厅动画、电视等多媒体效果		3.98
展品布置		4.13
展品的介绍资料		4.07
展品丰富程度		4.10
展览主题		4.16

图9　2015年博物馆服务内容评价

专业人员。这也反映出，公共文化场馆高频率利用人群仍有待拓展，服务内容，特别是延伸服务、流动服务、数字化服务等方面有待加强，公共文化场馆作为公众休闲、交流空间的作用仍有待发挥。

（四）场馆经费来源渠道狭窄，政府依赖程度高

如前所述，在经费来源方面，公共文化场馆的主要收入来源是财政拨款，占到场馆年度收入总额的85%以上（见表7）。公共文化场馆免费开放后，其人员等基本支出都由同级财政部门予以保障，而其开展基本公共文化服务项目所需经费则是由中央和地方财政共同负担。

表7　2015年"四馆"年度总收入中财政拨款比重

	年度总收入（千元）	财政拨款（千元）	财政拨款占总收入比重（%）
博物馆	2917095	2595775	88.98
美术馆	533352	473763	88.83
图书馆	3551201	3327693	93.71
文化馆	837646	751048	89.66

除了来自政府的财政拨款之外，公共文化场馆的主要收入来源还包括上级补贴收入、事业收入、经营收入和其他收入（见图10）。从图10可以看

出，各馆收入来源虽有区别，但其他收入、经营收入都比较少。这一定程度反映了公共文化场馆在免费开放后对于财政拨款及政府支持的依赖程度有所强化，社会资金进入公共文化场馆的渠道仍不通畅。

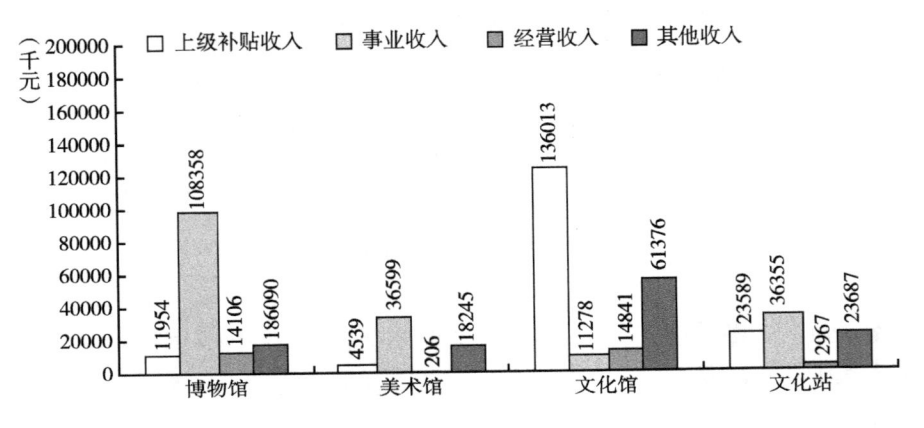

图10　2015年"三馆一站"财政拨款之外资金来源

（五）宣传手段滞后，未形成"互联网+服务"模式

我国实施"四馆一站"免费开放的政策，就是为了更好地向公众提供公共文化服务，保障人民基本文化权益的实现，促进社会和谐发展。因此，"四馆一站"必须不断扩大免费开放服务的宣传力度和宣传范围，让更多的公众知道和了解公共文化场馆的服务活动。但调研显示，仍有26.7%的城市居民、32.9%的农村居民认为当地公共文化服务存在的主要问题是信息不畅、公共文化服务宣传不到位。

同时，调研数据也表明，公众了解公共文化场馆的渠道仍然集中于实地宣传、群众口耳相传。如图11所示，公众通过互联网渠道了解美术馆、文化馆和博物馆的比重依次为35.5%、19.2%和32.4%。这反映我国公共文化场馆虽然开始运用互联网传播手段，但运用程度还不高，未真正形成"互联网+服务"的模式，未实现互联网与行业的深度融合。

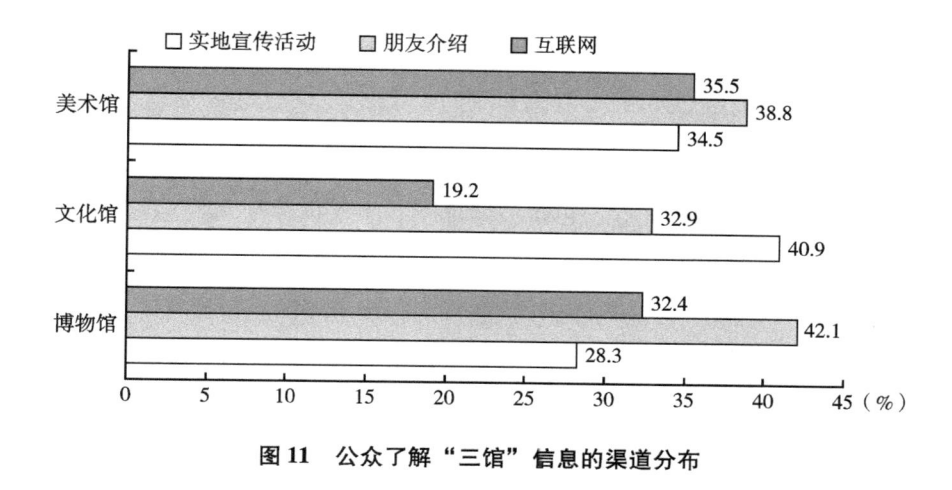

免费开放政策实施现状、问题及对策分析

```
           □实地宣传活动    ■朋友介绍    ■互联网
美术馆  ┤                                    35.5
       ┤                                      38.8
       ┤                                    34.5
文化馆  ┤              19.2
       ┤                              32.9
       ┤                                        40.9
博物馆  ┤                                32.4
       ┤                                          42.1
       ┤                          28.3
       └───┬───┬───┬───┬───┬───┬───┬───┬───┬───
           0   5   10  15  20  25  30  35  40  45（%）
```

图 11　公众了解"三馆"信息的渠道分布

三　提升公共文化场馆免费开放绩效的对策建议

"四馆一站"免费开放政策的执行，促进了我国公共文化服务体系的建设，提升了公共文化场馆的服务水平。要进一步完善免费开放工作、加快满足人民群众多样化的文化需求，还需多方努力。

（一）拓展公共文化场馆功能，推动公共文化服务标准化

1. 加强公共文化场馆的设施建设，丰富场馆的服务功能

随着物质生活水平的提升、社会经济的发展，人们对于公共文化场馆的期望与要求也日益提升，不再仅仅满足于对场馆传统功能性的需求，对于场馆休闲、交流、体验、教育等方面的需要也日益凸显。因而公共文化场馆应适应公众需求变化，加强场馆设施设备建设，进一步拓展服务功能。

首先，针对不同群体，特别是参与率较高但参与频次不多的人群，如老年人、未成年人、残疾人、农民及农民工群体等，开展精准服务、延伸服务、流动服务，优先开发、采购针对这些群体的设施设备或文化项目，包括有声阅览室、老年人培训演出专场、数字化公共文化服务平台等，提高这些

场馆利用率不高群体的参与度。其次，丰富公共文化场馆的服务方式与形式，加强与中小学校合作，使公共文化场馆切实变成未成年人群体、社会大众的"第二学习课堂"或"终身学习空间"，发挥场馆的社会教育和文化传播功能。最后，可借鉴国外的一些做法，结合公众现代社交需求，加强场馆配套设施建设（包括休息室、餐馆、咖啡厅、停车场等），将公共文化场馆打造为社区公共文化生活空间。

2.建立并完善文化需求表达与反馈机制，推进场馆服务标准化

要实现场馆的有效供给，必须建立并完善文化需求表达与反馈机制，形成需求约束供给的良性循环。一方面，可以利用数据信息手段，构建区域性公共文化服务监测平台，通过网页或移动端等多种方式，对公众的文化需求、文化偏好进行实时收集和反馈，为公共文化场馆服务产品或项目的供给提供可靠的数据参考。另一方面，可以在公共文化场馆建设中引入理事会制度，完善公众文化需求表达渠道的制度设计，从需求信息的征集、需求表达的整合、需求意愿的反馈等各个层面保证公众文化需求信息的有效表达与有效反馈。

3.加强场馆服务内容品质建设，提升公共文化场馆对于区域经济社会发展的贡献率

公共文化场馆是各地公共文化服务体系建设的骨干力量，它们的公共文化服务供给质量一定程度反映当地的公共文化服务水平。调研表明，尽管当前公众对于公共文化场馆的满意度总体较高，但仍存在不足之处，特别是在设施设备、服务内容与服务水平上。为此，公共文化场馆应丰富服务形式、充实服务内容、提高服务品质，来提升场馆的吸引力。一是树立以人为本的服务理念。公共文化服务体系与传统文化事业体制的不同关键在于，前者以满足人民群众基本文化需求为落脚点与出发点，后者以完成上级行政任务为目的。因而公共文化场馆要完成文化事业体制的转型，就必须树立以人为本的服务理念，建立以需求为导向的生产、供给模式。二是优化升级软硬件设施。随着物质生活水平的提升，人们对于精神生活也从量上的简单需求过渡到对于高品质文化的需求。公共文化场馆应适应这种公众文化需求标

准的提高，优化升级软硬件，营造良好的服务环境，提供多样化的服务内容，提升服务人员素质，满足人们对文化的高品质要求。三是打造场馆服务品牌，挖掘特色服务。各个场馆的资源是各不相同的，不同群体的文化偏好也是多种多样的。因而各公共文化场馆还应立足自身特点，挖掘特色文化资源，培育自身的服务品牌，不再千馆一面，形成错位发展的服务格局。各级文化部门应加大政策指引、资金扶持力度，引导、鼓励、支持各级公共文化场馆打造服务品牌，提高场馆对于区域经济社会发展的贡献率。

（二）推动"供给侧改革"，实现公共文化场馆服务均等化

1. 建立健全科学的财政投入机制，协调各地区、各层级场馆均衡发展

财政投入的不平衡是我国不同区域公共文化场馆服务水平不同的重要原因。因而促进公共文化场馆服务均等化的一个重要手段就是建立健全科学的财政投入机制，发挥财政的杠杆作用。

一方面，构建一个制度化、有法律保障的公共文化场馆投入机制，实现经费投入预算化、经费项目法定化，使经费增加幅度与财政收入增长幅度相适应。另一方面，加大对中西部欠发达地区及基层场馆的扶持力度，逐步缩小地区差距、层级差距。东西部经济基础差异较大，不同层级的财政保障水平不一，客观要求公共财政分配时应优先向中西部及基层公共文化场馆倾斜。同时学习西方发达国家经验，进一步鼓励与引导社会捐赠或其他形式的社会资金进入公共文化事业中，优化场馆收入结构。

2. 强化绩效管理，提升场馆服务质量

没有绩效评价的投入往往投入效率偏低。目前我国公共文化场馆在供给侧面临的问题，不只是供给总量不足、供需错位，还存在供给效率较低、供给质量不高的问题。因而应以绩效管理为抓手，注重场馆服务效率、服务质量的提升。一是建立绩效评价机制，实现场馆绩效评价的科学化、规范化、常规化。强化绩效管理最终是为了提高场馆效能，促进场馆供给与公众需求的有效对接。因而在绩效评价过程中，应加大公众满意度评价指标权重，引

入公众等社会力量参与绩效评价，树立场馆绩效管理的理念。二是将绩效评价结果与奖惩激励措施相结合。建立免费开放场馆动态退出机制，部分绩效评价不高的公共文化场馆将减少免费开放资金或退出免费开放名单，加大对绩效评价较高场馆的奖励力度，切实以绩效促服务、促质量。

3. 推行场馆"总分馆"制，统筹城乡公共文化服务发展均等化

城乡二元结构是我国当前社会中现实存在的一种突出现象。公共文化场馆的层级分布虽然理论上覆盖了城乡范围，满足了不同层级居民的基本文化需求，但如前所述，各层级场馆之间存在着不平衡现象。而制度上，各级场馆之间的无隶属统筹关系，也加强了这一不平衡，使得各级场馆成为各自割裂的"服务孤岛"，难以形成共建共享、互通有无的服务网络。因而要打破行政层级的限制，实现城乡居民公共文化服务的均等化，可推行场馆"总分馆"制，将省、市、县、乡各级场馆统一起来，建立不同层级之间公共文化场馆的联动机制，形成人员、设备、服务的互联互通，实现城乡文化资源的整合与流转，提高场馆资源的利用率，最终达成城乡公共文化服务的均等化发展。

（三）推进公共文化服务创新，增强场馆服务效能

1. 加强场馆公共文化服务与科技融合发展，拓展服务范围

在新型城镇化、信息化的时代背景下，公共文化场馆应根据公众的不同文化需要，转变传统的、单一的服务模式，努力以多层次、多功能、多样化的新手段、新形式提升免费开放的服务水平。一方面，可以借鉴国内外的成功案例，比如加拿大的多伦多公共图书馆，向民众提供各种新移民安家协助、就业培训、语言学习培训、儿童和青少年服务及其他免费特色服务——成人文化教育、艺术展览、移动书屋、博物馆或艺术馆参观服务、房屋出租服务、医院图书馆服务等；再如山东省图书馆"尼山书院"等模式，挖掘场馆服务功能，满足多样性的公众文化需求。另一方面，公共文化场馆可引进科学技术，开发创新型文化服务。如在"互联网+"时代，博物馆可探索数字博物馆与移动博物馆模式，图书馆可建立智能自助服务系统、推

广数字阅读，文化馆（群艺馆）、美术馆开展数字共享工程建设等。总之，公共文化场馆应充分发挥各自资源优势，结合现代科技手段，利用数字服务、延伸服务来扩大服务人群，提高公众对于场馆服务的满意度。

2. 鼓励社会力量共同参与公共文化场馆服务

党的十七届六中全会提出，"引导和鼓励社会力量通过兴办实体、资助项目、赞助活动、提供设施等形式参与公共文化服务"。十八届三中全会的"决定"中更加明确地指出，"鼓励社会力量、社会资本参与公共文化服务体系建设"。引导社会力量参与是构建现代公共文化服务体系的必然要求。一是完善公共文化场馆理事会制度，建立"理事会+行政负责人"的治理模式，吸纳有关方面代表、专业人士、群众参与场馆管理，明确管理层权责，实行场馆行政人负责制，提高场馆运营效率。二是落实《关于做好政府向社会力量购买公共文化服务的意见》，通过政府购买的方式，吸引社会力量、社会团体及个人参与到公共文化场馆的建设、运营及服务供给中，发挥市场机制的作用，提升场馆服务活力。三是完善志愿者服务机制。国内外的实践经验表明，志愿者是公共文化场馆人员队伍的重要组成部分。相关文化部门应从顶层制度设计入手，建立文化志愿者组织，推动各个场馆成立志愿者服务机构，从招募、培训、激励、使用各个环节规范志愿者服务，发挥文化志愿者的积极作用。

3. 积极运用互联网思维，加强场馆免费开放的宣传

各级公共文化场馆是各地公共文化服务体系建设的主要载体，也是展示当地文化、文明形象的重要窗口。在信息化、新型城镇化的时代背景下，各级公共文化场馆应积极开展形式多样的宣传推广活动，采取多种媒体宣传手段，运用互联网思维，向社会广泛宣传免费开放政策，营造良好的开展免费开放服务的内外氛围，变原来的"被动等服务"为将来的"主动去服务"。一是馆内宣传。利用各自的门户网站、电子显示屏、宣传展板等载体实时发布各类公共文化服务信息；在咨询台、座位席、多媒体厅等服务区域发放各种宣传教育材料，通过生动鲜活的全方位宣传，将公共文化场馆的免费开放服务送到更多民众的身边。二是媒体宣传。主动邀请、积极配合报刊、电

视、广告等各类新型或传统媒体,加强对免费开放的宣传,吸引人们了解"四馆一站"、走进"四馆一站",共享免费开放带来的实惠。三是网络宣传。利用当下流行的微博、微信等自媒体宣传平台,通过与社会民众的互动交流,介绍和传播免费开放的服务理念、服务范围、服务内容等,加强对公众行为规范的教育,扩大免费开放服务的覆盖面。

我国博物馆公共文化服务绩效评价研究

——来自全国 31 个省份 114 家博物馆的调查

陈波 杨瑞 李婷婷*

摘　要： 博物馆在免费开放后，进入了快速发展的时期，博物馆公共文化服务的投入和供给都取得长足的进步，但是博物馆公共文化服务，仍存在政府财政投入不均衡、专业人才比例不协调、有效文化产品供给不足等问题，本文在发现现状、梳理问题的基础上，提出提升博物馆公共文化服务供给绩效的对策。

关键词： 博物馆　公共文化服务　供给绩效

博物馆是公众感受我国深厚历史文化积淀的主要场所，是公共文化服务体系的重要组成部分，在我国社会文化建设中发挥着不可替代的作用，对于国家和当地历史文化的传承有着极其重要的意义。自 2008 年中宣部、财政部、文化部、国家文物局四部委联合下发了《关于全国博物馆、纪念馆免费开放的通知》（中宣发〔2008〕2 号）以来，截至 2015 年 4 月，我国已有 2780 家公共博物馆实现免费开放。

为了考察目前我国博物馆（纪念馆）免费开放政策落实的成效，了解

---

* 陈波，武汉大学国家文化发展研究院副院长、副教授、硕士生导师，主要研究公共文化、文化政策；杨瑞，武汉大学国家文化发展研究院硕士研究生；李婷婷，武汉大学国家文化发展研究院硕士研究生。

该项政策实施后博物馆（纪念馆）事业发展面临的新形势、新趋向，武汉大学国家文化财政政策研究基地，组成调研组对博物馆公共文化服务绩效进行研究，研究博物馆公共文化服务的供给现状，发现其供给过程中存在的问题，找到改进的途径，为博物馆公共文化服务政策制定、实施、监管和评估提供科学的参考。

一 数据的来源与搜集

分析博物馆公共文化服务绩效之前，要进行相关指标的数据搜集，本文的数据主要通过查阅和整理《博物馆基本情况综合年报》（2009~2014年）及问卷调查、访谈、实地走访等实证调研获得。

针对实地调研，我们采取"分区域分类型随机抽样"的问卷调查方式，调研团队奔赴全国31个省（自治区、直辖市）[①] 进行调研，包括东部13省份、中部6省份、西部12省份，按照省、地市、县三个行政层级选取具有代表性的博物馆（纪念馆）进行抽样调查，通过现场发放和回收博物馆（纪念馆）单位问卷和公众问卷，了解博物馆（纪念馆）免费开放现状，收集公众满意度等第一手资料。

样本博物馆选取方式按照省、地市、县三个层级抽样的方法，基本样本为：1个省级馆、1个地市级馆和2个县级馆。调研问卷分单位问卷、公众问卷两大类型，每个馆填写单位问卷一份，公众问卷数量按照省级馆300份、地市级馆200份、县级馆50份的标准进行发放。在实际调研过程中，由于存在开放情况和群众参观量的不同，后期整理数据时剔除无效数据等原因，真实有效的调研场馆共114家，其中省级馆30家、地市级馆29家、县级馆55家。填写了单位问卷的博物馆共98家，其中省级馆30家、地市级馆24家、县级馆44家。总体上看，本次调研场馆样本数据丰富，东中西

[①] 东部13省份为黑龙江、福建、广东、海南、河北、江苏、辽宁、山东、北京、天津、浙江、上海、吉林；中部6省份为安徽、河南、湖北、湖南、江西、山西；西部12省份为陕西、四川、甘肃、广西、贵州、内蒙古、青海、宁夏、西藏、新疆、云南、重庆。

部、省市县级划分明显,从层级上看覆盖了省市县各级行政单位,受访面广,具有代表性,数据真实可靠。

在受访人群中,社会公众、相关专家学者、公务员等共17018人。具体情况见表1。

表1 受访人群基本情况

性别	男性:50.1%;女性:49.7%(缺失0.2%)
年 龄	12岁以下:5.4%;13~18岁:19.3%;19~25岁:29.1%;26~40岁:22.3%;41~60岁:18.9%;61岁以上:4.8%(缺失0.2%)
职 业	学生:39.9%;公务员:8.9%;教师或科研人员:11.8%;企业员工:13.0%;农民:2.9%;个体工商户:6.9%;自由职业者:9.4%;其他:7.1%(缺失0.1%)
文化程度	小学及以下:8.4%;中学、中专:31.9%;大专、本科:50.8%;研究生及以上:8.3%(缺失0.6%)
居住地	本地:63.9%;外地:35.0%(缺失1.1%)
月均收入	1000元以下:31.8%;1001~2000元:11.8%;2001~3000元:17.6%;3001~5000元:19.2%;5001~10000元:13.2%;10000元以上:3.2%(缺失3.2%)

从受访人群的样本情况来看,样本总量丰富,男女比例基本均衡,涵盖了不同年龄、文化程度、职业和收入水平,可以反映不同群体不同阶层对博物馆的真实观感,而受访者居住地的区分可以看出博物馆对当地居民和外来游客的不同影响。总体上看,调查样本分配比例较为合理。

二 我国博物馆公共文化服务供给现状分析

本文对博物馆公共文化服务供给状况主要从政府财政投入、发展规模、从业状况及公众满意度四个方面进行分析。

(一)公共财政成为博物馆主要资金来源,各地区、层级间存在明显差异

自2008年全国博物馆先后实行全面免费开放以来,博物馆主要依靠国家财政投入运行。博物馆基本情况综合年报显示,2009~2014年,财政投

入在博物馆总收入中所占份额均超过70%，在2011年、2012年和2014年甚至超过80%（见图1），可以看出公共财政成为博物馆免费开放的主要资金来源。

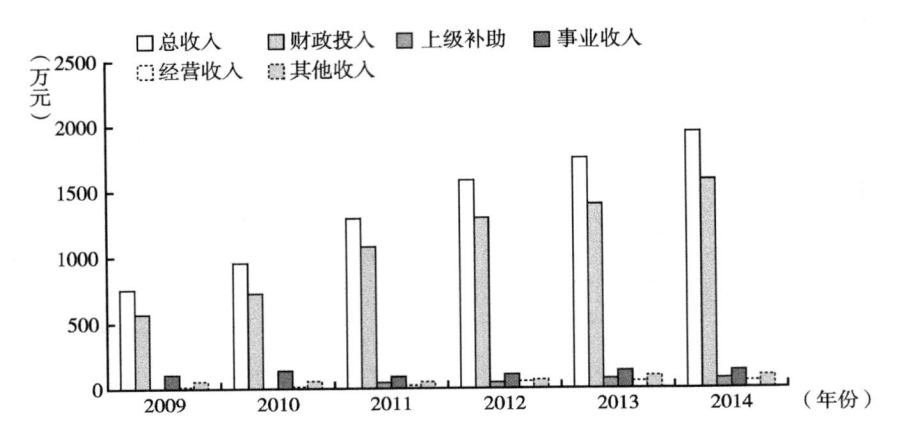

图1 全国博物馆年收入情况

数据来源：博物馆基本情况综合年报（2009～2014年）。

虽然财政补贴是博物馆收入的主要来源，但各地区、层级之间存在明显的差异。[①] 受访省级博物馆年度收入平均值为8341.3万元，其中财政补贴收入平均7505.5万元，占总收入的89.98%；事业收入平均为487.4万元，占总收入的5.84%；上级补助20.2万元，占总收入的0.24%；经营收入平均113.8万元，占总收入的1.36%；其他收入平均472.8万元，占总收入的5.67%。

受访市级博物馆年度收入平均值为1202万元，其中财政补贴收入平均1002.4万元，占总收入的83.39%；事业收入平均为14.2万元，占总收入的1.18%；上级补助平均62万元，占总收入的5.16%；经营收入平均7.5万元，占总收入的0.62%；其他收入平均308.1万元，占总收入的25.63%。

受访县级博物馆年度收入平均值为314万元，其中财政补贴收入平均

---

① 说明：由于有的场馆数据不精确，有的是估值，所以以下数据总和不相等，百分比之和也不为100%。

258.1万元，占总收入的82.20%；事业收入平均为3.1万元，占总收入的0.99%；上级补助平均22.3万元，占总收入的7.10%；经营收入0万元；其他收入平均178.7万元，占总收入的56.91%。具体见图2。

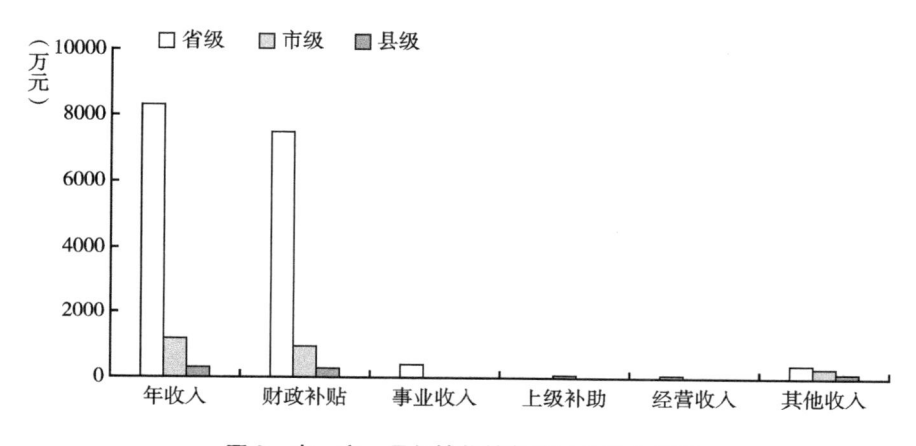

图2 省、市、县级博物馆年度平均收入情况

纵向分析可以得出，三层级的博物馆财政补贴是最主要的收入来源，其补贴力度按省、市、县层级递减，说明省级博物馆财政的补贴力度是最大的。而在上级补贴占比中，其占比按省、市、县层级递增，说明在上级补助的力度方面，县级获得的补贴力度最大。从经营性收入占比看，省级博物馆的经营性收入最多，而县一级博物馆基本没有经营性收入，所以基层博物馆的经营能力还有待进一步提升（见表2）。

表2 省、市、县博物馆各项收入占比情况

单位：%

层级	财政补贴	事业收入	上级补助	经营收入
省级	89.98	5.84	0.24	1.36
市级	83.39	1.18	5.16	0.62
县级	82.20	0.99	7.10	0.00

从横向比较博物馆财政补贴收入可以看到，受访的30个省级博物馆财政补贴收入前五名中，东部地区有3个：南京博物院（15909.2万元）、首都

博物馆（17251.3万元）、上海博物馆（19839.7万元）；中部地区1个：湖北省博物馆（14645.5万元）；西部地区1个：贵州省博物馆（21174.6万元）。

受访的24个地市级博物馆财政补贴收入前五名中，东部地区2个：大庆市博物馆（2434.0万元）、厦门市博物馆（2542.2万元）；中部地区1个：吉安市博物馆（3263.6万元）；西部地区2个：天水市博物馆（3342.2万元）、贵港市博物馆（1410.5万元）。

县级博物馆由于基数较大，这里选取了受访的44个博物馆中财政补贴收入前十名进行比较。东部地区有5个：华侨博物院（865.8万元）、江阴市博物馆（476.1万元）、喀左博物馆（840.7万元）、北京市通州区博物馆（380.4万元）、天津市滨海新区塘沽博物馆（382.8万元）；中部地区1个：项城市博物馆（444.4万元）；西部地区有4个：咸阳博物馆（829.9万元）、华县渭华起义纪念馆（959.0万元）、吉木萨尔县博物馆（971.3万元）、重庆市北碚区博物馆（583.5万元）。

从以上数据可以看出公共财政成为省、市、县各级博物馆免费开放的主要资金来源，其中省级博物馆财政补贴收入占总收入的比重最大，对国家财政补贴的依赖最重。各层级博物馆财政投入的差异十分明显，财政补助力度差别从十几倍到上百倍不等。各地区博物馆财政投入差异也较为突出，从财政补贴力度排名看，前几位的博物馆多位于东部地区，而位于中部和西部地区的相对较少，博物馆财政投入存在地区差异。

（二）博物馆公共文化服务发展规模呈增长趋势，各地区、层级间不均衡

对于博物馆公共文化服务发展规模，主要分析以博物馆使用面积为代表的场馆建设和以藏品量为代表的内容建设两方面。

首先，博物馆的使用面积情况。自博物馆免费开放以来，我国博物馆实际使用房屋建筑面积逐年递增，增幅保持在10%左右，特别是展览用房和文物库房场地面积均保持较大幅度增长，见图3。

各地博物馆实际使用房屋建筑面积相对稳定，保持平稳小幅增长，但全

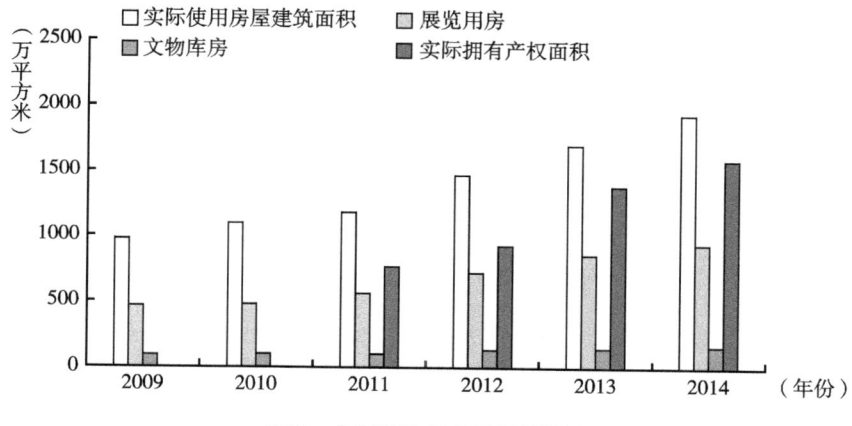

图 3　全国博物馆场地面积情况

数据来源：博物馆基本情况综合年报（2009~2014年）。

国各地博物馆场地使用面积差距较大。

在受访的省级博物馆中，实际使用面积居前三位的是辽宁省博物馆（100013平方米）、南京博物院（84655平方米）、山东博物馆（81549平方米）。

地市级博物馆中，实际使用面积居前三位的是厦门市博物馆（34990平方米）、通辽市博物馆（22000平方米）、汕头市博物馆（21495平方米）。

县级博物馆中，实际使用面积居前三位的是宜兴市博物馆（25000平方米）、江阴市博物馆（12000平方米）、麻田八路军总部纪念馆（9218平方米）。

通过以上分析，横向上看，面积较大的基本处于东部地区，这种差异与地区经济发展水平相关。从纵向上看，全国各地博物馆场地使用面积差距较大，在省、地市、县三个层级比较中，呈递减趋势，这与行政级别、馆藏数量等情况相关，基层博物馆基层设施建设情况参差不齐，差异明显。

其次，博物馆藏品情况。博物馆的藏品直接关系到博物馆展览设计、文化内涵展示等服务效能方面。从历时性角度比较发现，自2009年以来，我国博物馆藏品数量呈平稳上升态势。2014年数据显示，我国博物馆藏品数量已达到2929.97万件/套，其中一级品占总藏品数的0.31%，二级品比例为2.22%，三级品比例为10.88%。从有关部门接收文物数量及藏品征集数来看,各年度差异较大,这与各年实际情况及特殊考古挖掘事件或捐赠事件相关。全国博物馆每年修复文物数也在逐步增加。

表3 全国博物馆藏品情况

单位:件/套

藏品	2009年	2010年	2011年	2012年	2013年	2014年
藏品数	15711150	17552482	19023423	23180726	27191601	29299673
一级品	56277	58649	58959	74537	85707	89532
二级品	1060569	933334	721374	756333	721805	650837
三级品	2647498	3020925	2394907	2859532	3056574	3188277
本年从有关部门接收文物数	44211	20900	434695	47314	113070	186236
本年藏品征集数	150680	314026	79496	116796	304839	298148
本年修复文物数	29184	33871	33895	39120	39920	55979

数据来源:博物馆基本情况综合年报(2009~2014年)。

从纵向层级比较分析,博物馆藏品数量,以及一级品、二级品、三级品数量和新增藏品数量均值都呈现由县级向省级递增的趋势,省级博物馆藏品数量占绝对优势。

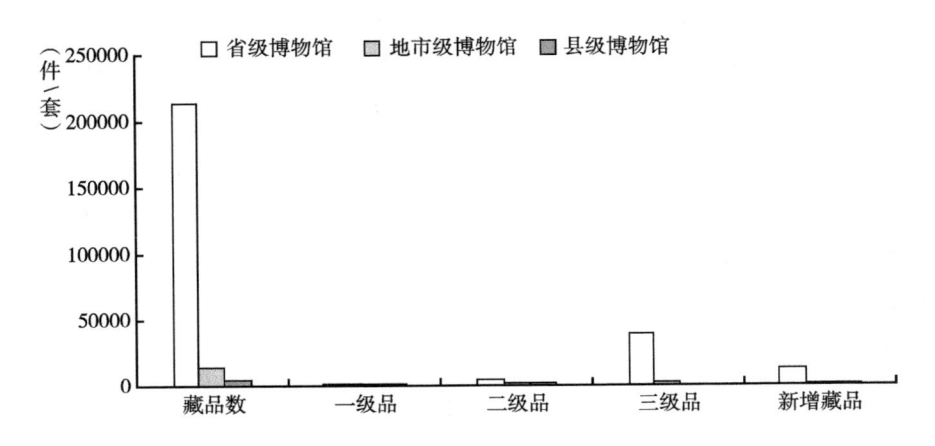

图4 省、地市、县各层级博物馆藏品均值

最后,博物馆公共文化活动情况。举办展览是博物馆最主要的服务方式,也是博物馆开展社会教育的最佳形式。数据显示,我国博物馆举办陈列展览的次数在 2009~2014 年间基本保持稳定，2012 年，我国博物馆举办陈列展览 11885 个，其中中央补助资金举办的陈列布展 997 个（见表4）。2013 年稍有回落，举办展览数为 9172 个，2014 年博物馆举办展览数又稍有上升，为 10529 个。目前，我国博物馆展览形式和方式日趋多样化，出现了主题展览、临时展览、特色展览、联合展览、下乡展览等。

表4　全国博物馆举办展览情况

年份	2009	2010	2011	2012	2013	2014
举办展览（个）	9204	10091	9867	11885	9172	10529
中央补助资金举办的陈列布展（个）	—	—	128806	997	—	—

数据来源：博物馆基本情况综合年报（2009~2014 年）。

各层级博物馆开展活动方面存在明显差异。从基本陈列数看，馆均 5.90 个；地市级博物馆馆均 4.17 个；县级博物馆馆均 2.13 个。从年临时展览次数看，省级博物馆馆均 20.86 次；地市级博物馆馆均 8.55 次；县级博物馆馆均 5.39 次。总体来看，省级博物馆年均陈列数、年均临时展览数均高于地市、县二级博物馆，这与其所属的经济、政治、文化地位相符。

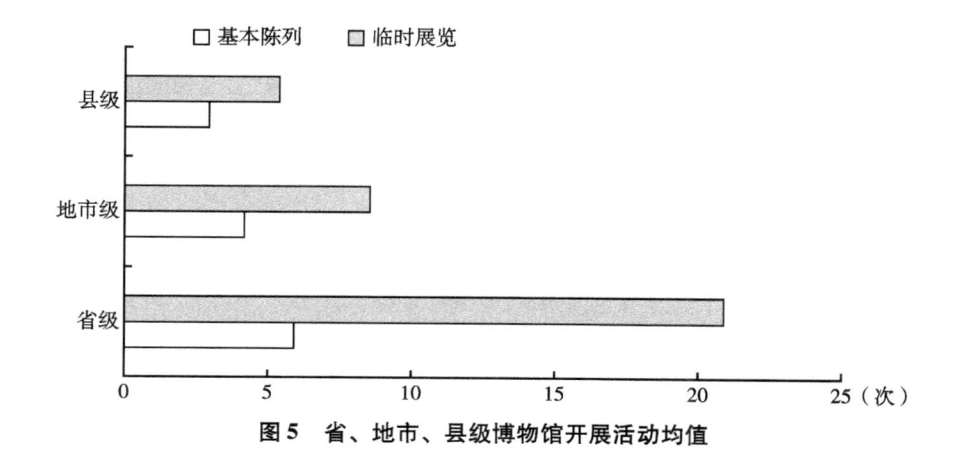

图5　省、地市、县级博物馆开展活动均值

（三）博物馆公共文化服务从业人员相对稳定，各级职称比例不协调

数据显示，全国博物馆从业人员在2010年出现微幅下降，但在随后的两年逐步回升，2011年全国博物馆从业人员增幅10%左右，2012年增幅超过15%，2013年增幅为13%，2014年增幅为6.2%（见图6）。其中，拥有高级职称和中级职称的从业人员增幅则小于总体人数增幅。整体上看，我国博物馆从业人员呈现"流动性小、职称偏低、高学历少"的特征。从职称上看，具有研究员和副研究员等高级职称的人员仅占从业人员总数的6%左右，馆员和其他人员约占被调查总数的80%，高级职称人员偏少。

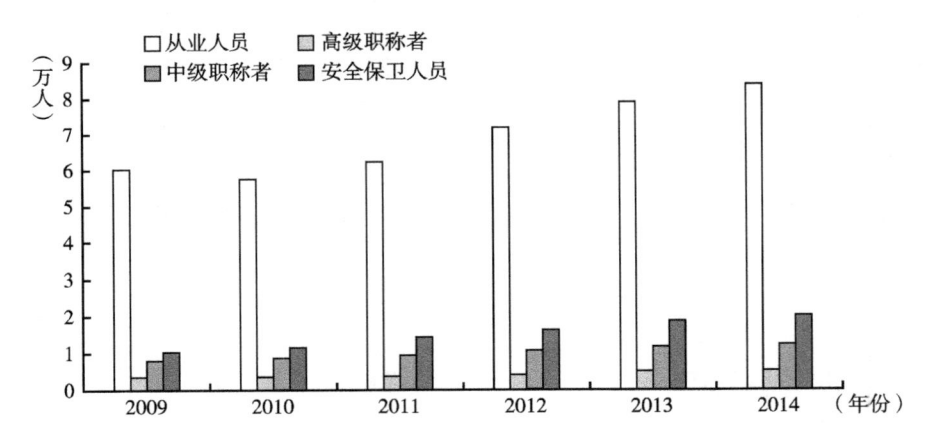

图6 全国博物馆从业人员情况

数据来源：博物馆基本情况综合年报（2009~2014年）。

各层级博物馆从业人员数2009~2014年整体上保持小幅上升。博物馆系统从业人员数量虽然相对稳定，但是从从业人员职称结构分布看，各地区、各层级博物馆仍有差异。

在省级博物馆，从业人员平均每馆209人、专业技术人才平均每馆114人、正高级职称人才平均每馆8人、副高级职称人才平均每馆21人、中级

职称人才平均每馆 43 人。

在市级博物馆，从业人员平均每馆 44 人、专业技术人才平均每馆 23 人、正高级职称人才平均每馆 2 人、副高级职称人才平均每馆 4 人、中级职称人才平均每馆 11 人。

在县级博物馆，从业人员平均每馆 18 人、专业技术人才平均每馆 8 人、正高级职称人才平均每馆不足 1 人、副高级职称人才平均每馆 1 人、中级职称人才平均每馆 4 人。

综合博物馆从业人员而言，一般中高级职称人才与从业人员不成正比例关系，从业人员较多的博物馆，其高级职称人才占总人数的比例并不高。地市级和县级专业技术人才相对匮乏，中高级职称人才甚少。博物馆在创新化用人方面仍然需要不断开拓，在科研方面也存在较大的提升空间。

（四）公众对博物馆公共文化服务总体上满意度较高，收获偏向文化知识方面

公众的满意度是衡量博物馆公共文化服务效能能否充分发挥的一个重要指标，也是公共财政支持博物馆发展绩效考核的一个重要方面。针对此次调研，采用五分量表形式，通过问卷调查来测评，将社会公众对博物馆的评价划分为场馆环境满意度、场馆设施设备满意度、服务内容满意度和服务水平满意度四个方面。调研显示（见图7），公众对全国博物馆公共文化服务满意度均在 4 分以上，总体比较满意。其中对博物馆的场馆环境评价最高（4.38 分），服务水平次之（4.11 分），对设施设备（4.06 分）、服务内容（4.05 分）评价较低。从具体单项指标看，公众对博物馆整体外观设计评价最高，达到了 4.46 分，而对博物馆服务内容中的"纪念品商店出售的商品"评价最低，仅 3.88 分。

人们随着生活水平、受教育程度的不断提高，参观博物馆的收获也越来越偏向文化知识的获取。从总体上看，公众参观博物馆所获得的收获主要有 5 个方面，其中，"增广见闻"、"丰富文物及艺术品的相关知识"、"欣赏喜欢的文物"排在前三位，分别占 49.7%、49.3% 和 48.7%，接近一半的受

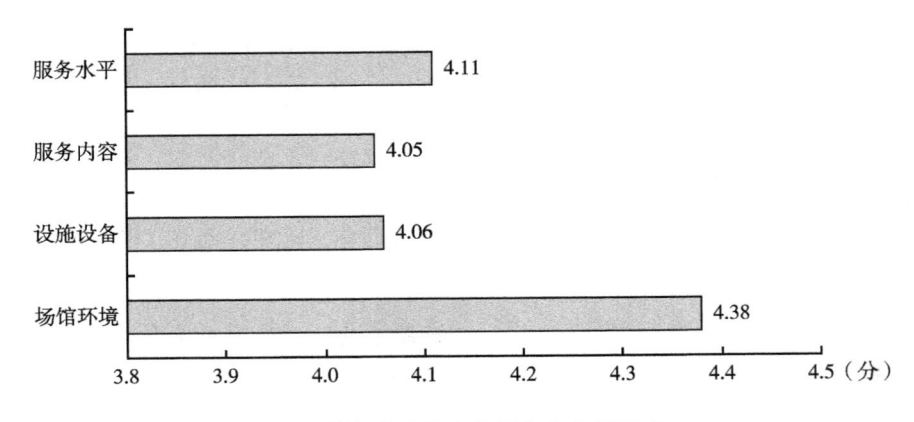

```
服务水平  ━━━━━━━━━━━━━━━━ 4.11
服务内容  ━━━━━━━━━━━━━━ 4.05
设施设备  ━━━━━━━━━━━━━━ 4.06
场馆环境  ━━━━━━━━━━━━━━━━━━━━ 4.38
         3.8  3.9  4.0  4.1  4.2  4.3  4.4  4.5（分）
```

图 7　博物馆公共文化服务公众满意度

访者选择了这三个选项，说明公众参观博物馆主要获得了知识和美感等方面的收获。而"了解当地特色文化"、"休闲、交流的好去处"排在第四、五位，分别占41.2%和24.8%（见表5）。

表 5　公众参观博物馆获得收获

单位：%

收获	占比	收获	占比
丰富文物及艺术品的相关知识	49.30	休闲、交流的好去处	24.80
欣赏喜欢的文物	48.70	了解当地特色文化	41.20
增广见闻	49.70	其他	9.10

三　博物馆公共文化服务供给存在问题

经过几年的探索和运行，博物馆免费开放已经步入常态化，为群众提供了有效的公共文化服务。但是在博物馆免费开放的过程中可以发现博物馆的公共文化服务建设还存在一些问题，只有明确了这些问题，才能更好地分析问题、解决问题，促进公共文化服务建设的进一步发展。

（一）财政补贴缺乏合理的投入机制，投入绩效有待提高

公共文化财政的支撑力度与公共文化服务成效存在密切的联系，博物馆是公益性事业单位，财政供给是其经费的主要来源。目前，我国博物馆对于财政补贴尚未形成制度化、有法律保障的博物馆投入机制，投入方案、保障方式、补助标准没有得到及时的调整和优化，导致一些财政投入与博物馆实际需求不相符的情况，经费增加幅度与财政收入增长幅度并不相适应。财政对博物馆的扶持也存在明显的地区差异，东西部经济基础差异较大，财政状况不一，客观要求在公共财政分配时应优先向中西部博物馆及原有基础较差的博物馆倾斜。

从纵向上看，省、市、县各级财政对博物馆的补贴也存在差异。调研数据表明，省级博物馆对财政的依赖程度最大，而市、县级博物馆在上级补助方面比省级博物馆占比更多。实际上，一些基层博物馆原本由当地政府进行补助，而免费开放后，由于有了国家财政补贴，基层政府反而减少了对基层博物馆的补助，出现经费补贴倒退的情况。这需要在合理界定事权与财权的基础上，进一步细化中央、省、市、县各级财政共同分担的博物馆免费开放资金，对于贫困地区应降低甚至免去配套责任。

（二）专业人才队伍整体不强，志愿者机制尚未普及

人才队伍建设对于博物馆的长远健康有序发展极为重要，是促进博物馆免费开放兴盛发展的基石。调研数据显示，博物馆在专业人才建设上面存在严重不足的现象。专业技术人员相当匮乏，特别是文物整理、保护与研究这一块。调研显示，目前我国博物馆（纪念馆）从业人员中，专业技术人才占总人数的51.9%，正高级职称和副高级职称仅占3.1%和9.0%，中级职称占20.3%。

此外，在调研的博物馆中，地市级、县级博物馆尽管早已发布志愿者招募计划，但响应人数不多。调研显示，86.7%的省级博物馆建立了志愿者队伍，地市级博物馆45.8%的场馆建立了志愿者队伍，而县级博物馆则仅有

15.9%的博物馆建立了志愿者队伍，县级博物馆的志愿者服务尚不普遍，博物馆的志愿者服务机制也未建立。主要原因在于没有志愿者服务的传统，政府也没有明确针对志愿者服务的特殊政策倾斜。

（三）博物馆藏品资源分布不均，馆际交流不够

藏品是博物馆公共文化服务发展的重要资源，藏品的丰富程度是衡量博物馆是否成功的重要标准之一。但在调研中发现，由于人力、财力、地域区隔及部门行业分割等因素限制，博物馆藏品资源分布不均。有些博物馆特别是大型博物馆馆藏文物多，但基于展览场地等条件的局限，无法展出，造成藏品资源的闲置。大多数中小型博物馆文物藏品有限，等级高的不多，因藏品匮乏而无法满足经常布展、换展的需求。藏品资源的分布不均，导致博物馆资源得不到充分利用，影响了博物馆社会效用的最大化发挥。

此外，我国博物馆的馆际交流相对较少，而且交流形式单调，缺乏馆际互补性交流与合作。博物馆馆际交流缺乏的情况在中小型博物馆建设中尤为突出。中小型博物馆大多设在一些市县级城市，受到人口流动、市民素质、基础设施等条件限制，往往缺少对外合作与交流。而大型博物馆的馆际交流虽然相较于中小型博物馆更多，但国际交流较少。除少数国家和省级博物馆外，大部分博物馆在展览、技术、学术、人才方面的国际交流很少。

（四）公共文化产品（活动）供给不足，社会服务效能有待提升

调研显示，全国纪念品商店出售的商品总体获评3.88分，在所有二级指标中得分最低，其中省级博物馆此项得分为3.92分，地市级和县级则均低于平均值，分别为3.83和3.84分。实地调研发现，目前大多数博物馆供给的文化产品，具有"相似性"特征。主要以明信片、文物复（仿）制品、书和音像制品等为主，产品缺少实用性和创意性。由于对文化遗产资源内涵理解不深入、市场把握能力的不足，大多数博物馆的文化产品不能满足消费者需求，品种单一，价格不亲民，给消费者留下"质低价高"的印象。而在陈展上，调研显示，省级博物馆基本陈列和临时展览平均每馆5.90个和

20.86次，而地市级基本陈列和临时展览平均每馆只有4.17个和8.55次，县级则更低，基本陈列和临时展览平均每馆仅有2.93个和5.39次。陈展常年不变，临展较少，导致其很难对群众具有长期的吸引力，难以培养群众经常性参观博物馆的文化习惯，不利于公共文化服务的长期化、常态化供给。总体而言，博物馆的文化产品（活动）未能实现有效供给，消费者文化需求未能得到有效满足。

调研发现，部分博物馆功能定位不准确，多以收藏、保管和研究文物为主要任务，对其他职能未给予足够重视。同时对如何更好地服务公众、提升各方面的服务质量也未给予足够的关注，这都是博物馆在免费开放新形势下要着力解决的问题。

四 改进博物馆公共文化服务的对策建议

当前，我国博物馆公共文化服务进入后免费开放的重要时期，通过调查可以看出，如何充分提升博物馆（纪念馆）的文化服务效能，供给有效文化产品，满足人们日益增长的文化精神生活的需要，成为重要议题。

（一）形成合理投入机制，提高投入绩效

经过几年的探索和运行，博物馆免费开放已经步入常态化，观众人数已从"爆棚"、"井喷"状态趋于稳定。要进一步发挥博物馆（纪念馆）在公共文化服务体系中的作用，必须加大投入，形成合理投入机制、提高投入绩效。

——构建以法律为保障、以制度为依据的博物馆投入机制，实现经费投入预算先行、经费项目法定有效、经费增加幅度与财政收入增长幅度相适应。同时，确保法定项目中各项经费都能落到实处，严格按照《关于全国博物馆、纪念馆免费开放的通知》要求，安排博物馆免费开放专项补助经费。

——加大对中西部欠发达地区的财政扶持力度，逐步缩小东中西部间的

差距。东西部经济基础差异较大，财政状况不一，客观要求公共财政在分配时优先向中西部博物馆及原来基础较差的博物馆倾斜。同时学习西方发达国家经验，进一步鼓励与引导社会捐赠或其他形式的社会资金进入博物馆事业中，实现博物馆总收入来源的合理化多元化。

——结合公共文化服务体系标准化、均等化和社会化建设，在加大经费投入力度的同时，建立经费使用效率的评价机制，引入第三方对博物馆投入—产出绩效进行评价，改变以往"重投入、轻评价"的经费使用方式，将评价结果与绩效奖励挂钩，形成激励和约束机制，实现博物馆绩效评价常态化、制度化和科学化。

（二）提升从业人员整体素质，完善并普及志愿者服务机制

人才作为博物馆公共文化服务发展的重要智力支持和中坚力量，决定着一个馆的实力、水平和发展方向。博物馆从业人员是博物馆服务工作的主要承担者。为满足博物馆的专业基础工作需要、博物馆现代管理需要和文化体制改革需求，要提高博物馆从业人员素质，扩大中高级职称人才规模。一方面，可采取博物馆从业人员职业资质认证的方式[1]，按照统一的"行业标准"规范博物馆从业人员的资格，基于职业资质认证建立博物馆从业人员的"准入"和"退出"机制。另一方面，针对全国现有部分学历偏低、素质不高的博物馆从业人员，可以通过经常性轮训培训机制，提升他们的专业素质、服务技能。

图书馆、博物馆、群艺馆等公共文化机构已经广泛引入志愿者服务机制，文化志愿者正成为一支重要的文化队伍。文化志愿者行动已经在全国范围内逐渐兴起，正在成为基层公共文化服务的新鲜力量。在这方面需要借鉴国外志愿者服务机制，加强政府的政策引导。各地区、层级文化主管部门应推动建立本地区文化志愿者组织，成立专门的博物馆志愿者服务机构。建立志愿者招募、管理和使用机制，加强志愿者博物馆专业知识培训，通过建立

---

[1] 陆建松：《博物馆专业人才培养和学科发展》，《中国博物馆》2014年第2期。

科学合理的考核标准，提升志愿者的服务水平，不断完善并普及志愿者服务机制。

（三）藏品资源互享，加强博物馆之间的密切合作

随着博物馆事业的发展，馆际交流展览已成为各馆基本陈列以外重要的展览内容，各博物馆不再独立发展，会逐步实现共建共享，最终实现共同繁荣。大型博物馆具有藏品丰富、精品众多等优势，应在加强与中小型博物馆的合作与交流中发挥支持和引导的作用，形成结对帮扶关系，帮助中小型博物馆培养人才，让馆际交流成为博物馆间的一种常态活动。中小型博物馆不具有大型博物馆那种网罗全国文物资源的优势，应该从地方历史和特色出发，发挥本地资源优势，突出地方特色，举办与地方文化紧密联系的特色展览。另外，加强我国博物馆的国际交流与合作，在展示国家形象、提高文化软实力的同时，吸收国外先进经验和技术，从而推动博物馆事业更好地向前发展。

（四）扩大文化产品有效供给，不断增强服务效能

不断优化和提升博物馆产品的内容与品质，形成品种多样、层次丰富、特色鲜明、形式新颖的文博产品和服务供给体系；推进"互联网＋"与文博行业的融合创新，鼓励发展以文物文化元素为基础的文化创意产业，充分挖掘、提炼文物所蕴含的文化价值，通过创意思维将文化价值植入于各类文化产品之中，培育创造博物馆文化产品特色品牌，增强博物馆文化产品在文化产业和消费体系中的竞争力[1]，进一步提升文博产业对于区域经济社会发展的贡献率。

同时，在"互联网＋"时代，应优先扶持现代信息技术环境下博物馆服务模式和管理模式的创新，借助现代信息技术拓展博物馆的服务职能，探

---

[1] 《文物局发布〈博物馆条例〉实施意见，鼓励开发文化产品》，人民网，http：//culture.people.com.cn/n/2015/0320/c172318 - 26725170.html，2015 - 3 - 20。

索数字博物馆与移动博物馆模式，建立博物馆理事会机制，提升博物馆专业化管理水平，提升服务质量，满足人民群众日益增长的多样化需求。针对各层级博物馆的共同情况，依据公共文化服务的标准化、均等化，制定统一又有特色的服务标准，改善博物馆（纪念馆）的硬件条件，根据人们的实际需求，扩展服务项目，切实促进其服务能力和使用率的提升。

我国公共图书馆免费开放绩效评价研究

——基于全国 31 个省份 116 个图书馆的调查研究

孙颖 陈庚*

摘 要： 公共图书馆是我国公共文化服务体系建设中的组成部分。自公共图书馆免费开放以来，公共图书馆在服务内容、服务水平和服务人次上大幅提升，取得了重要成效。通过对全国 31 个省份 116 个图书馆的实地问卷调研分析发现，我国公共图书馆的免费开放绩效整体达到良好水平，但也存在着诸多问题亟待解决，加强图书馆软硬件建设、发展外向型服务模式、丰富服务内容和样式等是提升图书馆免费开放水平的重要路径。

关键词： 公共图书馆 免费开放 绩效评价 公共文化服务

自 2011 年公共图书馆实行免费开放以来，各地图书馆进一步降低文化服务门槛，更多的基层民众得以平等、无障碍地走进图书馆，享受党和政府提供的公共文化服务。为了进一步完善图书馆免费开放政策，推进公共服务均等化、标准化建设，了解图书馆免费开放的实施成效，明确当前开展免费开放服务的问题和困难，武汉大学国家文化财政政策研究基地受文化部委托，通过实地调查、问卷调研的方式对全国各地图书馆进行了调研、获得了

---

* 孙颖，武汉大学国家文化发展研究院硕士研究生；陈庚，武汉大学国家文化发展研究院副院长、副教授，博士后，主要研究方向：文化政策。

31个省级图书馆、23个地级市图书馆和62个县级图书馆的调研数据，对其基础设施、服务供给、公众参与和公众满意度等方面特征进行了分析，以此形成对图书馆免费开放的绩效评价，为进一步了解免费开放政策的现状、问题和提出有效改进路径提供依据。

一　全国公共图书馆建设基本情况

公共图书馆是由中央或地方政府管理、资助和支持的、免费为社会公众服务的图书馆。在中国，公共图书馆担负着为科学研究服务和为大众服务的双重任务。

（一）全国图书馆基本情况

图书馆的基本情况以基础设施、馆藏书目、信息化水平、从业人员结构和财政收支等为重要衡量指标。

从馆舍等级这一综合指标来看，在本次调研的116个样本中，东部地区一级馆所占的比重相对较高，占到了68.75%，而中部地区和西部地区，一级场馆的比重相对较低，分别为43.48%和40%。

1. 基础设施

本研究主要选取建筑面积、座席数两个指标来对公共图书馆的基础设施情况进行概括。在本次调研的116个有效场馆样本中，其中馆均建筑面积最大的是东部地区，其次是中部地区，西部地区馆均面积相对较小。在书库面积、阅览室面积、电子阅览室面积和阅览室座席数等方面，东部场馆的综合水平也要相对高于中、西部地区，东、中、西部场馆的个体差异也很明显（见表1）。

2. 馆藏书目

在本次调研获得的116个有效样本中，馆藏书目在10万~50万册的最多，占37.93%，其次是藏书100万册以上的，占29.31%，再次是藏书10万册以下的，占19.83%，最后是藏书50万~100万册的图书馆占13.79%。从区域的分布来看，东部地区图书馆藏书明显要比中、西部地区丰富，图书馆各种藏书规模分布较为均衡（见图1）。

表1 场馆样本建筑面积与座席数情况区域比照

区域		东部	中部	西部	全国
有效样本		48个	23个	45个	116个
主体建筑面积（m²）	最大值	126267	102545	55629	126267
	最小值	800	300	300	300
	平均值	29442.06	19301.8	11980.74	18249.25
书库面积（m²）	最大值	59792	18000	16586	59792
	最小值	200	100	50	50
	平均值	7261.26	4641.5	3272.53	5059.80
阅览室面积（m²）	最大值	44491	42000	17223	44491
	最小值	200	125	40	40
	平均值	7814.66	6185.28	3378.15	5462.63
电子阅览室面积（m²）	最大值	3000	3000	987	3000
	最小值	25	20	40	20
	平均值	646.61	406.96	308.86	451.23
阅览室座席数（个）	最大值	7213	5293	1927	7213
	最小值	70	60	12	12
	平均值	1418.66	1009	581.60	984.26

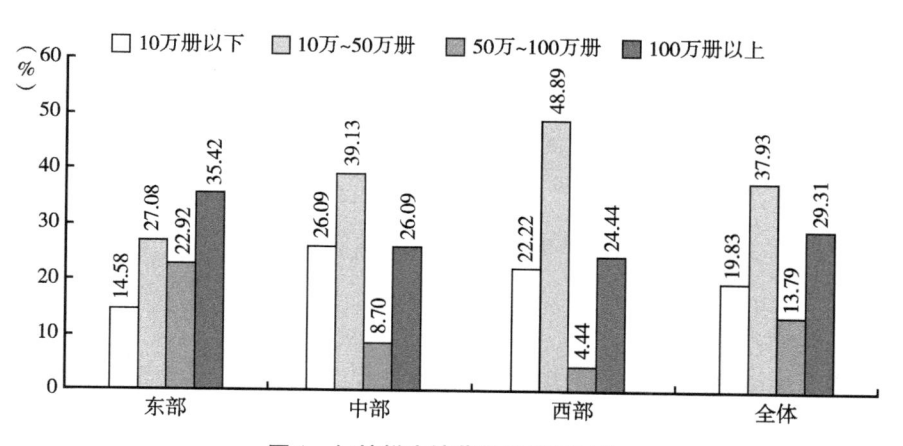

图1 场馆样本馆藏数目情况对比

在本次调研的116个场馆中，关于电子图书的调查项获得了86个有效数据。其中，东部地区图书馆平均电子图书数量最多，为858176.39册；其次是中部，601649册；最少的是西部地区，478539.74册，全国图书馆平均电子图书数量为672003.53册。图书馆电子图书来源于本馆外购的最多，占78.45%；其次是从其他机构共享的，占18.34%；本馆自建的电子图书最少，占3.21%。

3. 信息化水平

从信息化水平来看，调查的116个样本场馆中，东部地区的馆均计算机台数、馆均电子阅览室终端台数和网站访问量都明显大于中、西部地区。东部的信息化水平最高，中部次之，西部的信息化水平最低。中西部在馆均计算机台数和电子阅览室终端台数上的差别不大，但西部地区的图书馆网站的访问量明显落后（见图2）。

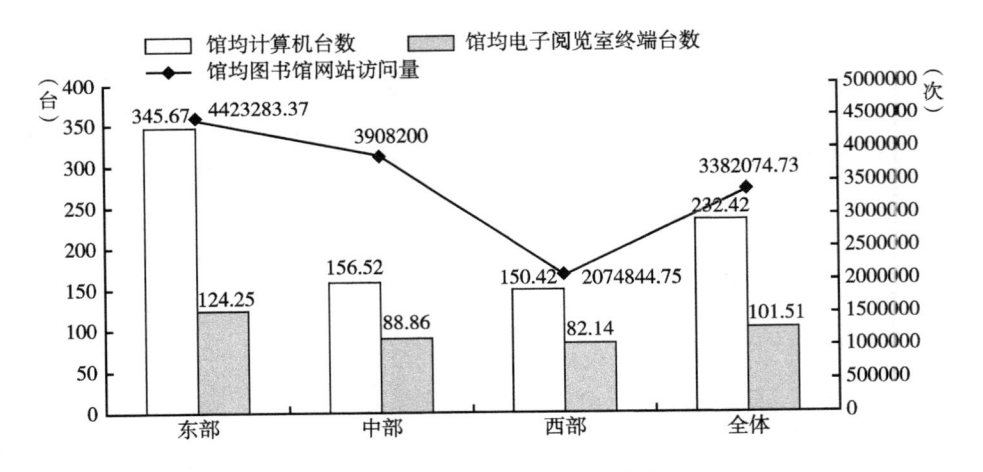

图2 场馆样本信息化水平对比

4. 从业人员

本次调研关于从业人员职称这一指标获得了113个有效数据。整体来看都是中级职称的人员占多数。中级职称人员占比最多的是东部地区，占35.61%；其次是中部地区，占33.38%；最后是西部地区，占32.55%。正高级职称所占比重最小，其中东部地区所占比重最大，为3.51%；中部地区次之，为2.81%；西部地区最小，占2.04%。由此可见，东中西部图书馆从业人员职称结构的差异较小，有职称的从业人员在50%左右（见图3）。

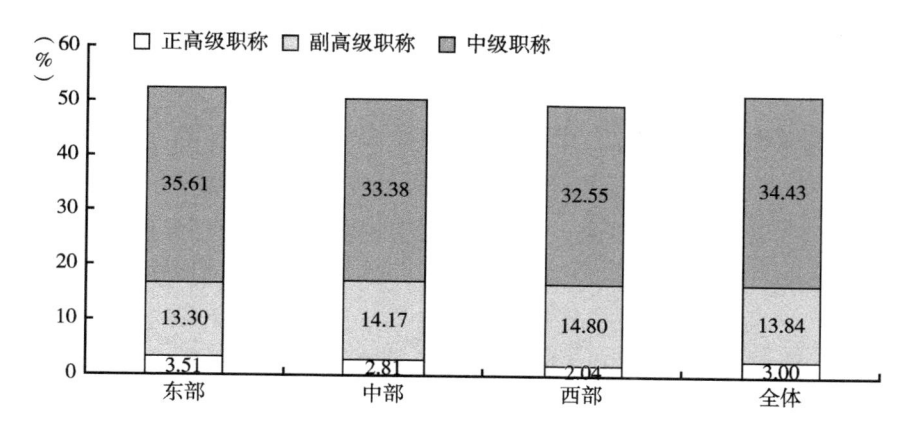

图3 场馆样本从业人员职称结构比例对比

5. 财政收支情况

课题组在本研究的调研中，获得116个场馆的有效财务运营数据。

在财政收入方面，我国公共图书馆在馆均总收入和财政支持力度上存在着地区性差异。在馆均总收入上，东部地区明显高于中西部地区，达到4431.787万元；其次是中部地区，2194.426万元；西部地区最少，为2041.4万元。在馆均财政拨款上，东部地区也远超过中西部地区。在财政收入结构中，整体来看，财政拨款占总收入的比例都超过90%。其中，中部地区该比重最大，为97.32%；其次是西部地区，为97%；东部地区该比重最小，为91.42%（见表2）。

表2 2015年度场馆样本财务收入情况一览

区域	馆均总收入（万元）	馆均财政拨款（万元）	馆均财政拨款占馆均总收入比重(%)
东部地区	4431.787	4051.627	91.42
中部地区	2194.426	2135.648	97.32
西部地区	2041.4	1980.262	97.00
全体	3060.867	2868.188	93.70

在财政支出方面，我国公共图书馆财务支出包括基本支出、项目支出、经营支出等三大方面。就总体而言，项目支出占比较大，且地区差异明显。

东部的馆均总支出最多,达到4262.202万元;中部次之,为1975.143万元,西部最少,为1672.467万元。馆均基本支出和馆均项目支出方面,依然是东部领先,中部次之,最后是西部。而在馆均经营支出方面,中部地区最多,为109.5万元,其次是西部37.2万元,而东部地区为34.2万元。由此可见,在财务支出结构上,相对于中、西部地区,东部场馆的支出结构更趋于合理化(见表3)。

表3 2015年度场馆样本财务支出情况一览

单位:万元

区 域	馆均总支出	馆均基本支出	馆均项目支出	馆均经营支出
东 部	4262.202	1959.098	2616.424	34.2
中 部	1975.143	692.196	2413.4	109.5
西 部	1672.467	585.434	1471.688	37.2
总 体	2872.283	1197.871	1649.145	14.574

在财政收支对比上,据有效数据显示,我国公共图书馆场馆样本的馆均总收入为3060.867万元,馆均总支出为2872.283万元。总体上来看,我国公共图书馆的财政收支呈现略有盈余的状态。

(二)我国图书馆服务供给基本情况

图书馆的服务供给大多是围绕图书(包括电子书)的借阅(传递)、宣传等展开的,除了传统的图书借阅服务外,近年来,其服务供给不断延伸,开始提供形式多样的读者活动项目、网络服务项目和文化便民项目等。本研究主要从书刊文献外借、为读者开展活动两方面情况进行考察。

1. 书刊文献外借情况

在本次调研的115个有效数据中,东部地区书刊文献外借情况明显好于中西部地区,在馆均总流通人次、书刊文献外借人次、书刊文献外借册次、人均书刊文献外借册数和流动图书馆车人均借阅册数上都大于中西部地区。由此可见,东部地区书刊文献外借服务人口参与度较高,但流动图书馆车书刊借阅服务还需要进一步普及(见表4)。

表4　场馆样本书刊文献外借情况一览

区域	馆均总流通人次	馆均书刊文献外借人次	馆均书刊文献外借册次	人均书刊文献外借册数	流动图书馆车人均借阅册数
东部	1536366.48	574326.13	2022564.96	3.52	1.63
中部	619958.09	264808.78	567149.61	2.14	1.13
西部	442479.36	121964.39	268418.82	2.20	1.31
全体	934554.08	339345.12	1060330.32	3.12	1.47

2. 为读者开展活动

在本次调研获得的113个有效数据中，从为读者开展活动的情况来看，图书馆组织各类讲座的次数最多，其次是培训班，开展最少的是展览。从平均参与人次上看，展览所吸引的参与人次最多，讲座其次，培训班最少，这与其活动形式相关。从地区上看，东部地区组织各类活动的次数较多，中西部地区较少，尤其是西部地区（见表5）。

表5　场馆样本为读者开展活动情况一览

区域	组织各类讲座馆均次数	讲座平均参与人次	馆均举办展览次数	展览平均参观人次	馆均举办培训班次数	培训班平均培训人次
东部	97.68	109.86	35.93	4189.53	71.66	66.76
中部	60.5	254.91	25.56	3936.55	29	167.07
西部	31.30	243.83	11.05	3909.65	18	187.29
全体	64.59	201.91	24.06	4173.48	41.96	103.01

二　我国公共图书馆免费开放满意度评价

公共图书馆参与人口是我们了解公共图书馆发展现状、活动开展情况及公共文化服务体系建设发展进程的重要指标。分析公共图书馆参与人口现状有利于切实了解公众的文化需求和需求差异，有利于提高管理和服务的效率、促进图书馆服务的多样化、为未来的图书馆建设提出发展建议。

本次调研中课题组获得有效数据16166个，覆盖了不同年龄层、不同职业、不同文化程度和收入的人群，调研样本基本情况见表6。

表6 参与人口结构情况

划分标准	人群	所占百分比(%)
年龄分布	12岁及以下	4
	13~18岁	33
	19~25岁	28
	26~40岁	22
	41~60岁	10
	61岁及以上	3
职业	学生	51
	公务员	7
	教师及科研人员	9
	企业员工	12
	农民	2
	个体工商户	4
	自由职业者	8
	其他	7
文化程度	小学及以下	8
	中学、中专	37
	大专、本科	48
	研究生及以上	7
收入	1000元以下	47
	1001~2000元	9
	2001~3000元	14
	3001~5000元	17
	5001~10000元	11
	10001元及以上	2

（一）公共图书馆综合满意度

通过分析场馆环境、设施设备、服务内容和服务水平四项核心指标，可以看出图书馆参与人口对公共图书馆的总体处于满意的状态，评价满意值为4.1分，四项核心指标中满意度最高的为场馆环境，达到4.31分，其次是服务水平为4.1分,再次是服务内容和设施设备,都为4.04分。从区域上看,东部地区的满意度普遍高于中西部地区,东部整体满意度为4.29分,在各项核心指标上得分也都高于中西部地区(见图4)。

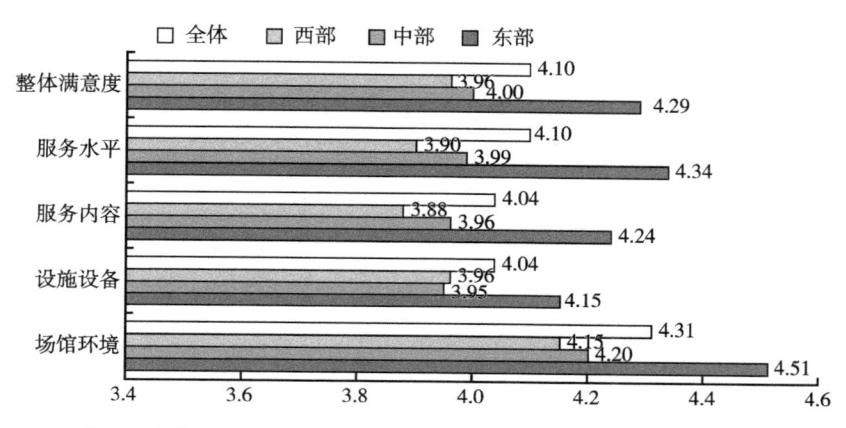

图4 参与人口对场馆样本四项核心指标及总体满意度均值对比

指标	全体	西部	中部	东部
整体满意度	4.10	3.96	4.00	4.29
服务水平	4.10	3.90	3.99	4.34
服务内容	4.04	3.88	3.96	4.24
设施设备	4.04	3.96	3.95	4.15
场馆环境	4.31	4.15	4.20	4.51

(二)环境满意度

参与人口对场馆环境的满意度评价包括图书馆外观设计评价、图书馆环境优美整洁度评价和阅览室结构布局(书架和座位)评价三个主要评价指标。调查数据显示,参与人口对场馆环境整体的满意度均值为4.31分,对图书馆外观设计的满意度最高,为4.36分;其次是图书馆环境优美整洁度,为4.35分;最后是阅览室结构布局,为4.22分(见表7)。

表7 参与人口对场馆样本环境满意度

区　域	图书馆外观设计	图书馆环境优美整洁度	阅览室结构布局(书架和座位)	场馆环境整体满意度均值
全　体	4.36	4.35	4.22	4.31

(三)设施设备满意度

社会公众对设施设备满意度的评价包括五项主要指标:标志标识是否醒

目评价、免费寄存处评价、休息区设施评价、公共卫生间评价和停车场面积评价。公众对设施设备的整体满意度均值为4.04分,其中对公共卫生间和标志标识的评价最高,为4.23分和4.15分,对停车场面积和免费寄存处的满意度最低,为3.87分和3.86分(见表8)。

表8 参与人口对场馆样本设施设备满意度

区域	标志标识是否醒目	免费寄存处	休息区设施	公共卫生间	停车场面积	设施设备整体满意度均值
全体	4.15	3.86	4.07	4.23	3.87	4.04

(四)服务内容满意度

社会公众对服务内容满意度的评价包括四项主要指标:开馆时间合理性,图书文献齐全程度,数字电子资源的丰富程度,讲座、培训、展览和读书交流活动的丰富程度。场馆服务内容整体满意度均值为4.04分,在四项具体指标中,对开馆时间合理性的满意度最高,为4.10分,对讲座、培训、展览和读书交流活动的丰富程度的满意度最低,为3.98分(见表9)。

表9 参与人口对场馆样本服务内容满意度

区域	开馆时间合理性	图书文献齐全程度	数字电子资源的丰富程度	讲座、培训、展览和读书交流活动的丰富程度	场馆服务内容整体满意度均值
全体	4.10	4.05	4.02	3.98	4.04

(五)服务水平满意度

社会公众对服务水平满意度的评价包括四项主要指标:服务台咨询服务、图书馆宣传资料、使用数字电子资源的方便程度(对图书馆关于电子资源的介绍和使用指南是否满意)、查阅借还图书的方便程度(图书分类是否合理、是否方便查找)。参与人口对场馆服务水平的整体满意度为4.10

分。在四项具体指标中对查阅借还图书的方便程度的满意度最高,为4.21分;对图书馆宣传资料的满意度最低,为4.01分(见表10)。

表10 参与人口对场馆样本服务水平满意度

区域	服务台咨询服务	图书馆宣传资料	使用数字电子资源的方便程度(对图书馆关于电子资源的介绍和使用指南是否满意)	查阅借还图书的方便程度(图书分类是否合理、是否方便查找)	场馆服务水平整体满意度均值
全体	4.10	4.01	4.07	4.21	4.10

三 公共图书馆免费开放的不足与面临的挑战

(一)场馆基本设施有待完善,对财政支持的依赖性较强

免费开放之后,随着读者的增加,设施设备的使用频率和对馆藏资源的需求也进一步增加给图书馆场馆基本设施建设带来了挑战。

在场馆基础设施方面,整体上,存在着较为明显的地区性差异,东部地区图书馆环境设施建设备各方面状况明显好于中、西部地区,公共图书馆存在着设施设备陈旧老化且难以满足读者需求的问题。

在馆藏书目方面,整体来看,馆藏书目在10万册以下的图书馆仍占19.83%,馆藏书目的更新问题也亟待解决。其中电子图书馆藏情况也基本相同,且电子图书的来源主要是外购,来自本馆自建和从其他机构共享的电子图书较少,这不利于电子图书甚至是整个馆藏资源的整合和发展。

在图书馆信息化建设方面,整体来看电子阅览室终端台数不足,各个图书馆信息化水平差异较大,尤其是基层图书馆信息化比较落后,图书馆网站建设水平参差不齐。信息化资源尚未被充分开发利用,中西部的信息化水平有待提升。

从业人员结构亟待优化,缺乏副高级职称以上的专业技术人员,中级职称以上的专业人员也只占从业人员总数的1/3左右,专业化水平偏低,这将直接影响图书馆的服务效率和管理规范。

除此之外,在财政收支方面,整体上我国公共图书馆的财政收支呈现平衡状态。但政府在扶持公共图书馆的财税政策和扶持力度方面存在较大的区域性差异,其中,东部场馆受政府财政支持的力度较大,中、西部场馆获得的财政支持总体较少,大部分公共图书馆的资金来源渠道十分单一,主要依靠政府财政拨款,社会赞助和其他渠道所占比重很小。所以财政支持上的倾斜会对中西部地区的场馆基本建设带来较大影响,导致场馆间的地区性差异。场馆自身的创收能力还有待提高。

(二)服务供给模式单一,公众参与度需进一步提高

公众需求的多样化,要求图书馆服务供给多样化且承担更多的社会功能。

从调查结果来看,现阶段公共图书馆服务还是以书刊文献外借为主,在为读者开展活动方面,主要以讲座、展览和培训班为主,然而各项活动的读者参与度呈现较大差异,活动之间的互动和联系不足,缺乏带动效应。公共图书馆的电子资源使用率低,流动图书馆车借阅服务发展缓慢,无法达到增强公共图书馆可达性和拓展服务范围的目的。

从参与人口的结构来看,参与群体较为单一,以青少年为主,其次是中年人,职业以学生居多,其次是企业员工和教科研人员,以中等学历和中低收入群体为主。且参与者多以图书借阅为目的,参与频次较低。吴理财等提出文化需求具有群体性差异,需要有针对性地提供差别化的公共文化服务内容①。如何发挥图书馆的多样化功能,满足不同人群的需求,吸引更广泛的公众参与是图书馆面临的一大挑战。

---

① 吴理财、贾晓芬、刘磊:《以文化治理理念引导社会力量参与公共文化服务》,《江西师范大学学报》(哲学社会科学版)2015年第6期。

（三）设施设备和服务的满意度不高，地区差异较为明显

公众的满意度评价是免费开放绩效评价的重要组成部分，能最为真实地反映公共图书馆服务和项目推进的状况和问题、反映公众最迫切的需求。

从调查结果来看，公共图书馆整体满意度还需提升，特别是在设施设备、服务内容以及服务水平上。从具体指标来看，对场馆环境的整体满意度较高，但阅览室结构布局仍需优化，停车场和免费寄存处等配套设施需要修缮。公共图书馆在拓展延伸的服务内容和活动上缺乏组织经验，组织频次较少，宣传力度不足。数字电子资源没有被充分开发利用，数字电子资源使用的不便对数字电子资源的普及影响巨大。直接服务于读者的服务咨询台服务人员的专业程度也需要进一步提高。

在公众满意度评价中，地区性差异明显，东部地区在整体满意度和四大核心指标满意度上都明显高于中、西部地区。这也体现了地区间公共图书馆资源配置、基础建设、服务供给等多方面的不均衡现状，这是实现公共文化服务均等化需要跨过的一大难关。

四 政策建议与优化路径

（一）优化升级软硬件，重点推进中西部地区均衡发展

邱冠华认为，公共图书馆要努力提升效能，政府也要为其增强服务能力提供条件[①]。免费开放吸引了更多公众参与，需求的增加要求公共图书馆软硬件建设能够满足现有文化需求。

完善的场馆设施设备是免费开放的重要条件。在硬件建设方面，为了使更多的读者享受到良好的阅读环境，要建立完善的场馆硬件设施管理制度，及时检修翻新场馆设施设备。要为现代数字化图书馆提供所需的硬件设施，

---

① 邱冠华：《公共图书馆提升服务效能的途径》，《图书馆学报》2015年第4期。

并出台图书馆电子设备的标准和管理办法。

在内容资源、人力资源等软件建设方面,要着力从馆藏资源、信息化数字化、服务水平上进行提升。书刊文献的借阅是公共图书馆的主要功能,馆藏资源的丰富是公共图书馆的核心要务。建立完善的文献信息资源体系,促进馆藏载体和种类的多样化,通过本馆自建、本馆外购和从其他机构共享等多种方式来丰富和整合基本馆藏,并落实对现有馆藏的维护和翻新工作。重视图书馆的信息化数字化建设,丰富电子图书和电子馆藏资源。提升从业人员的专业技术水平,加强图书馆服务队伍的建设和人事管理,保证服务的质量。通过公开招聘、专业培训等多种形式完成人才的引进和人才结构的优化,完善员工绩效评价体系,提高工作的效率,保证中高级职称人员在总从业人员中的占比稳定增长。

同时,针对我国公共图书馆发展的非均衡状态,建议要重点推进中西部地区的场馆建设。吴自勤认为中西部地区公共图书馆的发展不能照搬东部地区的经验,要建立符合中西部特点的公共图书馆服务体系,完善总分馆制度[1]。要发挥政府的主导作用,以均衡为目标采取倾斜的政策措施,特别是财政政策,以保障中西部场馆建设的资金投入。鼓励东部地区场馆带动中西部地区场馆,制定长效可行的互动交流、实地考察、业务培训和技术指导计划。重点推进中西部地区乡村、社区等基层图书馆的设施设备建设,保障其资金来源和从业人员待遇。

(二)积极开展外向型服务,鼓励社会力量参与公共图书馆建设

公共图书馆的服务供给要突破传统图书馆时间和空间的限制,改变被动的服务模式,要积极地走出去,开展外向型服务,吸引和鼓励社会力量参与共建公共图书馆。

推进服务模式外向化、市场化,积极拓展图书馆业务范围。利用现代化的数字技术建设数字图书馆等具有吸引力的大型平台项目,加强地区之间图

---

[1] 吴自勤:《我国中西部公共图书馆服务体系建设研究》,《河南图书馆学刊》2013 年第 1 期。

书馆的联系和互动。公共图书馆所提供的服务也需要面向市场，采取积极外向的服务模式，例如提供代检索、代校对等服务，成为知识信息资源的开发者和传播者，同时积极争取与企业、高校和政府等多方合作的机会。

强化公共图书馆服务的公益性，吸引社会力量以各种形式参与公共图书馆建设。保障公民特别是弱势群体平等获取信息的权利，开展丰富多样的公益性活动和慈善项目，为社会力量参与公益活动提供有效的渠道。鼓励社会力量参与公共图书馆的多样化建设，牛红艳认为，社会力量可以通过参与图书馆日常管理、图书馆资源建设、公益活动、宣传工作多种途径加入公共图书馆的建设中①。

完善社会力量参与公共图书馆建设制度，从财税、金融和人事等多方面制定一系列鼓励政策。规范政府购买、合同外包、服务外包等流程和质量，构建综合化系统化的监督机制，加强对社会捐赠、资助资金的管理和使用的监管，促进信息的公开透明化。

（三）推动公共图书馆服务供给模式多样化，提高群众参与度

公共图书馆需要转变服务理念，致力于完成现代化公共图书馆的功能提升，不能仅限于浅层次的文献服务，要提供多元化的服务以适应多样化、个性化的文化需求。余国斌提出公共图书馆服务供给需要创新，在内容上提供知识服务，在方式上提供自助服务②。

公共图书馆服务供给内容实现丰富化、特色化。发挥公共图书馆开展社会教育、提供文化娱乐和保存人类文化遗产等多种职能作用，围绕其职能为读者提供丰富的系列主题活动，增大展览、演讲和培训班等活动的频次和宣传力度。开展图书馆特色服务，以地方的文化、教育为背景，通过公共图书馆的馆藏、服务和活动展现地方特色和文化内涵，与媒体及社交网站深入合作，全方位的进行宣传造势，激发公众的参与热情和兴趣。

---

① 牛红艳：《社会力量参与公共图书馆建设探讨》，《图书馆情报工作》2012 年第 9 期。
② 余国斌：《免费开放时代公共图书馆服务创新策略探究》，《江西图书馆学刊》2011 年第 4 期。

公共图书馆服务供给形式实现数字化、多样化。与移动化数字化技术相结合，推出多元化的信息服务，重视公共图书馆的门户网站运营和移动客户端建设，为读者获取信息资源和了解图书馆活动提供便利的途径。创新公共图书馆服务供给形式，增强公共图书馆服务供给的流动性和灵活性。

（四）以公众需求为导向，推动公共服务效能提升

公共图书馆的发展要以公众的需求为导向，以动态化的思维去了解公众的需求甚至是潜在需求，走信息化、自动化、网络化的发展道路。

第一，建立群众满意度反馈机制。畅通群众建议投诉的渠道，通过调查问卷、服务评分、意见箱和社交平台等多种方式广泛征集公众的意见和建议。

第二，对公众的意见及时作出反馈。对调查中满意度明显较低的地方立即整改，保障免费开放服务的质量，并在整改之后对重点问题进行再调查。完善免费开放绩效评价和监管体系。

第三，从读者的角度出发，发现公共图书馆建设中的不足，场馆建设要体现人文关怀。根据读者的年龄、学历、职业等特点，丰富其所需的馆藏资源、信息和活动，保障图书馆服务供给的有效性。

我国美术馆免费开放绩效评价研究

——基于全国 42 个美术馆的调研分析

李朝晖[*]

摘　要： 美术馆作为现代公共文化服务体系的重要组成部分,是保障人民群众基本文化权益的重要载体。目前我国美术馆在场馆环境和服务内容等方面表现突出,且东部地区和省级场馆的优势也较为明显,但仍存在基础设施中个别因素评价低,服务水平呈现"两极化"分布,场馆优势呈东、中、西部阶梯状下降和中部地区服务内容相对落后等问题。未来,美术馆免费开放应创新公共投入机制,加大社会力量参与基础设施建设力度;完善绩效评价体系,提升外围延伸性服务内容;推动"供给侧改革",实现公共文化服务水平的均等化;重视中部地区特殊性,确保服务内容与硬件设施同步发展,全面提升我国美术馆免费开放的绩效评价水平。

关键词： 美术馆　公共文化服务　免费开放　绩效评价

美术馆作为现代公共文化服务体系的重要组成部分,是保障人民群众基本文化权益的重要载体。为考察当前我国美术馆免费开放和运营管理的情况,武汉大学"文化第一线"课题组于 2015 年 7~9 月赴全国 25 个省(自

---

[*] 李朝晖,河南孟津人,洛阳师范学院文化产业管理系主任,讲师,主要从事公共文化管理、区域文化产业研究。

治区、直辖市）进行调研。调研以各省、市级美术馆为研究对象，主要通过发放问卷和实地考察形式，了解公众对美术馆的"场馆环境"、"场馆设备"等基础条件和"服务内容"、"服务水平"等文化服务的评价，全面考察各级美术馆的免费开放情况。

一 调研样本情况

（一）调研样本的选择及分布

本次调研在东、中、西部共选取42个样本点，其中省级样本点22个、市级样本点20个，以随机抽样调查的形式进行样本收集，调研中共收集有效问卷9731份。

东部地区有黑龙江省美术馆、福建美术馆、广东美术馆、河北美术馆（河北画院）、江苏省美术馆、山东美术馆、浙江美术馆、天津美术馆和上海美术馆9个省级样本点，大庆市美术馆、厦门美术馆、中山美术馆、无锡美术馆、西洋美术馆、绍兴市美术馆和吉林市美术馆7个市级样本点，共收集问卷3918份。

中部地区有河南省美术馆、湖北省美术馆、江西省美术馆和山西省美术馆4个省级样本点，周口市美术馆、衡阳市美术馆、襄阳市美术馆、吉安市美术馆和晋城市美术馆5个市级样本点，共收集问卷1822份。

西部地区有西安美术馆、四川美术馆、甘肃美术馆、广西美术馆、内蒙古美术馆、宁夏美术馆、青海美术馆、云南美术馆和重庆美术馆9个省级样本点，户县美术馆、乐山市美术馆、天水市美术馆、宁夏市级美术馆、昌吉州美术馆、普洱市美术馆、涪陵美术馆和北碚美术馆8个市级样本点，共收集公众问卷3991份。

（二）问卷样本信息

本次调查对象主要为参与省、市各级美术馆相关活动的公众，涵盖各年龄段、文化程度及职业群体（如表1所示），基本能够反映当前公众对大型公共文化设施的真实观感。

表1 全国美术馆调研样本基本情况

单位：%

性　别	男性	50.5	女性	49.5
年　龄	12岁及以下	4.5	26~40岁	21.1
	13~18岁	18.6	41~60岁	19.5
	19~25岁	30.7	61岁及以上	5.6
文化程度	小学及以下	6.4	大专、本科	56.0
	中学、中专	28.5	研究生及以上	8.8
职　业	学生	39.0	农民	2.0
	公务员	6.9	个体商户	4.5
	教师或科研人员	10.4	自由职业者	8.3
	企业员工	15.4	其他	6.5
您有哪些艺术爱好	音乐	45.5	摄影	33.0
	舞蹈	21.4	设计	18.3
	戏曲	15.6	书法	14.1
	书法绘画	38.1	其他	6.8
是否居住本地	是	70.7	否	29.3
了解美术馆的途径	实地宣传	34.3	报纸杂志	13.8
	朋友介绍	39.0	电视宣传	14.8
	互联网	35.9	旅游团	10.6
	户外广告	19.2	其他	11.8
从居住地到美术馆时间	半小时以内	30.8	1至2小时	20.6
	半小时至1小时	42.6	2小时以上	6.0
月均收入	1000元以下	33.7	3001~5000元	20.5
	1001~2000元	9.4	5001~10000元	16.9
	2001~3000元	16.3	10001元及以上	3.2
2014年到美术馆次数	0次	16.1	6~15次	10.3
	1~5次	71.0	16次及以上	2.6

二　公众对美术馆公共服务满意度评价

（一）公众对美术馆满意度整体分析

在各项一级指标中，公众对美术馆"场馆环境"评价最高（4.46），其中"整体外观设计"(4.83)、"环境优美、整洁"(4.32)和"展厅结构布局"(4.22)也位于二级指标前三名;"服务内容"的全国均值为4.02;而"服务水平"(3.98)和"设施设备"(3.96)的评价得分较低,其中公众对"停车场面积"(3.85)、"导览人员讲解"(3.84)和"纪念品商店出售的商品"(3.77)等二级指标的满意度最低(见表2)。

表2 全国公众对美术馆满意度整体评价分析

目标	一级指标	均值	二级指标	满意度评价		
				均值	排名	标准差
公众满意度指标体系	场馆环境	4.46	美术馆整体外观设计	4.83	1	0.814
			美术馆环境优美整洁	4.32	2	0.806
			展厅结构布局	4.22	3	0.864
	设施设备	3.96	标志标识是否醒目	4.05	8	0.959
			提供免费寄存处	3.96	13	1.020
			休息区的设施	3.96	13	1.013
			公共卫生间	3.98	11	1.005
			停车场面积	3.85	18	1.071
	服务内容	4.02	展览主题	4.13	5	0.935
			展品丰富程度	4.02	10	0.973
			展品的介绍资料	3.97	12	0.987
			展品的布置	4.05	8	0.933
			展厅动画、电视等多媒体效果	3.92	15	1.038
	服务水平	3.98	纪念品商店出售的商品	3.77	20	1.090
			展厅内参观秩序(是否拥挤)	4.12	7	0.982
			领取免费门票的便捷性	4.15	4	0.980
			参观等候时间	4.13	5	0.991
			导览人员讲解	3.84	19	1.095
			服务台的咨询服务	3.92	15	1.085
			美术馆的宣传资料	3.90	17	1.092

说明:本次调研采用李克特量表(Likert scale)衡量被调查者参观美术馆的满意度,回答选项分为"非常满意"、"满意"、"一般"、"不满意"和"非常不满意"五项,依序分别给予5、4、3、2、1分值标记,以此量化被调查者对美术馆的满意度。为了便于比较,本文的数据呈现全部采用均值方法。

（二）全国各省（直辖市、自治区）公众对于不同等级美术馆满意度的对比分析

1. 一级指标对比分析

在对美术馆满意度整体评价分析的基础上，课题组对各省（直辖市、自治区）的数据做了深入对比分析。如表2所示，本次调研共设计"场馆环境"、"设施设备"、"服务内容"和"服务水平"4项一级指标。

在省级场馆中，江苏和上海的满意度排名最高，4项指标都位列前三，尤其江苏更是表现突出，3项指标均名列榜首，分别为"场馆环境"（4.80）、"服务内容"（4.67）和"服务水平"（4.63）；福建的"设施设备"（4.68）和"服务内容"（4.63）2项指标排在前三名；山东的"场馆环境"（4.69），浙江（4.43）和重庆（4.52）的"服务水平"指标排名位列前三。

在市级场馆中，山西表现突出，其"场馆环境"（4.78）、"设施设备"（4.64）、"服务内容"（4.35）和"服务水平"（4.39）4项指标都位列前三，其中"设施设备"排在第一位；重庆的场馆服务满意度评价较高，"服务内容"（4.49）和"服务水平"（4.51）2项指标都位于第一名；此外，江西的"场馆环境"（4.59）和"设施设备"（4.51），新疆的"服务内容"（4.35）和"服务水平"（4.38）排名也位列前三；天津的"场馆环境"（4.79）排在第一名。

2. 各项二级指标对比分析

（1）"场馆环境"类指标对比分析

"场馆环境"类主要包括"整体外观设计"、"环境优美整洁"和"展厅结构布局"3项二级指标。

在省级场馆中，江苏和上海的满意度排名最高，3项指标都位列前三名，其中，上海的"整体外观设计"（4.95）排名第一，江苏的"环境优美整洁"（4.83）和"展厅结构布局"（4.73）2项指标排名第一；河北的"展厅结构布局"（4.62）、山东的"环境优美整洁"（4.83）和青海的"整体外观设计"（4.79）各项指标都排在前三位，其中山东的"环境优美整

洁"指标排名与江苏并列第一。

在市级场馆中,天津和山西有3项指标满意度都位于前三名,其中天津的"整体外观设计"(4.84)和"展厅结构布局"(4.70)2项指标排名第一,山西的"环境优美整洁"(4.84)和"展厅结构布局"(4.70)2项指标排名第一;此外,重庆的"展厅结构布局"(4.58)项指标排名处于第三位。

(2)"设施设备"类指标对比分析

"场馆环境"类主要包括"标志标识是否醒目"、"提供免费寄存处"、"休息区的设施"、"公共卫生间"和"停车场面积"5项二级指标。

在省级场馆中,江苏的满意度排名最高,各项指标均排名前三,其中"标志标识是否醒目"(4.62)、"提供免费寄存处"(4.69)、"休息区的设施"(4.62)和"公共卫生间"(4.71)4项指标位列第一,"停车场面积"(4.57)项排在第二名;福建的"标志标识是否醒目"(4.56)、"休息区的设施"(4.62)和"停车场面积"(4.59)以及山西的"标志标识是否醒目"(4.52)、"提供免费寄存处"(4.45)和"停车场面积"(4.50)等各项指标排名都位列前三,其中福建的"停车场面积"和"休息区的设施"项指标更是排在第一位;上海的"提供免费寄存处"(4.48)和浙江的"公共卫生间"(4.46)项指标排名在前三。

在市级场馆中,中部地区场馆满意度排名普遍较高,山西和江西的5项指标排名都在全国前三位,其中,山西的"标志标识是否醒目"(4.70)、"提供免费寄存处"(4.80)、"公共卫生间"(4.65)和"停车场面积"(4.60)4项指标均位列第一,而"休息区的设施"(4.43)也排在第二位;重庆有"标志标识是否醒目"(4.58)、"休息区的设施"(4.54)、"公共卫生间"(4.35)3项指标位于前三名,其中"休息区的设施"位列第一;新疆也有"提供免费寄存处"(4.40)和"停车场面积"(4.25)2项指标排名前三。

(3)"服务内容"类指标对比分析

"服务内容"类指标主要包括"展览主题"、"展品丰富程度"、"展品的介绍资料"、"展品的布置"和"展厅动画、电视等多媒体效果"5项二级指标。

在省级场馆中,江苏和福建的满意度排名最高,5项指标都位列前三,其中江苏的"展览主题"(4.70)、"展品丰富程度"(4.66)、"展品的布置"(4.71)和"展厅动画、电视等多媒体效果"(4.66)4项指标均位列第一,而福建的"展品的介绍资料"(4.63)则排在第一位;上海的"展品丰富程度"(4.60)、"展品的介绍资料"(4.52)、"展品的布置"(4.56)和"展厅动画、电视等多媒体效果"(4.44)4项指标均位列第三名;河北的"展览主题"(4.63)项排名第三。

在市级场馆中,西部地区场馆满意度表现突出,重庆的5项指标都位于前三名,其中"展品的介绍资料"(4.55)和"展品的布置"(4.51)两项排名第一;山西有4项指标位于前三名,其中"展览主题"(4.46)项位列榜首;江西的"展览主题"(4.52)、"展品的布置"(4.36)和新疆的"展品的介绍资料"(4.35)、"展厅动画、电视等多媒体效果"(4.43)项指标排名位列前三,其中新疆的"展厅动画、电视等多媒体效果"项满意度最高;此外,陕西的"展品丰富程度"(4.50)则排在第一位。

(4)"服务水平"类指标对比分析

"服务水平"类指标主要包括"纪念品商店出售的商品"、"展厅内参观秩序(是否拥挤)"、"领取免费门票的便捷性"、"参观等候时间"、"导览人员讲解"、"服务台的咨询服务"和"美术馆的宣传资料"7项二级指标。

在省级场馆中,江苏的满意度排名最高,7项指标中有6项位列前三名,且"纪念品商店出售的商品"(4.38)、"参观等候时间"(4.81)、"服务台的咨询服务"(4.78)和"美术馆的宣传资料"(4.77)4项排名第一;重庆的"展厅内参观秩序(是否拥挤)"(4.71)、"领取免费门票的便捷性"(4.72)、"导览人员讲解"(4.31)、"服务台的咨询服务"(4.56)和"美术馆的宣传资料"(4.53)等5项指标都排在第三名;上海的"纪念品商店出售的商品"(4.25)、"导览人员的讲解"(4.48)、"服务台的咨询服务"(4.60)和"美术馆的宣传资料"(4.69)等4项指标均排在第二名;而山东的"展厅内参观秩序(是否拥挤)"(4.76)和"领取免费门票的便捷性"(4.84)均位于第一名,"参观等候时间"(4.77)排在第二名;山西的"导览人员的讲解"(4.66)位于第一名、"纪念品商店出售的商品"

(4.21)排在第三;此外,福建的"纪念品商店出售的商品"和浙江的"参观等候时间"项指标都位于第三名。

在市级场馆中,重庆有6项指标都位于前三,其中"导览人员讲解"(4.50)、"服务台的咨询服务"(4.67)和"美术馆的宣传资料"(4.61)3项位列第一名;山西有5项指标都位于前三,其中"展厅内参观秩序〔是否拥挤〕"(4.66)、"领取免费门票的便捷性"(4.54)更是排在首位;新疆有4项指标排名前三,其中"纪念品商店出售的商品"(4.31)项排名第一;江西的"纪念品商店出售的商品"(4.04)和"领取免费门票的便捷性"(4.45)项均排在第三名;此外,黑龙江的"领取免费门票的便捷性"(4.45)项也排在第三名。

三 我国美术馆免费开放绩效评价及问题分析

(一)场馆环境满意度高,但基础设施中个别因素影响整体评价

关于美术馆的硬件方面,课题组设置"场馆环境"和"设施设备"两项一级指标。调研显示,不管是省级、市级不同等级场馆,还是东、中、西部不同地区场馆,公众对美术馆"场馆环境"的满意度始终位于第一名,尤其是"整体外观设计"和"环境优美整洁"两项二级指标排名也一直处于前两位的稳定状态,如表3所示。

表3 公众对全国美术馆"场馆环境"满意度对比分析

	指标	均值数据/均值排名									
		省级		市级		东部		中部		西部		全国	
一级	场馆环境	4.37	1	4.20	1	4.52	1	4.20	1	4.14	1	4.46	1
二级	整体外观设计	4.41	2	4.32	1	4.55	2	4.30	1	4.24	1	4.83	1
	环境优美整洁	4.42	1	4.17	2	4.58	1	4.19	2	4.13	2	4.32	2
	展厅结构布局	4.29	3	4.10	3	4.44	6	4.12	4	4.04	3	4.22	3

但"设施设备"没有获得同样的好评。如表4所示,"设施设备"在市级、东部、西部和全国场馆中排名都位于最后。进一步分析各项二级指标,就全国而言,各项指标满意度排序基本位于中等(第10名左右),但"停车场面积"一项满意度排序则降至18名,即使对"设施设备"满意度整体较高的中部民众对此项指标的认知也处于第14位。此外,市级场馆的"休息区的设施"、"公共卫生间"和西部场馆的"提供免费寄存处"等二级指标满意度排序也位于后五名,如表4所示。

表4 公众对全国美术馆"设施设备"满意度对比分析

	指标	省级		市级		东部		中部		西部		全国	
一级	设施设备	4.02	3	3.86	4	4.23	4	3.97	2	3.68	4	3.96	4
二级	标志标识是否醒目	4.10	9	3.97	7	4.30	9	4.12	4	3.77	11	4.05	8
	提供免费寄存处	4.01	14	3.88	12	4.20	13	4.05	6	3.67	17	3.96	13
	休息区的设施	4.03	13	3.85	16	4.26	12	3.92	11	3.67	17	3.96	13
	公共卫生间	4.06	11	3.85	16	4.30	9	3.87	15	3.71	14	3.98	11
	停车场面积	3.91	17	3.76	19	4.10	18	3.88	14	3.59	20	3.85	18

由此可见,随着近年来各地政府对大型公共文化设施持续不断的财政投入和支持,全国美术馆的硬件水平有显著提高,在"场馆环境"方面表现尤其突出,但"公共卫生间"、"停车场面积"等个别二级指标却影响公众对美术馆"设施设备"的整体评价。

(二)服务内容评价稳定,但服务水平评价呈现明显"两极化"分布

针对美术馆服务方面的评价,课题组设计了"服务内容"和"服务水平"两项一级指标。如表5所示,除中部地区以外,美术馆的"服务内容"在省级、市级、东部、西部以及全国场馆中的排名均处于第二名,在"展览主题"、"展品的布置"、"展品丰富程度"等二级服务内容上更是获得较高且稳定的满意度评价。总体而言,我国美术馆的各项服务内容已基本达标并正逐步完善。

表 5　公众对全国美术馆"服务内容"满意度对比分析

指标		均值数据/均值排名									
		省级		市级		东部		中部		西部	全国
一级	服务内容	4.08	2	3.92	2	4.26	2	3.86	4	3.80	2	4.02	2
二级	展览主题	4.20	6	4.00	6	4.39	7	4.15	3	3.85	5	4.13	5
	展品丰富程度	4.09	10	3.92	9	4.27	11	4.02	9	3.78	10	4.02	10
	展品的介绍资料	4.04	12	3.86	14	4.19	14	3.87	15	3.80	9	3.97	12
	展品的布置	4.13	8	3.92	9	4.33	8	3.39	20	3.81	8	4.05	8
	展厅多媒体效果	3.94	16	3.86	14	4.11	17	3.89	13	3.75	12	3.92	15

但公众对美术馆"服务水平"中各具体指标的满意度却参差不齐，呈现明显的"两极化"分布（如表6所示）。场馆提供基础性核心服务的能力和水平已得到较高认可（如"领取门票"、"参观等候时间"等），而"纪念品出售"、"导览人员讲解"、"服务咨询"和"宣传资料"这四项指标则整体靠后，即提升场馆的延伸性细节服务是未来要关注的主要方向。

表 6　公众对全国美术馆"服务水平"满意度对比分析

指标		均值数据/均值排名									
		省级		市级		东部		中部		西部	全国
一级	服务水平	4.01	4	3.91	3	4.24	3	3.89	3	3.76	3	3.98	3
二级	出售的纪念品	3.79	20	3.88	12	3.94	20	3.74	18	3.63	19	3.77	20
	展厅内参观秩序	4.18	7	3.74	20	4.46	5	3.98	10	3.85	5	4.12	7
	领取门票便捷性	4.23	4	4.03	4	4.48	3	4.04	7	3.87	4	4.15	4
	参观等候时间	4.23	4	4.01	5	4.48	3	4.03	8	3.84	7	4.13	5
	导览人员讲解	3.83	19	3.97	7	3.95	19	3.90	12	3.70	16	3.84	19
	服务台咨询服务	3.95	15	3.85	16	4.19	14	3.81	17	3.71	14	3.92	15
	美术馆宣传资料	3.90	18	3.89	11	4.17	16	3.74	18	3.72	13	3.90	17

（三）省级场馆优势明显，但此优势呈现东、中、西部阶梯状下降

分析四项一级指标发现：不管是全国整体数据还是东、中、西部各地区数据，公众对省级场馆满意度普遍高于市级场馆。但通过深入对比，这种省级场馆相较于市级场馆的满意度优势则呈现东、中、西部依次地阶梯状下降。

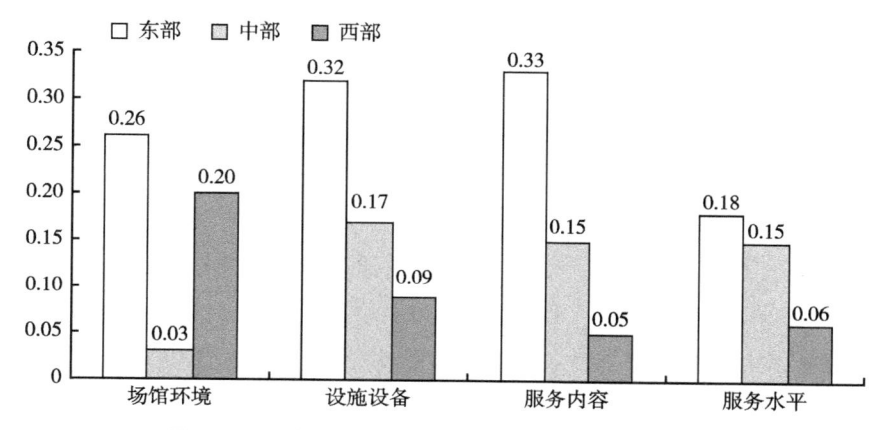

图1 不同地区省级与市级美术馆公众满意度均值差

如上图1所示，除极个别数据不规律以外，各项一级指标中省级场馆与市级场馆的公众满意度均值差均呈现东、中、西部地区递减的趋势。

深入分析发现，这种分布在不同地区各项二级指标的对比分析中表现得更突出。比如，东部地区只有"导览人员讲解"一项的市级场馆（3.97）均值高于省级场馆（3.94）；中部地区有"外观设计"（市级4.37、省级4.24）和"宣传资料"（市级3.74、省级3.73）两项，此外，还有"多媒体效果"（3.89）和"门票便捷性"（4.04）两项指标的市级、省级场馆均值相同；而西部地区则有"多媒体效果"、（市级3.75、省级3.74）、"导览人员讲解"（市级3.77、省级3.67）、"咨询服务"（市级3.74、省级3.70）和"宣传资料"（市级3.78、省级3.68）四项。当然，公众对市级场馆满意度的较高评价主要体现在"服务水平"和"服务内容"方面，也就是说作为重要的基层公共文化场所，各地市级美术馆在"场馆环境"和"设施设备"等硬件领域仍有较大提升空间。

（四）中部场馆硬件条件突出，但公众对其服务内容的满意度明显落后

对比"设施设备"中的各项二级指标，中部地区的满意度排名都处于领先位置，尤其是其"标志标识"和"免费寄存"的优势更明显（见表4）。但中部地区的"服务内容"却排在最后一名，而"服务内容"在其他省级、市级、东部、西部及全国数据中均排在第2位。其中，中部地区"介绍资料"的排名位于第15位；作为美术馆核心服务内容的"展品的布置"在中部场馆20项指标中排名最后，而此项指标在其他各类地区的排名中均处于前10位（见表5）。

分析以上数据可知，公众对中部地区美术馆"场馆环境"和"设施设备"等硬件设施的满意度普遍较高，尤其是对标志标识、行李寄存等基础设施的评价更是高于全国美术馆平均水平；但公众对中部美术馆"服务内容"的评价却较低，尤其值得关注的是这种评价更多地体现在产品布置、资料介绍等美术馆的核心服务领域。

四 完善我国美术馆公共服务的对策建议

（一）创新公共投入机制，加大社会力量参与基础设施建设力度

十七届六中全会后，创新成为完善我国公共文化服务体系的强大推动力。2015年，政府又出台多项政策与意见，对创新公共投入机制，强化公共文化建设的社会化参与进行了更明确要求。5月11日，国务院办公厅发布《关于做好政府向社会力量购买公共文化服务工作意见的通知》，要求"建立健全政府向社会力量购买公共文化服务机制，完善公共文化服务供给体系，提高公共文化服务效能"。5月22日，在《关于在公共服务领域推广政府和社会资本合作模式的指导意见》中又指出，"在文化等公共服务领域，鼓励采用政府和社会资本合作（Public—Private Partnership，PPP）模

式,吸引社会资本参与,为广大人民群众提供优质高效的公共服务"。6月25日,财政部发布《关于进一步做好政府和社会资本合作项目示范工作的通知》,进一步明确要求"在文化等公共服务领域广泛征集适宜采用PPP模式的项目,加快建立项目库"。

借助政府政策的导向性作用,在确保政府直接公共财政投入的基础上,新的政府购买机制以及PPP模式都将会吸引更多的社会资本参与到公共文化产品和公共文化服务的生产过程,进而形成社会化参与、多元化共建的公共文化供给机制,而这也将成为完善各级、各地美术馆基础硬件设施的重要手段和保障。

(二)完善绩效评价体系,提高外围延伸性服务内容水平

发达国家的经验表明,科学的绩效评价体系是现代公共文化服务体系的重要组成部分。但我们在调研中发现,我国美术馆普遍对延伸性服务内容重视不够,缺乏客观、有效、科学的绩效评价体系,导致在不同地区、不同等级的美术馆中普遍存在服务水平的"两极化"分布状况。

首先,要明确绩效评价体系的范围。第一,虽然结果绩效反映了公共文化服务可交付的结果,且便于考核,但过程绩效是结果绩效的前提和保证,且美术馆更多的还是提供一种过程化的文化服务,因此对美术馆而言,公共文化服务的过程绩效考核就显得更为重要。第二,作为国家现代公共文化服务体系的重要组成部分,美术馆提供的文化服务属于基本公共文化产品和服务的范围,在设计考评方案时候,考核目的、考核的过程与方法、考核条件等要素的设计要符合基本服务的要求。

其次,建立科学的绩效评价指标体系。建设绩效评价指标体系要依据"标准化"的原则,但场馆也可以根据自身实际情况做出适当的导向性调整。比如可以提高"讲解服务"、"服务台咨询"、"衍生品销售"等延伸性细节服务的影响力度,这样就可以在确保绩效评估客观性的基础上发挥最大可能的有效性,实现二者的辩证统一。

(三)推动"供给侧改革",实现公共文化服务水平的均等化

随着各级政府的不断重视和公共财政的持续投入,我国基本公共文化服务的"均等化"发展取得较大进步,但在调研过程中仍发现公众对美术馆的满意度存在较大的地域性差异:一方面,东部场馆满意度明显高于中、西部场馆;另一方面,省级场馆满意度明显高于地市级场馆,且这种满意度优势在东、中、西部呈现阶梯状下降趋势。

2015年11月10日,习近平同志在中央财经领导小组会议上指出:"在适度扩大总需求的同时,着力加强供给侧结构性改革,着力提高供给体系质量和效率。"未来要把美术馆建设和发展纳入民生范畴,关注民众的文化需求,针对文化的"需求侧",重点改革文化的"供给侧",让供给更加适应不同地区民众的个性化需求,统筹城乡文化资源的协调配置,解决西部地区、贫困地区、民族地区和革命老区等领域场馆欠账的问题,实现我国美术馆公共文化服务水平的"均等化"。

(四)重视中部地区特殊性,确保其服务内容及水平与硬件设施同步发展

调研数据显示,省级、市级场馆以及东部、西部地区与全国场馆四项一级指标满意度排序基本一致,而公众对中部地区场馆硬件的满意度评价要优于场馆服务,这种优势在"设施设备"中表现得尤为突出。

首先,正确认识我国中部地区的特殊性,在公共财政投入上实现因地制宜。我国中部地区处于一个较为尴尬的地位,一方面,经济实力及基础设施确实比西部地区好,然而与东部地区比也有不小的差距;另一方面,中部地区的几个省份属于我国的人口大省、教育大省,对公共文化艺术的需求非常大,但文化领域的财政收入甚至远不如西部地区。比如河南省、河北省,其文化方面的财政拨款要远低于属于西部地区的四川、重庆。因此未来应转变传统观念,不能"一刀切"地认为中部地区经济及基础设施一定比西部地区好,而应在调查研究的基础上分别对待,在继续加大对西部欠发达地区扶

持的力度上，对部分基础较差的中部地区予以一定的政策倾斜。

其次，有针对性地强化中部地区美术馆的核心服务内容，力争在短时期以较小成本获取最高收益。调研发现，中部地区一级指标中的"服务内容"排名最后，而其他场馆以及全国均值都位于第 2 位；在"服务内容"的 5 项二级指标中，"展品的介绍资料"排名位于第 15 名，而"展品的布置"更是位于最后一名，远远落后于全国平均排名。也就是说，只要有针对性地强化中部地区美术馆的个别服务内容，就可实现全国美术馆整体服务内容的跨越式升级。

文艺院团公共文化服务效能评价及其路径优化浅析

——基于国家公共文化政策研究实验基地文艺院团的观察

王琼波*

摘　要： 为基层群众送文艺演出，是政府应予保障的国家基本公共文化服务项目之一。文艺院团是提供配送演出的重要载体，其公共文化服务效能的发挥、公共服务质效的优化，对保障人民群众的基本文化权益、推进现代公共文化服务体系建设有重要意义。本文以武汉大学国家公共文化政策研究实验基地9家文艺院团为研究对象，对文艺院团公共文化服务的效能进行简要分析，并提出增强我国文艺院团公共文化服务效能的政策建议和优化路径。

关键词： 文艺院团　艺术表演行业　公共文化服务　改革

中共中央办公厅、国务院办公厅2015年发布的《关于加快构建现代公共文化服务体系的意见》（以下简称《意见》）把送地方戏作为应予保障的基本公共文化服务项目之一。按照中央的部署，原由公共财政承担，为群众提供演出服务的各级文艺院团2009年起全面推进分类改革，到2012年全国

---

* 王琼波，汉中市文化广电新闻出版局文化艺术科科长，国家公共文化政策研究实验基地特约研究员，汉中市人大常委会立法咨询专家，主要从事公共文化管理、艺术生产组织、非物质文化遗产保护工作。

文化系统的国有文艺院团改革任务基本完成。文化体制改革前后，特别是《意见》发布后，国有文艺院团公共文化服务效能发挥状况应得到关注和研究。本文以武汉大学国家公共文化政策研究基地 9 家文艺院团为研究对象，对文艺院团公共文化服务的效能做了简要分析，并提出增强我国文艺院团公共文化服务效能的政策建议和优化路径。

一　实验基地文艺院团公共文化服务效果及其评价

本文以武汉大学国家公共文化政策研究实验基地 9 家文艺院团为研究对象，其中，长阳土家族自治县歌舞剧团为文艺院团转企改制时予以保留的体现民族特色文艺院团，恩施市非物质文化遗产保护传承展演中心、湖北省实验花鼓剧院、湖北省黄梅戏剧院、湖北省京剧院、山东省高密市艺术剧院、菏泽市地方戏曲传承研究院等 6 家为保留事业体制并纳入非物质文化遗产传承保护单位的文艺院团，汉中市歌舞剧团、周至县剧团等 2 家为进行转企改制的文艺院团。

国有文艺院团的体制改革从 2009 年起全面部署开展，2010 年进入加速推进时期，到 2012 年基本完成分类改革任务，部分因体现国家水准和民族特色而保留事业体制，部分已注销事业编制转企改制为国有文化企业。改革前后，从院团视角观察，事业制院团和企业制院团的艺术生产能力出现明显分化。

（一）大部分保留事业体制的艺术团体人员得到增加，转企改制的艺术团体人员出现减少

在所研究的 9 家院团中，2009～2014 年，体现国家水准和民族特色、保留事业体制、承担民族文化传承弘扬与非物质文化遗产保护职能的文艺院团从业人员得到不同程度增加，转企改制的文艺院团人员呈现减少趋势。在职称结构方面，大部分文艺院团各层级职称人员增减呈正常的变动状态：高级职称少量地增加或减少（新晋升或到龄退休），中级职称一定数量地增加或减少，初级职称较大数量地增加（具体如表 1 所示）。

表1 实验基地文艺院团改革前后人员变动情况

单位	年份	人员实际数（人）			按职称结构分（人）		
		实际人数	编制人数	聘用人数	高级职称人数	中级职称人数	初级职称人数
恩施市民族文工团（非遗中心）	2009	47	41	6	2	6	33
	2014	50	50	10	1	8	41
湖北省实验花鼓剧院	2009	87	80	10	6	32	22
	2014	82	80	10	4	30	20
湖北省黄梅戏剧院	2009	117	82	35	19	30	23
	2014	98	69	29	19	23	12
湖北省京剧院	2009	144	180	144	52	40	45
	2014	175	180	175	58	46	60
长阳土家族自治县歌舞剧团	2009	60	45	23	1	23	16
	2014	62	55	30	1	23	30
山东省高密市艺术剧院	2009	46	43	3	7	12	17
	2014	78	39	6	5	13	16
菏泽市地方戏曲传承研究院	2009	99	139	—	28	47	12
	2014	111	108	—	37	45	13
汉中市歌舞剧团（转企）	2009	85	104	6	2	31	29
	2014	57	57	23	1	14	34
周至县剧团（转企）	2009	132	75	65	1	11	40
	2014	136	75	72	3	21	39

（二）改革前后实验基地设施设备条件出现分化

湖北省实验花鼓剧院、山东省高密市艺术剧院、陕西省汉中市歌舞剧团、陕西省周至县剧团设备资产呈现正增长，分别增长25.2%、106.2%、150%、23.6%；恩施市民族文工团改为恩施市非物质文化遗产保护传承展演中心后设备资产减少100万元，减幅达到50%；湖北省黄梅戏剧院、湖北省京剧院、长阳土家族自治县歌舞剧团、菏泽市地方戏曲传承研究院因相关数据不全，无法分析对比。9家文艺院团均配备有流动舞台车。反映文艺院团艺术生产保障能力的排练练功用房、演出服装、乐器、灯光音响等资产，9家院团也呈现增减不一的分化状态。

表 2　实验基地文艺院团资产情况

单位	年份	资产总额	公用房屋建筑面积 总面积	排练练功房面积	演出服装（套）	乐器（件）	流动舞台车（台）	灯光音响价值（万元）	其他
恩施市民族文工团(非遗中心)	2009	200	1200	258	2698	20	1	100	—
	2014	100	—	258	6800	30	1	—	
湖北省实验花鼓剧院	2009	517.3	4276	950	—	30	1	55.13	90.87
	2014	647.49	4276	950	263	31	1	153.99	141.5
湖北省黄梅戏剧院	2009	643	3050	400	64	28	1	157	
	2014	—	3050	400	30	30	1	196	
湖北省京剧院	2009	2394	11141.22	1179.1	2700	70	1	500	
	2014	—	9874.09	1179.1	—		1		
长阳土家族自治县歌舞剧团	2009		1400	800	800	56	1	80	6
	2014	—	1800	400	1500	60	1	120	10
山东省高密市艺术剧院	2009	29.1	2000	1600	50	30	1	9.67	
	2014	60	3000	1000	178	45		9.67	
菏泽市地方戏曲传承研究院	2009		1800	600	112	32	1	126	
	2015	—	1800	600	240	40	4	325	—
汉中市歌舞剧团	2009	72.63	6321	150	150	19	1	21.5	51.13
	2014	181.35	8226	150	200	21	1	124.92	56.43
周至县剧团	2009	110	756	270	130	20	1	24	86
	2014	136	756	360	150	24	1	50	86

（三）经费收入总体呈增加趋势，演出收入有所增加，但财政拨款仍为收入主要来源

2014 年，9 家实验基地文艺院团团均总收入 912.52 万元，比 2009 年均值增加 328.97 万元，增加增幅为 56.37%；财政拨款均值为 666.31 万元，比 2009 年均值增加 220.36 万元，增幅为 49.41%；演出收入均值为 428.40 万元，比 2009 年均值增加 359.12 万元，增加 5.18 倍。5 年间，实验基地文艺院团通过自身的努力发展，对财政拨款的依赖程度有所降低，演出收入有

所增加，财政拨款的总收入占比降低了3.4个百分点，但财政拨款占总收入的比例仍达七成以上，演出收入的总收入占比增加0.97个百分点，对总收入的贡献不到两成。

表3 实验基地文艺院团经费收入情况

单位	年份	总收入	财政拨款	演出收入	社会赞助	其他收入
恩施市民族文工团（非遗中心）	2009	269	200	69	—	—
	2014	413	352	—	—	5
湖北省实验花鼓剧院	2009	617.83	375.87	43.76	8	190.25
	2014	1043.27	330.55	152.22	0	560.5
湖北省黄梅戏剧院	2009	686	630	56	—	—
	2014	450	400	60	—	—
湖北省京剧院	2009	1719	1369	106	—	134
	2014	3578.45	3148.42	3148.42	—	82.33
长阳土家族自治县歌舞剧团	2009	255	231	24	0	0
	2014	388	322	66	—	—
山东省高密市艺术剧院	2009	204.51	175.1	29.37	—	0.04
	2014	285.2	255.2	30	—	—
菏泽市地方戏曲传承研究院	2009	527	460.44	66	—	0.56
	2014	450.82	438.2	10	—	26.23
汉中市歌舞剧团	2009	773.61	542.16	59.4	—	172.05
	2014	1243.99	690.39	89	7.9	510.4
周至县剧团	2009	200	30	170	—	—
	2014	360	60	300	—	—

（四）剧目创作呈现稳健增长态势

实验基地9家文艺院团中，2009年原创剧目共9个，团均1个，周至县剧团达到3个；2014年原创剧目共13个，团均1.44个，增长44%。2014年度7家剧团均有1个或以上原创剧目，最多的达到5个。

表4 实验基地文艺院团剧目创作情况

单位	年份	本年原创剧目(个)	获奖剧目(个)			
			获奖剧目总数	省级及以上	市级	县级
恩施市民族文工团(非遗中心)	2009	—	—	—	—	—
	2014	—	—	—	—	—
湖北省实验花鼓剧院	2009	1	1	1	—	—
	2014	1	1	1	—	—
湖北省黄梅戏剧院	2009	1	—	4	—	—
	2014	1	6	6	—	—
湖北省京剧院	2009	—	1	1	—	—
	2014	1	1	1	—	—
长阳土家族自治县歌舞剧团	2009	1	1	3	3	1
	2014	—	11	5	6	—
山东省高密市艺术剧院	2009	—	—	—	—	—
	2014	1	—	—	—	—
菏泽市地方戏曲传承研究院	2009	2	3	4	—	—
	2014	2	3	3	—	—
汉中市歌舞剧团	2009	—	1	1	—	—
	2014	5	3	3	—	—
周至县剧团	2009	3	—	—	—	—
	2014	2	1	1	—	—

（五）公共文化服务供给水平稳步增长，演出场次和观众人次呈增长态势

9家文艺院团2009年总演出场次2305场，观众442.19万人次；2014年总演出场次2098场，观众517.92万人次，场次减少8.98%，观众人次增加17.13%。从多数文艺院团来看，政府采购的公益性场次和观众人次、农村演出场次和观众人次、流动舞台车演出场次和观众人次，2014年较2009年都有不同程度的增加，标志着政府购买公共演出服务的政策在各地得到落实，文艺院团在利用文化部配赠的流动舞台车开展演出活动、赴农村送文化下乡、推进公共文化服务均等化方面取得明显进展。

表5 实验基地艺术团体演出场次和观众情况

单位	年份	年演出总体情况			农村演出场次		利用流动舞台车演出情况		政府采购公益性演出情况	
		总场次	国内演出情况							
			场次	观众人次（万人）	场次	观众人次（万人）	场次	观众人次（万人）	场次	观众人次（万人）
恩施市民族文工团(非遗中心)	2009	160	160	12.8	124	10	2	0.3	2	0.45
	2014	—	—	—	—	—	—	—	—	—
湖北省实验花鼓剧院	2009	100	100	41.39	54	39.23	51	39.08	6	16.54
	2014	212	212	69.42	182	59.6	146	48.815	111	42.18
湖北省黄梅戏剧院	2009	140	140	13	—	—	—	—	—	—
	2014	123	123	12	50	7.3	15	2.5	40	6
湖北省京剧院	2009	223	219	30	—	15	6	0.96	6	0.5
	2014	140	137	8	6	2	6	2	12	0.8
长阳土家族自治县歌舞剧团	2009	262	262	38	159	12.5	65	16	21	9
	2014	288	288	40	169	23	80	16	20	8
山东省高密市艺术剧院	2009	120	120	12	80	7.2	90	8.5	—	—
	2014	120	120	12	80	7.2	90	8.5	20	2
菏泽市地方戏曲传承研究院	2009	550	550	155	520	150	90	30	290	83
	2015	592	592	166	550	158	520	120	290	90
汉中市歌舞剧团	2009	50	50	8	25	2	25	2	25	2
	2014	85	85	23	40	40	45	3.6	80	20
周至县剧团	2009	700	700	140	700	140	42	8.4	26	5.2
	2014	750	750	187.5	750	187.5	40	10	90	22.5

二 存在的问题和政策建议

（一）存在问题

1. 投入产出效率需要提高

约80%的文艺院团设备资产、总收入、财政拨款均得到增长，但在年度新创剧目上数量偏少；约33%的文艺院团在演出场次上有所减少；单场演出费效比还需提升，约33%的文艺院团场均观众人次低于1000

人，约10%的文艺院团场均观众超过3000人。从组织实施演出活动的实际效果来考量，单场演出观众在1500～3000人较为适宜，既能够实现演出的较高费效比，也便于秩序维护和安全管理，且能够保证参与观众的观赏体验。

2. 事业体制文艺院团效率有待提升

无论是承担非遗传承保护职能的文艺院团（表演性非遗项目在演出中能够更好地传习技艺、锻炼队伍），还是转企改制的文艺院团，其生命活力和生存价值体现在演出方面。分析对比改革前后相关数据发现，转企改制的周至县剧团、汉中市歌舞剧团艺术生产和公共演出服务绩效较为突出，这一定程度上得益于其贯彻改革部署，完善管理运行机制。保留事业体制、财政支持得到保障、投入得到增加的文艺院团，在深化内部管理改革、完善激励约束机制方面还需要迈出新步伐。

3. 演出服务的均等化需要提升

作为公共文化服务组成部分之一的送地方戏，必然要贯彻均等化的要求，在城乡均等、群体均等方面不断取得新进展，即赴农村演出、农村观众人次应当和在城市社区演出、市民观众人次大致相当。实验基地9家文艺院团在演出服务均等化方面，总体呈现县级团优于市级团、市级团优于省级团的局面。省市级文艺院团在赴农村演出、丰富农民群众精神生活、提高流动舞台车使用效率上有很大的提升空间。

（二）政策建议

1. 继续予以文艺院团政策保障支持

经过5年的发展，实验基地9家文艺院团对财政拨款的依存度仍占7成以上，当前文艺演出市场发育状况决定了文艺院团，尤其是省会城市之外的市县级文艺院团难以在完全市场化的商业演出上获得更大份额的收入。延续既有的财政投入支持，并随着物价水平的上涨适度增加支持额度、帮助剧团补充更新灯光音响等大额艺术生产资源十分必要。将各级国有文艺院团纳入政府购买公共文化服务范围，综合考虑剧目生产成本、送戏下乡成本和财政对于普惠性公共演出服务购买的支付保障能力，合理确定单场购买价格。

2. 提升文艺院团艺术生产能力

文艺院团艺术生产核心资源——创作人才缺乏的问题较为普遍，这也是影响和制约院团新创剧目推出的关键因素。应采取多种措施帮助基层文艺院团提高在编剧、导演、舞蹈编导、作词作曲等方面的创作水平。

3. 合理核定文艺院团公共服务基本定额

应当根据文艺院团所在区域公共文化服务需求和院团演出能力，合理核定每一年度其应当完成的公共演出服务基本定额，实行考核并兑现奖惩，保证公共财政投入资金的使用效率。

4. 完善文艺院团公共服务绩效评价办法

应改变目前较为粗放的仅由院团自行统计报送场次、观众人次的绩效认定和评价方法，把观众对演出质量的感受认知作为一个重要评价指标，建立较为科学完善的文艺院团公共文化服务绩效评价办法，更好地实现和保障群众的基本文化权益。

三 文艺院团公共文化服务效能优化的路径

目前对文艺院团公共文化服务效能的评价考核，还处于较为粗放的年演出场次、观众人次考量上，并没有相应的奖惩约束机制。即便是较为粗放的效能评价指标，其数据也来源于文艺院团自行填报，而非源于第三方中立机构或组织，这就导致文艺院团为了表证自身活力及服务效能，会不同程度地存在虚报的问题。尤其是演出服务观众人数，文艺演出供给与消费不可分离性特征决定了其观众数据的现场即时性和事后不可追溯性，这也会导致文艺院团公共服务效能评价的偏差和一定程度的失真，即文艺院团的主观喜好会使这一数据偏离真实的服务效果。因而很有必要对文艺院团公共服务效能评价模式进行优化完善，建立科学合理的评价指标体系和评价模型，以促进文艺院团自身的健康有序发展和公众基本文化权益的有效实现。

实验基地的文艺表演团体，可分为承载国家省市县级非物质文化遗产传承保护职责的非遗传承载体和一般文艺院团，全国的文艺院团也可按这样的方式来划分。在综合考虑两种文艺院团各自特点和使命的基础上，建议建立结合实际、有效的评价机制和评价模型。

（一）非遗传承载体公共文化服务效能评价的优化

作为非遗传承载体的文艺院团，其主要职责在于传承弘扬传统戏曲等优秀表演性民族民间文化，不断增强自身活力，扩大公众的认同和影响力，使其后继有人、薪火相传。因而对作为非遗传承载体的文艺院团，其公共服务效能评价的主要着眼点宜放在培养传承人上，可细分为培养传承人数量、既有传承人新掌握技艺（唱段、表演套路、绝技绝活等）数量，并与上一年度数据进行比较，数据有增长的可视作服务效能增加（培养传承人数量可不必每年增长），数据下降的即为服务效能减少。对于表演性非遗项目，其活力和传承的核心在于演出活动，也只有在演出中才能锻炼和提升传承人队伍。

效能评价指标中，也要纳入演出场次、观众人数、观众满意度，并应结合非遗项目实际和当地实际，明确每年应当完成的演出场次的定额，此类指标可由非遗传承载体的上级文化主管部门委托演出当地文化站据实统计报送，可随机抽取一定数量观众统计计算观众满意度。还可由文化部招标委托相关机构开发基于手机等移动终端的APP，依托互联网+和云计算，由文艺院团在开展演出时实时拍摄上传观众场景微视频，在云端完成演出场次和观众人次的统计认定、观众满意度的统计计算。

前面所述评价指标的数据也应与上一年度进行比较，增长或持平的视作服务效能合格，减少的视作不合格。对于起始年度的观众满意度，满意率60%的视作合格，满意率80%及以上的为优秀，低于60%的为不合格。还可纳入经费收入指标，并与上年度比较，以考察非遗传承载体保障能力状况。对效能评价结果，其上级主管部门应采取一定形式兑现奖惩，以激励和控制的方式，引导非遗传承载体不断增强自身活力，在服务公众、丰富群众文化生活的同时扩大非遗项目本身的影响力。

结合实验基地非遗传承院团数据分析，结合多年从事非遗保护管理的实践，提出以下非遗传承载体文艺院团公共文化服务效能评价的基本模型。

表6　非遗传承载体院团公共文化服务效能评价模型

培养传承人	既有传承人掌握技艺	经费收入	演出场次	观众人次	观众满意度	效能评价
增加持平	增加	增加持平	增加持平	增加持平	增加	优秀
增加持平	持平	增加持平减少	增加持平	增加持平	持平	合格
持平	持平	持平减少	增加持平减少	增加持平减少	降低	不合格

（二）一般文艺院团公共文化服务效能评价的优化

根据现行的文化统计年报，对艺术表演团体公共文化服务效能的评价大致从两个维度进行考量，即：院团视角和受众视角。院团视角主要包括从业人员、设备资产、经费收入三个方面的发展状况，可以反映院团艺术生产核心要素保障状况，也可折射出其公共文化服务提供能力。受众视角主要包括新创剧目、演出场次、观众人次，可以反映院团提供公共文化服务的绩效水平。

一般文艺院团公共文化服务效能的评价，除了院团视角、受众视角两个维度外，还应纳入所有者视角。即除了以"从业人员、设备资产、经费收入"和"新创剧目、演出场次、观众人次"这些指标评价一般文艺院团公共服务效能外，因目前纳入实验基地观察范围和全国文化统计口径的均为国有艺术表演团体，故也应同时考量其对国有资产的保值增值状况，并贯彻中共中央办公厅、国务院办公厅发布的《关于推动国有文化企业把社会效益放在首位、实现社会效益和经济效益相统一的指导意见》和《国务院办公厅转发文化部等部门关于做好政府向社会力量购买公共文化服务工作意见的通知》，考量一般文艺院团的社会效益状况，增设资产增值率和观众满意度评价指标，健全公共演出服务绩效评价机制，将新创剧目、演出场次、观众人次、观众满意度、资产增值率作为核心评价指标。为保障演出安全和观众观看演出体验质量，不宜单纯追求单场观众人数。

演出场次、观众人次、观众满意度指标的统计认定，可由相关文化主管部门委托演出实施地文化站现场核对统计或具备相应能力的第三方开展。从便于操作和简单易行考虑，可由文化部统一招标开发具备卫星定位、人数统计、观众满意度统计等相关功能的仪器设备，配发给文艺院团，在每场演出进行时同步完成绩效评价；或者由文化部委托相关机构开发基于手机等移动终端的APP，依托互联网+和云计算，由文艺院团在开展演出时实时拍摄上传观众场景微视频，在云端完成演出场次和观众人次的统计认定、观众满意度的统计计算；也可依托微信等新媒体平台，采取激励措施引导观众现场投票，以此统计公众满意度，总之以节俭、简便、有效为指导原则，发挥其在效能评价中的作用。

对于起始年度的观众满意度，满意率60%的视作合格，满意率80%及以上的为优秀，低于60%的为不合格。资产增值率则可以有关部门审核认定的年度财务决算报表为认定依据。上述评价指标也应与上一年度数据进行比较，增长或持平的视作服务效能合格，降低的视作不合格。

面对效能评价结果，一般文艺院团的上级主管部门也应采取一定形式兑现奖惩，以推动公共文化服务能力的提升，保障现代公共文化服务体系建设的有序推进。对于一般文艺院团考虑采用的8个公共文化服务效能评价指标，相较于以往年度每个指标均有增加、持平、减少三种情形，这些评价指标有73.5万多种组合形式，从中可梳理归纳出如表8所列基本评价模型的三种评价结果。

表7 一般文艺院团公共文化服务效能评价模型

院团视角			受众视角			所有者视角		效能评价
从业人员	设备资产	经费收入	新创剧目	演出场次	观众人次	观众满意度	资产增值率	
增加持平	增加持平	增加持平	增加	增加持平	增加持平	增加	增加	优秀
增加持平	增加持平	增加持平减少	增加持平	增加持平减少	增加持平减少	持平	增加持平	合格
持平减少	持平减少	持平减少	减少	持平减少	持平减少	减少	减少	不合格

四 结语和展望

当前的文化统计指标设计和对文艺院团公共服务效能的评价需要结合国家有关政策进行优化完善。相信文艺院团公共服务效能评价方法的完善和评价机制的优化，将会从推动文艺院团自身健康有序发展和保障公众基本文化权益两个方面发挥积极作用，为加快构建现代公共文化服务体系增添动力、完善机制。

参考文献

1. 徐双敏：《公共文化服务评价中的主管因素研究》，《理论与改革》2015年第6期。
2. 习近平：《在文艺工作座谈会上的讲话》，http://cpc.people.com.cn/n/2015/1015/c64094-27699249.html。
3. 中共中央办公厅、国务院办公厅：《关于加快构建现代公共文化服务体系的意见》，http://news.xinhuanet.com/zgjx/2015-01/15/c_133920319.htm。
4. 国务院办公厅：《关于做好政府向社会力量购买公共文化服务工作的意见》，http://www.gov.cn/zhengce/content/2015-05/11/content_9723.htm。

乡镇综合文化站文化服务及效应研究
—— 基于27省105个乡镇综合文化站公众参与状况的分析

莫晟 曾睿*

摘　要： 乡镇综合文化站免费开放政策的实施受到人们的普遍欢迎，使得文化站活动的参与人群更趋多元化，参与文化站活动的原因和收获也更为多样化。在这一现状下，要加快构建现代公共文化服务体系、推进乡镇综合文化站事业发展，需要进行供给侧改革，构建基层综合文化服务平台。具体而言，需要确定文化站主体功能，创新运营管理模式，积极开展志愿者活动，让群众"点菜"、融入"互联网+"时代。

关键词： 乡镇综合文化站　公共文化服务　综合文化服务平台

乡镇综合文化站建设是公共文化服务体系构建的重要方面，是开展群众文化活动的基本阵地。同时，构建公共文化服务体系是坚持"以人为本"的科学发展观、建设服务型政府的内在要求。为贯彻落实党的十八大提出的"'双轮驱动'的文化发展思路，在全面认识文化的属性、功能基础上，坚持统筹兼顾正确处理人民群众基本文化需求与多样化精神文化需求的关系，坚持公益性文化事业和经营性文化产业两手抓、两加强"，十七大提出的

---

* 莫晟，黄冈师范学院文学院讲师，主要从事文化史、公共文化研究；曾睿，黄冈师范学院体育学院讲师，华中师范大学博士研究生在读，主要从事体育史、科技史研究。

"推动社会主义文化大发展大繁荣"和十六届六中全会关于建设社会主义和谐社会的战略部署，我国已经于2011年年底前实现了全国所有文化站无障碍、零门槛进入，公共空间设施场地全部免费开放，基本服务项目全部免费提供。

一 当前乡镇综合文化站参与群体的基本情况

本文基于2015年7~9月武汉大学国家文化财政政策研究基地课题组对全国27个省105个乡镇综合文化站的受众调研数据，对现阶段我国乡镇综合文化站的文化参与情况进行分析，共计调查公众3150人，其中有效样本数3132个。

从3132个有效样本来看，当前我国乡镇综合文化站参与群体的性别比例基本均衡；年龄上，以中青年和中年群体为主；文化程度上，知识群体和半知群体的参与热情要高于初知群体；职业上，学生群体相对于其他职业群体的参与度总体较高；居住地上，本地居民占绝大多数；收入水平上，参与人口以中等偏低的低收入群体为主。调查样本具体情况如表1所示。

表1 被调查样本基本情况

性别比例	男性占51.6%,女性占48.4%
年 龄	12岁以下4.9%,13~18岁12.7%,19~25岁19.6%,26~40岁以上23.7%,41~60岁28.9%,61岁及以上10.2%
文化程度	小学及以下16.5%,中学、中专44.3%,大专、本科36.2%,研究生及以上3%
职业身份	学生23.9%,公务员8.3%,事业单位职员14.4%,企业员工7.4%,农民16.6%,个体工商户7.1%,自由职业者8%,离退休人员9.3%,其他4.9%
居住地	本地85.6%,外地14.4%
月均收入	相对低收入群体(1000元以下)27.4%,中等偏低收入群体(1001~3000元)48.4%,中等偏高型(3001~5000元)16.2%,小康型群体(5000元以上)8%

二 公众参与文化站活动的影响因素分析

文化站是群众文化活动基地，公众在文化站参与活动的次数及每次在文化站停留的时间反映了文化站对群众的吸引力，体现文化站职能的发挥情况。公众参与文化站活动次数和每次在文化站停留的时间是公众文化消费的重要表现形式，受多种因素的影响。

理论假设：公共文化消费宏观上受到外部社会经济发展多种因素的影响，同时也与个体内在消费心理与习惯有着关联。年龄、性别、身份、收入、文化教育程度、参与原因都在不同程度上影响着公众的公共文化消费行为。年龄层次反映不同年龄段的消费偏好，性别反映公共文化消费种类的性别差异，职业身份反映了不同职业对精神生活需求的偏好，收入水平反映不同收入阶层的人的需求层次，教育程度反映了不同受教育水平的人对某种公共文化需求的显著性，参与原因反映兴趣、提升技能或者消遣娱乐等不同因素影响人们对公共文化消费的显著性和影响程度。

本文以公众在文化站的停留时间作为因变量，根据以上影响因素分析，课题组拟定数学模型，分析群众在文化站停留时间长短的影响因素。

计量模型：

$$num_i = \alpha_0 + \alpha_1 income_i + \alpha_2 education_i + \alpha_3 sex_i + \alpha_4 identity_i + \alpha_5 age_i \\ + \beta_1 D_{1i} + \beta_2 D_{2i} + \beta_3 D_{3i} + \beta_4 D_{4i} + \beta_5 D_{5i} + \beta_6 D_{6i} + \beta_7 D_{7i} + \xi_i$$

含义：α_1 表示在其他几个变量一定的情况下，收入水平的变化对参观次数的影响，同样 α_2 表示在收入、身份等其他变量不变的情况下，教育程度的变化对参与活动次数的影响。其他待估计的系数的含义以此类推。进行模型分析时，首先看一个变量是否显著，系数带星号表示显著，不带星号表示不显著，如果不显著就表示被解释变量不受该解释变量的影响；其次，如果显著，系数的大小表示影响程度的大小。

表2 模型设计变量说明

指 标	变量含义	类 型	指 标	变量含义	类 型
num	在文化站停留时间	因变量	D2	培养技能	自变量
sex	性别	自变量	D3	教育子女	自变量
education	文化程度	自变量	D4	陪同亲友	自变量
age	年龄	自变量	D5	休闲娱乐	自变量
identity	职业	自变量	D6	居住地到文化站的距离	自变量
income	收入	自变量	D7	使用文化信息共享资源	自变量
D1	兴趣爱好	自变量			

将全国乡镇综合文化站的问卷相关数据做回归分析,结果如表3所示。

表3 全国综合文化站群众停留时间长短的影响因数回归分析

解释变量	(1)全国	(2)东部	(3)中部	(4)西部
性别	0.045 *** (1.101)	0.0390 (0.787)	0.043 (0.514)	0.080 *** (1.091)
年龄	0.098 (4.865)	0.016 (0.642)	0.057 *** (1.492)	0.220 ** (5.863)
职业	-0.021 (-1.949)	0.016 *** (3.057)	0.003 (0.108)	-0.108 (-5.493)
文化程度	-0.033 (-1.096)	0.027 (0.748)	0.080 *** (1.247)	-0.133 (-2.357)
收入	0.021 *** (1.084)	0.040 *** (1.677)	-0.037 (-0.998)	0.022 (0.581)
居住地到文化站的距离	0.101 *** (4.675)	0.083 *** (3.173)	-0.064 (-1.345)	0.174 *** (4.571)
兴趣爱好	0.099 *** (2.377)	0.172 *** (3.358)	0.045 (0.528)	-0.024 (-0.308)
培养技能	0.047 *** (1.075)	0.082 *** (1.604)	0.037 (0.379)	-0.039 (-0.462)
教育子女	0.097 *** (1.809)	-0.016 (-0.257)	-0.039 (-0.346)	0.249 *** (2.443)
陪同亲友	0.082 *** (1.480)	-0.141 *** (-1.898)	0.281 *** (2.596)	0.143 *** (1.471)

续表

解释变量	（1）全国	（2）东部	（3）中部	（4）西部
休闲娱乐	0.009 (0.219)	-0.026*** (-0.503)	0.027 (0.311)	0.045 (0.594)
使用文化信息共享资源	0.022 (0.382)	0.160*** (2.292)	-0.119 (-1.037)	-0.014 (-0.136)
N	2856	1287	507	1184

注：括号中为统计量，*表示10%的显著水平，**表示5%的显著水平，***表示1%的显著水平。

回归结果表明，在99%的置信度下，性别、收入和离文化站的距离对群众在文化站停留时间的长短具有显著影响；年龄、职业和受教育程度对停留时间的影响不大。从性别上看，男性停留的时间较长；在收入方面，收入越低停留的时间越短，说明文化消费需求同经济收入相关联，只有在经济需求得到极大满足之后，才会进一步考虑文化消费需求；在距离方面，距离文化站相对较近的群众在文化站的停留时间远高于相对较远距离的群众，文化站的选址应该合理布局，进一步提高均衡化和标准化水平。

从参与动机来看，在99%的置信度下，兴趣爱好、培养技能、陪同亲友对群众在文化站停留的时间具有非常显著的影响。休闲娱乐、使用文化信息共享资源对停留时间的长短不具有显著影响。文化站在休闲娱乐方面的功能发挥不足，未能成为影响群众停留时间的重要因素。

通过对比表3（2）、（3）和（4）发现：在基本层面上，三个地区表现出显著水平的因素没有完全重合，这说明地区之间的差异，对群众停留时间具有不同的影响，东部地区相对富裕，公共文化服务体系建设投入的产品和服务较多，因此职业和收入是显著性的影响因素，而中、西部地区，影响的显著性因素是年龄，这与中、西部地区乡镇留守人员的年龄分布也是一致的。从动机看，"陪同亲友"对停留时间长短的影响较大，而"使用文化信息共享资源"的影响较小，这说明文化站的文化共享资源功能相对薄弱；"教育子女"只在西部地区有所影响，说明文化站所承载的功能会随着地区需要而改变，以适应当地的文化发展和生存条件；"休闲娱乐"仅在东部地区是停留时间的主要影响因素，但在中、西部地区都没有这一项，这说明经济收入对文化消费需求是正相关的，文化活动一定是建立在经济活动的基础之上的。

三 公众参与乡镇综合文化站活动的收获

文化站是公共文化服务机构，公众参与文化活动的收获既是保障客流量的根本，又是衡量文化站绩效的重要方面。

（一）总体水平分析

从总体上看，根据平均值进行排序，公众参加文化站活动的收获排序依次是"享受文化艺术活动的乐趣"、"提高生活品位、缓解生活压力"、"了解本地传统文化"、"参加文化艺术比赛，有成就感"、"结交朋友"、"子女的艺术教育培训"和其他。通过"项目排序"和"回答标准差"可以发现，"享受文化艺术活动的乐趣"、"提高生活品位、缓解生活压力"、"了解本地传统文化"是受访者收获比较大的三个方面。详见表4。

表4 公众参加文化站活动的收获分析

项　目	样本量	平均值	标准差	最小值	最大值	排序
了解本地传统文化	3009	0.37	0.484	0	1	3
享受文化艺术活动的乐趣	30334	0.58	0.494	0	1	1
结交朋友	2938	0.29	0.453	0	1	5
参加文化艺术比赛,有成就感	2956	0.32	0.465	0	1	4
提高生活品位、缓解生活压力	2971	0.41	0.492	0	1	2
子女的艺术教育培训	2909	0.16	0.363	0	1	6
其他	2886	0.08	0.278	0	1	7

（二）差异性比较

1. 基于年龄差异的分析

研究发现，年龄指引着行动主体的文化需求，而收获程度与需求大小又直接相关。从统计量上看，不同年龄的受访者在"享受文化艺术活动的乐趣"、"提高生活品位、缓解生活压力"、"了解本地传统文化"这三个选项上具有显著差异；其他几个选项上的差异并不显著。具体数据见表5。

表5 年龄和受访者主要收获类型差异的方差分析

		平方和	自由度	均方	F统计量	显著性
享受文化艺术活动的乐趣	组间	19.893	1	19.893	10.965	0.001
	组内	5498.991	3031	1.824	—	—
	总数	5518.884	3032	—	—	—
提高生活品位、缓解生活压力	组间	13.919	1	13.919	7.614	0.005
	组内	5425.247	2968	1.828	—	—
	总数	5439.165	2969	—	—	—
了解本地传统文化	组间	30.076	1	30.076	16.486	0.000
	组内	5484.046	3006	1.814	—	—
	总数	5514.122	3007	—	—	—

2. 基于文化程度差异的分析

研究数据表明，在公共文化绩效评价中"文化程度"也是一个十分重要的自变量，因为文化程度决定着消费主体的文化层次，而收获程度与文化层次有密切联系。从统计量上看，不同"文化程度"的受访者在"子女的艺术教育培训"、"提高生活品位、缓解生活压力"和"了解本地传统文化"这三个选项上具有显著差异。其他几个选项上的差异不显著，具体数据见表6。

表6 文化程度与受访者主要收获类型差异的方差分析

		平方和	自由度	均方	F统计量	显著性
子女的艺术教育培训	组间	15.114	1	15.114	26.195	0.000
	组内	1669.226	2893	0.577	—	—
	总数	1684.341	2894	—	—	—
提高生活品位、缓解生活压力	组间	12.744	1	12.744	22.048	0.000
	组内	1708.061	2955	0.578	—	—
	总数	1720.805	2956	—	—	—
了解本地传统文化	组间	5.815	1	5.815	10.090	0.002
	组内	1724.862	2993	0.576	—	—
	总数	1730.676	2994	—	—	—

3. 基于性别与职业身份差异的分析

研究数据表明，在公共文化绩效评价中"性别"与"职业身份"也是不容忽视的自变量，因为性别与职业身份决定着行动主体的文化偏好，而收获程度与文化偏好有密切联系。从统计量上看，不同性别的受访者在"参加文化艺术比赛，有成就感"这个选项上具有较大差异；不同"职业身份"的受访者在"了解本地传统文化"上有较大差异。其他几个选项上的差异不显著，具体数据见表7和表8。

表7 性别与受访者主要收获类型差异的方差分析

		平方和	自由度	均方	F统计量	显著性
参加文化艺术比赛，有成就感	组间	5.799	1	5.799	23.188	0.000
	组内	738.475	2953	0.250	—	—
	总数	744.274	2954	—	—	—

表8 职业身份与受访者主要收获类型差异的方差分析

		平方和	自由度	均方	F统计量	显著性
了解本地传统文化	组间	76.888	1	76.888	11.896	0.001
	组内	19402.682	3002	0.250	—	—
	总数	19479.570	3003	—	—	—

4. 收入水平差异分析

研究数据表明，收入水平决定着行动主体的购买力，而收获程度与文化产品和服务的消费量密切相关。从统计量上看，不同"收入水平"的受访者在"结交朋友"、"子女的艺术教育培训"和其他（如体育活动等）这三个选项上具有较大差异。具体数据见表9。

表9 收入状况与受访者主要收获类型差异的方差分析

		平方和	自由度	均方	F统计量	显著性
结交朋友	组间	14.036	1	14.036	8.503	0.004
	组内	4813.735	2916	1.651	—	—
	总数	4827.771	2917	—	—	—

续表

		平方和	自由度	均方	F 统计量	显著性
子女的艺术教育培训	组间	70.388	1	70.388	43.351	0.000
	组内	4692.446	2890	1.624	—	—
	总数	4762.834	2891	—	—	—
其他	组间	27.070	1	27.070	16.619	0.000
	组内	4674.979	2870	1.629	—	—
	总数	4702.050	2871	—	—	—

四 问题与对策

文化站作为公益性文化事业机构，是公共文化服务体系的重要组成部分，在保证公民基本文化权益、满足群众基本文化需求，尤其是引导群众进行公共文化鉴赏、参加大众文化活动上具有独特的职能。在构建和谐社会的目标下，文化站事业迎来了蓬勃发展的机遇，要在进一步加强自身体系建设、完善基础工作、实现主体功能的同时，不断拓展功能、延伸服务，为保障人民群众基本文化权益发挥应有的作用，提升文化站的社会价值。

（一）文化站现存问题

1. 基础设施有一定基础，但地区差异大

近年来，国家为支持广大人民群众更好地享受基本的公共文化服务，实施了一系列重点公益文化工程，并投入了大量的扶持资金。从 2012 年 5 月 1 日开始，《乡镇综合文化站建设标准（建标 160 - 2012）》正式实施，文化站基础设施建设取得了一定成效，大部分地区文化站的基础设施都能够达标。

调查表明，各地乡镇综合文化站建筑面积差别很大，出现两极分化的态势，有的很大很气派，有的和镇政府共用建筑。不仅不同省份的乡镇综合文化站建筑面积差别很大，甚至同一省份省会城市下辖乡镇与非省会城市下辖乡镇的综合文化站建筑面积差别也很大。

2. 专业人才缺乏

目前，文化站普遍存在"编制紧、人员少，文化低、业务弱，老人多、新人缺"的现象。

长期以来，群众文化专业理论研究欠缺，学科建设滞后，没有把群众文化作为一门独立的学科，工作人员开展工作没有群众文化专业理论支撑，职称挂靠在图书、文博、艺术等专业序列，这使人才队伍建设缺乏专业理论指导。

除了理论建构欠缺，综合文化站更缺乏具有相应文化技能的专业文化工作者。在调研中发现，很多综合文化站的负责人并不是专业的文化工作者，他们缺乏对文化工作的系统学习，也缺乏相应的基本技能。另外，乡镇综合文化站难以留住专业文化工作者，目前采取的方式多是派人到县里学习后，再教授给综合文化站的服务对象。大多数综合文化站缺乏参与重点文化工程项目的专业信息工作人员，故而在开展活动、指导群众使用电子资源方面成效不太明显。

3. 公共文化设施利用率有待提升

调研中发现不少综合文化站的体育设施无人问津、利用率不高。具体而言，体育设施多建在室外，夏天室外高温，几乎没有公众活动。长期暴晒、雨淋又加速了体育设施的老化，增加了设备的维护费用。另外，体育活动设施多半供成年人健身之用，缺少适合少年儿童的健身器材。少年儿童将这些体育设施当作游戏工具，并未正确使用，也会加快设备的损耗。

目前，综合文化站的服务对象主要是老年人和假期中的儿童，中青年群体较少到文化站参加活动，这也导致了公共文化资源的浪费。以文化站中的阅览室为例，多是老人保健养生的书和儿童读物，缺少提供生活、生产技能培训方面的专业书籍，阅览室未得到充分利用。综合文化站的电子资源更新较缓慢，难以满足中青年群体对相关专业技能方面知识的需求。

（二）对策建议：践行供给侧改革，构建基层综合文化服务平台

1. 确立新时期文化站的主体功能

文化站的社会价值体现在主体功能上，文化站一定要抓住主体功能，明

确自身的发展方向。组织、辅导和研究三大要件构成其业务体系，其中辅导是群众文化工作的重心。群众赋予了乡镇综合文化站越来越多的功能，如中小学生的第二艺术课堂、艺术爱好者的活动地、社区文化活动的组织者、传统文化的传承者等。

这就表明综合文化站的主体功能定位应该是突出群众文化多样性、知识性、趣味性和休闲性的特点，增强趣味娱乐性，同时要加强对社区群众的艺术培训功能，满足人民群众提高自身素质、完善自我修养的需求。

以四川省成都市龙泉驿区西河镇文化站为例，该文化站十分重视儿童的文化服务工作。通过专业的儿童心理辅导人员关注该区儿童的成长，通过各种文化培训，如阅读、舞蹈、书法绘画、声乐器乐、体育运动等，全方位提升儿童的综合素养。通过对儿童的关注，能及时发现家庭教育中的一些问题，通过对家长的教育和帮助，解决了留守儿童无人看管的困境。成都市新都区大丰镇综合文化活动中心以阅读为突破口，新建图书馆，鼓励儿童和青少年阅读，同时提供丰富的网络资源和良好的硬件设施，帮助青少年脱离网络游戏，回归正常学习生活。这两个文化站都是以青少年工作为突破口，引导青少年参与文化馆活动，进而吸引家长参与文化馆活动，同时针对家长需求，开展特色活动，使得群众享受到丰富的文化服务产品。

2. 创新体制机制，探索科学的运营管理模式

体制改革与机制创新是当前文化站发展面临的最大课题。文化站是公益性文化事业机构，为全体公民提供公共文化产品和文化服务，应由政府主导。但这并不意味着向社会公众提供公共服务是政府的"专利"。20世纪80年代以来，随着市场经济的发展，西方公共服务模式发生了变化，政府不是公共服务的唯一提供者，私营部门、非营利组织同样可以承担公共职责。公共服务由一元供给走向多元供给成为当代西方公共服务改革的基本趋势。这种多元供给模式给公共产品的生产和服务营造竞争环境，对提高公共服务品质和公共产品质量有着重要作用。创新公共文化服务运行机制，增强服务能力，以满足人民群众的多样化文化需求。如乡镇综合文化馆可以通过对群众手工技能的培训，生产精美的手工艺品，通过售卖手工艺品完成文化

站自身"造血"。

3. 积极开展志愿者服务活动,提升国民精神文化素质

公益性文化事业社会化,社会各界都应该承担责任、享受服务。积极开展志愿者服务是文化站事业向现代化发展的重要途径。"公共服务义务化"既能够最大限度地发挥人力资源优势,让年轻人甚至老年人,都承担一定的公共服务的义务。

我国文化站志愿服务是近几年开始尝试的,志愿服务的内容相当广泛,不仅需要文艺专家及文艺骨干的加入,还需要更广大群众的参与。发展志愿者队伍,可以借鉴国外经验,广泛发动学生和离退休人员加入。笔者认为,我国需要加大志愿服务的宣传力度,使我国文化站的志愿者队伍逐渐扩大。目前我国志愿者以在校大学生为主,部分乡镇综合文化站积极与当地高校联系,利用寒暑假集中安排志愿活动。在实践中,综合文化站工作人员也注意到在校大学生毕竟不是专业文化工作者这一点,他们需要岗前培训才能上岗进行文化服务工作。

4. 落实让群众"点菜",融入"互联网+"时代

综合文化站要从政府部门"端菜"变为人民群众"点菜",以群众需求为导向,提供群众需要的文化服务。综合文化站应该了解群众所需,有针对性地提供文化服务产品。目前,部分综合文化站专业人员不足、基础设施不够完备,难以满足群众需求,在这种状况下就需要转变思想,通过多种渠道,如购买服务、联系志愿者等,让群众"点菜",保证高质量地"上菜",让有限的公共文化投入满足群众最迫切的需求。要满足不同年龄层次群众的"点菜"需求,提供多样化的文化产品,改变目前文化站举行文化活动总是一片"大红大绿"广场舞的局面。

综合文化站也要积极融入"互联网+"时代,依托互联网提供多样化的文化服务产品。运用大数据和新媒体技术,更加方便、快捷、准确地了解群众的文化需求。同时依托文化信息共享工程,为群众提供丰富的数字资源,让群众感受到"互联网+"时代的便捷。

5. 进一步深化改革，丰富文化站的服务功能

2015年11月10号，习近平在中央财经领导小组会议上首次提出了"供给侧改革"，指出"在适度扩大总需求的同时，着力加强供给侧结构性改革，着力提高供给体系质量和效率，增强经济持续增长动力"。落实到综合文化站的改革而言，就是综合文化站改革要适应经济新常态，进一步提升竞争力，促进社会公共文化事业发展。综合文化站需要鼓励公众参与管理、了解公众实际需求，提供真正使公众满意的公共文化产品，从而提升效益。综合文化站不再是提供单一文化产品的场所，2015年文化部制定了《关于推进基层综合文化服务中心建设的指导意见》，并确定了10个地区作为国家级试点。从综合文化站转变为综合文化服务中心，整合现有基层公共文化服务资源，将农村演出舞台、农家书屋、讲堂、文体活动室、放映室等设施予以整合，集中优势人才资源建立完善的农村文化服务阵地。在政府主导的基础上，鼓励多种主体参与到公共文化服务中来，将文化产业发展与地方公共文化服务结合起来，以公共文化服务夯实文化产业发展的基础，以文化产业的发展来提升公共文化服务水平。

综上所述，综合文化站应抓住当前机遇，扎实推进体制、机制改革，夯实文化站基础建设，提升文化站服务水平，为推动公共文化服务体系建设做出积极贡献。

理论研究篇

Theoretical Research

浅析博物馆观众研究、媒介属性与传播模式

于 淼[*]

摘 要： 在媒介时代，以收藏、保护、研究和展示为主的传统博物馆功能正在向以文化传播为核心的现代博物馆功能转变。随着"作为传播媒介的博物馆观"得到认同与实践，观众大数据分析成为参与市场竞争的核心资源。媒介以追求效果最大化为目标，系统了解参观人群特征是获知博物馆传播效果的基础。本研究以传播学理论为指导，探讨在移动互联网终端几乎无处不在的背景下，博物馆作为大众传播媒介，应详细获知观众特征，致力于提供多样文化产品，借助媒介技术突破馆舍局限，由文物展示场所升级为无处不在的文化交流平台。

---

[*] 于淼，湖北省博物馆副研究馆员，传播学博士，主要研究方向为媒介社会学、博物馆受众研究、历史文化的当代传播。

浅析博物馆观众研究、媒介属性与传播模式

关键词： 博物馆　媒介属性　观众研究　传播模式

　　传播是人类认识与改造世界的工具，也是文化得以延续、传承与创新的活性机制。2007年，国际博物馆协会对博物馆功能进行修订，传播概念的加入明确了对效果的追求，除了数以万计的精品馆藏与轰动一时的超级展览，博物馆应更多地关注观众对所看到景象之感受。早在20世纪60年代，已有研究证明：观众或受众是信息的主动接收者与创作者，不是被任意击中的"靶子"。作为媒介的博物馆需要解答：如何实现对观众的积极影响？如何对宣传方案与高额展示经费取得预期效果进行评估？在门庭若市的景象之外，如何吸引那些选择不参观博物馆的人群？

　　本研究以传播学理论为指导，探讨博物馆传播中的三个主题：一是观众，以观众研究的历史梳理来阐释这项工作的重要意义，包括对研究方法的介绍；二是博物馆的媒介属性分析，阐述博物馆与大众传播媒介共性与特性；三是传播模式，以传播学经典范式为基础，归纳博物馆信息传播的"传授模式"和"编码模式"。

一　观众研究的历史与方法

　　观众是谁？对这个问题的解释是明确博物馆功能与确定未来发展方向的基础。在超过一百年的观众研究历史中，越来越多的研究者通过不断的探讨，建构出日益丰富的"观众"概念。仅仅将观众概括为不同年龄、地域的群体的人口统计学数据只能笼统描绘出轮廓，要确切地知道他们是谁，需要了解人们为何来到博物馆，在这里做了什么，是否发生态度的转变等问题，才算进入观众研究的范畴。对博物馆传播效果的考察是观众研究的核心，属于典型的媒介效果研究，传播学的"受众研究"为我们提供了基本解决方案，为如何认识这些对象提供了方法的指导。"受众研究"在博物馆领域也称为"观众研究"。

（一）观众研究的历史

观众研究初始于19世纪晚期。英国利物浦博物馆在1880年开始进行观众调查。[①] 20世纪早期，本杰明·吉尔曼（Benjamin Gilman）通过对不合理的展示设计所引发观众的身体不适进行跟踪研究，提出至今仍然在使用的"博物馆疲劳"（museum fatigue）概念，认为展览设计不应只是策展人与馆长的特权，取得观众研究开创性进展。20世纪30年代，美国兴起的博物馆运动带动了观众研究的兴起，在"作为公共机构的大众博物馆"取代"排他性利益团体"的理念下，观众研究成为评量博物馆教育效果的核心工具，用以确保大众真正受益于博物馆的教育活动。[②] 1970~1990年，博物馆观众研究迎来了集中发展时期，问卷调查、焦点小组和实验性的测量工具被广泛应用于对教育效果的评估。研究者在方法与工具的使用上进行了积极的尝试，并取得阶段成果。[③] Screven强调：在观众为中心的理念下，博物馆通过评估来提供初期发展的指导与规划。[④] 这一时期对非博物馆观众的研究开始被关注，研究者发现了6个影响观众选择博物馆的要素：社会交往的需要，为自己和他人做一些有价值的事情，舒适的环境，新经验的挑战，学习的机会，积极的实践。这些研究帮助博物馆吸引潜在的参观人群并提供更好的服务。[⑤] 20世纪晚期的诸多研究成果确立了观众研究在博物馆实践中的不可替代性，并成为正式的学科领域。

进入21世纪，观众研究开始高度聚焦参观者的感受与学习效果，成为

[①] Hein, G. & Alexander, M. (1998). Museums: Places of Learning. Washington, D. C.: American Association of Museums.

[②] Loomis, R. (1987). Museum Visitor Evaluation: New Tool for Management. Nashville: American Association for State and Local History, p. 21.

[③] Hein, G. & Alexander, M. (1998). Museums: Places of Learning. Washington, D. C.: American Association of Museums.

[④] Screven, C. (1990). Uses of Evaluation Before, During and After Exhibit Design. ILVS. Review 1/2, pp. 36 - 66.

[⑤] Hood, M. (1983). Staying Away: Why People Choose Not to Visit Museums. Museum News. 61/4, pp. 50 - 57.

博物馆发展的战略性工具。然而，为数众多的博物馆在类型上的差异以及专业研究人员的配置方面水平不一，对研究结果的使用是否符合规范，成为观众研究需要面对的问题。与此相应，专门性研究中心的出现使观众研究呈现规模化与系统化，有效地帮助区域博物馆共同进步。1999年，澳大利亚博物馆观众研究中心（AMARC，The Australian Museum Audience Research Centre）创办；同年，在英国莱切斯特大学，创办了博物馆与美术馆研究中心（RCMG，Research Center for Museum and Galleries）。众多博物馆相继成立"解释部"（Interpretation Department），以机构的方式将观众研究列入博物馆工作职责。

（二）观众研究的方法

观众研究的领域与主题十分丰富，常规的研究选题包括对展览活动不同阶段的评估，也包括对博物馆学习、服务、商业模式等领域的考察。观众研究的结果可以客观证明博物馆对社会发展的积极效果。一种趋势表明，除了发生于博物馆中的实践外，在更广泛的社会场景中，博物馆对文化认同、幸福与健康的影响正成为观众研究的热门话题。

1. 展览评估

对展示工作的效果考核中，最常用的是"前置评估"、"过程中评估"、"总结评估"三种类型。前置评估实施于展示计划开始之前，用以确定展览的可行性和预期效果。过程中评估实施于布展过程中，通过对少量观众反应的测量，来完善展览的各个环节。总结评估实施于正式开展之后，通过收集来自观众的评价信息，致力于在今后的工作中改善展示效果。[1] 任何一个完整的展览活动都应包含一份关于展示效果的评估报告。一份完整的评估报告应包含以上三个不同阶段的研究结果。前置评估成为策展人获得项目批准的关键因素，过程中评估可以及时纠正布展过程中存在的问题，总结评估用于

---

[1] Miles. R. S. （1988）：*The Design of Educational Exhibitions*. （2nd e d）. London：Unwind Hyman Led.

全面考察最初展览意图是否顺利实现。

2. 学习效果研究

学习效果研究中的关键指标是测量经由博物馆的学习所产生的态度转变，而态度的转变难以发生于单次的影响，需要长期持续的观察。对一个独立学习项目的研究可以使用焦点小组的方法，人数为10~20人比较合适。如进行量化研究，最小样本不少于30人。为确保所有参观者都有同等机会入选，在可以获得总体样本的情况下，通常使用系统抽样和代表性抽样方法获得研究对象。由于观众在博物馆的环境中处于流动的状态，对研究对象的选择会受到很大限制，在无法获知样本总体的情况下，使用典型案例、偶遇抽样、滚雪球抽样这些简单的方法观察不太复杂的现象更加实际有效。[①]

3. 消费者调查

针对博物馆纪念商品的消费者研究在本质上与市场调查属于同一范畴，目的是提升纪念品商店和其他博物馆经营领域的销售额。要获知人们在博物馆内的消费行为特点，可以使用简短的问卷来咨询观众新产品最合适的价格，通过观察法对同类商品的消费群体进行分类统计，通过对观众在博物馆内参观轨迹的总结来确定纪念品商店的产品分布，甚至使用何种传播媒体进行宣传可以获得较好的广告效果等。消费者的概念比参观者概念更加宽泛，吸引潜在消费者的工作尤为重要。通过系统抽样的方式获得受访者的联系方式，通过电话和电子邮件进行非面对面访问是一种常用的模式。在调查中保护受访对象的隐私信息是需要特别注意的问题。

二　博物馆的媒介属性

博物馆藏品是人类文化的重要载体，博物馆的媒介属性源于藏品的符号功能与指代的意义。这些承载着人类历史发展印迹的物质或非物质印

---

① DCMS (2007): Inspiration, Identity, Learning: The Value of Museum, An Evaluation of the DCMS/DCSF National/Regional Museum Partnership Program. The University of Leicester.

证，蕴含着丰富的信息。可以将博物馆视为一种复合型传播媒介，通过时间与空间的逻辑组合生产出如实体展览、虚拟展示、文创产品、公共文化活动等多样化媒介产品。一个成功的媒介产品需要与之配套的传播模式，了解博物馆的媒介属性，是探索传播模式的前提。从宏观来分析，对传播效果的关注是博物馆和大众媒介的共同之处，政治性、经济性和公共性是二者共同的属性。博物馆和电视、报纸、网站一样，需要肩负意识形态功能、参与行业和市场竞争，在一定程度上具有产业性质，以实现公共利益为终极目标。

（一）博物馆媒介关键词

1. 受众与观众

受众（Audience）是指大众传播所面对的无名个体与群体，是传播学研究的核心问题。早期研究中为了突出媒介的强大影响力，受众被描述为分离的、消极的、在媒介刺激下软弱无力的群体。如今这种观点已经被社会文化的因果关系所取代，研究者通过不同社会群体成员与媒介文本之间的关系来解释媒介的影响力。[①] 观众多指观看和欣赏的人群。博物馆用"观众"来指代所有参观者，强调的是"到场"和"观看"行为，忽略了对人群的细分与对信息接收方式和效果的考察。"受众"观念以积极的方式看待信息接收者，强调信息的影响力，包括"到场"和"观看"的人群，但不限于此。

2. 教育与学习

国际博物馆协会（ICOM）将博物馆教育功能描述为"通过自身的教育资源为各阶层提供服务，特别是要支持那些特殊团体和人群，为他们制定特殊的教育目标和政策"。[②] 相比国外日益细分与广泛覆盖的博物馆课程，中国博物馆的教育工作大多停留在以"社会教育"为己任的粗放阶段。社会教育部门的职责包括：讲解服务、志愿者管理与招募、节假日少儿活动，兼

[①] 〔美〕约翰·费克思等编《关键概念——传播与文化研究词典》，李彬译注，新华出版社，2004，第18页。

[②] ICOM. 1990. Code of Professional Ethics.

具公共服务、人员管理、教育三种职能，泛化降低了专业性，导致社教部门无法提供持续而专业的博物馆教育服务。与此相应，很多西方博物馆正在将"Education Center"改为"Learning Center"。从教育到学习是一种理念与方式的变革，由以讲授为主导的"Education"转变为以互动参与为核心、更具主动性的"Learning"是一个信息传播方式由单项传输到双向传播的过程。从"社会教育"发展到"专业课程"是博物馆教育系统化、专业化的核心环节。

3. 陈列与策展

陈列部是博物馆最重要的部分之一，职责范围涵盖了与展览相关的多项工作。从中国博物馆发展历史来看，"陈列"与"社教"同样，属于传统博物馆模式下的称谓，具有浓厚的时代色彩。在"陈列"的指导下，博物馆重视物品的价值，轻视参观者的感受。以年代、器型、材质的方法对展品进行归纳与解释，放在玻璃柜中供人参观。可以说，传统的"陈列"="摆放"。现代博物馆观念提倡通过精心的策划，实现物与人的对话，致力于激发参观者的想象，关注物品所传递的信息。一件或一组物品通过逻辑组合，在声光电的辅助下，可以讲述不同的故事，语境、情景、符号的指代和展品一同建构丰富的意义，这是策展与陈列的区别所在。盛行于西方博物馆的"独立策展人"制度以展览为核心，调动多方资源共同完成一项展示工作。"陈列部"将展览局限在少数专家的工作范畴，作为日常工作的文物"陈列"缺乏活性竞争机制，也难以吸引高水平人才的加入。

4. 纪念品与文创产品

消费社会将文化创意作为一门朝阳产业，博物馆领域兴起前所未有的文创热潮，观众通过消费行为满足"将博物馆带回家"的心愿，博物馆以此获得可观的收入。然而，纪念品与文创产品并非同一概念，除了字面意义的区别外，更多的是对文化内涵的发掘与再创作。只有经过完整创作过程，蕴含丰富文化内涵的商品，方可称为具有文化与商品双重属性的文创产品。它不仅满足人们的消费心理，也深深植入日常生活，承载丰富的文化内涵。博物馆文创属于博物馆媒介产品之一，直接通过消费市场来检验产品价值。纵观目前中国博物馆文创产品的现状，花样繁多地体现着单一的小商品属性。

这些热极一时的"萌派"纪念品引发关注,"千文一面"的背后显得娱乐有余而创意不足。反之,那些创作周期长、价值丰富的科普出版物、影音制品却十分鲜见。

(二)媒介技术引领博物馆发展

从最初的口耳相传到文字记载,从印刷机的出现到以广播、电视为主的电子媒介,直至今天无所不在的移动互联网,人类传播史上的五次革命,每一次都有力地推动了社会进步,也将博物馆的发展引入全新阶段。加拿大学者马歇尔·麦克卢汉提出"媒介即信息"的观点,他认为,真正有意义的信息并不是各个时代媒介所提供给人们的内容,而是媒介本身,人类只有在拥有某种媒介以后才有可能从事与之相适应的传播和社会活动。[①] 如果将公元前3世纪的"缪斯神庙"视为人类最初的博物馆起源,当时的传播形态无疑是小众和限制型的。两千多年后的今天,除了蓬勃发展的大型公共博物馆外,也出现像谷歌文化学院(Google Cultural Institute)这样,与全世界博物馆合作,提供丰富视觉效果的互动式体验、以新方式讲述文化故事的虚拟博物馆。

媒介是人体的延伸。媒介技术打破了时间和空间的二维关系,让博物馆展示走出建筑空间,成为无处不在的文化景观。当展示活动在时间和空间上的分离成为可能,越来越多的人选择通过移动互联网技术"参观"博物馆。这种文化的"远距离影响",让展览的观众群体变得无限大,使博物馆成为超级大众传播媒介。媒介技术不仅传递博物馆展示的文化表征,也参与意义的建构、影响认同,使博物馆成为"文化沟通的桥梁"与"社会文化景观"。

(三)博物馆媒介与意义再生产

博物馆展览讲故事的方式与同时期人们对艺术品的理解有密切联系。20

---

① 〔加〕马歇尔·麦克卢汉著《理解媒介——论人的延伸》,何道宽译,商务印书馆,2000,第33~35页。

世纪初期，欧美博物馆特有的语境是"严肃的"、"精神的"，当时盛行于欧美的 Spiritualism 运动在一定程度上影响了博物馆的展示，策展人努力在现代空间内营造出与藏品所处时代相近的环境，让参观者获得"身临其境"的感受。传统观念认为：博物馆应该庄严肃穆，且非常宁静，不该有轻佻的活动；常设展厅的布置是永久固定的，神圣不可侵犯；文物陈设的信息必须有正确的教育意义，不能让人随便联想并投射个人的意愿和情感。策展人和考古学家对"原始语境"的热衷，导致"解释"成为文化精英的话语特权。新媒介技术的应用，引发对精英话语的反思，多平台、多群体的交流推动博物馆展示走出"原始语境"，在不同的社会情景下为参观者提供广阔的思索空间。

在传播学的视角下，展览是一种媒介，是连接历史与当代的桥梁，对于博物馆来说，多种展示用以建构一个公共文化空间，多种文化产品相互组合将博物馆变成为"历史文化媒介"。每一个主题好似电视台中的一个频道，播出的内容可以高度相关，也可以各自讲述着不同历史时期的文化故事。故事的背景和故事倾听者自身的经历构成了博物馆展示的语境。思考博物馆媒介的属性与功能，不能忽略文化符号背后的意识形态特征，符号背后的权利关系应该被说明还是回避？我们在多大程度上为观众呈现了一个多元解释的博物馆景观？

三　博物馆媒介的信息传播模式

无论何种形式的展览，其最终目的是对信息的传播，以吸引更多的观众。观众对看到的景象所产生的感受是最重要的。媒介化时代观众与博物馆之间呈现不断发展与变迁的关系，博物馆提供的文化影响引导观众如何看待博物馆的概念与意义，观众参与文化的方式改变着博物馆的文化传播模式。

（一）信息"传授"模式

20 世纪中期以来，博物馆由传统的"以物为本"转向"以人为本"，逐渐形成以观众兴趣为引导，以展示为媒介的信息"传授"模式（见图1）。信息"传授"模式在中国博物馆广泛存在，是一种典型的由传者到受者的单向信息传递模式，以受众的满意度作为反馈机制。在信息"传授"模式下，博物馆是信息的传递渠道，肩负"把关人"职责，在展示设计中注重意义的表达，根据展品的类型和特征建构文化语境，通过互联网、讲座和多媒体互动等方式对观众施加影响。观众在信息"传授"模式中主要扮演"接受者"的角色，通过参与博物馆内活动，激起学习兴趣。

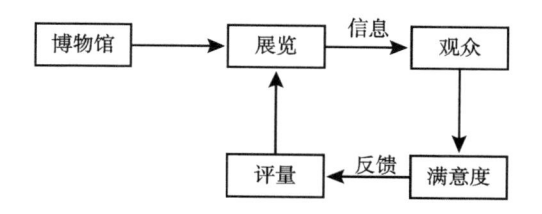

图 1 博物馆信息"传授"模式示意

信息"传授"模式强调信息传输阶段的单向影响力，观众被影响的程度越高、满意度和参观收获越大，说明展示行为越成功。类似于电视台对收视率的追求和商场对客流量的期望。新闻媒体以企业身份参与市场竞争，较高的关注度意味着广泛的经济效益。博物馆作为公益文化机构，并不单纯追求高满意度，博物馆信息传播致力于对人们的积极影响，通过观众研究获知传播效果，进一步提升自身的服务水平、获得持续的美誉度与支持力，以社会效益为主，兼顾经济效益。信息"传授"模式的缺点在于，将观众视为信息的被动"接受"者，将博物馆展示工作的成功与否局限于"观众满意度"这一单一指标。强调了博物馆的权威地位和广泛影响，容易忽略观众自身对意义的编码和解码。

（二）信息"编码"模式

文化的编码是指信息接收者根据特定的语境和文化背景对信息进行诠释的过程。这一概念最早由 Stuart Hall 提出，他认为信息传播沿着由开始到接收，继而进行解释的过程，信息意义的建构取决于编码者——信息接收者的选择。[①] 博物馆根据自身的特点和展示目标对展览（相关产品）进行设计，被展出的物品往往以某种特定的风格和形式被组织与解释，属于对信息的编码。这些展品的信息影响观众的理解，而最终印象的形成则取决于观众自身的观念、知识构架和环境，这是观众自身对信息进行再次编码，或称为"解码"。信息"编码"模式示意见图2。

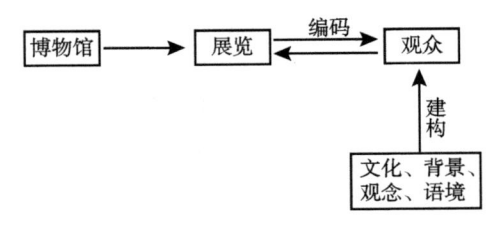

图2 博物馆信息"编码"模式示意

与"传授"模式不同，"编码"模式强调展览所建构的多重意义，关注不同语境和文化背景下的多样化解读。"编码"模式是西方博物馆展示工作的核心，因观众自行编码的过程可能与策展人的意图大相径庭，在展示设计阶段要进行大量的观众研究。"编码"模式也鼓励参观者颠覆预设的影响效果，获得"脑洞大开"的启示。"编码"模式的核心包括：信息传递方式的多样性、观众在信息接收过程中的主动性、对学习效果的研究、不同群体解码方式的差异。例如，一件珍贵的漆木彩绘棺椁，有人看到的是精美的绘画，有人因联想到装着死人的物品而产生恐惧，有些观众会提问"木头如何保存几千年不腐烂"，也有观众希望了解这些图案的意义，等等。了解编码与解码之间的关联性有助于更多地了解博物馆文化传播的规律和特点。"传授"模式适合于具有较强目的和宣传需求的展览，"编码"模式使博物馆工作者在展示之前的主观预测往往不准确，观众具有自行建构意义的能力，应尽可能地思考展示发生地域和人群的特点。

---

① Stuart Hall (1980). "Coding and Encoding in the Television Discourse". *Culture, Media, Language*, London: Hutchinson. pp. 197 – 208.

四 小结与未来研究的思考：成为
会讲故事的博物馆媒介

与市场导向的商业文化机构相比，在人工建筑的殿堂中，将文化和背景限制在以展品为依托的展柜中，就像讲解员的宣讲将观众的理解限制在千篇一律的知识结构内，让博物馆总是显得古板、缺乏活力。一座优秀的博物馆，一定是会讲故事的博物馆。一个好听的故事需要兼具趣味与内涵，因与参观者经验关联而引发兴趣。在"互联网+"时代，博物馆可以称为资源平台、内容生产商、文博类 IP 培养与运营、公共教育机构等等，形成具有竞争力的文化产品体系。

现代媒介技术使博物馆实现对馆外公共空间的渗透：提供优质、专业、有趣的教育服务与教育类产品。当自身观念的转型与激烈的竞争同时出现，我们期待商业资本对博物馆的关注，通过市场运作实现资源与利益共享。产品的文化属性与传播方式密切关联，公益文化机构的特质与商业资本追求利润之间的平衡影响着博物馆发展方向，也影响着博物馆讲故事的路径与传播渠道。没有对价值的追求，意味着缺少对使用者的关注，在乎参观者的感受是追求传播效果的起点，在新媒体与传统媒体的融合中，最重要的始终是参观者和他们的感受。

当代城市博物馆文化功能的思考

——以武汉博物馆为例

任晓飞*

摘　要： 随着全球化、信息化、城市化进程的加速，城市博物馆收藏、研究、展示和社会教育的传统功能正处于不断拓展和延伸的过程中。承载城市历史，保存城市记忆，讲述城市故事，探寻城市文化发展的脉络，是当今城市博物馆最核心的功能之一；城市博物馆同时也是塑造现代城市文明的重要因子，它的存在拓展了城市文化的空间，并为构建城市的文化认同、完善城市公共文化服务体系、促进城市文化交流做出了积极贡献；城市博物馆引领着城市文化未来的发展方向，它是城市文化领域最具活力的元素，是城市文化创新的领导者，更是城市文化创意的孵化器。

关键词： 城市　博物馆　文化功能　武汉

作为城市文化的重要载体，城市博物馆一直以来肩负着收藏、整理城市文化遗存，研究、展示城市发展进程，并以此为基础开展社会教育活动的功能。21世纪以来，随着全球化、信息化、城市化进程的加速，城市博物馆正不断受到来自外部世界的挑战：一方面，人类社会珍贵的文化记忆，特别

---

* 任晓飞，武汉博物馆副研究馆员，历史学博士，主要从事城市史、博物馆学研究。

是非物质形态的文化遗产正以前所未有的速度消失，传统的博物馆文物收藏、展示功能已很难适应这种趋势；另一方面，公众对文化的需求亦呈现多样化、多层次状态，他们不再满足于"信息接收者"的身份，而是渴望参与其中，成为文化信息的"发布者"和"传递者"。

时代的变迁要求城市博物馆建设者推倒思想围墙，以更加积极的姿态融入城市社会发展的浪潮中，面向大众，表达他们的文化诉求；面向城市生活，展示现代城市文化的多元样态。现代城市博物馆不应仅仅被看作城市过去的标志和记录，更应被看作城市文明的推动者和领导者，它鼓励搭建多元化的舞台，并利用特有的资源和方式，为城市文化发展提供有力的支持。本文试图以武汉博物馆为例，分析城市博物馆如何通过各项日常工作承载城市历史文化、形塑城市现代文明并引领城市未来发展，以此建构人们对现代城市博物馆文化功能的认识。

一　承载城市历史文脉

城市犹如一个巨大的生命体，具备自身独特的记忆系统。一座座历史建筑，成片的历史街区、遗址、老字号和名人故居，以及那些以非物质形态存在的风俗观念、生活技艺、掌故等共同构成了城市的记忆。城市记忆作为一种文化的积淀和表现形式，纵向地记录着城市发展的历史脉络，横向地展示着城市的文化气质和特征。承载城市历史，保存城市记忆，探寻城市文化发展的脉络，既是人类社会发展的需要，更是城市博物馆最核心的文化功能。

武汉是一座具有3500年建城史的历史文化名城，在它千百年的历史进程中，形成了"江汉汇通、楚风汉韵、兼容并包"的城市特色，沉淀了丰厚的城市文化记忆。作为这座魅力古城的重要文化载体，武汉博物馆基于对武汉城市发展史的研究和解读，通过对出土文物、建筑遗址、城市风貌，以及人文景观、城风民俗等内容的展示，承载着这座城市辉煌灿烂的历史。

（一）珍藏城市文化记忆

当前，城市博物馆收藏工作正经历着从对具有特殊意义和价值的物件的保存，到全面系统地收集和保护城市历史上具有历史、科学和艺术价值的文化遗存的过程，范围不断拓展，功能也随之强化。

武汉博物馆馆藏文物近六万件，包含了中国古代青铜、陶瓷、玉器、书法、绘画、印章、雕塑、明清家具、钱币、文献等各个门类，这些文物蕴藏着丰富的中国文化艺术信息，也见证着武汉从孕育、发展，到成熟、变迁的历程。近年来，随着武汉市考古工作的深入，越来越多饱含武汉历史文化信息的文物不断地充实着武汉博物馆馆藏序列，武汉的城市记忆也越来越清晰地呈现在世人面前。

城市记忆不单单反映在物质文化遗产中，还广泛地存在于非物质形态的文化遗产中。武汉博物馆始终视收藏、整理和宣传武汉非物质文化遗产为己任，除举办专题展览外，每年非物质文化遗产日期间还组织非遗传承人现场为市民进行表演。近年来，馆方不断加大征集力度，使得以汉绣制品为代表的大批非物质文化遗产藏品纷纷入藏。

在城市高速发展的今天，大量独具特色的文化记忆正飞速消失。因此，现代城市博物馆文物收藏的功能绝不能仅停留在"为今天而收藏昨天"的迷思中，而应更加关注城市的"今天"和"明天"，树立"为明天而收藏今天"的新理念。如今，越来越多的现代和当代文物正在成为武汉博物馆的收藏和展示对象，它们不仅拉近了广大市民和博物馆之间的时空距离，更进一步增强了武汉博物馆的亲和力和影响力。

（二）讲述城市文化故事

城市博物馆是城市文化再现的场所，它通过展览陈列的形式唤醒人们对城市历史记忆的感知和认识。武汉博物馆的常设展览——《武汉古代历史陈列》和《武汉近现代历史陈列》紧紧围绕"再现武汉历史、展示武汉文化"的思路，把城市历史文脉与展览紧密联系，把文物展示与虚拟展示、景观复原等技术有机融合，为观众呈现了武汉独特的城市发展史和文化，讲述"武汉文化故事"，展览既有扎实的学术研究作为支撑，又做到了雅俗共赏、引人入胜。

《武汉古代历史陈列》以城市文明史和历史上武汉城市形态、功能的变迁为逻辑主线，撷取最能代表武汉地区人类文明和智慧的历史文化遗产，通过"江汉曙光"、"商风楚韵"、"军事要津"、"水陆双城"、"九省通衢"等五个部分的展览，将新石器时代至清代，武汉数千年的历史发展脉络真实、清晰、形象地呈现在观众眼前。《武汉近现代历史陈列》则通过历史文物与相关资料的综合展示，运用大量的艺术作品和复原场景，借助新颖的陈列空间布局和形式设计，全景展现了从1838年林则徐武汉禁烟起，直至1949年人民政权建立这百余年间武汉壮丽辉煌的发展史。

除了以基本陈列全面、综合地展示武汉地方历史文化外，近年来，武汉博物馆还积极打造并推出了一大批展现当代武汉社会生活、讴歌现代武汉城市精神的特色交流展览。这些展览形式多样、轻松活泼，把武汉人身边的故事娓娓道来，真正做到了"接地气、聚人气"，取得了良好的社会反响。

（三）探寻城市文化足迹

城市的发展联系着过去、当今和未来，可以说，城市史是一部动态的"活的历史"。在城市发展的长期进程中，历史的印记被不断地覆盖、增添、修整甚至抹去，城市的记忆也随之变得零乱琐碎，使人难以捉摸。与此同时，还有大量城市往事尘封在档案馆、图书馆的史料文献中，它们记录着城市文明发展的足迹，却难以和现代城市生活产生交集。面对这一现状，迫切需要把这些零散的城市记忆碎片，用城市史的主线贯穿起来，使之能够清晰地呈现给大众，而这正是现代城市博物馆的重要使命。

长期以来，武汉博物馆视科学研究为立馆之本，在对馆藏文物持续深入研究的同时，还系统地开展了武汉城市史领域的史料挖掘、整理和研究工作，积极运用新史料、新方法、新视角，探寻城市发展的历史足迹，不断完善学界乃至公众对武汉这座千年古城认识的广度与深度。近年来，武汉博物馆先后主持或参与了《武汉通史》、《图说武汉城市史》、《新武汉史记》、《武汉会战日方资料丛编》、《百年江汉关》、《武汉沦陷史》、《汉水文化史》等专著、课题的编撰和研究工作，硕果累累的学术成果凸显了城市博物馆在城市史研究领域独特的地位和作用。

二 形塑现代城市文明

以优秀的传统文化形塑现代城市文明，以勇于担当的文化情怀拓展博物馆的社会文化功能，是新时期城市博物馆文化的思维落脚点。作为城市历史的记录者和展现者，同时是城市文化重要承载者的城市博物馆，决不能仅仅为今天的城市记录过去，也需要为未来的城市留存今天，并通过联系和展示历史与现实之间的关系，培育和提升城市文化的现代气质。城市博物馆的这一特性决定了它是城市文化建设的积极参与者和推动者，其功能也不应局限于文物收藏、文物研究和文物陈列，还应表现为引领城市文化、弘扬城市精神、培育城市品格、践行文化服务并搭建多元文化交流平台。

武汉博物馆是武汉现代城市文明的重要组成部分，它与这个城市的文化互动互益：城市有了博物馆及其文化积累显得和谐而宁静，博物馆也因城市深厚的历史积淀而显得理性与深沉。武汉博物馆重视城市博物馆在当代城市文化建设中的重要作用，以推陈出新的各项工作凸显武汉历史纵深感的同时，更拓宽了城市文化的空间；在武汉城市文化的国际化、多元化进程中，提高了武汉的文化品格。

（一）拓展城市文化空间

城市博物馆是城市文化最重要、最集中的表达场所，因此城市博物馆建筑空间理应带有所在城市文化的独特印记。博物馆建筑常常是一个城市时代发展的表征，其独特的建筑造型和空间布局都使之成为所在城市形象的标志之一。武汉博物馆新馆建筑布局高度体现了楚文化建筑中轴对称、一台一殿的高台式风格，整个建筑风格融入了多层宽屋檐、大坡式屋顶等楚式建筑的鲜明特点，造型和谐自然。馆舍内外环境按照景观式、园林式的特点进行布局，通过壁画小品、休息庭院和完善的综合服务设施营造出博物馆与主体建筑相统一的文化氛围。武汉博物馆已经成为武汉城市地标性建筑之一，是武汉重要的城市文化名片。

随着物质生活水平的普遍提高和现代城市生活节奏的加快，人们对休闲生活与追求心灵盛宴的需求与日俱增，文化休闲日益成为城市生活的重要组成部分，许多国家已经把博物馆看作休闲娱乐和进行终身教育的场所。为此，武汉博物馆从完善观众参观体验出发，积极提供如休息室、茶座、文创产品销售中心等服务设施，使观众可以愉快地参观、学习、休憩，配合博物馆展览营造的良好文化氛围，现代的武汉博物馆已不仅仅是传统的举办展览和社会教育的空间，而是集文化旅游、文化消费和文化休闲等诸多功能于一体的城市综合文化空间。

（二）构建城市文化认同

21世纪以来，高速发展的城市化进程在给人类带来现代文明成果的同时，也给生活在城市中的市民带来了文化、观念的缺失、错位，甚至枯燥和迷茫。城市博物馆作为城市文化与市民之间沟通的媒介，通过展览等形式构建起城市共同文化记忆，能够让人们在文化传承的过程中彼此认同，并建立相互理解和包容的信任关系，使他们更加满怀信心地走向未来。

武汉博物馆一直以来自觉关心武汉城市发展与建设，注重城市博物馆在城市文化建设中的责任担当，以深沉博大的文化底蕴和坚定的历史使命感，通过各色展览和社会教育活动，在潜移默化中增强武汉市民的文化认同，传递城市文化正能量，增进武汉市民的自豪感、自信心、凝聚力和创造力。近年来，武汉博物馆以传统展览为载体，锐意创新社教活动内容和形式，增加配套社会教育项目，精心策划了系列文化惠民活动"进学校"、"进社区"、"进农村"，在极大丰富武汉市民文化生活的同时，亦不断增强了广大市民特别是青少年群体对武汉发展的信心和认同感。《爱我江城——寻访武汉城市之根》图片展、"文物知识小课堂"、"民俗知识小课堂"等系列流动展览和社交活动的成功推出，让广大青少年在寓教于乐中了解武汉悠久的历史文化，直观地感受中国传统文化的深厚内涵，取得了良好的效果。

（三）践行城市文化服务

新时期城市博物馆文化的发展目标，已经从满足广大群众日益增长的文化需求，拓展到保障广大人民的基本文化权益，再延伸到让广大人民共享文化发展的成果。这既是"以人为本"理念在博物馆领域的体现，更是现代城市博物馆应具备的基本文化功能。随着2008年博物馆免费开放政策的实施，越来越多的观众群体走进博物馆。举办各种文化活动，为市民提供贴心、周到的公益性文化服务，已经成为城市博物馆的重要理念。

从2002年开始，武汉博物馆每年围绕"博物馆与现代都市"、"博物馆与社区建设"、"博物馆与青少年"等主题举办一次"5·18国际博物馆日"文博知识普及与服务活动，免费为武汉市民提供文物鉴定咨询、资料赠送等文化服务。如今，这项活动已经成为武汉市公益文化服务活动的重要品牌。武汉博物馆还针对全市中小学组织了多次暑期博物馆寻宝夏令营，通过丰富多彩的游戏形式，吸引广大青少年群体参观博物馆，丰富他们的课余生活。

在博物馆志愿活动方面，武汉博物馆与华中科技大学、湖北大学、江汉大学等高校建立了长期的合作关系，每年进行有计划的志愿者招募和培训工作，精心设计课程，对他们进行讲解演示和个别辅导，使他们能够更好地为观众服务。如今，武汉博物馆已拥有一支300多人的志愿者队伍，他们用自己的热情，为每一位观众提供细心而专业的服务。武汉博物馆每年还针对各项引进的临时展览或文化主题，开展"博物馆之友"系列活动，为博物馆爱好者带来专业性、知识性强的学术讲座。

（四）促进城市文化交流

城市博物馆作为城市文化的窗口，不仅需要开展高质量的基本陈列展览，还要有积极参与城市对外文化交流的主人翁意识，努力去促进城市之间，乃至国家之间的文化交流。改革开放尤其是21世纪以来，武汉市对外文化交流日益频繁，其国内影响力和国际化程度不断提升，在带动政治、经济发展的同时，也带动了城市社会、文化的繁荣与进步。武汉博物馆作为城市文化的殿堂，积极履行城市文化交流的责任与义务，较好地扮演了"武汉文化使者"的角色，成为武汉与其他城市、中国与世界其他各国文化往来的纽带。

武汉博物馆每年引进举办高质量的临时展览十余个，《衣袭华美——百年海派旗袍的前世今生》、《兰亭的故事》等临展的成功推出，为武汉市民放眼看中国、看世界提供了条件。与此同时，武汉博物馆还充分利用馆藏资源优势，精心打造了《天地精灵、璀璨江汉——武汉博物馆馆藏玉器展》、《掌中珍玩——武汉博物馆馆藏鼻烟壶展》、《铜镜的故事——武汉博物馆馆藏铜镜精品展》，这些展览现已在上海、深圳、西安等全国20余个城市陆续展出，在宣传武汉形象的同时，也传递着城市之间的友谊。

在全球化的进程中，武汉博物馆积极参与和主办了多项国际展览，有力地提升了武汉的国际影响力，为武汉赢得了荣誉。《戴高乐将军生平展》、《卢浮宫馆藏版画——法国版画400年》、《十九世纪下半叶俄罗斯现实主义绘画展》、《俄罗斯·中国当代油画家作品展》等享誉全球的展览，为武汉市民创造了不出国门便能观赏世界高水平艺术品的机会，搭建起了武汉与世界各大城市之间互动的平台。在引进来的同时，武汉博物馆还努力走出国门，为世界上其他国家和地区送去武汉人民的祝福和友谊。2007年，在冰岛科波沃市举办的"中国武汉艺术周"上，武汉博物馆带来的《中国武汉历史文化遗产展》为冰岛人民带来了遥远东方文明古国的文化遗产和现代艺术精粹，加深了中冰两国之间的友谊。2014~2015年，《万里茶道·东方茶港图片展》先后远赴俄罗斯首都莫斯科和蒙古国首都乌兰巴托，为当地民众集中呈现了17世纪以来中、俄、蒙三国茶叶贸易路线沿途的历史风貌以及三国茶叶贸易的辉煌历史，促进了莫斯科、乌兰巴托与武汉三个城市之间的文化交流。

三 引领城市未来发展

从历史发展的眼光来看，在人类生存环境演进和城市生活变迁中，过去、现在和未来往往有着必然的联系，城市过去的遗存、当今的样貌和未来的迹象，常常呈现或隐含在现今的社会生活之中。因此，城市博物馆不应仅仅是记录城市的过去、塑造当今的城市文明，还应为城市未来的发展指明方向。有理由相信，城市博物馆将在城市未来生活中扮演更为重要的角色，它保存着理解城市的钥匙，是城市文化领域最具活力的因子，是城市文化创新的领导者，是城市文化创意的孵化器。

城市未来的发展，不仅仅需要鳞次栉比的高楼大厦和车水马龙的经济建设成果，更需要不断提升城市文化的品格和魅力。可以说，没有文化引领的城市，终将失去未来的方向。武汉博物馆承载着城市辉煌灿烂的历史，展示着武汉城市文明的博大精深、源远流长，演绎着城市漫长历史中的沧桑巨变，以其独特的文化渗透力和感染力，守望着武汉人的精神家园。它为武汉文化未来的发展提供了不竭的精神动力和智力支持，它的每一次创意和新举措都将丰富和提升城市生活的文化活力。

（一）释放城市文化活力

城市的文化活力，是指城市在非物质层面表现出的对内向心力、融合力、凝聚力以及对外亲和力、吸引力和影响力。当今社会，文化活力日益成为衡量城市文化发达程度、城市形象和城市软实力的重要指标。武汉是一座活力四射的城市，开放包容的城市氛围让传统文化与现代文化、外来文化和本土文化、高雅文化和通俗文化在这里汇集，构成了武汉特有的历史文脉和活力源泉。武汉博物馆不断挖掘、整理、保护武汉传统文化资源，传承"汉味"文化基因，开创传统文化与现代城市文明相协调的局面，弘扬城市文化精神，为释放武汉城市活力做出了不懈努力。

近年来，为了更好地培育武汉城市的活力基因，释放城市活力效能，武汉市政府推行了一系列措施，以文化改革激发城市文化的多元主体活力，用文化改革的方式提升城市文脉传承的活力。2012年2月，《关于打造"文化五城"建设文化强市的意见》正式出台，明确了把武汉建设成"读书之城"、"博物馆之城"、"艺术之城"、"创意之城"和"大学之城"的目标。

在建设"博物馆之城"的进程中,武汉博物馆积极利用城市综合博物馆的平台优势和文博工作经验优势,在方案设计、展览搭建、人才培养、文物征集、民营博物馆对口帮扶等方面,为武汉市多座新建博物馆的筹建和运行提供了悉心指导和帮助。这些努力无不彰显了武汉博物馆在建设"博物馆之城",引领武汉文化建设,激活武汉文化活力中的职责与担当。

(二)推动城市文化创新

城市文化的命脉在创新。在全球化、信息化高速发展的今天,城市的生命力和竞争力越来越取决于城市文化创新的能力。这需要城市博物馆与时俱进,不断创新博物馆文化发展理念,重新检讨博物馆在信息化时代与学习型社会中的角色和定位,积极探寻城市文化创新的渠道,实现自身功能与职能的扩展。为此,武汉博物馆以数字化建设工程为先导,从2007年博物馆官方网站的开通,到百度百科数字武汉博物馆平台上线,以实际行动践行城市文化创新,使城市文化与博物馆之间有了良性的互动。

新媒体技术的出现和广泛应用,给博物馆发展带来了前所未有的机遇与挑战。当前,合理地利用数字媒体技术,全面提升博物馆公共文化服务的广度和深度,已经成为国内外博物馆建设者的共识。为适应这种新趋势,更好地提升博物馆的文化传播力和社会影响力,武汉博物馆自2013年起,历经两年时间开发了"智慧武博:数字武汉博物馆"平台。该平台主要由"虚拟博物馆"、"城市记忆"、"藏品档案"、"教育空间"以及"我的博物馆"等五大板块组成。通过这五大板块,公众不但能够实现虚拟场馆的自由参观,浏览与藏品有关的图像、文献、视频、三维模型等多重信息,实时获取最新的展览、社教活动公告,而且还能借助数字博物馆提供的个人平台,即时发布照片或评论,并与其他博物馆爱好者进行交流沟通。武汉博物馆信息化建设在为藏品管理、学术研究和社会教育工作注入活力的同时,也有力地诠释了网络技术已经成为博物馆推动城市文化创新的手段之一。

（三）激发城市文化创意

创意与创新不同，它更加强调培育和激发各种创新实践的价值观念、文化氛围与体制机制。未来城市文化的发展，如果仅仅依赖文化创新是远远不够的，更需要创造种种条件，形成有利于培育和激发创新的文化氛围和制度。21世纪以来，把城市塑造成"具有创造性的城市"也就是"创意城市"，已经成为世界各大城市文化未来发展的重要趋势。

城市博物馆在塑造创意城市的过程中具有不可取代的地位。第一，城市博物馆的发展程度是创意城市重要的指标，因为城市博物馆是城市文化的主要载体，对营造城市文化氛围、提高市民素质、提升城市品位、树立城市新形象，都起着至关重要的作用。第二，博物馆是培育城市创意阶级（Creative Class）的孵化器。创意阶级是在知识经济时代，运用创意增添经济和文化价值的知识工作群体，他们往往具有较高的学历，在工作与生活中强调鲜明独特的个性，反对墨守成规，重视工作的灵活性，重视私有的工作空间。城市博物馆以其独特的文化资源优势，为创意阶级提供了吸取文化营养的广阔天地，鼓励他们尝试、邂逅和创新，是创意阶级的孵化器。第三，城市博物馆是激发创意人才思想灵感的源泉。博物馆通过展览陈列，在一个相对狭小的空间里呈现错综复杂、包罗万象的文化元素，能够为创意阶级提供源源不断的创作灵感，扩大他们的眼界，丰富他们的生活体验，使之具备较高的文化艺术品位并激发他们的思想创造。第四，城市博物馆有利于形成激发文化创意的城市氛围。打造创意城市需要市民的投入与参与，城市博物馆是市民终生学习的无声课堂，高素质的市民群体有助于形成尊重创意、鼓励创意和实践创意的文化氛围。第五，城市博物馆是城市创意经济的助推器。随着知识经济时代的来临，博物馆已经被纳入创意产业的范围，成为一个新的城市经济增长点。发达的博物馆创意产业，有利于提高城市的竞争力、促进创意城市的经济繁荣。

武汉博物馆充分认识到城市博物馆在激发武汉城市创造力、打造"创意武汉"进程中的重要作用，近年来不断加大展品、展览方式的调整和创新力度，形成鼓励创新实践的办馆氛围；关注社会热点话题，让博物馆成为武汉市民日常生活重要的组成部分，在博物馆集聚人群，鼓励他们的思想相互碰撞、启迪，进而形成思想聚集、创意迸发的局面。与此同时，武汉博物馆还积极从事文化创意产品的开发工作，尝试开创博物馆创意产业的新局面，在产生社会效益和经济效益的同时，也助推武汉创意城市文化氛围的形成。如今的武汉博物馆，已经成为武汉文化创意的孵化器和"创意之城"建设的助推器。

参考文献

1. 陈燮君：《博物馆——守望精神家园》，《新华文摘》2009年第23期。
2. 单霁翔：《关于新时期博物馆功能与职能的思考》，《中国博物馆》2010年第4期。
3. 单霁翔：《博物馆的社会责任与城市文化》，《中原文物》2011年第1期。
4. 刘庆平、赵大明：《博物馆与城市文化建设》，《湖北省社会主义学院学报》2012年第8期。
5. 冯健：《城市记忆与城市博物馆的核心价值》，《武汉文博》2013年第1期。
6. 唐琳：《城市博物馆：引领公众感悟社会变革》，《中国博物馆》2013年第3期。
7. 刘庆平：《城市博物馆在社会变革中的价值取向》，《武汉文博》2014年第2期。
8. 雷君：《城市博物馆：城市文化的名片》，《城市记忆的变奏——中国博物馆协会城市博物馆专业委员会论文集（2013~2014）》，上海交通大学出版社，2014，第393~398页。

重庆市博物馆免费开放运行绩效评估研究

谢 硕*

摘　要： 博物馆是陈列、展示、宣传人类文化和自然遗存的重要场所，是国民教育体系的重要组成部分，是进一步提高政府为全社会提供公共文化服务水平的重要举措。2014年，重庆市结合本地区博物馆发展的新动态和新要求，对所在区域内博物馆和纪念馆进行免费开放运行绩效评估，进而对博物馆和纪念馆发展现状进行梳理和分析，研究存在的问题和问题产生的原因，并以此为依据提出一系列因应措施。

关键词： 博物馆　免费开放　绩效评估

博物馆向全社会免费开放是党的十七大关于社会主义文化大发展大繁荣的具体实践，是实现和保障人民群众基本文化权益的积极行动。博物馆、纪念馆免费开放符合世界文物展示业的发展趋势，有利于发挥博物馆和纪念馆作为公益性文化机构的社会价值。[①] 2015年，根据《重庆市免费开放博物馆绩效评估标准》，结合当前博物馆发展的新动态和新要求，本文对重庆市60家博物馆、纪念馆在2014年的运行情况进行了系统评估，分析了博物馆免费开放工作中存在的问题并提出因应措施。

---

* 谢硕，重庆中国三峡博物馆公众教育部，硕士研究生。
① 国家文物局：《关于全国博物馆、纪念馆免费开放的通知》，中宣发〔2008〕2号。

一 重庆市博物馆总体情况

2014年重庆市免费开放的博物馆、纪念馆达到76家,参与评估的60家,比2013年同比增长17家。其中,重庆市区免费开放的博物馆、纪念馆达到22家。免费开放的馆舍总建筑面积达到34.56万平方米,展厅总面积15.48万平方米,文物库房总面积4.36万平方米;总收入3.60亿元,总支出3.42亿元,免费开放补助经费7852.99万元,支出8891.19万元。2014年总参观人数为1830.70万人次,青少年参观人数为515.76万人次,网站访问量696.09万次,免费讲解总量29513场次,覆盖观众215.22万人次。根据重庆市统计局2014年人口统计数据计算,参观博物馆的观众人次占全市常住人口的55.48%。现有注册志愿者人数7435人,志愿者年度服务总时长7.31万小时,开展社教活动2662场次,参与观众1048.49万人次,共建学校387所,发表学术论文640篇,举办临时展览209个,举办馆内员工培训384场,送馆外培训523人次。

二 重庆市博物馆评估数据分析

(一)参评单位情况

2014年参与免费开放绩效评估的单位有60家,其中一级博物馆2家,二级博物馆1家,三级博物馆8家;从类别上看,国有博物馆和纪念馆39家,民办博物馆9家,行业博物馆3家。60家参评单位平均分为71.11分,80分以上的单位7家,占11.00%;70~80分的单位11家,占18.00%;60~70分的单位22家,占36.00%。由此可见,重庆市免费开放博物馆、纪念馆的绩效考核参评单位得分情况较为理想,65%的场馆达到合格分数。

(二)一级指标得分情况

2014年免费开放绩效评估指标体系设一级指标6个,分别是基本情况、公共服务、文化传播、学术活动、陈列展览、综合管理。评审结果显示，基本情况总分5分，平均分4.21，得分率84.2%；公共服务总分30分，平均分21.75分，得分率72.5%；文化传播20分，平均分13.22，得分率66.10%；学术活动总分15，平均分8.35，得分率55.7%；陈列展览总分15分，平均分11.79，得分率78.6%；综合管理总分15分，平均分11.79，得分率78.6%。一级指标得分率由高到低排序见图1，综合而言2014年我市博物馆总体运行情况良好，涉及制度、安全、人事的综合管理和包含常设陈列、临时展览的陈列展览业务整体合格，公共服务和文化传播有待加强，学术活动则成了拉低多数博物馆考核成绩的项目。

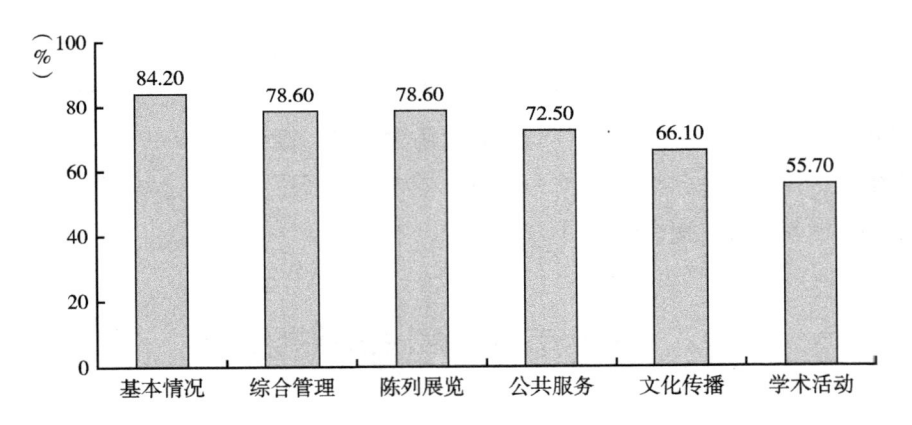

图1 一级指标得分率

（三）二级指标得分情况

免费开放绩效评估二级指标共17个，财务收支总分5分，平均分4.07，得分率81.4%；观众人数总分13分，平均分9.89，得分率76.08%；参观服务情况总分3分，平均分2.33，得分率77.67%；志愿者服务总分6分，平均分4.47，得分率74.50%；社会服务总分3分，平均分1.82，得分率60.67%；公众调查总分2分，平均分1.41，得分率70.50%；媒体传播总分3分，平均分1.83，得分率61%；年度宣传开展总分3分，平均分

1.85，得分率 61.67%；社教活动总分 15 分，平均分 9.80，得分率 65.33%；馆校共建总分 2 分，平均分 1.58，得分率 79.00%；项目与成果总分 12 分，平均分 6.97，得分率 58.08%；学术会议总分 3 分，平均分 1.38，得分率 46.00%；基本陈列总分 10 分，平均分 8.00，得分率 80.00%；临时展览总分 5 分，平均分 3.97，得分率 79.40%；制度建设总分 4 分，平均分 3.17，得分率 79.25%；安全管理总分 8 分，平均分 6.81，得分率 85.13%；人才队伍总分 3 分，平均分 1.81，得分率 60.33%。

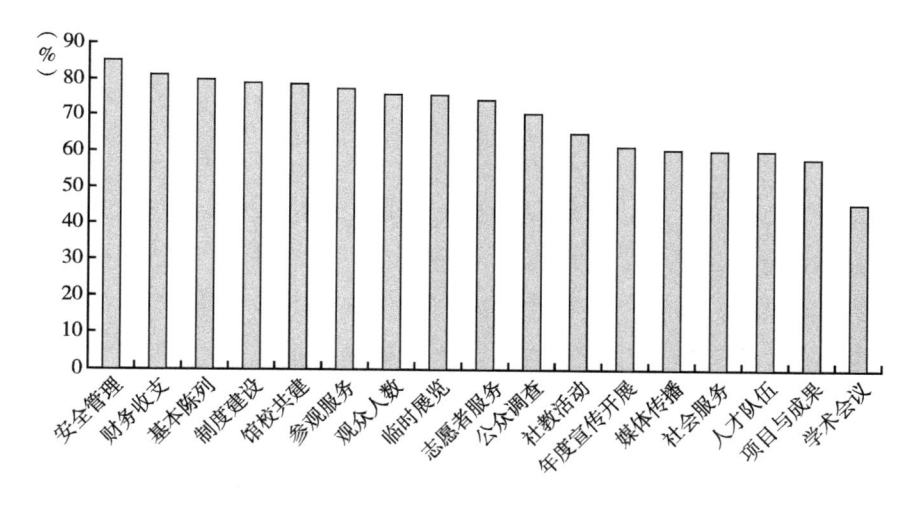

图 2　二级指标得分率

2014 年重庆市博物馆、纪念馆在安全管理、财务收支方面继续保持了往年扎实稳妥的工作风格，得分较为突出；基本陈列和馆校共建工作成效明显，各单位 2014 年对博物馆制度建设的重视使该指标平均分较高，进步明显；临时展览、观众人数及参观服务、志愿者服务、社教活动、公众调查等涉及博物馆陈列、教育的核心业务板块平均分较低，大幅度拉低了各指标项目的得分率，表明在现阶段的工作探索中，各个博物馆之间的业务差距较大，部分定级博物馆业务开展良好，内容丰富、形式多样、场次频繁，但众多的区县博物馆、纪念馆，尤其是民营博物馆和行业博物馆因相关理念尚未系统形成，对这些指标项目所涉及的业务工作重视程度不够，造成整体得分率偏低；媒体传播、社会服务、人才队伍、项目与成果、学术会议等则因多数博物馆未开展相应的业务，极大地影响了整体得分率，其中，学术会议的整体得分率仅为46%，是本次博物馆免费开放绩效评估业务中的短板所在。观念滞后、依旧延续过时的管理方式、欠缺资源整合与共享、社会角色的探索缺失，这些问题在新时期博物馆发展中正逐步凸显出它们的弊端，是未来博物馆发展必须要面对和解决的问题。

三 免费开放过程中存在的问题

（一）对新发展理念认识不足

国务院在《关于加快构建现代公共文化服务体系的意见》中明确提出要求，构建现代公共文化服务体系，提高文化开放水平，"促进基本公共文化服务标准化、均等化……建设综合性文化服务中心……推动公共文化服务社会化发展"，对新时期博物馆的发展方向和重点提出了明确的要求。但目前，博物馆对自身角色定位和社会功能的认识不足、理论欠缺、理念滞后，已影响了博物馆的工作效能和社会效益的发挥。在2014年免费开放绩效评估中，陈列展览（78.60%）、公共服务（72.50%）、文化传播（66.10%）、学术活动（55.70%）的得分率靠后，而这些涵盖了研究、陈列、教育、服务的评估项目正是衡量博物馆文化开放水平的重要指标项，其得分情况直接体现了博物馆服务社会、服务群众的深度和广度。但显然，仅有部分定级博物馆在业务工作中体现了对"开放"与"服务"的理解与重视，在保证能让观众"走进来"的基本服务上，通过多种有针对性的临时展览与公众服务，较好地发挥了其博物馆的社会效益。大部分博物馆依然在延续陈旧的办馆理念，传统的工作模式使这些博物馆尚未走上社会化发展之路。

（二）博物馆区域发展不均衡

城区免费开放博物馆、纪念馆与区县场馆在地理分布、办馆规模、资金投入、科研力量、陈列展览、公共服务、社会教育等方面显示出较大的差距，尤其是公共服务、文化传播业务板块，部分区县场馆完全未开展相关业务。

评估结果显示，60家博物馆、纪念馆的建筑总面积为34.56万平方米，展厅总面积为15.48万平方米，主城区有22家博物馆，免费开放支持经费共约5900万元，区县一共有26家，免费开放支持经费约1900万元，主城区每百平方公里拥有博物馆的数量以及对博物馆的免费开放补助经费远大于区县；渝西包括主城区、江津区拥有最大的博物馆建设规模，库区沿线往下游方向的忠县、云阳、巫山等区县以及渝东南地区的秀山、酉阳等区县，其博物馆建设规模远不比主城、江津等区县。在主城各区，渝中区、江北区和沙坪坝区的博物馆建筑分布较多，南岸区及巴南区则分布较少。整个博物馆、纪念馆建设规模在行政区划上表现出明显的不均衡。

（三）博物馆发展活力不足

博物馆活力体现在对馆内的所有展览和展品，包括场馆建筑及周围环境的有效利用上，还体现在博物馆在社会服务职能活动中形成的有形或无形的衍生物上。

评估数据显示，全市博物馆在临展举办、文化传播、社会教育活动、巡展、与其他单位及社会组织的联系上，情况参差不齐，多数场馆年举办临展数量在0~7个之间，社会教育内容单一、僵化，形式单调，创新不足，且无自身体系与特色；而科研能力和学术水平则直接影响了博物馆将馆藏资源向社会公众的输出效能。在教育形式上，几乎所有的参评博物馆都提供了讲解服务和展厅多媒体放映，而针对特定群体如青少年的教育活动，则仅有半数博物馆开展了，且各自在活动设计与实施水平、活动场次频率上也有所差异，部分博物馆虽开展了此类活动，但明显对自身资源的挖掘与认识不足，使活动本身存在着形式化的趋势。在教育资料/印刷品的提供上，以博物馆介绍、常设陈列介绍和临展简介为主，而重点展品、教育活动、文化展品等资料则仅有少量博物馆印制并免费发放，而这部分资料恰是最能体现博物馆服务活力与特色的。各馆推出的教育产品类型抽样数据显示，书籍、音像制品这样的传统资料依然占据主流，而具有创造性的文物仿制品、生活学习用品等文化创意产品则占比很低。

近年来，随着互联网技术的运用与普及，博物馆行业已普遍拥有官方网站，本次参评单位中，29家博物馆拥有自己的官方网站，网站年访问量在1万次以内的有7家，在5万次以内的有9家，在10万次以内的有4家，超过10万次访问量的博物馆有9家。其中，三峡博物馆、张培爵纪念馆、陈独秀旧居这三家单位官方网站年访问量均超过了100万次。此外，10家博物馆还开通了微博、微信等新媒体传播平台。

四 提升免费开放评估工作的相关对策建议

（一）转变观念，重视理论，继续提高博物馆开放水平

在重视博物馆传统业务板块的同时，加强博物馆管理理论学习，及时获悉博物馆发展的新动向、新理念、新方法，熟知行业内的管理办法、条例、法规，熟知与博物馆业务工作紧密相连的社会单位、组织机构的政策、法规、条例、办法，加强与社会的合作与联系，提高博物馆工作运行效率；重视博物馆从藏品管理、研究向社会文化传播、教育服务的拓展，深挖博物馆文化内涵，探索创新的文化表达方式，从人民群众的角度出发建立自身的服务体系，同时重视使用互联网新媒体传播手段，有效扩大博物馆开放的覆盖面。

（二）主管部门转变职能，对博物馆发展进行顶层设计

主管部门转变角色，更好地服务于全市博物馆资源优化配置；探索更加合理的评估指标和评价体系，在客观反映博物馆运行水平的同时，用科学合理的评价体系和机制来引导不同博物馆的发展方向和定位。

鉴于全市博物馆在地区分布、资源配置、办展水平等多方面的不均衡，主管部门需要发挥调控与配置的职能，在地区范围内建立良好的馆际互访、

人才流动、资源共享的机制与通道，并通过这样的调配实现动态、客观的业务监督和管理；为博物馆与相关行业之间的沟通合作制定保障政策和制度，为博物馆与社会公共文化机构的长效合作与利益实现提供支撑。

主管部门应继续科学完善评估标准，保证评价体系的与时俱进，重视核心业务的评估方法，在整体评估标准中要凸显博物馆发展的方向，通过具有前瞻性的评估工作来有效引导各类型博物馆的工作方向；对不同类型的博物馆、纪念馆、行业馆应设定不同的评价标准，尤其是通过评估的细则来引导非国有博物馆找准定位、发挥优势与特色，而不是与国有博物馆共用一个评价框架，否则既无法真实、客观地体现免费开放运行水平，又在无形中抹去了中小型场馆的发展特色。

（三）找准自身社会角色，探索标准化与特色化并行发展之路

大馆要利用自身规模优势探索开放服务中的行业标准、实施标准、管理标准，帮助带动中小型博物馆建立规范、合理的工作模式和方法，提高免费开放运行的水平和效能；更重要的是，中小型博物馆、纪念馆要根据自身的实际情况，找准社会角色和发展定位，深挖特色藏品资源和文化内涵，在硬件、规模有限的情况下，通过创新内容、方法和模式，打造小而精的工作板块，在社会化过程中发挥特长与特色，实现在行业内无可取代的地位。安全管理、公共服务作为博物馆与观众联系最密切、最直接的业务工作，在行业内拥有一套相对标准的流程与制度，中小型博物馆可适当借鉴大馆的管理运行经验；社会教育、学术活动、陈列展览因各馆情况不一，除遵守相应的行业规则和管理办法外，中小型博物馆更应结合自身资源特色，充分利用现有人才，创新工作思路，打造特色化、品牌化的研究、展览、教育项目，而非一味地与不同规模的综合博物馆进行量化比较。

（四）加强馆际合作，拓展社会机构合作领域，实现专业化、精细化、多元化发展

在行业内部要加强馆际合作，更好地实现资源共享，大馆在业务新方向

上要给予中小型馆帮扶与传带，尤其是在陈列设计、巡回展览、社会教育、科研项目、学术会议与培训等方面，尽可能多地对区县中小型博物馆、纪念馆以及民办博物馆、行业博物馆开放资源，体现出大馆的责任与担当；现代博物馆的发展对不同的业务板块提出了更加专业的要求，在文物保护、藏品管理、陈列展览、社会教育、公共服务、安全保卫等方面正在越来越倚重装备、科技、管理、教育、经营、艺术、新媒、互联网等领域的硬件技术和人才力量，这就需要博物馆更多地与相应领域的专业社会机构展开合作，通过购买服务获得来自社会的智力支持和技术支持，提高工作的专业性和产出率，逐步实现博物馆的社会化发展。

公共图书馆志愿服务管理模式初探

夏汉群*

摘　要： 近几年来，全国公共图书馆注册志愿者的数量不断增长，人们对于图书馆志愿服务的参与度及对志愿精神的认同度不断提升，志愿服务组织的数量迅速增长，组织化与制度化建设也日渐加强，为志愿服务的进一步发展提供了良好的社会基础和组织保障。但是大多数图书馆对志愿者的管理没有给予充分的重视，志愿服务管理未形成常态，一套长期可循的管理机制尚未建立，馆际也未建立系统联系。本文就公共图书馆志愿服务管理模式做初步探讨。

关键词： 图书馆　志愿服务　管理模式

志愿服务是公共图书馆扩大业务规模、增加社会效益的重要一环。公共图书馆自由平等、公益助人、奉献合作的精神与志愿服务强调的志愿与公益的内在特征天然契合，公共图书馆应该充分利用志愿服务这一社会资源，更好地为图书馆建设和发展添砖加瓦。但是，目前社会公众对于图书馆志愿服务和志愿精神的了解存在一定的不足，科学、长效的志愿者管理机制尚未真正建立。因此，应推进公共图书馆志愿服务制度化、组织化、信息化、项目化建设，充分利用志愿服务这一社会资源。

---

* 夏汉群，硕士研究生，湖北省图书馆馆员，研究方向为图书资料。

一 志愿服务的现实意义

（一）志愿服务是社会发展的需要

志愿服务是社会文明的重要标志，它促进社会和谐，推进社会良性运作和持续发展，具有"奉献、友爱、互助、进步"的精神内涵。志愿服务以助人和互助为目标，其自主奉献的精神，互帮互助、共同进步的理念，国家和社会认同的观念等，既与中国传统美德相呼应，又与社会主义核心价值观相契合，有助于培养积极、健康、乐观、具有参与精神的现代公民和良好的社会风气。

志愿服务与当代社会政治体制相配合、相促进，志愿服务组织作为政府、市场和传统社会组织的有益补充，为社会组织的培育开辟了新的途径，有益于现代社会的发育成熟。志愿服务所附带的帮扶功能、疏导功能、教化功能和凝聚功能，是完善社会管理、增强社会服务意识、构建和谐社会的重要方式，是创新社会治理的有效途径，有利于推进以改善民生为重点的社会建设。

（二）志愿服务是公共图书馆自身发展的需要

志愿服务作为一种高尚的道德实践和一项重要的社会公益事业，在促进社会安定、创造经济效益、保护弱势群体、推动精神文明建设与建立新型人际关系等方面发挥了极其重要的作用，有力地推动了中国社会的发育。中国志愿服务经过几十年的发展，在青年志愿服务、社区志愿服务、"草根"志愿服务、国际志愿服务等多个领域取得了显著成绩，作为志愿服务重要基地的公共图书馆，近年来在志愿服务整体发展方面也有了突出进展并积累了经验。

目前，国外各个领域的志愿者队伍都建立了长效的管理机制，志愿者服务都相对成熟和稳定，志愿者文化和服务意识深入群众，得到人们普遍认可，志愿服务活动的开展已经形成常态，志愿者管理也已规范化、科学化、制度化、系统化。以美国南卡罗来纳州的里奇兰德县公共图书馆为例，1987～1997年，该图书馆开展了青少年志愿服务计划，10年间共有448名9～15岁的青少年为图书馆提供服务，累计服务时间超过3797小时，创造的经济价值为19061美元①。国内的志愿者服务起步较晚，大部分集中于大型体育赛事和国家化大型活动，公共图书馆方面的志愿者服务相对较少。国内的志愿者服务方面的研究也明显落后于国外，志愿者文化并没有普及。公共图书馆志愿者服务及研究还有很长的路要走。

随着图书馆事业的发展，越来越多的志愿者走进图书馆，他们为改善图书馆工作贡献了力量，志愿者服务既是社会发展的需要，也是图书馆自身发展的需要。公共图书馆志愿者工作是长期性的，并不是一次性的，所以志愿者管理需要制度化、常态化、规范化，有一套规章可循，这样才能保证志愿者工作长期有效开展。

二 公共图书馆志愿服务的优势与不足

（一）公共图书馆服务与志愿服务精神高度契合

志愿服务是人类文明发展到一定阶段的产物。现代志愿服务发端于西方。经过近百年的发展，志愿服务事业遍及世界各地。志愿服务精神源于古老的宗教慈善观念，当慈善针对的是不确定的人群时，就演变成为公益。公益和志愿是志愿服务的内在特征，而公益也恰恰是公共图书馆服务发展的重要领域。

图书馆更重要的是作为一种社会保障体制而存在的。这种体制强调的是基于"社会信息公平和信息保障制度"的一种精神，其主要特征是免费服务和平等服务。图书馆精神包括信息公平与信息民主的精神。科学精神与人

---

① 韩芸：《图书馆志愿服务管理研究》，《中国图书馆学报》2008年第2期。

文精神的融合，应当成为 21 世纪图书馆的发展方向，成为推动图书馆发展的强大精神动力。图书馆精神是一种服务的精神，"真、善、美"精神也是图书馆精神。

图书馆服务行为和志愿服务行为的精神实质有诸多共通之处：自由平等、公益助人、奉献合作，这恰恰印证了公共图书馆具有吸引志愿者、使志愿者精神发扬光大的客观条件，图书馆应该充分利用这一优势，利用志愿者服务这一社会资源，更好地为图书馆建设和发展添砖加瓦。

（二）公共图书馆志愿服务发展问题与挑战

我国公共图书馆志愿服务开展至今，取得了较为明显的进步，其制度化、常态化以及社会化水平不断提升。但与此同时，志愿服务的发展仍然存在着如下一些现实问题。

——图书馆志愿服务普遍存在激励机制不足的问题。大部分志愿者偶尔会认为"经常由于在志愿服务中花费过多的时间而影响了工作、学习和生活"，志愿服务倦怠的问题已经经常或偶尔地困扰着许多志愿者。

——图书馆志愿服务保障机制应不断完善。志愿者在参与志愿服务活动时面临一定的权利和责任问题，在实际操作中，志愿者在与志愿服务组织关系的规范化、人身保障以及相关的医疗卫生条件等方面，仍然存在着一定的困难。

——志愿服务信息化建设应更加社会化。图书馆志愿服务信息化建设必须关注对志愿者和公众的信息反馈，志愿服务的项目活动开展与绩效信息要能够及时向社会公众尤其是亲身参与志愿活动者进行反馈，这也是激励志愿者投身志愿服务的有效方式，使他们能够形成对志愿服务活动乃至于对志愿精神的认同。

——公众了解不足，志愿文化建设任重道远。从整体社会环境上看，较为突出的问题还在于社会公众对于图书馆志愿服务和志愿精神的了解不足。当前仍需加大对志愿服务及相关理念和知识的宣传力度。

三 公共图书馆志愿服务管理模式思考

（一）着眼长效机制建设，推进公共图书馆志愿服务制度化

美国志愿者无处不在，公共图书馆、公园、医院、法院、老人服务中心、家庭与儿童保护服务机构和无家可归者庇护所。美国还拥有数量庞大的大学生志愿者，在美国做志愿者几乎是每一个美国人必修的一门课程，可以说，"美国全民皆为志愿者"，这与美国有强大的社会保障体系不无关系，通过税法给予志愿者优惠，鼓励商家和个人向公益事业捐赠，以捐赠抵税；有志愿者经历的学生可以增加学分，对升学、就业、晋级都有利；杰出的志愿者将得到政府的表彰和奖励等等。

志愿服务的支持保障体系受到了各国的高度重视，其发展也日趋完善，为志愿服务提供了制度保证。公共图书馆要不断推进志愿服务的制度化进程，不断完善现有的工作规范和条例等，进一步完善领导体系、组织架构，实现项目推进的规范化与制度化；同时，健全公共图书馆志愿者招募制度，以网络招募为主、集中招募和定向招募为辅，进一步规范志愿者注册登记制度；健全志愿服务供需对接制度，借助网络平台与社区志愿者服务中心，实现需求与服务的对接互动。健全志愿者培训制度，按照志愿服务项目的专业化要求以及志愿者的不同层次进行有针对性的专业培训；进一步强化志愿者保障和激励机制，并打通志愿者评价与现有社会评价机制之间的通道，建立确保志愿者服务工作的长效机制。

（二）规范组织发展，实现公共图书馆志愿服务的组织化

志愿服务组织的发展及其规范运作一直以来都是推动志愿服务发展的重要依托，所以必须不断培育志愿服务组织，进一步加强公共图书馆志愿服务组织建设，加强志愿服务组织的内部治理与财务审计，提升其规范化水平，保障志愿服务组织开展活动的经费，同时激发它们参与图书馆建设与发展工

作的积极性。组织建设需要图书馆高层领导的重视，图书馆志愿服务活动的长期持续发展离不开领导的重视和支持，图书馆志愿者管理既需要有专门的管理部门和人员，也需要各个部门的大力支持和配合，需要由领导来进行协调、进行资源的优化配置。例如，北京市的公共图书馆就形成了以首都图书馆为首、其他图书馆为成员的公共图书馆志愿者服务网络体系，实行统一管理、资源共享，所以规范的组织化建设是志愿者服务有效开展的重要保障。

（三）借助信息技术打造平台，促进志愿服务的信息化建设

志愿服务的发展离不开信息化支撑，尤其是在现代信息技术的推动下，建立和运作信息平台，将直接提升志愿服务的绩效。促进志愿服务的信息化建设，为志愿者、志愿服务组织、服务对象提供信息交流和沟通的平台，提升志愿服务项目的运作与管理水准。

依托新媒体，拓展公共图书馆志愿服务宣传、动员、参与、激励等社会渠道，创新志愿服务信息管理方式，完善志愿服务招募、培训、记录、激励等管理制度，增加电子志愿者证在线查询、打印证书等功能，为志愿服务提供科学化、信息化支持。这也能大大提高图书馆志愿者管理工作人员的工作效率和准确性，可以方便快捷准确地查找志愿者个人信息和服务记录，实现对志愿者的招募、培训、评估和激励的网络化管理，还可以实现信息共享共建。这也是对志愿者实行现代化、科学化管理的要求。

（四）打造服务品牌，推进公共图书馆志愿服务项目化运作

从公共图书馆志愿服务发展的趋势来看，项目化运作成为推动志愿服务的主要方式，社会化必然要求突破原有的体制藩篱、实现项目化运作。

在现有品牌项目的基础上，进一步将重点志愿服务活动与图书馆公益活动相结合，以多个内涵深刻、生动形象的工作品牌为平台，凝聚志愿服务力量，满足社会需求，并加大宣传力度以形成积极的品牌效应。同时，在志愿服务发展规划上，可以志愿服务工作项目为载体，系统规划一个时期、一定

领域的志愿服务内容，充分发挥志愿服务组织的中介作用，实现志愿服务供需双方的直接联系。此外，项目化、品牌化运作还可以借助志愿者服务信息平台，加强志愿服务过程中的管理和协调，并以此为依托，进一步传播图书馆精神和志愿服务精神，营造志愿服务的文化氛围。

四 结语

进入 21 世纪以来，国外的志愿服务展现了蓬勃的生命力，尤其是其与市场经济相结合的运作方式，为其志愿服务事业的发展提供了前所未有的契机。随着我国经济发展进入新常态，创新社会治理与加强科创中心建设的进程也不断加快，新时期社会建设与治理同样也对图书馆志愿服务的发展提出新的要求。展望"十三五"，我国应在借鉴国内外志愿服务发展经验的基础上，不断推进图书馆志愿服务的制度化、常态化、社会化，以及拓展平台网络、营造文化氛围等。

重庆图书馆抗战文献资源建设的评价体系研究[*]

王兆辉　闫　峰[**]

摘　要： 文献资源评价不仅是图书馆馆藏资源发展建设的基本内容，也是图书馆馆藏资源发展建设的重要环节。本文通过构建抗战文献资源建设的评价指标体系，对抗战文献资源建设的各个方面进行评估考量，以期推动重庆图书馆抗战文献资源建设更加科学健康、稳定持续地发展下去，同时也为全国其他地方的图书馆抗战文献资源建设提供借鉴样本。

关键词： 重庆　图书馆　抗战文献

重庆图书馆抗战文献资源建设走在全国前列，但仍面临发展的困境。本文通过构建抗战文献资源建设的评价指标体系，对抗战文献资源建设的各个方面进行评估考量，以期获得客观真实的有效信息，认清资源建设的发展方向，为图书馆制定符合自身发展需要的文献政策，优化抗战文献资源建设的实施路径，提供可资借鉴的理论指导与实践指南。

---

[*] 本文为重庆市文化艺术新闻出版广播影视科学研究规划青年项目"重庆图书馆抗战文献资源建设的模式研究"阶段性成果，项目编号：15DH013；也是重庆市社科规划青年项目"多维视域下抗战文献的文化形态研究"的阶段性成果，项目编号：2014QNCB21；以及重庆市"青年文化优才"培养计划项目成果，项目编号：2014QNWHYC06。

[**] 王兆辉，山东泰安人，副研究馆员，硕士，主要从事民国文献资源建设与图书馆事业研究，已发表署名文章90多篇。闫峰，山东济南人，讲师，硕士，主要从事中国近现代史研究，已发表署名文章30余篇。

一 重庆图书馆抗战文献资源建设的评价目的和意义

（一）重庆图书馆抗战文献资源建设的主要背景

重庆图书馆的前身是1946年国民政府筹设的国立罗斯福图书馆，其成立初衷即为纪念美国总统罗斯福对于中国人民抗日战争给予的巨大支持与莫大帮助。因此，收集和保存与抗战有关的文献资料成为国立罗斯福图书馆文献资源建设的侧重点之一。如今，经过七十年的历史洗礼，抗战文献资料不仅成为重庆图书馆独具特色的优势历史文化资源，重庆图书馆也成为我国抗战图书、期刊及报纸文献资料收集最齐全的公共图书馆。与此同时，重庆图书馆抗战文献资源建设也走在全国前列。2008年3月，重庆图书馆完成民国时期历史文献的数字化建设，"重庆图书馆馆藏民国文献"数据库系统面向社会开放，成为全国第一家为读者提供民国文献数字资源服务的图书馆。2010年8月，"重庆中国抗战大后方历史文献中心"于重庆图书馆挂牌成立，这是全国图书馆界第一个抗战文献专项资源的建设中心。2014年9月，重庆图书馆推出"中国抗战大后方3D数字图书馆"，这也是我国第一座以抗战文献为主题的3D数字图书馆[①]。

重庆图书馆抗战文献资源建设在蓬勃发展的同时也面临着严峻挑战。目前，全国范围内还没有针对抗战文献资源建设的评价指标体系。事实上，文献资源评价不仅是图书馆馆藏资源发展建设的基本内容，也是图书馆馆藏资源发展建设的重要环节。文献资源评价通过针对馆藏文献资源建设的各个方面进行评估考量，获得客观真实的有效信息，认清文献资源建设的发展方向，为图书馆制定符合自身发展需要的文献政策，优化图书馆文献资源建设的实施路径，提供可资借鉴的理论指导与实践指南。基于此，重庆图书馆抗

---

① 王兆辉、闫峰：《重庆中国抗战大后方历史文献中心的建设现状与发展研究》，《图书馆》2015年第9期。

战文献资源建设要始终坚持一马当先、独步其时，就需要快马加鞭、智者先行，通过构建抗战文献资源建设的评价指标体系，以推动重庆图书馆抗战文献资源建设更加科学健康、稳定持续地发展下去。

（二）重庆图书馆抗战文献资源建设的现实意义

巩固重庆图书馆在抗战文献资源建设领域的领先地位并发挥示范作用。由于重庆在抗战时期曾是中国首都，抗战文献遂成为重庆市最具优势的近现代地方历史文化资源[①]。重庆图书馆作为重庆地区的龙头馆，担负着传承与发掘重庆抗战历史文化的重任；作为我国唯一的以抗战文献资源为馆藏特色与优势的图书馆，重庆图书馆的抗战文献资源建设成绩斐然。而构建抗战文献资源建设的评价指标体系，不仅能够快人一步，且能在制度安排上推动重庆图书馆的抗战文献资源建设走得更远、更长久。

促进重庆图书馆在抗战文献资源建设方面的与时俱进和改革创新。通过构建抗战文献资源建设的评价指标体系，以对重庆图书馆过去一段时期抗战文献资源发展建设状况进行总结，了解重庆图书馆抗战文献资源建设是否符合时代发展的需要、是否适应图书馆实际建设的需要、是否满足用户对抗战文献信息的需求；并通过深化管理制度改革，优化资源配置，有效调动相关人员的工作积极性，确保馆藏抗战文献资源得到切实有效的开发利用，永葆重庆图书馆抗战文献资源建设的生机与活力。

彰显重庆图书馆抗战文献资源建设的历史价值和现实意义。抗战文献是图书馆历史文献资源中历史与现实联系最为密切且颇具生命力的有机部分[②]。随着我国人大分别将每年的9月3日确定为"中国人民抗日战争胜利纪念日"，将12月13日确定为"南京大屠杀死难者国家公祭日"，抗战文献的历史价值与现实意义愈加凸显出来。抗战文献作为重庆图书馆的特

---

① 王兆辉、王祝康：《重庆抗战文献整理开发的价值探讨》，《大理学院学报》2014年第1期。
② 王兆辉：《重庆抗战文献资源建设的SWOT分析》，《现代情报》2013年第10期。

色与优势资源，有职责向政府部门、科研院所及社会公众展示自身价值。

完善重庆图书馆在抗战文献资源建设方面的制度规范和长效机制。通过构建抗战文献资源建设的评价指标体系，为管理者提供客观全面的馆藏信息，发现存在的不足、提出改进的措施方案，继而推动抗战文献资源的标准化与规范化建设，促进抗战文献资源的共建共享与合作交流，完善抗战文献资源信息的服务模式与网络体系。

二 重庆图书馆抗战文献资源建设的评价标准和范围

（一）重庆图书馆抗战文献资源建设的评价标准

我国第五次评估定级中实施的《省级图书馆评估标准》中，从设施与设备、经费与人员、文献资源、服务工作、协作协调、管理与表彰、重点文化工程等七个方面，来设置业绩指标，对图书馆工作进行全面评价。重庆图书馆抗战文献资源建设的评价体系的构建，即可以借鉴我国图书馆界关于图书馆评估定级的标准规范，制订适合重庆图书馆抗战文献资源建设的评价标准。

抗战文献是重庆的地方特色文献资源，倘若仅从地方文献资源建设的角度来看，目前在我国《省级图书馆评估标准》中只设置有专门的两项评价指标（见表1）。显然，这对于重庆图书馆抗战文献资源建设的评价体系而言，无疑不具有信息的全面性和系统性。因此，重庆图书馆抗战文献资源建设的评价体系，需要结合我国对图书馆的整体评估标准体系，结合抗战文献资源建设的具体要求，将抗战文献书库的设施条件、现代化技术条件，抗战文献的入藏数量、质量，抗战文献的编目、藏书组织管理、数字化建设，抗战文献的各项服务、社会教育活动、用户满意度以及抗战文献的采选方针与执行情况，网上资源收集、加工和利用等指标纳入评价标准体系。

表1 省级图书馆评估标准

标号	指标	评价细则
334	地方文献入藏完整率（%）	1. 计算方法：(地方文献入藏种数/地方文献出版物种数)×100 2. 指正式出版的书、刊、报，不含中小学教科书、辅导资料、单幅画。提供前一年地方出版物目录 3. 提供上一年度本省出版社的出版目录（含纸质印刷型图书、期刊、报纸，电子文献、视听文献等） 4. 提供上一年度入藏的本省出版物与出版社目录的比对记录
373	地方文献数据库建设	1. 建设内容考查其选题规划情况 2. 建设规模考查其可用数据库数量及其容量

资料来源：中国图书馆学会：《省级图书馆评估标准》，2012。

同时，重庆图书馆抗战文献资源建设的评价体系还可以借鉴美国、德国等先进国家的一些图书馆评价指标标准。从20世纪80年代起，美国公共图书馆协会开始研制《公共图书馆服务绩效评价准则》，对图书馆服务效率进行评价。90年代，德国图书馆学会也对公共图书馆的资源与服务，实施以"标杆计划"（Benchmarking project）为名的评价标准体系。此外，美国大学与研究图书馆协会还制订了"美国学术图书馆评价指标体系"（见表2）。纵观国内外的图书馆评价标准体系，可以看出国外的图书馆评价标准相对简单，指标也比较简单，倾向于以"用户"为中心，重视图书馆使用者的满意度，强调用户对图书馆设施与资源的利用率。

表2 美国学术图书馆评价指标体系

一级指标	二级指标
图书馆使用者满足情况	1. 使用者满意度
图书资料的供应及使用情况	2. 图书资料流通数量 3. 馆内图书资料使用数量 4. 图书资料使用总数量 5. 图书资料供应情况 6. 图书资料提供的延误情况

续表

一级指标	二级指标
图书馆及其设备的使用情况	7. 使用者到访图书馆次数 8. 使用者在馆外使用图书馆次数 9. 使用者到访与在馆外使用图书馆总数 10. 图书馆设备使用率 11. 流通及参考等服务使用次数 12. 图书馆内总使用人数
信息服务	13. 参考咨询服务使用次数 14. 参考咨询服务满意情况 15. 在线检索评价

资料来源：范莎莎：《国外图书馆的绩效评价体系》，《统计与咨询》2014 年第 3 期。

（二）重庆图书馆抗战文献资源建设的评价范围

重庆图书馆抗战文献资源建设的评价范围是重庆图书馆馆藏的各种载体类型的抗战文献资源及其对抗战文献资源的组织行为与发展过程。这应该涵盖如下方面。

——重庆图书馆收集保存抗战文献资源的总体情况，包括抗战文献资源的总量，抗战文献的资源特色，抗战文献资源的发展走势，抗战文献资源的发展规划与政策方向等。

——重庆图书馆收集保存的抗战文献资源的文献类型，主要包括：印刷型文献，如图书、期刊、报纸、地图、画册、调查报告等；数字化文献，如缩微制品与音像制品，包括胶卷、磁带、CD、DVD，光盘等，还包括口述历史相关资料及后世人们的抗战历史文化映射等。

——重庆图书馆收集保存抗战文献资源的运行机制，包括抗战文献资源的收集、采访、编目、保护及修复情况，抗战文献资源的利用与服务情况，抗战文献资源建设的制度管理情况、组织运行情况、经费分配与使用情况，抗战文献资源建设过程的具体实施与监督反馈情况等。

——重庆图书馆对所收集保存的抗战文献资源的整理开发，包括对抗战文献资源的编目、提要等编纂工作的推进，各种深层次专项研究项目的开展①；对印刷型抗战文献资源的数字化建设，如特色数据库建设，本地数字资源的镜像建设、学科导航建设等。

——重庆图书馆所收集保存的抗战文献资源的用户服务，包括抗战文献资源的服务环境、服务人员的综合素质，为社会公众提供的服务手段与方式，对购买的抗战数字化资源进行组织并提供导航服务，为社会公众提供各项服务的用户满意度等。

三 重庆图书馆抗战文献资源建设的评价方法和指标

（一）重庆图书馆抗战文献资源建设的评价方法

重庆图书馆抗战文献资源建设的评价体系的构建，就是要运用科学的评价方法，采用定性或定量的评价指标及评价标准，对自身职能所确定发展目标与实施结果的实现程度进行系统评价。由于评价对象的复杂性、评价信息的多样性、评价主体的多层次性，从而催生出各种各样的评价方法②。在重庆图书馆抗战文献资源建设的评价体系的构建过程中，可以根据具体对象与侧重方向的不同确定多层次的评价方法。如对于各项指标的权重赋值采取专家评价法，对于抗战文献服务评价侧重于用户评价法，对于评价模型的构建主要采用数据定量评价法，对于信息来源采用信息测度评价法，对于抗战文献资源采用数量评价法、质量评价法、流通率评价法相结合的综合评价法等，不一而论，既要做到历史的科学统一评价，也要做到具体问题具体分析。

同时，图书馆是公益性文化服务机构，服务质量是图书馆各项业务工作的重中之重，也是图书馆文献资源建设评价体系的重要内容。目前，全面质量

---

① 王兆辉、肖军、闫峰：《出版媒介场域对抗战歌谣的传播研究》，《重庆邮电大学学报》（社科版）2015年第2期。
② 吴建华：《数字图书馆评价方法》，科学出版社，2011，第23页。

管理（Total Quality Management，TQM）是一种被广泛认可的先进管理方法，将其引入重庆图书馆抗战文献资源评价体系中，有利于从质量保障体系和服务体系方面来提升重庆图书馆抗战文献资源服务的整体水平，为建立科学全面的图书馆评价体系奠定基础。此外，美国学者根据全面质量管理理论提出：以用户的感知与用户对服务的期望来衡量评价服务质量，确定以切实性、可靠性、有效性、保障性与情感投入为服务质量五要素的"SERVQUA"评价模式。美国研究图书馆协会（ARL）则通过对用户的广泛调查研究，研制了"LIBQUAL＋"服务质量评价体系。这些也是值得重庆图书馆抗战文献资源评价体系学习借鉴的评价方法与评价模式。

表3 "SERVQUA"评价模式

要 素	内 容
有形设施（Tangibles）	物理设备、设施、人员与交流资料的外在形式
服务效率（Responsiveness）	帮助用户并提供快捷服务的能力
情感移入（Empathy）	对用户寄予关切和个体关注
可靠性（Reliability）	可靠而准确地开展承诺的服务能力
保障力（Assurance）	服务人员的知识和礼貌及传递信用和信心的能力

资料来源：金更达：《图书馆服务质量评价实现探讨》，《大学图书馆学报》2002年第3期。

表4 LIBQUAL＋服务质量评价指标

要 素	内 容
图书馆的场所（Library as Place）	实际使用的场所、精神的象征和避难所
信息的获取（Responsiveness）	信息获取的范围、信息获取的时间限度和方便程度
服务的效果（Empathy）	情感作用、可靠性、保障力、服务效率
自我应用的能力（Reliability）	导航使用方便、服务方便、现代化设备的可靠性

资料来源：刘峥：《图书馆服务评价与LIBQUAL＋》，《图书馆建设》2005年第1期。

（二）重庆图书馆抗战文献资源建设的评价指标

综上所述，重庆图书馆抗战文献资源建设的评价指标体系，可以在我国《省级图书馆评估标准》与美国学术图书馆评价指标体系的基础上，学习借鉴"服务质量评价（SERVQUA）"评价模式与"LIBQUAL+"服务质量评价体系，并将抗战文献资源建设的各个环节，诸如用户满意度、抗战文献的整理开发、服务人员的综合素质、各项服务设施与效率等几方面结合起来，设置科学、全面、系统、规范的评价指标，建立起适合重庆图书馆抗战文献资源建设与服务发展的评价体系（见表5）。

表5 抗战文献资源建设评价指标体系

一级指标	二级指标	一级指标	二级指标
用户的满意度	1. 用户满意度 2. 用户投诉率 3. 用户反馈量	文献资源建设	1. 书库设施设备 2. 书库排架准确率 3. 印刷型文献建设 4. 数字化文献建设 5. 借阅与下载流量 6. 文献的资源共享
服务人才队伍	1. 学历情况 2. 专业背景 3. 职称结构 4. 培训教育	文献整理开发	1. 编制二三次文献 2. 自建特色数据库 3. 数字化资源导航 4. 文献的研究项目
文献服务工作	1. 服务时间 2. 服务态度 3. 服务设施环境与技术设备 4. 服务方式 5. 参考咨询服务	文献运行机制	1. 用户反馈机制 2. 人才培养机制 3. 经费分配使用 4. 管理机构设置 5. 社会参与力量
文献资源概况	1. 文献数量、质量与结构 2. 文献保护、修复与普查		

四 结语

评价是图书馆的一个常态的科学评测工程，也是一个动态的系统管理过程。图书馆应该根据不同评价对象，进一步分析调整评价指标、评价标准、指标权重等，从而使得评价结果更为科学规范、客观公平、准确公正[1]。构建重庆图书馆抗战文献资源建设的评价指标体系，也是对重庆图书馆抗战文

---

[1] 王兆辉、王祝康：《图书馆员绩效评价指标体系研究》，《图书馆理论与实践》2015年第4期。

献服务质量的评价过程，且评价指标体系有一个不断修订完善的发展过程。在评价目标、评价范围、评价指标及评价方法上，要保证其科学性与有效性；在引入评价指标的过程中，要确保评价细则的客观性与全面性；在服务评价的可操作性上，要适合图书馆发展要求，确保评价工作的有序进行。总之，通过构建重庆图书馆抗战文献资源建设的评价指标体系，从硬件设施、软件供给、文献资源建设、人才队伍与技术支撑等多方面细化评价指标及评价分值，来探究与满足用户对图书馆抗战文献的信息需求与情感需要；通过实施抗战文献资源建设的评价指标体系，积极改进工作管理模式，提高抗战文献资源的推广度与使用率，以规范和提升重庆图书馆抗战文献资源的服务质量；通过实施抗战文献资源建设的评价指标体系，相信可以使已经"先行一步"的重庆图书馆抗战文献资源建设继续在新时期全国"民国文献保护计划"项目中发挥着举足轻重的积极作用。

浅谈数字图书馆建设及其服务推广

周 未[*]

摘 要： 数字图书馆是基于网络环境的共建共享的可拓展的知识网络系统，与传统图书馆相比，有智能化、网络化、共享化等新特点。从1996年我国正式提出这一概念至今，数字图书馆取得了较为快速的发展。本文探讨了数字图书馆的定义及特点，通过与传统图书馆的比较，探索如何构建数字图书馆，并做好数字图书馆的服务和推广。

关键词： 数字图书馆 服务推广

在现代科学技术日新月异、飞速发展的今天，社会各阶层、各行业都在发生着深层次的变革，图书馆事业也不例外。19世纪末20世纪初，美国图书情报界率先提出Digital Library概念，其中文翻译为"数字图书馆"。数字图书馆是我国未来图书馆事业发展的主要方向，在当前阶段，对数字图书馆的研究和探索是国际图书情报界的热门课题，而其中对数字图书馆的建设及服务推广研究更是重中之重。

一 数字图书馆的定义及其特点

（一）数字图书馆的概念

关于什么是数字图书馆，国内外专家有很多观点，但到目前为止，在学

---

[*] 周未，本科学历，现任湖北省秭归县图书馆副馆长，国家公共文化政策研究基地特约观察员。主要研究方向为共享工程服务和现代化技术在图书馆的应用。

浅谈数字图书馆建设及其服务推广

术上还未形成一致认可的权威定义。英国图书馆的 G. Jefcoate 认为，数字图书馆是指图书馆使用数字技术来采集、存储和保存信息并提供存取信息。[①] 美国马里兰大学图书馆信息学院教授 Marchionini 在《图书情报学百科全书》中说："数字图书馆是在不同群体中有不同意义的概念。对于工程和计算机科学群体而言，数字图书馆是一个管理结构化的多媒体数据的新型分布式数据库服务设施的隐喻。对于政治与商业群体而言，这个词代表一种新的世界情报资源与服务的市场。对未来派群体而言，数字图书馆代表着威尔士的世界大脑的表现形式。"[②] OCLC（联机计算机图书馆中心）的王行仁先生认为"数字图书馆并非一个拥有众多计算机工作站，并通过因特网或其他网络互联的场所。因此它不是一座建筑物而是一个网络"[③]。

（二）数字图书馆的特点

相较于传统图书馆，数字图书馆具有以下四个方面的功能和特点。

数字化特点。这是数字图书馆最基本的特点，它的所有其他功能和特点都建立在数字化基础上，这也是其区别于传统图书馆的最本质属性。数字图书馆利用现代信息技术把各种传统媒介加工处理成为数字信息，并通过多媒体技术把这些数字信息展现到读者面前。

智能化特点。在不断发展和完善的过程中，数字图书馆越来越成长为一个智能化的系统。它可以记忆读者信息，还能对读者的操作习惯和阅读喜好进行智能化分析，合理安排使用界面和资源推送，有利于读者方便有效、最大限度地利用数字图书馆资源。

网络化特点。数字图书馆的存在必须依托于网络，网络是数字图书馆业务开展和提供服务的工具和载体。目前，通过万维网，世界各地的服务器互

[①] Graham Jefcoate. Prorities for Digital Library Research: A View from the British Library Research and Innovation Center. http://www.uklon.ac.uk/services/papers/b1/.
[②] 岳艳明：《论数字图书馆员素质的培养和提高》，《科技情报开发与经济》2006 年第 3 期。
[③] Andrew Wang. Library Information Services in the 21 Century. In: LSAL '96, Shanghai, Sept. 14, 1996, pp. 47 - 56.

联互通，数字图书馆越来越成为一个庞大的有机整体。

共享化特点。共建共享，是数字图书馆的又一特点，其资源共建共享的深度和广度是传统图书馆所无法达到的。在资源的建设和利用上，数字图书馆可以跨区域，跨行业，甚至跨国界。

二 数字图书馆的继承与发展

在人类五千多年的社会文明发展进程中，保存和积累了大量文化精华，这些精华在传统图书馆中得以保存，体现了传统文化的延续。传统图书馆的馆藏资源既是数字图书馆服务的根本源头，又是数字图书馆对信息进行深度开发的基础。随着科技发展和网络信息技术的飞速进步，传统图书馆正向数字图书馆转变，这是一个渐进的过程，不能用几个简单的时期来划分。数字图书馆正在融入我们的生活，它是在传统图书馆基础之上发展起来的新型图书馆。

（一）适应信息社会的时代要求

20世纪90年代以来，网络技术、信息技术和多媒体技术高速发展，现在，信息网络已深深植根于我们的生活。《2014年全球社交、数字和移动》报告显示，中国有13.5亿人口，互联网网民所占比例为44%，达5.9亿人，其中手机网民规模达5.27亿，手机网民规模首次超越传统PC网民规模。就现在的社会经济发展形势来看，信息网络和信息产业所发挥的作用越来越突出，信息将成为比能源和物质更为重要的资源。

数字图书馆允许人们对信息非常方便地收集、整理和深入加工，它克服了传统纸质媒体在存储、传播和利用方面所遇到的时间和空间限制的弱点，极大地加快了知识传递和更新的速度，满足了现代人对信息时效性的追求，也促进了传统图书馆服务的深层次变革。

（二）促进资源共享的沟通桥梁

当今是一个知识和信息呈现爆炸式增长的时代，正确使用信息资源不仅能够节省物质和能源,还可以创造社会经济价值。所以,正确对信息资源进行有效开发、管理、传播和利用,是我国以后推进信息化建设、促进社会经济发展的关键。就目前而言,信息化建设与利用是脱节的,一方面,信息资源的建设在大规模进行,部分机构、企业拥有可观的数字资源,这些资源利用率有限;但另一方面,需要信息资源的用户却很难获取这些知识和信息,这直接阻碍了社会发展。数字图书馆就是一座桥梁,能够通过数字化和网络化实现信息资源共享,提高知识信息使用率,满足社会发展对信息不断增长的需求,推进信息管理现代化的进程。

(三)提高人民素质的重要平台

从国际科技发展趋势出发,我国制定了"科教兴国"发展战略,这对我们全民族的文化素质提出了相当高的要求。就目前而言,终身教育已成为发展的大趋势,"活到老,学到老"已成为社会共识。建立健全的公共文化服务体系,为公众搭建一个平等的教育平台,提高全民族文化素质,是数字图书馆义不容辞的责任。数字图书馆建设也是社会进步和发展的标志之一。

三 数字图书馆的优势与劣势分析

千百年来,传统图书馆以竹简、绢帛、纸质图书等为传播知识的媒介,多数人形成了固有的阅读习惯,但是数字图书馆的出现,彻底颠覆了人们的阅读观念,数字图书馆与传统图书馆到底孰优孰劣?笔者认为可以做如下对比。

(一)数字资源存储所占空间小,并且不易损坏

相对于有形的传统图书馆而言,数字图书馆的资源以数字化方式保存,一般保存在服务器硬盘或光盘里,占地很小。而传统图书馆几十万册图书就会堆满一栋大楼,管理起来非常不方便。传统纸质图书在读者多次借阅后会缺损,使用寿命有限,一些比较珍贵的图文资料,普通读者是很难借阅到的,而数字图书馆就能有效解决这些问题。

（二）资源检索和查阅方便

数字图书馆都配有检索查阅系统，读者只要输入关键词，就可在短短几秒内，获取大量相关信息。而传统图书馆图书查阅，需要经过多道烦琐手续、花费大量时间才能完成，并且所得信息非常有限。

（三）数字图书馆支持远程信息传递

传统图书馆的位置是固定的，建设规模和馆藏数量也是有限的，在往返图书馆的路途中，读者需要花费大量时间，并且不一定能得到想要的知识信息。数字图书馆则不受时间和空间限制，可以充分利用互联网优势，只要点击鼠标、登录网站，即使和图书馆远隔万水千山，也可非常轻松地得到自己需要的信息，这种优势令传统图书馆望尘莫及。

（四）数字图书馆可多人同时使用同一信息

传统图书馆中，同一本书每次只允许一位读者借阅，数字图书馆就能够突破这样的限制，一本书可以提供给多人同时阅读，极大地提高了资源的利用率。

（五）数字图书馆的劣势

数字图书资源的阅读主要通过电脑、iPad、手机等来实现，受阅读习惯、屏幕闪烁、视觉疲劳、电磁辐射等因素影响，数字阅读体验还是不如传统纸质图书。由于网络数字图书版权还不能得到有效保护，所以很多出版商不愿将好书、新书、畅销书数字化，图书馆的部分数字图书资源还会涉及版权纠纷。从人才和经费上来说，数字图书馆对人员素质要求很高，在软硬件建设、资源建设和后期维护费用方面，投入都是比较巨大的，这令经济欠发达地区无法承受。

综上所述，现阶段数字图书馆服务只能作为传统图书馆服务的有益补充，它还不能完全取代传统图书馆。

四 数字图书馆建设与服务推广

（一）数字图书馆资源库选择与建设

数字图书馆资源主要包括电子图书、电子期刊及数字报纸、论文和工具书等几种类型，此外还有音视频资源。就目前国内来说，有些公司多年来致力于数字图书建设，已拥有比较成熟的平台和庞大的数字资源库。比如方正阿帕比公司，资源库内包含电子图书260万册，数字报纸600种，艺术图片30万张，年鉴2000余种。"超星数字图书馆"提供大量的电子图书资源，其中包括文学、经济、计算机等五十余大类，数百万册电子图书，500万篇论文，全库总量13亿余页，数据总量1000000GB，还有超过16万集的学术视频。CNKI（中国知网）、博看、维普、万方数据库等也是国内知名的数字出版物提供商，拥有大量的学术期刊、论文等资源。

在目前数字图书馆建设过程中，购买或租用成熟的数字资源平台和数据库，是个不错的选择。因为单靠一个公共图书馆或高校图书馆的能力，构建自己的资源平台，自己再进行纸质图书数字化，从人力、物力资源来说，几乎是不可能完成的任务，并且有重复建设之嫌。

在资源库选择过程中，普通公共图书馆可以电子图书、数字报纸、音视频资源为重点，高校图书馆则以学术期刊、论文资源库为重点，公共图书馆可与高校图书馆加强馆际合作，实现资源互补。公共图书馆可另外建设小型的地方文献资源库，高校图书馆可结合自身实际建设优势学科数据库，作为对数字图书馆的有益补充。在数字化资源建设和利用过程中，要切实注意知识产权的保护问题。

（二）数字图书馆服务方式选择

数字图书馆服务手段与服务方式多种多样，目前主要有以下几种服务方式。

一是门户网站数字资源服务。图书馆将各种数字资源入口整合到门户网站中，读者凭证有选择性地进入需要的资源库，享受数字资源服务。门户网站数字资源服务的优势是资源种类齐全，资源体系清晰，操作简单，阅读方便。

二是手机阅读服务。目前我国手机网民已达5.27亿，其规模已超越传统PC网民，所以，手机阅读服务是数字图书馆建设中绝对不可忽略的一环。手机阅读服务主要通过读者安装APP应用来实现，APP程序一般由资源服务商提供。据笔者观察，由于许多读者担心APP程序占用手机内存资源，及受其他恶意APP应用的影响，安装数字阅读APP的人数并不多。相反随着微信的普及，微信阅读用户不断增长，读者只要关注图书馆微信公众号，就能在手机上读书看报。手机阅读主要以娱乐休闲、碎片化阅读为主，旨在丰富读者业余生活。

三是大屏幕电子书借阅机服务。目前，许多数字资源服务商都提供大屏幕电子书借阅设备，它是数字化服务的窗口，读者可以在大屏幕上读书看报，也可通过手机扫描，把心仪的图书下载到手机离线阅读，真正做到"一扫进口袋，万卷千册随身带"。电子书借阅机既能提升图书馆现代文化品位，又能促进数字阅读推广，提升图书馆在社会上的知名度和影响力。

四是电子阅览室服务。电子阅览室是指以计算机技术、网络通信技术为基础，集阅览、咨询、培训、服务于一体的现代化多功能阅览室。图书馆电子阅览室在本地区来说，应该是各种数字资源最丰富的地方，可为各级机构、群众团体和学术研究人员提供咨询、培训等服务，也可为少年儿童、老年人、农民工、残疾人等特殊人群提供特色服务。

（三）数字图书馆服务推广

2011年，文化部、财政部共同推出了"数字图书馆推广工程"。这是继全国文化信息资源共享工程、公共电子阅览室建设计划后，我国启动的又一个重要的数字文化建设工程。其目标是建设优秀的中华文化集中展示平台、开放式信息服务平台和国际文化交流平台，打造基于新媒体的公共文化服务新业态，最终实现数字图书馆的服务惠及全民，切实保障公共文化服务的公益性、基本性、均等性、便利性，最大限度地发挥数字图书馆在文化建设中引导社会、教育人民和推动发展的功能。

由此可见，数字图书馆提供公益性文化服务，它不以营利为目的，其根本目的是促进社会发展、提高人民素质。数字图书馆建设的成功与否，取决于其服务的受众的满意度。如果数字图书馆不能为广大人民群众提供数字化服务，就失去了它存在的价值。所以，数字图书馆服务推广工作是重中之重。

一是通过媒体宣传，提高数字图书馆在社会上的知晓度。图书馆可通过电视、报纸、网络等媒体，推介数字服务。二是充分利用馆内阵地，把传统读者群转化为数字读者群。可采取橱窗展板宣传、印发宣传单、在借书证背后印上数字阅读指南等系列措施，达到预期目的。三是通过给各级党政机关、企事业单位赠送数字阅读证，扩大受众面。四是可开展数字阅读进机关、进企业、进军营、进"两会"等系列活动，拓展用户群。五是可与其他机构联动，促进数字阅读服务推广。例如湖北省秭归县图书馆，与当地农商银行合作，在居民健康卡发放过程中，把健康卡卡号全部录入用户数据库，居民可凭健康卡卡号登录数字图书馆阅读，两个月发展数字阅读用户28.6万名。六是以用户为中心，树立"读者至上"的服务理念，在界面设置、资源推送等方面充分考虑读者感受，方便快捷地提供服务。例如现在有部分县级公共图书馆，取消了数字资源平台的登录步骤，改为IP自动认证，只要在本县范围内，读者无须再输入用户名、密码、验证码等，即可直接使用数字资源，最大限度地提高了资源的利用率。

五　结语

相对于传统图书馆而言，数字图书馆有着其无法比拟的优势，是未来图书馆发展的方向。数字图书馆正逐步成为人们工作、学习和消闲娱乐的重要阵地，研究数字图书馆的建设及服务推广是图书情报界的重要课题，其目的就是要分析用户需求，适应社会发展，充分发挥数字图书馆的优势，促进公共文化服务健康发展。

参考文献

1. 夏年军：《基于数字图书馆的服务模式研究》，《图书馆论坛》2014年第3期。
2. 曹晓霞：《如何发展和建设数字图书馆》，《长沙民政职业技术学院学报》2013年第3期。
3. 《2014中国互联网网民占人口总数44%》，中商情报网，http://www.askci.com/news/201404/16/1613372233780.shtml。
4. 《数字图书馆推广工程介绍》，嘉兴市图书馆网站，http://tuiguang.jxlib.com/index_1.html。

四川省公共文化馆事业发展现状研究

赵红川 邓华南 毛 玲*

摘 要: 公共文化馆是开展群众文化活动,并为群众文化活动提供场所的主要阵地。历经"十二五"时期的发展,四川省公共文化馆事业实现软硬件的跨越升级,取得了一系列的成绩,与此同时亦存在着一些问题,本文意在通过对发展成效的梳理,以及对现实问题的理性回应,提出一些有针对性的对策。

关键词: 四川 公共文化馆

"十二五"期间,四川省公共文化馆事业得到有效发展,基础设施实现跨越升级,政策保障更加有力,服务绩效不断提升,队伍素质不断提高,数字服务全面启动,但与此同时,区域发展不均、国有资产不清、功能结构不优、创新能力不高、绩效机制不备等问题依然存在。本文在总结四川省在"十二五"期间公共文化馆事业发展成效和不足的基础上,结合省内实际,提出了相应的对策建议,以期为"十三五"期间提高文化馆的服务效能和社会影响力、完成文化馆的转型升级奠定基础。

---

* 赵红川,四川省文化馆馆长,研究馆员,主要研究方向为数字文化馆建设、公共文化理论研究;邓华南,四川省文化馆调研创编部副主任,馆员,法学学士,主要研究方向为公共文化理论研究;毛玲,四川省文化馆调研创编部,助理馆员,科技哲学硕士,主要研究方向为公共文化理论研究。

一 四川省公共文化馆"十二五"发展成效

（一）基础设施跨越升级

"十二五"以来，特别是党的十八届三中全会提出了构建现代公共文化服务体系的目标任务后，各级党委政府进一步强化文化建设意识，加大建设力度，全省文化馆的办馆条件得到了较大改善，公共文化服务阵地得到拓展。2014年全省文化馆（站）实际使用房屋面积210.3万平方米，平均每万人拥有群众文化设施建筑面积258.35平方米，分别较2011年增长了11.39%和10.13%。

表1 2011~2014年四川省群众文化设施建筑面积统计

年份	平均每万人群众文化设施建筑面积（平方米）	实际使用房屋面积（万平方米）	人口数（万人）
2011	234.58	188.8	8050
2012	235.53	190.2	8076
2013	252.71	204.9	8107
2014	258.35	210.3	8140

四川省公共文化馆基础设施的跨越升级主要体现在以下两个方面。

一是基础设施显著改善，相继落成一批新馆。如：南充市高坪区文化馆投资2.1亿元，建筑面积达2.4万平方米；成都市武侯区文化馆新馆正式建成投入使用，面积达6400平方米，馆内设备总值达1500万元。据不完全统计，全省公共文化馆专业剧场近40个，为艺术普及的开展提供了良好条件；特别是革命老区、贫困山区的文化馆因地制宜，通过改扩建的方式使办馆条件得到大幅改善。如邻水县文化馆改扩建后由1800平方米增加到6500平方米；遂宁市船山区通过争取政府划拨的方式新增面积2600余平方米。

二是地震灾区文化馆跨越升级。全省40个市（县、区）文化馆获得了8亿元重建资金，新建的文化馆无论是场馆面积还是设施设备都实现了跨越。成都、绵阳、德阳、广元、雅安等地文化馆硬件设施均达到一级馆或二级馆标准；江油市文化馆通过灾后重建，面积由原来的200平方米增至1.8万平方米。

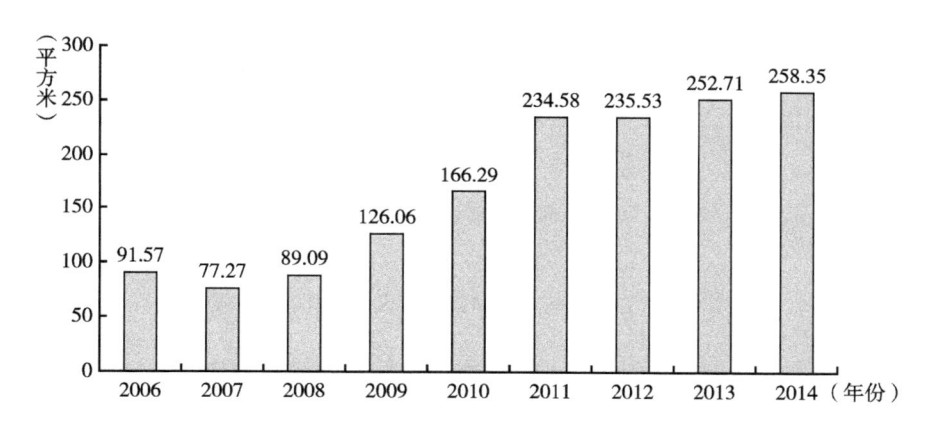

图1 2006~2014年四川省平均每万人群众文化设施建筑面积增长情况

（二）政策保障更加有力

从2012年起省级财政每年安排10亿元公共文化经费，有效撬动了地方各级财政投入，为全省文化馆（站）事业的发展提供了有力保障。《四川文化统计手册》显示，2011~2014年我省群众文化事业经费支出达36.4亿元，相当于"十一五"时期全省群众文化事业支出总量的2.52倍，平均增速达23.75%；2014年我省人均文化事业费达42.89元，首次超过全国平均水平。

地方政府文化自觉不断加强，文化馆免费开放资金及时得到地方财政配套，许多基层文化馆地方财政配套还高于国家补助标准，有效支撑了文化馆各项惠民服务的开展。文化馆内设施设备不断改善，2014年全省文化馆拥有计算机54万余台，是2011年全省文化馆拥有计算机台数的370倍；拥有流动舞台车17辆，较2011年增长110%；藏书46万册，较2011年增长12%。

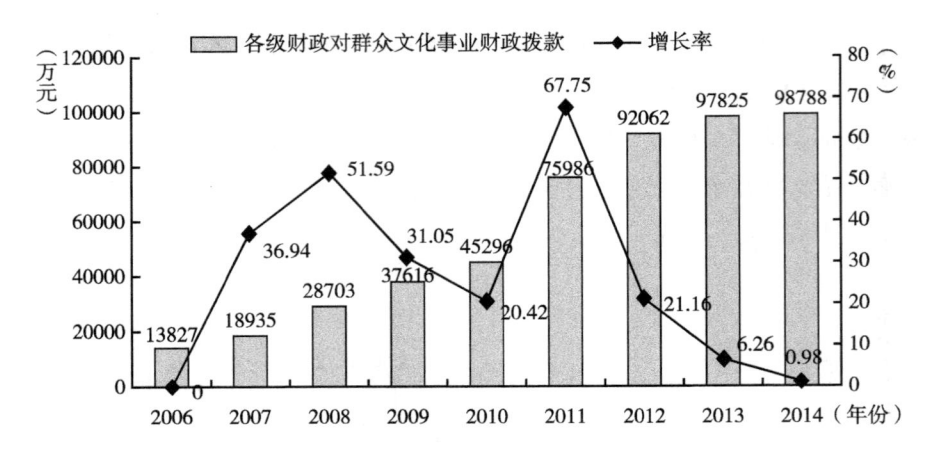

图 2 2006~2014 年四川省群众文化事业财政拨款增长情况

表 2 "十二五"期间全国和四川省人均文化事业经费比较

单位：元

年份	2011	2012	2013	2014
全国	29.14	35.46	38.99	42.65
四川	25.56	34.04	37.58	42.89

（三）服务绩效不断提升

一是品牌服务常态化。四川省各级文化馆（站）以抓特色创品牌为目标，因地制宜，创新有为，推出了一大批有价值的常态性文化服务品牌，如"天府群星快车"、"巴蜀文艺讲堂"、"成都文化四季风"、"川南艺术节"、"一县一馆一团"、"文瀚嘉州—百姓直通车"、"农民艺术节"、"新农村文艺展演"、"农民演艺网"、"嘉陵江文化艺术节"等，成为文化馆免费服务的突出亮点，推动全省文化馆惠民活动逐步形成"市市有品牌、县县有亮点、乡乡有特色、村村有演出"的整体格局，群众参与热情逐年提高，各级文化馆（站）举办公益性文化活动已成常态。据统计，2014 年全省文化馆（站）共计开展文化惠民活动 98368 场（次），较 2011 年增长 38.9%。

表3 "十二五"期间四川群众文化机构开展公共文化服务主要指标

年份	机构数（个）	组织群众文化活动次数（次）	举办培训班班次（次）	举办展览个数（个）	组织公益性讲座次数（次）
2011	4798	39449	22212	7976	1261
2012	4800	52552	26129	8561	1393
2013	4802	56310	25350	9208	1327
2014	4802	58761	27787	10356	1373

二是服务参与社会化。省政府出台《关于推进政府向社会力量购买服务工作的意见》，社会力量参与文化馆公共文化服务积极性不断高涨。省文化馆采用整合社会资源的方式，开展免费阅读和艺术培训活动，"古色今香"展览厅年均举办展览15期，观展人数达4.5万人次；成都市文化馆推出"公共文化服务超市"，让各类社会团体组织、企业等直接参与公共文化项目和产品的提供。成都市武侯区文化馆等探索文化馆服务外包的模式，开展文化馆社会化运营试点，通过委托或招投标等方式吸引有实力的社会组织和企业参与文化馆的运营；广元市各级文化馆建立了城乡、馆校文化联动机制，实施文化资源共享工作机制。眉山市积极引导企业出资赞助文化院坝建设和群众文化活动，多家本土企业先后投资近800万元；绵阳市安县文化馆引入企业力量，整合绵阳市管弦乐队、西南科技大学音乐系、绵阳师范学院、安县文化馆馆办乐团等演出资源，打造出"群众音乐会"特色品牌。全省各地以文化馆为依托，组建文化志愿者协会和团队200多支，共有文化志愿者5.3万余名，服务主体更加多元。部分文化馆因地制宜推进总分馆建设，进一步健全了基本公共文化服务体系。

三是产品供给多样化。全省文化馆通过整合资源、科学规划、挖掘传统、优化选题、创新形式等，围绕音乐、舞蹈、戏剧、曲艺、美术、书法、摄影、文学等门类，创作出一大批内容丰富、形式多样、富有时代精神风貌的优秀群众文艺作品；不断创新产品供给手段，通过网络、视频、手机、微信等多种新形式扩大服务半径和受众面。"唱响中国梦 唱响好声音"通过四川IPTV平台，为全省基层群众量身定做的"家门口、零门槛"的普及型公益文化活动,为有梦想的音乐爱好者搭建了展示魅力和圆梦的舞台。"非常梦想——四川省农民工原创文艺作品大赛"采取网络征集评选的方式搭建了面向广大农民工的艺术创作平台,深受广大基层群众欢迎,农民工参与积极性持续高涨。

(四)队伍素质不断提高

四川省公共文化馆一直注重人才的培养,其队伍素质得到不断提高,主要表现在以下几个方面。一是学历水平明显提升。"十二五"以来,全省各级文化馆通过公开招聘、考核招聘、选调专业人才等方式不断引进高学历人才,目前全省文化馆本科及以上学历专业人员比例达到50%以上。二是年龄结构渐趋合理。各级文化馆更加注重年轻人才的引进,不断补充新鲜血液。据统计,2015年市(州)级文化馆50岁以上者占业务人员的比例不足15%,文化馆专业人员老龄化的趋势得到遏制。三是专业门类更加齐全。各级文化馆把普及文化艺术作为队伍建设的重要内容,积极把各种文化专业技术人才充实到文化馆队伍中来。目前,我省86%的文化馆已建立涵盖音乐舞蹈、戏剧曲艺、书法摄影、文学创作等不同门类的专业队伍。四是培训成效日益凸显。初步形成以省文化馆为龙头,以各市(州)文化馆为依托,以整合党校、社科院、大专院校等机构师资骨干为基础的专业化培训体系;近年来先后组织全省市(州)文化馆长赴中央文化管理干部学院、浙江大学等进行培训;组织讲师团持续深入全省各地,培训基层文化馆(站)专业干部,有针对性地举办讲座、培训班,基层文化干部业务工作能力得到切实提高,可持续发展的专业人才培训机制逐步完善。

(五)数字服务全面启动

"十二五"以来,全省各级文化馆积极抢抓加快构建现代公共文化服务体系的历史机遇,逐步探索由传统服务方式向现代服务方式跨越的全新路径,揭开了四川数字文化馆建设序幕。"四川省文化馆网站"全新改版上线后汇总全省各地群文信息,及时报道宣传各地方群众文化活动,满足了基层文化工作者和业余文艺骨干的信息需要；四川省文化馆打造的"3D数字体验策展发布及应用系统"及成都市文化馆推出的"数字化全景式艺术体验平台"，形成了公共文化资源"空间全视域虚拟体验展示"的典型应用示范；眉山市文化馆利用网站和微信平台让市民随时随地都可享受"文化惠民演出抢票"、"艺术普及培训线上报名"、"文艺展演精彩视频点播"等服务。四川省文化馆、北川县文化馆入选全国首批数字文化馆试点项目，将通过国家政策和技术支撑，搭建起以省文化馆为核心枢纽和中心，省、市（州）、县、乡（镇）、村五级互联互通的公共数字文化服务系统，为全省公共文化服务的制度化、标准化和规范化提供领先的科技手段支撑。

二 存在的问题

（一）区域发展依然不平衡

出于多方面原因，四川省文化馆（站）基础设施整体上依然处于落后状态，2014年全省平均每万人群众文化设施建筑面积仍未达到全国平均水平，与东部发达地区相比更是有较大差距。

图3 2011～2014年四川省与全国平均每万人群众文化设施建筑面积比较

文化馆（站）事业发展不平衡现象依然突出，从地域上看，民族地区和革命老区、贫困地区等地文化馆基础设施由于历史欠账较多，建设不达标现象较为突出，如：阿坝州文化馆至今尚无馆舍；巴中恩阳区文化馆属于租用办公场所；广安前锋区文化馆没有自己的文化活动阵地。在同一地域中文化馆事业也存在发展不平衡现象，如：自贡市富顺县、荣县文化馆硬件设施达到一级馆标准，而自流井区、沿滩区文化馆连三级馆标准都无法达到。

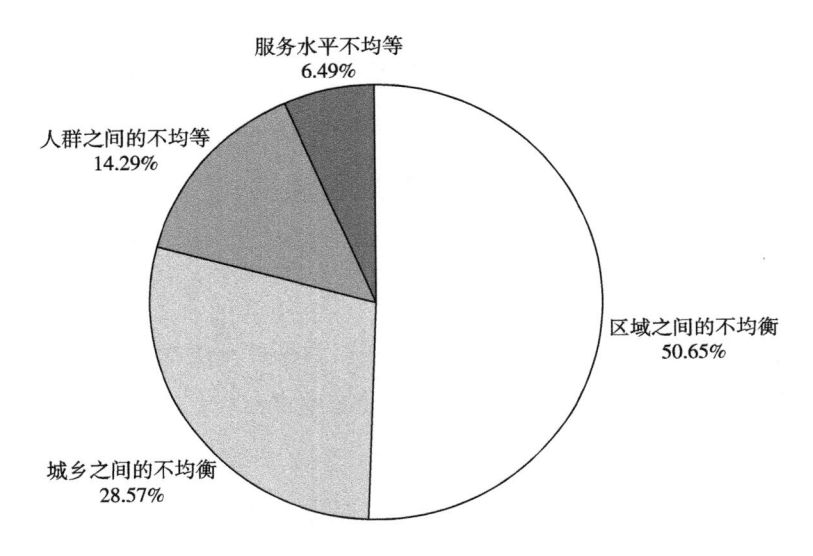

图4 文化馆（站）发展不均衡的主要表现（问卷调查）

（二）国有资产亟待明晰

全省文化馆中没有独立产权的不在少数，绝大多数馆所使用的建筑属于上级部门的大产权房；县级文化馆设施、设备、人员与文化行政部门共用的现象较为普遍；在当前地方债务化解困难的情况下，文化馆资产容易被处置抵债，存在资产流失的风险；而作为独立的法人单位，部分文化馆没有独立的财政预算，甚至没有独立的账户，业务经费在局里实行报账制，运行经费得不到应有保障，甚至有免费开放经费被截留的情况发生。

（三）功能结构有待优化

《四川统计年鉴》数据显示，2014年全省文化馆（站）从业人数10428人，其中文化馆从业人员2880人，平均每馆13.9人。除去外聘人员后，全省文化馆（站）编制明显偏少，特别是县级文化馆编制普遍不到10人，有的甚至只有四五个人。人手紧张导致不少基层文化馆内部机构设置不合理，服务内容单一。大多数县级文化馆将工作重心定位在了公共文化服务中的部分内容上，或重视音乐舞蹈，或重视美术书法，文化馆应有的功能得不到全面发挥。由于相关专业人才的缺失，文化馆数字化、文化馆理论研究、文艺创作和品牌文化活动的策划等新型文化服务长期被忽视。

表4　2014年全省群众文化服务机构人员统计

群众文化服务机构	机构数	从业人员人数	平均人数
文化馆	207	2880	13.9
文化站	4595	7548	1.6
总　计	4802	10428	2.17

（四）创新能力亟待提高

部分文化馆在现代公共文化服务体系的构建中认识有偏差，责任担当不够，定位不清晰，职责不分明；提供服务局限于提供场地让老百姓唱唱跳跳，辐射带动功能难以发挥。特别是一些文化馆缺乏主动服务和"以需定供"意识，难以满足群众日益增长的文化需要；一些文化馆"等"、"靠"思想严重，缺乏积极谋划、主动作为，在发展形势和瓶颈突破面前缺乏创新性的举措。有的文化馆尽管馆舍面积达12000多平方米，而服务内容却较为欠缺，免费开放和公共文化服务工作距离标准化、规范化的要求，还有较大差距。

（五）绩效评估机制缺失

免费开放后，文化馆服务范围大大拓宽，而全省城乡差异、地区差异大，各地方文化馆设施设备条件、经费政策保障条件、干部队伍条件等各不相同。免费开放经费投入标准单一化，导致服务场所面积大、服务人口多、辐射半径广、开设项目多的文化馆（站）与硬件设施差、服务项目少、百姓参与热情不高的文化馆（站）的差别难以体现；免费开放和公共文化服务工作距标准化、规范化的要求，还有较大差距，新的文化馆绩效评估机制亟待建立。

三　对策建议

"十三五"期间，应紧紧围绕构建现代公共文化服务体系的核心目标，不断创新服务理念，提高文化馆（站）的服务效能；统筹整合资源，提升文化馆的社会影响力；鼓励和引导社会力量，充分发挥市场机制在公共文化资源配置中的决定性作用；运用现代科技手段，着力解决文化馆转型升级路径问题。

（一）完善财政保障机制

一是进一步明确各级党委政府对文化馆建设的支出责任，把文化馆服务纳入公共财政保障范围，建立分区域的人均基层群众基本文化权益经费保障标准。二是根据各地经济发展水平和人口规模，根据文化馆服务开展的实际需要，对各级文化馆的人员经费、公用经费和业务活动经费等进行测算，建立以本级政府为主，中央和地方财政合理分担的常态化、可持续的、全额保障的文化馆免费开放服务经费保障机制。三是采取一般转移支付和专项转移支付相结合的方式；加大一般转移支付力度，努力解决文化馆（站）地区之间、城乡之间建设不均衡的问题，促进文化服务均等化；同时合理利用专项转移支付，对各级文化馆（站）的创新项目予以扶持。四是探索文化多元投入模式，积极发挥财政资金的引导和示范作用，采取"以奖代补"及捐赠、基金管理等方式带动社会资本投入文化馆事业建设。

（二）探索现代治理结构

一是建立专业化、标准化、规范化的文化馆管理运行模式，推进文化馆体系统一标识、统一管理标准、统一人员调配、统一服务配送。二是建立科学的决策机制，变单位内部决策为内部决策与社会参与相结合，充分发挥理事会、馆长办公会、馆务会、职工代表大会、专家委员会（学术委员会）在科学、民主、依法决策中的重要作用，努力打造决策过程"自下而上"的平台和制度。三是进一步突出岗位管理，制定详细的岗位任职条件、岗位职责和考核标准。同时与项目负责制相结合，建立健全岗位（项目）负责人竞聘、岗位（项目）负责人聘岗位（项目）成员、全员竞聘上岗的体制机制。

（三）健全绩效评估机制

一是研究制定一套系统的、量化的、科学的文化馆评价指标体系，对文化馆（站）的基本服务、服务效能、管理运行及重大项目的组织准备、实施情况、资金使用、社会效益等进行有效评价评估。二是将内部评估（政府评估、行业内部评估）与外部评估（独立第三方评估、公众评估）相结合，健全举办者、决策者、执行者、监事者、参与者相互制约的机制。三是强化约束激励机制，加强对上级文化行政部门、文化馆负责人、重大文化馆工程项目负责人的绩效考核，将其列为干部业绩考核的重要指标，同时通过表彰奖励等措施，鼓励和引导单位和个人在文化服务效能提升中发挥更大作用。

（四）探索社会参与机制

一是创新文化馆体系的运营机制，探索社会化运营委托机制和政府、社会共同监管、评估的运行体系。逐步试点文化馆由行政体制向社会组织转化，由事业性岗位管理向合约性运营管理转换，建立文化馆设施资产化、运营社会化、管理合约化的完整运营体系。二是以政府的"公共文化服务采购"机制为核心,完善文化馆公共财政补贴机制。三是加大社会化参与的程度和政策鼓励力度,激励社会各界尤其是有条件有资质的团体、企业与个人参与投资文化馆事业,以社会资源的充分参与解决文化馆发展效能不高、文化服务效益不显的问题。四是对文化项目进行细分,实行有限目标、重点扶持,一部分项目由政府出资按照公益事业单位项目管理,一部分项目由市场融资按照产业的发展模式变成市场运营项目,重点保证政府投入用于公共服务主体。

(五)构建文化智库平台

一是整合全省文化馆系统专业调研力量和专业刊物编辑力量,开展文化馆重大创新课题研究,为政府决策提供参考咨询,发挥国有文化单位的智库支撑作用。二是加强与高校、科研院所、高科技企业等单位的合作,通过课题调研、项目合作、挂牌试点、学术交流等多种形式,为公共文化发展规划提供新信息、生产新知识、做出新判断、提供新思路。三是建立健全与党委政府及上级文化主管部门的联络沟通机制,完善研究成果定期呈报制度,及时让具有决策参考价值的公共文化对策建议、研究报告能直接进入党委政府的决策咨询视野。四是加强对文化馆理论研究队伍的培养,以能力建设为核心,以领军人才、骨干人才、后备人才队伍建设为重点,培养一批公共文化理论研究人物和创新团队,造就一支素质优良、结构合理的文化馆理论研究队伍。

(六)推动公共数字平台建设

一是丰富数字文化馆建设内容。把握公共文化供给主体市场化、服务多样化、需求分散化的特点,科学设计和策划数字文化馆建设内容,搭建志愿者数据库、艺术普及资源库等互动式公益服务平台。二是搭建互联网+艺术普及平台,利用电脑、手机等各种移动终端,借助微信、微博、微电影、微杂志、微小说、微语音等新型手段,通过网上同期发布、互动,演出直播,在线文艺辅导,文艺作品、非物质文化遗产项目数字化推广等多种方式,提高艺术享受的便利性、扩大艺术普及的受益面、增强艺术体验的自助性和艺术服务的互动性。三是建设文化艺术普及数据库，构建覆盖全省的文化馆网站集群和云平台，避免每个实体文化馆都盲目重复建设"数字文化馆"的现象，构建艺术资源共享、服务平台开放、标准规范统一的数字文化馆建设总体格局。四是结合"宽带中国·智慧城市"等国家重大信息工程建设，促进数字文化馆与数字图书馆、电子阅览室、数字博物馆、文化共享工程等公共数字文化项目共建共享。五是建立数字文化馆技术标准和服务规范，强化数字版权意识和手段，构建管理信息系统和绩效评价系统，完善网络化的需求反馈和评价机制。六是夯实数字文化馆建设的人才基础。按照"统一规划、分级实施、合作共享"的原则，将公共数字文化队伍培训统筹纳入基层文化队伍培训范围，着力培养一批具有现代意识和创新意识、掌握现代信息技术的文化馆管理者和数字文化服务人才队伍；充分发挥大学生村官、文化志愿者的信息化技能，弥补基层文化馆站的数字化服务短板。

十堰市群艺馆免费开放工作中的基本经验、问题及对策研究

秦黎 温静*

摘　要： 群艺馆免费开放是国家公共文化服务体系建设总体战略下的一种服务方式选择，是公共文化服务体系的基本内容和主要支撑点，是为百姓准备的一桌丰盛的文化大餐，有利于确保我国公民享受基本文化服务、提高公民文化素养。十堰市群艺馆基于近五年馆内工作实践，总结出群艺馆在免费开放工作中的基本经验，并提出了群艺馆在资源共享、人才队伍建设、满意度测评方式等方面存在的问题及相关对策建议。

关键词： 群艺馆　免费开放　绩效管理

按照文化部和财政部联合发布的《关于推进全国美术馆公共图书馆文化馆（站）免费开放工作的意见》（文财务发〔2011〕5号，以下简称《意见》）的总体部署，在国家、省、市部门的领导下，本着为群众提供便利、丰富、优质的公共文化服务的方针，十堰市群艺馆因地制宜发挥馆办职能作用，加强组织领导，建立健全制度，完善运行机制，加大宣传力度，突出公益性服务主题特色，不断满足人民群众日益增长的精神文化需求。经过近五

---

* 秦黎，湖北省十堰市群众艺术馆经济师，主要研究方向是公共文化机构绩效管理与考评；温静，湖北省十堰市群众艺术馆馆员，主要研究方向是免费开放预算绩效管理。

年的实践,已获得社会各界的关注与肯定。本文着重探讨十堰市群众艺术馆在免费开放过程中的基本经验、问题及对策建议。

一 十堰市群艺馆免费开放工作的基本情况

(一)免费开放场地设施,普及艺术辅导培训

十堰市群艺馆地处十堰市政治、经济、文化、交通中心,交通便利,出入方便,道路畅通。工作场所内,部门设置、楼层分布均有清晰标识。进入馆内,随处可见的美术、书法、摄影作品,营造出浓厚的艺术氛围。整洁的环境、优雅的氛围可使群众随时随地感受艺术熏陶,在有限空间中营造无限可能。馆内消防设施齐全,职工时刻保持安全意识、落实安全措施,为免费开放工作筑牢安全防线。市群艺馆在日常工作中不断完善服务设施,力争以一流的老师、一流的环境、一流的设备、一流的场地为免费开放提供一流的服务,为群众更好地参与活动、共享社会主义先进文化成果提供了便利。为提高资源利用率,充分利用场地、设备和人才的优势,市群艺馆将本馆展览厅、辅导培训教室、舞蹈(综合)排练厅、独立学习室(音乐、曲艺、美术、书法)等公共空间设施场地常年向群众免费开放,对全市社区提供全方位的免费艺术辅导培训。每周不定期接受或安排各社区群众前来群艺馆开展文化活动及接受群艺馆专家们的艺术辅导培训,根据群众需求,有针对性地向社区艺术团、社区文艺骨干和艺术爱好者传授专业技能,举办乐理知识、"非遗"、音乐、舞蹈、美术、书法、摄影等免费艺术辅导培训,平均每年培训1000余人次。

(二)确保时间量,为给广大群众参与文化、享受文化提供最大限度的便利

十堰市群艺馆坚持做到常年开放。在工作日,广大群众可以进入馆内欣赏文艺作品。在双休日和节假日,安排专人值班,确保场馆正常开放,便于

群众开展群文活动。在全馆职工的共同努力和齐心协作之下，群艺馆从2011年至今，每年开放时间达到360天以上，实现现有资源利用率最大化。特别是2014年以后，随着项目绩效管理的加强，年度绩效指标的确定为免费开放工作带来了管理模式的提升。指标中职责任务清晰、服务内容明确，将免费开放落到了实处，切实保障了人民群众的基本文化权益。

（三）以人为本，不断提高服务质量

在免费开放中，十堰市群艺馆精心组织、认真准备，积极为群众提供高质量服务。首先，为参与活动的群众免费提供茶水服务，墙上张贴免费开放内容和管理办法，增进群众的了解。对于群众提出的疑问，工作人员均予以耐心细致的解答，力争以通俗易懂的方式让群众明白、理解。逐步增设多样化服务，重点增加对未成年人、老年人、农民工等特殊人群的对象化服务，提高服务的针对性、有效性。其次，免费培训基层队伍，指导群文作品创作。为进一步提高十堰市各县、市、区文化馆（站）业务人员和群众文艺骨干的创作、表演水平，群艺馆自筹资金免费举办了音乐、舞蹈、美术、书法、摄影、非遗、文学等专业知识的培训班，平均每班参与培训200余人。为进一步提高群众文艺工作者的理论研究水平，群艺馆每年免费举行全市群众文化理论培训班，参加培训人员年均40余人。培训班的顺利举办为广大群众文艺工作者提供了学习和交流的机会，提供了成长和提高的平台，为向社会提供更多更好的公共文化服务、繁荣发展我市群众文化事业提供了强有力的支撑。

（四）免费开展群文活动，提升群众幸福指数

十堰市群艺馆坚持深入广场、深入社区开展活动，坚持以公益性群众文化演出活动为载体，做到免费开放与开展活动相结合，狠抓落实。

首先，坚持打造品牌活动。每年春节期间由群艺馆承办的"欢欢喜喜过大年"、常年开展的"人民广场大家乐"等群众文化系列演出活动经过不断创新演出形式、扩大演出场地、壮大演员队伍、更新演出内容，现在已成

为深受广大群众喜爱和离不开的群众文化品牌活动。其中"人民广场大家乐"2012 年被省文化厅授予"全省优质服务项目"称号。这些品牌活动每年免费在人民广场举行 12 次，受惠群众达 10 万余人。"十堰市少儿艺术节"被省综治委、省妇联授予"湖北省优秀妇女儿童维权岗"荣誉称号。2015 年举办了十堰市首届群众文化艺术节，共有 181 个节目，2300 余人报名参加。这是十堰市举办群众文化活动以来，参赛范围最广、节目最多、门类最全的一次，集中展示了我市群众文化建设的丰硕成果，充分体现了十堰市独特的人文魅力。

其次，认真组织展览活动。市群艺馆搜集整理艺术创作精品，举办公益性展览展示活动，为广大群众享受精品文化创作成果提供平台。2012 年十堰市《迎新春》优秀美术、书法、摄影作品展，参展作品 150 幅，参观群众达五千人。举办了"十堰市庆祝建党 91 周年暨参加第一届湖北艺术节"十堰赛区美术、书法、摄影优秀作品展览活动，参展作品共计 300 幅，参观群众达六千人。展览活动不仅为各位作者提供了一个相互学习、交流的机会，更为建党 91 周年献上了一份厚礼，也为广大热爱艺术的市民奉献了一场艺术盛宴，充分发挥了群艺馆的作用。市群艺馆结合"中国文化遗产日"活动，每年以不同主题开展非遗保护成果展演和展示活动，如"十堰记忆"、"历史记忆"、"文化遗产与文化传承"、"奏响十堰·民间精彩"民间吹打乐展示等，全面展示十堰市民间舞蹈、民间音乐、民间手工艺制品等十大类非遗保护项目。通过开展活动宣传"非遗"、普及"非遗"知识，引起群众关注，强化全社会保护文化遗产意识，扩大"非遗"影响，不仅推动了十堰市地方文化的传承与发展，还有效提升了十堰市的知名度。

（五）举办丰富多样的群文活动，提升服务增长量

为做好对外免费开放工作，十堰市群艺馆从全方位、多角度入手，举办多种文艺活动、公益培训，服务于民。2012 年，累计举办文艺活动 78 场次，同比增长 10%。举办公益服务活动 30 次，同比增长 10%。受益人数屡创新高，全年参与群文活动人数达 4000 人次，同比增长 20%。参加培训班

人次达500人次,同比增长20%。活动项目和参与人数与2011年相比均有明显增长,效果显著。2013年群艺馆累计举办文艺活动90余场次、举办公益服务活动30次,全年参与群文活动人数、参加培训班人次呈稳定增长趋势。此外,还积极承办公共文化演出活动。为满足广大人民群众对文化的需求,馆里每年都要根据社会的需求,制定出不同的活动方案,积极承接节庆文化活动、校园文化活动等公益性活动。5年内平均每年举办、承办、协办各类社会文化活动80余场(见图1),平均每年受益群众十万余人。

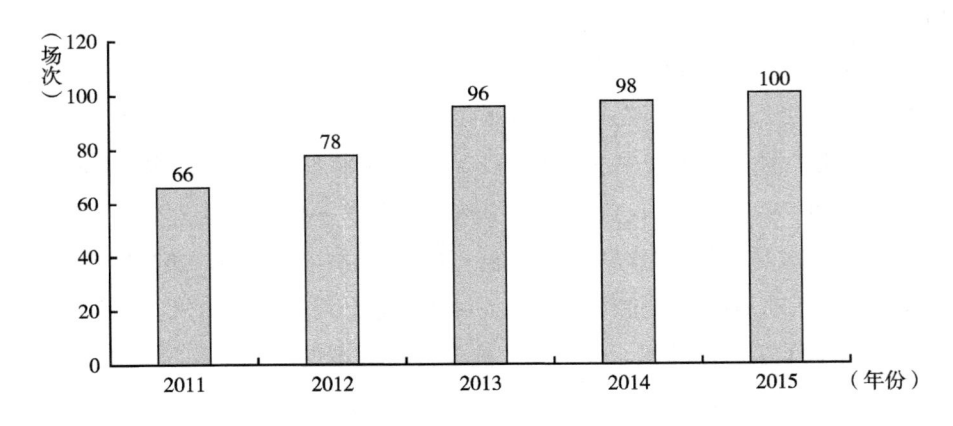

图1 十堰市群艺馆2011~2015年举办的群文活动场次

活动场次的逐年增加,显示出免费开放服务效能的节节攀升。特别是近几年,工作量达到饱和状态。2015年培训部的辅导及演出活动共232个,民间团体演出369场,惠及百姓100余万人次。

二 十堰市群艺馆免费开放过程中的基本经验

(一)强化日常管理,提高绩效管理效能

十堰市群艺馆经过不断探索实践,逐步建立健全规章制度,初步完善运行机制,增强责任意识,为免费开放服务提供制度保障。一是强化安全意识,落实安全责任制。把安全保障工作作为重中之重,确保安全事故零发

生。二是细化工作要求，实行部门负责制。市群艺馆结合本馆实际情况，从多方面入手，确定免费开放的项目内容、方式方法。内容包括：公共通道美术、书法、摄影作品鉴赏；公共大厅美术、书法、摄影、奇石、报纸杂志阅读；文艺作品欣赏；面向基层文化馆（站）业务干部和社区文艺团队开展辅导培训；根据天气深入社区、到广场举办演出；综艺厅艺术免费辅导培训；字画装裱修复观摩等。方式方法：展览类作品360天以上每天不低于7小时无门槛式免费开放，文艺作品随时欣赏；辅导培训预约式开展，花钱送服务进行演出。将策划、组织、协调和落实等相关工作环节结合部门职责进行明确分工，提出具体要求、厘清工作任务、责任落实到人，确保免费开放工作各司其职、有序推进、逐步落实。三是对外公示制度措施。培训中心进门口处LED向群众显示免费开放的制度措施，保障群众知情权，便于群众监督。四是常抓时政法制教育，努力普及科普知识。自免费开放实施以来，市群艺馆积极开展学习型单位建设，组织开展了学习党的十八大、省第十次党代会、市委工作会议精神等系列学习活动，围绕"喜迎十八大"主题实践活动开展基层群众文化工作。在工作中充分利用各种宣传平台和宣传机会，以群众喜闻乐见的方式向社区居民宣传节约资源、保护生态、改善环境、应急避险、健康生活、合理消费、循环经济等知识，倡导建立环境友好型、资源节约型社会，受到广大群众的欢迎。

（二）制订项目绩效目标和效益指标，完善配套服务标准

2014年我国开始执行的《行政事业单位内部控制规范》等文件要求，优化组织结构，确保事业单位经济行为和经济管理活动的合法性，提高资产的使用效率和安全性，保证公共服务效率和质量。群艺馆免费开放的预算绩效管理工作也必须遵循内部控制体系下事业单位预算绩效管理体系的程序。鉴于此，群艺馆从2014年起在免费开放项目中引入了预算绩效管理体系，实践证明，这一管理模式的实行，是对文化部《关于三馆一站免费开放督查工作情况的通报》（文财务发〔2012〕37号）文件精神的有效贯彻，为免费开放工作带来了前所未有的突破性进展。从2014年开始，群艺馆执

行了严格的绩效管理评价。包括事前、事中、事后三部分，主要程序如图2所示。

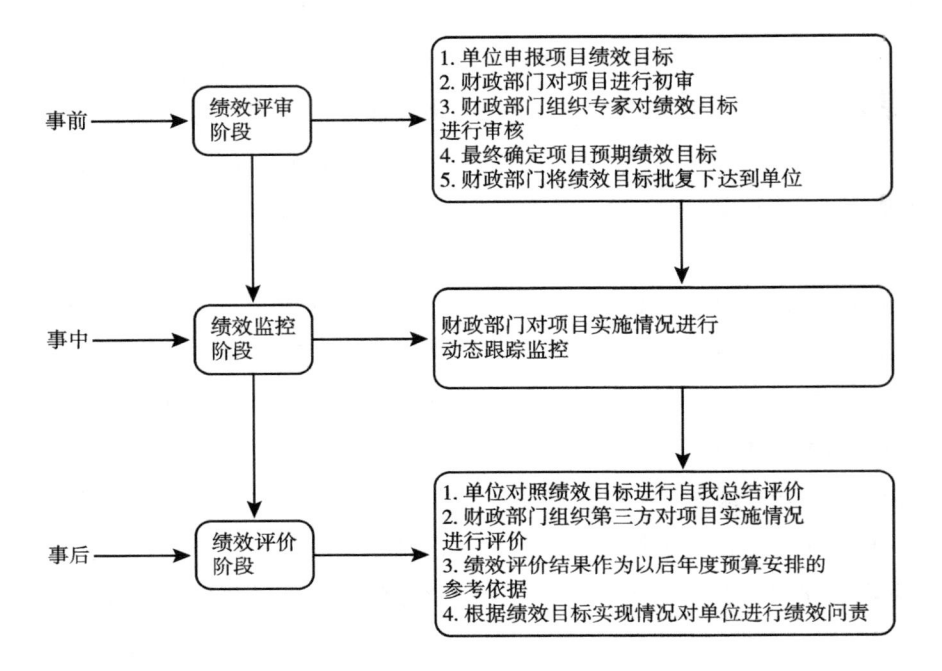

事前 → 绩效评审阶段 →
1. 单位申报项目绩效目标
2. 财政部门对项目进行初审
3. 财政部门组织专家对绩效目标进行审核
4. 最终确定项目预期绩效目标
5. 财政部门将绩效目标批复下达到单位

事中 → 绩效监控阶段 → 财政部门对项目实施情况进行动态跟踪监控

事后 → 绩效评价阶段 →
1. 单位对照绩效目标进行自我总结评价
2. 财政部门组织第三方对项目实施情况进行评价
3. 绩效评价结果作为以后年度预算安排的参考依据
4. 根据绩效目标实现情况对单位进行绩效问责

图2 十堰市群艺馆绩效管理评价体系

图2中单位申报项目绩效目标的第一步就是做好项目申报书。群艺馆所申报的项目，是在"三馆一站"免费开放中实施的，已形成较为完善的运行机制，经过一定时间的验证，获得较大社会价值，具备创新性、特色性、示范性、科学性、常年性、持续性的免费开放服务项目。

（三）筹措活动资金，制订专项经费管理办法，提升资金使用效益

为使免费开放工作顺利有序开展，十堰市群艺馆积极向上级申请资金扶持。地方配套资金按时足额拨付专项资金25万元，省专款25万元足额拨付到位，这50万元全部用于免费开放活动。另外，2012年群艺馆克服自身困

难、厉行勤俭节约，努力自筹资金 20 余万元作为免费开放活动资金，用于场馆维修、设备购置、活动开支。通过多种形式、多措并举，提升免费开放效益。2013 年，财政部、文化部印发《中央补助地方美术馆、公共图书馆、文化馆（站）免费开放专项资金管理暂行办法》，该暂行办法规定，专项资金由中央财政设立，用于支持文化主管部门归口管理的地市级和县级美术馆、公共图书馆、文化馆以及乡镇综合文化站免费开展基本公共文化服务。地方财政应当保障本地区免费开放"三馆一站"日常运转所需经费，不得因中央财政安排专项资金而减少应由地方财政安排的资金。据统计，2011年以来，国家对群艺馆免费开放补助标准为 50 万元，中央财政对中部地区的经费负担比例为补助标准的 50%。资金到位率达到了 100%，（区、市）地方负担资金到位率也达到了 100%。

十堰市群艺馆还建立了健全完善的财务制度并严格执行，做到专款专用。上述暂行办法第九条规定专项资金用于"三馆一站"免费开展基本公共文化服务项目所需支出，其中：举办普及性文化艺术类培训，举办公益性讲座、展览，开展宣传活动，组织公益性群众文化活动，基层文化骨干业务辅导，民间文化传承活动，业务活动用房小型修缮及零星业务设备更新等。因此每笔经费的拨付、使用必须严格履行相关财务制度和规定，坚决杜绝擅自改变资金用途等违规行为，把有限的资金用在刀刃上，用到关键处，用在急需处，最大限度地提升资金的使用效益。

（四）践行群众路线，积极关注群众评价

在对外免费开放的过程中，群艺馆职工始终坚持勤政为民的工作态度和工作作风，坚持以人为本的服务理念，始终把群众需求放在自己心头。工作中密切联系广大群众，认真收集反馈意见，高效处理群众投诉，及时改正工作不足，提高工作的针对性和有效性。随时随地听民意、聚民心、访民情，力争实现民有所呼我有所应、民有所盼我有所办，坚决贯彻执行群众路线，以满足人民群众的切实需求为根本目的，以人民群众满意为唯一标准。全馆的努力得到了群众的高度认可。群众留言和民意调查呈现"双高双低"态

势：群众满意度高达90%以上，处理投诉效率高；群众不满意度低，群众投诉率低。

为使免费开放活动产生更大影响，群艺馆充分利用报纸、电台、电视台和网络媒体等各种宣传平台，对免费开放工作进行及时、客观的宣传和报道，平均每年累计报道达30余次，扩大了免费开放工作的社会影响力，使更多群众通过更多渠道更好地了解文化惠民政策。为了提升免费开放的群众知晓率，群艺馆从细处着眼，特地与公交公司协商，将群艺馆所在的公交站更名为群艺馆站，使群艺馆成为十堰市高知名度地名。

三 十堰市群艺馆免费开放过程中存在的主要问题

（一）公共文化产品生产与供给能力不足，资源（服务）共享程度较低

在对外免费开放工作中，十堰市群艺馆虽然竭尽全力提供资源、服务群众，但受制于经济条件和人才因素，服务资源虽有一定程度的增加但总量不够，人均拥有量处于一个较低的水平。现有公共文化产品的生产和供给能力远不能满足群众的需求。并且，资源（服务）共享程度较低，服务孤岛化现象较为突出，群艺馆往往围绕馆自身的资源和职能开展工作，馆与馆之间的协作化、一体化服务尚不多见，出现各自为政、单兵作战的情形，导致资源利用率偏低。

（二）资金不足，数字化服务工作进展不顺，人才队伍建设迫在眉睫

十堰市群艺馆虽然竭尽全力自筹活动资金，国家也提供了一定的资金支持，但是对于免费开放这项系统工程而言，资金缺口依然较大，资金不足的问题仍然存在。在实际工作中发现，每年的预算成本存在不确定因素，因免费开放服务项目不同，人财物的调配都是个变数，属于不确定因素，各类活动的运作方式经常有变化。特别是大型活动，年初预算时无法准确申报资金

量，严重影响了一些活动的如期开展，若有年底追加经费，活动已结束，账务处理也是个难题。并且，从公共文化新型发展的视野来看，群艺馆免费开放的数字服务模式开启时间较晚，严重制约了文化艺术资源的高效利用，从而制约了免费开放的产出指标，不利于创新工作模式。另外，免费开放业务量日渐增长，要求公共文化人才队伍更加壮大起来。例如每年的品牌项目"少儿艺术节"，参赛团队与节目几百个，初赛复赛又要在短期完成，工作难度特别大，全馆职工连轴转打疲劳战，设立分会场又缺乏人员与硬件设备，这成了多年解决不了的难题。

（三）满意度测评覆盖面较窄，弱势群体享受公共文化服务较少

目前，群艺馆的满意度测评仅停留在问卷调查和数据简单统计分析的层面上，无法精准地了解到不同服务对象的多元化需求。测评对象的覆盖面不够广，个性化要求高的群体对提供免费开放服务的人员的要求高。具有代表意义又能全面反映评估指标的调查还不够完善，影响了定量判断的结果。并且，弱势群体包括农民工、残疾人等得到的文化服务相对较少。由于农民工生活区域及工作场地所限，群艺馆所提供的文化产品不足以满足他们的需求。对他们的文化权益的关注度和服务度直接关系到免费开放的绩效。

四 加强十堰市群艺馆免费开放工作的对策建议

（一）强化民间参与，加强资源共享

民间参与是公共文化服务发展的必然趋势，也符合政府职能转变和发展民间文化的要求。当前，在现有公共文化产品生产与供给能力不足时，可以吸收社会人士加入公共文化产品的创作，支持鼓励并引导社会力量进入文化产品创作领域，整合社会资源，共筑开放平台。并且，受服务便利化和资源共享理念的推动，公共文化同城服务一体化的趋势越来越明显。因此，工作中应加强馆与馆之间的沟通、交流、协作，建立对外开放联动机制。同时，

要做到服务一体化，在特定服务区域内的场馆与场馆之间要统一服务标准，搭建统一服务平台，改变以往"一对多"的模式，形成"多对多"格局，加强资源共享，提高资源利用率。

（二）增加扶持资金，加快网络系统的建设，积极建设人才队伍

加强与财政部门的沟通，加大资金扶持力度，优化资金投入方式，健全财政投入长效增长机制。进一步提升免费开放工作效益，扩大免费开放工作的影响，为促使免费开放工作又好又快地发展，提供资金保障。加快网络系统的建设，加强公共文化大数据采集、存储和分析处理，做好文化部数字化管理系统试点工作。将资源整合利用，降低免费开放投入成本。利用网站、微信公众号与群众互联，增强资源供给能力，最终实现全民共享文化资源。在建设人才队伍方面，除了合理增加编制外，还应推进文化志愿服务活动常态化，增加基层文化服务总量，激发各类社会主体参与公共文化服务的积极性，在"人尽其才"的原则指导下，加强统筹管理，建立协同机制，增强公共文化服务活力，吸引公众参与基层文化的管理和服务，并对公众参与进行绩效管理。

（三）对免费开放满意度进行定期测评，注重对农民工等弱势群体文化需求的调查

建议每半年进行一次满意度调查，在群众中抽取一定比例的人数进行测评，主要针对免费开放指标体系是否常年对公众开放，是否能将免费开放制度、服务项目、开放时间等内容及时公示并严格执行，是否经常性组织开展文体活动，对工作人员的服务质量和服务态度是否满意，以及今后对免费开放工作的意见和建议等进行问卷调查或典型调查。可以通过网络平台进行测评，构建满意度指数模型，对问卷设计与变量测度需考虑现实意义和价值。让多元化服务与群众建立链接，在有效互动中提高服务质量和服务效能，从而增强公共文化发展动力。为培育和促进文化消费，在绩效管理中要统筹考虑群众的基本文化需求和多样化文化需求，推动公共文化服务向优质服务转

变，实现标准化和个性化服务的有机统一。要调整文化服务方式，积极关注区域内各种弱势群体的文化服务工作，为弱势群体提供必要的设施空间和基本服务，使他们也能享受到同等的文化服务，真正体现公益文化的均等性。文化馆在服务农民工时要注重丰富生活与提升素养并重，保障权益与提升能力并重。加强需求调查，提高农民工文化工作针对性，分析其需求特点和规律，积极探索适合农民工的文化活动形式，促进社区融入，加强城市居民与农民工的文化交流。同时，要鼓励、扶持农民工文化团队，提供艺术辅导，提供活动空间，创造展示平台。

参考文献

1. 财政部：《关于加强美术馆、公共图书馆、文化馆（站）免费开放经费保障工作的通知》（财教〔2011〕31 号）。
2. 翁健怡：《探索建立全过程预算绩效管理体系——以广东省佛山市为例》，《行政事业资产与财务》2014 年第 28 期。
3. 中共中央办公厅、国务院办公厅：《关于加快构建现代公共文化服务体系的意见》。

文化馆期刊现状与改革发展刍议

——以北碚区文化馆《北泉歌声》为例

唐 强*

摘 要： 文化馆期刊作为文化馆重要的媒体渠道和宣传平台，承担着文化馆工作的宣传展示、凝聚队伍、交流学习、艺术普及、群文调研等工作职能。但是，文化馆期刊行业目前广泛存在着质量低、可读性差、资源分配不均等诸多问题，无法充分发挥其在群众文化建设和公共文化服务职能上的重要作用。本文试以北碚区文化馆《北泉歌声》为例，从文化馆期刊行业的资金投入、性质定位、内容甄选、形式探索、资源分配等方面，对馆办期刊在新时期、新环境下的革新提出一些浅薄的意见，以期对文化馆期刊的改革与发展有所启发。

关键词： 文化馆 期刊 北碚 北泉歌声 公共文化

20世纪70年代以后，随着我国经济、文化、社会各方面步入正轨，文化馆、图书馆、教育馆、博物馆等得以建立和完善，群众文艺报刊也得到迅猛发展，群众艺术馆、文化馆、文化分馆及文化站点纷纷办刊。[①] 进入90年代，反映工人、青年、妇女等部门事业的文化专业期刊和文化综合类期刊

---

* 唐强，重庆市北碚区文化馆创作调研部工作人员。
① 《透视馆办报刊生存现状》，《中国文化报》2004年2月26日。

蓬勃发展，拥有了广泛的读者群体，掀起了我国群众文化建设事业的高潮。[①] 北碚区作为重庆市的文化重镇，其群众文化事业特别是馆办文化刊物率先萌芽。70 年代初期，第一本馆办地方性刊物《歌曲创作》诞生（80 年代更名为《北泉歌声》），主要刊载本地民谣、山歌、戏曲乐、宗教乐等民俗音乐和歌词等文学作品，从最初的手抄油印本到铅印本、数码印刷本不断升级，截至 2015 年末，《北泉歌声》共计收录歌曲 4000 余首，出刊 136 期，免费印发数万册，在全国各地团结了一大批固定的音乐作者和读者，已然成为北碚乃至重庆的重要音乐、文化窗口和平台。然而，在近半个世纪的发展中，各种文化刊物百花齐放，相互竞争，特别是随着信息时代的到来，我国传统的群众文化期刊行业发展滞后，《北泉歌声》等馆办群众文化期刊进入艰难的"寒冬期"。本文即在此背景下，以重庆市北碚区文化馆《北泉歌声》为例，浅析国内当前馆办群众文化期刊面临的问题，探索文化馆期刊的改革和发展趋势。

一 文化馆期刊的现状和问题

国家统计局 2016 年 2 月 29 日发布的《中华人民共和国 2015 年国民经济和社会发展统计公报》显示，截至 2015 年末，我国文化系统共有 3300 余家文化馆。[②] 其中，绝大部分都有独立的馆办群众文化期刊，承担着文化馆的宣传展示、凝聚队伍、艺术普及、群文调研等工作职能。文化馆期刊的勃兴，是群众公共文化建设中一个令人瞩目的文化现象。然而，出于资金、人力、政策等原因，繁荣盛景下的文化馆期刊质量低、范围窄、受众不均衡、可读性差等诸多期刊行业的"老大难"问题也暴露无遗，积重难返。

---

① 中宣部出版局课题组：《群众文化类期刊的历史沿革、办刊方针的演化和与世界同类期刊的对比》，《期刊研究》1995 年第 4 期。
② 《中华人民共和国 2015 年国民经济和社会发展统计公报》统计数据。

（一）力量弱，质量低

一方面，大多数文化馆没有独立的期刊编辑部，甚至没有专职的编辑工作人员，整期刊物从策划、组稿、改稿到编辑、设计、排版匆忙应付，粗糙不堪；另一方面，文化馆期刊大多不设或少设稿费，编辑组稿乏力，稿件数量捉襟见肘，或只能以新闻、简讯等滥竽充数，少有优秀的来稿。从刊物的主题定调、稿件质量、印刷质量、装帧设计来看，绝大多数文化馆期刊都乏善可陈。

长期以来，《北泉歌声》的各项工作完全依赖于"一人之力"完成。除了完成好本职工作外，编辑印发《北泉歌声》也成为创作干部的"分内之事"。由于经费短缺，在征得作者同意后，微薄的稿费也被用于支付校对及刊物出版过程中的各项费用。《北泉歌声》的作者年龄多在花甲以上，作品难以与时俱进，而刊物由于资金不济无法吸引年轻作者和优秀稿件，因人力不足而无力对刊物进行提档升级，从而导致整本刊物质量不高，只能"苟延残喘"。

（二）可读性差，真实阅读量小

与一般的商业期刊、专业期刊成熟的市场导向迥异的是，文化馆期刊以"寄送—接收"而不是"阅读—吸收"为终结，缺乏阅读强制性，客观上导致文化馆期刊的真实阅读量很小、利用率极低。另外，互联网时代人们获取信息的途径多种多样，馆办期刊无力与先进的阅读方式争夺活跃的年轻阅读群体，且其本身的质量低下导致其可读性很低，无形之中又将其唯一可争夺的基层群众阅读群体也拒之门外。

以《北泉歌声》为例，每期印500册，除去寄发作者的样刊外，群众自取的真实阅读量可能不足50册。内容形式单一、作品质量堪忧是可读性差的主要原因，文化馆期刊明显暴露出文艺宣传载体（作品发表）和文化价值实现（阅读）的严重脱节。

(三)头重脚轻,分配不均

文化馆期刊以(向领导部门)展示工作、(与文化同行)文化交流、(群众)文化消遣为主要任务。对前两者而言,馆办期刊的同质化已造成严重的审美疲劳,相关部门无精力也不愿意阅读这些价值匮乏、审美低下的刊物;而个体读者和基层群众没有上述"审美疲劳"和价值评估,并且本地的文化认同刺激着他们的这种阅读需求。然而,现状是群众的这种文化消遣并没有得到良好的保障。文化馆期刊的这种资源分配不均,也限制了它的文化影响力和价值实现。

《北泉歌声》作为一本以音乐为主要内容的馆办文化刊物,以其专业特殊性形成了阅读门槛,主要阅读者是音乐作者、词作者和相关爱好者,此外,向上难以获得领导部门的认可,向下难以被普通群众广泛接受,这造成刊物大量积压,无法充分发挥群众文化刊物培养文艺作者、满足群众文化艺术需求的重要作用。

由于上述刊物自身、行业领域、资源分配等诸多因素,难以让文化馆真正做到"团结一致、抱团取暖、自信办刊",有坚守而无探索,有交流而无学习[①],文化馆期刊领域曾经繁花似锦,如今沉浸在严重的泡沫隐忧中。

二 文化馆期刊的革新与发展

穷则变,变则通。一切窘境和困难都要通过改革来摆脱、战胜。馆办期刊的各种问题,与主办单位、编辑者故步自封、抱残守缺、不愿意改革创新不无关系。要打破文化馆期刊领域的泡沫,重新发挥馆办刊物在展示本地文化风貌、挖掘优秀文化资源、普及公共文化服务等领域的橱窗作用,必须重

---

① 中国散文学会常务副会长、《中国文化报》副刊部主任红孩提出"不分大小、自信办刊"主张;中国作家出版集团管委会副主任、文艺评论家徐忠志提出"互相学习、沟通取暖"主张。

新审视它的内容和本质,联系新政策环境、社会背景等具体情况,坚定地迈出改革的巨大步伐。

(一)投入上:设立专项资金,充实编辑力量

"人才是第一生产力",国家兴盛,人才为本,人才强国是我国的一项长期战略;事业要兴,其理亦然。想要快速振兴文化馆期刊,必须首先在源头注入一剂"强心针"。加大对文化馆期刊工作的资金投入,设立专项经费,从编辑、设计、印刷等方面全面提升刊物档次;设立独立的编辑部或专职编辑人员,专职负责文化馆期刊调研、策划、约稿、组稿、编辑等工作,在期刊内容上实现质的提升。从资金和人力上对文化馆期刊给予充分保障,是开展馆办期刊改革的第一步,巧妇难为无米之炊,舍此皆是空谈。

经过充分论证和筹备,得到各上级文化部门大力支持,2015年4月,北碚区文化馆联合区文联成立了文化编辑部,聘请专业编辑人员,成立刊物改版工作项目组,设立专项资金,筹备对《北泉歌声》进行全面改版升级。一方面,规范了稿费管理办法,重新与大量本地作者建立了联系,吸引优秀作者来稿,同时提升刊物的印刷质量,从原本的黑白印升级为全彩印;另一方面,编辑部专职负责刊物的各项工作,抓质量,提档次,从资金和人力上充分保障刊物改版的质量。

(二)性质上:综合性与专业性并举

文化馆期刊承担着展示宣传、凝聚队伍、文化普及等诸多工作职能,客观上确立了其立体化、多方面、综合性的办刊性质和定位。这就要求向上既关注到国家公共文化政策导向、本地重大文化活动,向下又要将眼光投向本地特色资源、群众需求,将文化馆期刊办成上级部门了解工作动态、文化同行有所学习借鉴、基层群众喜闻乐读的综合性刊物。另外,馆办期刊也要敢于打破综合定位的现状,充分利用本地特色优势文化资源,根据当地实际情况,因地制宜,凭借本地优势文化资源,有所选择地办成音乐、文学、戏

曲、摄影、美术等特定刊物。在馆刊性质的定位上，不能以"综合"委曲求全，也不能以"专业"抱残守缺，要从实际出发，择善而行，不必舍此求彼。

改版后的刊物拟命名为《民众艺苑》，坚持贯彻党的十八大报告关于"要坚持以人民为中心的创作导向，坚持面向基层、服务群众"的要求，学习习总书记在文艺工作座谈会上的讲话："人民是文艺创作的源头活水，一旦离开人民，文艺就会变成无根的浮萍、无病的呻吟、无魂的躯壳"，更广泛地发挥群众文化刊物在服务群众、繁荣地方文艺事业方面的作用。《民众艺苑》将充分利用本地文化资源，立足音乐特色，升级为包含群文调研、文学、摄影、非物质文化遗产、音乐等内容的综合性刊物，加强创作，广泛征稿，严格把关，在丰富刊物内容的同时，注重作品质量，兼顾普遍综合性与特色专业性。

（三）内容上：突出特色，雅俗共赏

当前期刊行业在内容上存在严重的同质化问题，文化馆期刊亦然，仅着眼于音乐、文学、美术、摄影等内容，能够将注意力锁定在地方特色资源的刊物屈指可数，且往往蜻蜓点水，未能深入挖掘。所谓"越是民族的才越是世界的"，文化贵乎存异而不在求同。馆办期刊的内容要定位于目标受众的需求，所以在文艺作品甄选上要充分立足本地优势资源，突出特色，创作、挖掘一大批群众喜闻乐见的文艺作品，让群众文化期刊最终服务于群众。同时，对民间的"俗文化"表现形式进行合理取舍和艺术加工，还要做到通俗而不低俗，趣雅而不艰深。只有各地馆刊主动成为当地特色文化的展示平台，突出特色，自信办刊，兼容并包，雅俗共赏，才能在文化馆期刊行业真正实现百家争鸣、百花齐放。

《民众艺苑》将发挥本地文艺资源优势，挖掘、联系本地作者进行以本土文化为背景的文艺创作，立足音乐创作优势，组织人力、物力对本地音乐形式和作品（民俗民谣、山歌、劳动号子等）进行挖掘整理，整理出一大批独具巴渝民俗特色的音乐作品，并以专题形式进行刊用；在文学创作上，

以本土环境、历史事件和人物作为创作背景和素材，充分利用历史文化资源；在民间工艺上，成为展示本地非物质文化遗产资源的重要窗口，让祖国更多优秀的非物质文化遗产为民众所认识和了解；在作品语言上，避免佶屈聱牙，倡导以通俗易懂的语言进行创作，让《民众艺苑》真正成为面向群众、服务基层的群众文化刊物。

（四）形式上：立足传统纸媒，探索电子刊物新形式

网络信息时代的浪潮，强劲地冲击着各传统行业和领域。与一般的传统商业期刊遭遇严峻挑战不同的是，文化馆期刊受到的影响微乎其微。不过这并不值得庆幸，因为这正是馆办期刊被信息化大潮抛弃后的风平浪静。就目前而言，适应文化馆期刊行业的实际情况，立足传统纸媒，谨慎改革，防止出现曲高和寡、过分超前的"电子独刊"的尴尬境地。同时，作为馆办期刊编辑，我们也要清醒地认识到随着信息化的不断深入，我们终将进入或无限接近无纸化时代。所以，在打好传统纸媒的阵地战前提下，若条件充分，可以广泛借鉴期刊行业的成功经验，进行文化馆电子刊物的有益尝试。

《民众艺苑》建立、加强刊物与作者、读者的联系，建立QQ作者群，充分与作者、读者进行交流；开通编辑部博客，将当期的作品制成电子杂志，免费开放，推出实体读本和电子刊物并轨的新型刊物阅读模式，有条件的读者可以直接通过电子屏幕（电脑、手机、平板等）进行快捷阅读，方便环保，也节省了刊物印刷、邮寄的费用。

（五）受众上：锁定真实需求，资源合理分配

文化馆（文化活动中心）以开展群众文化活动、提供公共文化服务为主要使命和工作职能，而馆办期刊自然也应该服务于这个目标。文化馆期刊的受众大致可分为三类：相关上级领导部门；国内各省市区县文化同行；个体读者。所以，文化馆期刊一方面承担着向上级部门汇报工作、展示本地文化资源的职能，增进与各地文化同行的交流学习、加强彼此联系；另一方

面，更面向广大普通读者，承担着培养本地文化人才、丰富群众精神文化生活的文化使命。"扎根基层，服务群众"，是文化馆践行党的群众路线教育实践活动的行动纲领，也是文化馆期刊在受众定位上的最重要依据，更是响应党的号召开展全民阅读、建设书香社会的有效途径。因此，在馆办期刊资源的分配上，既要"向上看"，充分保障其在展示汇报工作和文化交流上的积极作用，又要"向下看"，锁定真实需求，资源中心下移，努力满足基层群众对文化生活的热切需求。

坚持"为人民服务、为社会主义服务"的"二为"方针是发展我国社会主义科学文化事业的根本方向，也是社会主义科学文化事业的出发点和归宿。《民众艺苑》从创作、刊稿、寄发多方面均瞄准群众需求，坚持贯彻文艺创作主旋律立足群众心声、扎根群众、服务人民。升级后的《民众艺苑》印量1000册/期，除去给领导部门、文化同行、作者寄发的300册及馆存的100册外，其余的由群众自取，或分发到乡镇文化服务中心、寄送到农村和学校等基层单位，充分保障群众文化期刊最终有效服务于人民，满足人民群众的精神文化生活。

三 结语

当前文化馆期刊领域的风平浪静，既反映了主办单位的漠视和不作为，也反映了期刊行业自身缺乏活力的苟且，因此，我们亟须掀起一场暴风雨式的改革，打破整个文化馆期刊界的死气和沉默。大刀阔斧，重新发挥文化馆期刊在宣传展示、凝聚队伍、交流学习、艺术普及、群文调研等社会主义文化事业上的积极作用，这是文化馆期刊不可推卸的职能和义务，也是期刊文化工作者应有的使命和担当。《民众艺苑》（原《北泉歌声》）正是在这样的大环境下奋力而起，锐意革新，企图在当前文化馆行业大多数群文期刊得过且过的状态中探索出一条成功的转型路线，与时俱进、开拓进取，充分发挥群众期刊在新时期艺术普及、文化服务、艺术繁荣方面的积极作用。

美术馆公共教育工作的现状、问题及对策研究

——以部分中外美术馆为例

李 潇[*]

摘　要： 近几年，美术馆的公共教育工作发展迅速，各美术馆均将其视为工作重点之一。本文试图分析这一现象的社会和文化背景，并介绍当下公共教育工作的现状。同时，针对公共教育领域出现的问题、不足，从改变评价机制、注重观众调查、加强机构合作等方面提出建议；并且从转变策展方式、关注人才培养等多方面进行有益的思考。文中引用较多国内外美术馆案例，力求理论与实例并重，提供给读者更多启发。

关键词： 美术馆　公共教育　对策建议

在我国的美术馆发展历程中，"公共教育"较之"收藏"、"展览"、"研究"等美术馆职能起步较晚，国内大部分美术馆都是进入21世纪之后才设立专门的公共教育部门。在短短十几年的发展过程中，公共教育的形式、内容极大丰富，公共教育活动数量更是呈井喷式增长，受到美术馆界和社会的极大重视与关注。在这一飞速发展过程中，公共教育工作可谓成绩与问题并存，众多美术馆在建设、提升自身公共教育体系的同时，也显示出一

---

[*] 李潇，山东美术馆学术研究部馆员，硕士研究生学历，主要研究方向为外国美术史、美术馆学。

些不足。本文对当前公共教育现状进行思考，并提出相关建议，希望能为公共教育工作更具专业化和创新性提供一些启发。

一 我国美术馆公共教育工作的背景和现状

美术馆的教育功能从属于整个社会的美学教育，与学校和其他机构一同构建起国家的艺术教育体系。在我国，20世纪50年代之后的一段时间内，特殊的政治、社会原因造成大众的审美教育缺失。20世纪80年代以来，实用主义的思想又对公众艺术品位产生了冲击和影响。从90年代开始，才有美术馆逐步开始开展艺术教育活动，启动面向公众的审美教育。进入21世纪，在国家构建公共文化服务体系的大框架下，作为美术馆与公众接触最为直接、最为频繁，互动性和交流性最强的工作，公共教育工作呈现飞速发展态势，这一情况的出现有其特定的社会背景。

（一）美术馆公共教育工作的开展背景

1. 政府的重视与扶持

近年来，我国政府部门愈加重视提高广大人民群众的文化艺术生活质量，并且通过一系列政策措施，提升美术馆等公益性文化事业单位对公众的服务质量。在美术馆行业内，文化部近几年连续推出"美术馆发展扶持计划"、"国家重点美术馆评估"、"全国美术馆优秀项目评选"等一系列活动项目，这对支持和促进美术馆各项工作发展具有重要作用。

2. 美术馆专业化发展的必然趋势

2007年，国际博物馆协会全体大会修改的《国际博物馆协会章程》将博物馆定义修订为：博物馆是一个为社会及其发展服务的、向公众开放的非营利性常设机构，为教育、研究、欣赏的目的征集、保护、研究、传播并展出人类及人类环境的物质及非物质遗产[1]。在这一定义中，将"教育、研

---

[1] 国家文物局：《国际博物馆协会章程》，http://www.sach.gov.cn/art/2015/5/12/art_1037_120722.html。

究、欣赏"定为博物馆的目的,并将教育放在首位。国务院在2015年3月颁发的《博物馆条例》中,也强调了教育的重要性。这意味着美术馆的办馆理念向服务公众、提升公众审美水平转变,明确了公共教育工作的意义,也为美术馆的办馆理念指明方向。

3. 公众精神文化生活需求日益增长

随着人们生活水平的提高,公众对精神文化生活的需求日益增长,在大中城市,许多市民选择到美术馆、博物馆度过周末,他们需要美术馆提供多样的活动以充实和丰富审美生活,在这种情况下,美术馆多层次、多门类的公共教育活动应运而生。

(二)美术馆公共教育工作现状

1. 公共教育的内容和形式丰富多样

经过十几年时间,美术馆公共教育从最初以语音导览和讲解服务为主的单一形式,发展、演化为集知识性、体验性、欣赏性于一体,包含多种内容和形式的教育活动。目前美术馆较常见的公共教育活动形式如表1所示。

表1 美术馆常见公共教育活动

语音导览、讲解服务	学术讲座、学术研讨会
各类绘画、创作体验活动,手工坊	各类艺术沙龙,如美文朗诵、电影赏析等
流动美术馆	冬、夏令营
开放美术馆内部的图书馆、资料室	走进学校(或其他机构、团体)开展活动
志愿者培训与服务	利用媒体进行宣传和教育普及

由此可见,现在的美术馆教育活动涉及多层次、多门类,既有专业性、学术性较强的活动,也有形式灵活、内容有趣的实践类、体验类活动,注重为公众提供不同的教育服务,能够基本满足不同观众群体的需求。

2. 公共教育活动数量增长迅速

各美术馆在设立公共教育部门之后,每年的公共教育活动数量增长极为迅速。以中央美术学院美术馆为例,他们于2010年9月建立公教部,2011年举办了 135 场活动，2012 年举办近 200 场活动，2013 年有近 360 场活动，2014 年共 280 场活动；2015 年举行了近 300 场活动，其中讲座近 120 场、工作坊 80 场、少儿活动近 50 场。省级美术馆中，以浙江美术馆为例，2010 年共举办 47 场活动，2011 年举办 68 场，2012 年举办 108 场，2013 年举办 182 场，2014 年举办 222 场；2015 年举办 294 场，其中展厅内 192 场，展厅外、美术馆外 102 场[①]。

以上两家均为国家重点美术馆，成绩较为突出。频繁、大量的公共教育活动在沿海地区大中城市的美术馆中并不鲜见。每馆每年 300 场左右的公教活动意味着平均不到两天就有一场公教活动，可以说频率极高。当然其中既包含馆内的各项导览、讲解服务，也包含馆外的巡展、走进其他机构举办的活动等。在如此庞大的活动数量之下，参与人数也极为可观，社会受众广泛。

3. 教育活动系统性日益增强

美术馆的公共教育活动注重与美术馆其他职能相互配合、协调，与本馆的展览、研究等其他活动形成密切联系。如天津美术馆在 2015 年推出长达三个月的"苏比拉克中国巡回大展系列公共教育活动"，配合馆内的"苏比拉克中国巡回大展"开展了超过 500 场志愿者义务导赏活动，举办近百场公共教育活动，其中包括与展览配套的泥塑、版画拓印、版画艺术沙龙活动，与高校联动举办讲座等。可以说教育活动与展览互为依托，彼此结合发挥出更大的社会效益。除了此类由展览而阐发、衍生成的教育活动外，公共教育与馆内的研究、收藏也有更加密切的配合，因此不仅形成资源共享、优势互补，而且易于实现机构的整体定位和宗旨。

4. 注重针对特定群体开展教育服务

在目前美术馆的公共教育中，儿童、学生是所有美术馆重点关注的对象，面向他们开展的导览、绘画及手工课程等各类活动，占公共教育活动的 1/3 以上。此外，也有定向面对残疾人、农民工、部队、社区、企事业单位

---

① 数据引自"2015 年全国公共教育年会"大会发言。

等不同团体开展的活动。这是在对观众群进行细化、分类的基础上，根据不同人群的需求进行差异化教育。相信这一趋势在未来美术馆整体工作中会更为突出，即细化目标观众群，为其量身定做文化项目，满足不同层次人群的需要。

二 美术馆公共教育工作存在的不足及建议

经过十几年的发展，我国美术馆公共教育工作已经逐步建立起工作思路和工作框架，在公共文化服务方面做出了许多积极的努力。当下，公共教育工作正面临从"职业化"向"专业化"的转变，也就是在公共教育的职业范畴内，更加寻求教育理论、教育形式和教育内容的专业化建设。实际上，在我国美术馆公共教育快速发展、取得诸多成绩的背后，也存在着一些不足，针对这些问题，本文提出以下对策建议。

（一）不仅注重活动数量，更要关注活动的质量及深入度

当下许多美术馆都比较注重教育活动的次数、参与人数、媒体关注度等，而容易忽视参与观众的感受、体验的质量、实际收获等。庞大的活动数量背后难免存在活动质量参差不齐，部分教育项目观众体验满意度不高、学习效果不佳等情况。因而，单纯追求活动数量的增长容易使公共教育活动浮于表面、流于形式，只图场面上的热闹而不能真正实现活动目的。

与此不同的是，广东美术馆曾于2014年举办过实验性公共教育项目："与曾忆城一起观看世界"。这个项目结合艺术家曾忆城的摄影展览而举办，他们从200多个报名者中，通过筛选、面谈，挑选出8名观众参与项目。参与者跟随艺术家进行交流和创作，参与了多次摄影工作，形成自己的摄影作品。广东美术馆为他们举办了摄影作品展览，展览面向所有市民开放，并且邀请嘉宾召开展览研讨会。这样一系列的活动，使此次项目的参与者受益匪浅，他们近距离地与艺术家交流、尝试创作，并且从作品中获得了更多对自身内在的了解。这个项目参与人数不多，延续时间较长，美术馆投入精力也

很大，若单纯以数量多寡进行评判，此项目并无优势。然而，当下公共教育界缺乏的正是此类探索性、实验性的思考与实践，缺乏此类注重参与者感受的精品项目。

美术馆公共教育应该将教育活动做细、做实，就活动的宗旨、目的、内容、形式进行潜心研究。这里也牵扯到教育活动的评估问题，各类量化数值虽然是最直观、最便于获取的数据，却未必是能真正反映活动成效的标准。看教育活动是否具备高质量，关键在于参与者的感受和体验，在于参与者的投入度、满意度，在于参与者是否增长知识、陶冶审美、获得启迪、拥有共鸣。美术馆教育工作者只有更多地从这些方面对自身的工作进行评估，才能使教育活动更富有成效。

（二）立足群众，重视"观众调查"工作

早在19世纪末，西方博物馆就开始进行观众调查。20世纪20年代，部分心理学家、社会学家开始关注对观众的调查研究，他们研究观众在参观过程中的心理特征、态度、反应，并据此改进展览陈列。可以说，从观众调查中获取的信息，对于改进美术馆工作是不可或缺的。教育和服务于观众是美术馆的重要目标，若是对观众缺乏了解，显然不能很好地实现这一目的。

在我国的博物馆界，中国国家博物馆、故宫博物院等均推出过大型观众调查报告，而在美术馆界，系统、长效的观众调查工作机制还没有建立起来。目前，美术馆往往更多考虑自己能够为公众提供什么样的教育服务，而不够清楚观众需要、期待什么样的教育活动。做好观众调查和观众研究，无疑是提高公共教育质量、使公共教育更具方向性的必要途径。

较完整的观众研究体系包含三方面内容：一是观众类型/特征研究，即研究机构目标群体的年龄、教育状况、收入情况、文化背景、职业类型、兴趣爱好等基本信息，据此了解观众的基本构成；二是观众行为/心理研究，具体到参与公共教育活动的观众，应当了解他们参与活动的次数、参加活动的目的、对活动内容的满意度等；三是观众活动/反应研究，即观众在参与

活动过程中有什么样的体验，对活动的接纳、投入程度等。

从观众调查时间上来讲，可分为活动前和活动后对观众的调查、研究。在活动、项目开展之前通过调查问卷、采访、焦点小组、观众座谈等方式，对目标观众群进行分析，对他们的动机、兴趣点、来参加活动的原因等有明确的把握，对活动的有效性进行预判，同时对形式和内容做出调整；活动之后的总结就更为重要，通过了解观众在参与过程中的感受，对以后的活动做出改进。目前，在我国美术馆的公共教育工作中，往往只注重活动的开展，而忽视了活动前、活动后对观众的了解与反馈，这会给美术馆工作带来较大盲目性。未来，只有更多地了解、倾听观众的心声，才能真正提供他们需求、喜爱的审美活动。

（三）注重与学校等机构的深入合作

目前，许多美术馆都与学校建立联系、开展活动，进行包括展览参观、艺术课程等方面的合作，与学校联合举办的活动在公共教育活动中占据很大比重。但需要注意的是，纵观大部分美术馆与学校之间的联系，多是随机的、临时的、形式的，而缺少长期的、深入的、真正实现优势互补的联系。

下面几个案例会为我们提供不错的启发。在团队参观、流动美术馆、高校巡讲、课程合作等这些较为常规的美术馆与学校的合作方式之外，上海喜马拉雅美术馆曾举办过两个馆校合作项目。一是邀请几所艺术院校的学生参加美术馆的一个展览互动体验活动，在这个活动中，学生们先自己观看展览、构思方案，然后与艺术家进行交流，确定方案后进行分工制作，最终形成作品。二是将美术馆的工作融入高校课程，他们与一所学校的展示设计专业合作，由学生们进行美术馆的景观、展示设计。为完成这一部分的学习，学生们先来美术馆上课，了解美术馆的功能、运作，随后美术馆工作人员参与了学生编写策划案、组建团队、项目汇报、模型展示的整个过程，双方密切合作帮助学生完成课程学习。在这个项目中，美术馆与学校双方发挥各自的资源优势，在实现目标的同时增进了解，有了深入的交流和认识。在国外，类似的案例也有许多，如德国历史博物馆与从小学至大学包括特殊学校在内的各类学校都有长期合作，他们为一家德语培训机构编写教材，使学员在学习语言的同时了解德国历史。在这个过程中，他们需要了解不同阶段学生学习语言内容的难易程度，同时将历史知识巧妙地融合进去，而部分教材又与馆内展览内容相联系，需要学员们在参观中完成学习，非常好地将博物馆和培训机构的目标融为一体。

当前，我国美术馆应该更多地开发此类与学校之间的活动，即在相互了解的前提下，寻求实现共同诉求和目标，调动双方的积极性，运用双方的不同资源，实现活动目的。在其中，学校不应只是被动接受，美术馆需要了解学校和学生的需求，并使其拥有一定自主性，才能真正实现两者的互动和长期合作。

除了美术馆与学校的合作需要进一步加强外，不同的美术馆乃至不同艺术场馆之间也应增进联系。在这方面，部分西方国家有着可供借鉴的经验，如柏林地区有 24 家文化机构组成协会，会员单位包括剧院、音乐厅、博物馆、美术馆等，协会每两到三个月召开一次例会，就特定主题、问题进行探讨，同时也开展长期性、规律性的观众调查。协会机构成员共同探讨、商定出观众调查问卷内容，其中既包括普遍性、适合所有机构的问题，也包括只针对某一类机构的特殊问题。常规情况下，每个机构每月收集 200 份调查问卷，全年共 2400 份，问卷以德语、英语和西班牙语三个语种显示。调查内容涵盖观众来源、年龄、教育背景、兴趣等多个方面。不同机构之间实现资源共享，共同商讨和谋求发展，一起在文化服务框架内寻求创新，这无疑比单个机构独自开展工作更有优势。

再如柏林颇具影响力的"博物馆长夜"活动，在 2015 年已经举办了第 35 届，77 家博物馆为柏林民众准备了近 700 项各类文化活动，观众们可以购买通票，根据兴趣参观和游览。这类大型的博物馆文化节庆为宣扬博物馆文化、传播博物馆理念起到不可估量的作用。在德国参观时会发现，在一家美术馆可以看到本市其他多家美术馆、博物馆的宣传材料、展览海报，能够直观地感受到不同文化机构之间的协同合作。实际上他们的各类文化机构相互联系、协助非常密切，虽彼此有着不同的分工、宗旨，分属不同层次、不同种类、不同性质，但一个个机构相互连接构成网络，构建起整个社会的文化服务体系，相信这也是未来我国文化机构的发展方向之一。

三 关于美术馆公共教育的思考

（一）大众文化冲击之下，美术馆何为？

在西方美术馆的发展进程中，美术馆由高高在上的圣殿转变为平易亲切的公众场所。而今天，所有美术馆更是面临大众文化和娱乐业的冲击，关于美术馆是否应当娱乐化的讨论屡见不鲜。实际上，无论接受还是拒绝，娱乐业都影响和改变着文化的传播与接收方式，而美术馆作为社会文化机构之一，必然要顺势而为，做出相应的变化。笔者认为，就美术馆公共教育而言，应当在以下三点做出思考与实践。一是要真正做到"寓教于乐"。将经典的、传统的、知识的内容，以轻松的、易于接受的方式传达出来，这是公共教育活动需要努力的方向。实际上现在许多美术馆的活动并不局限于"美术"范畴，而是延伸至音乐、电影、诗歌等其他艺术门类，以广义的审美教育吸引和服务于更多公众。将美术馆变为公众娱乐休闲的场所，使其在轻松、愉悦的氛围中获得美育体验是美术馆的努力方向之一。二是应注重鼓励和培养观众的主动性、自主性。美术馆与博物馆的不同之一在于，审美教育更多的是提供一种体验和感受，而非标准答案，在这个过程中，给观众以启发而非教化、引发思考而非给出答案是非常重要的。尤其是在网络信息时代，激发观众的自主性远比简单的灌输更能使其印象深刻。三是要凸显美术馆的资源优势，注重对"原作"的展示与呈现。如同本雅明所言："技术复制时代所凋零的是艺术品的光晕。"[①] 在这个网络、手机、新媒体渗透进日常生活的时代，美术馆对艺术品原作的展示，恰恰带有其他传播方式所不具备的"光晕"。因而美术馆应当塑造和建立公众对于原作的视觉经验体系，

---

① 〔德〕瓦尔特·本雅明：《机械复制时代的艺术》，重庆出版社，2006。

进行与之相匹配的展示、教育。这既是美术馆较之媒体传播所具有的独特优势，也是美术馆不可推卸的社会责任。

（二）在策展过程中加入教育者的参与

美国的许多美术馆自20世纪80年代起，就开始实践跨部门展览策划，时至今日，许多美术馆都采用策展人、教育者、设计师共同策划展览的方式。这一点对于中国的美术馆同样具有借鉴意义。在传统的策展方式中，教育人员通常在展览成型之后拿到展览资料，然后开始思考如何进行展览与公众之间的教育衔接，这往往使教育变得滞后和被动。既然展览的最终呈现是指向观众的，那么从一开始就将教育的部分考虑在其中无疑更能实现展览目的。如同美国博物馆联盟国际协调委员会专家派特·罗德瓦尔德女士在2015年的"全国美术馆公共教育年会"上提到的那样：他们通常在展览策划之前就先进行观众调研，通过多种方式把握目标观众群的兴趣点；之后策展团体共同讨论展览的概念、与观众之间的交流点等，进而确定观众参观线路、导览器内容等。可以说，教育人员参与策展，从提升观众的观展体验，到促进展览相关的教育项目开发，均有积极的意义。

（三）注重理论建设和专业人才培养

当下，我国美术馆学的学科建设尚处于发展阶段，关于美术馆建设、管理的行业标准和规范并不完备，而公共教育领域的理论建设、研究同样未引起足够重视。想要使公共教育工作更专业化，在现有基础上增进创新、实现质的提高，就需要理论研究与实践探索并重，以成熟、先进的教育理念引导教育项目。这也是所有公共教育从业者的责任所在。

再者，需增加公共教育人员的培训、进修机会，提升其专业素养。公共教育工作既需要深厚的艺术专业素养，又需要一定的教育学、心理学知识背景，还需要根据观众变化和形势需要，不断对活动、项目进行创新，可以说是一项需要多专多能及较强综合能力的工作。因而，美术馆应注重公共教育人员的培训，为其提供更多的学习、交流机会。只有公共教育人员素质过硬，才能直接提高对公众的文化服务水平。

（四）通过馆际交流消除区域不平衡

目前，我国沿海地区和发达省份的美术馆软件、硬件发展较为良好，而西部地区以及许多基层美术馆发展尚不如人意，这受到硬件建设、财政政策、人才培养、受众环境等一系列问题的影响和制约。在此种情况下，美术馆自身应当通过增进馆际交流使优秀的艺术品惠及更多民众，减少和弱化区域差异。山东美术馆自新馆建成以来，多次引进国家级展览、巡展，使山东人民能够近距离地欣赏到更多国内一流艺术品。2015年，山东美术馆举办了四场巡回展览："山东美术馆馆藏精品惠民进地市——重温经典·山东写实画家十人巡展"、"大师窖藏——走进山东半岛名作展"、"接力——2015·山东油画作品展"、"第十届山东文化艺术节·全省优秀美术作品大展"，共走进全省15个地市的17个文化场馆，将全国、全省的艺术精品呈献给全省观众，最大限度地实现了"文化惠民"的精神，并因成绩突出入选文化部"2015年度全国美术馆优秀公共教育项目"。在当前我国区域经济、文化差异仍较为显著的情况下，美术馆自身应当主动引进和送出优质的文化教育项目，增进文化资源在不同层次地区的流动性，减少区域差异，使文化资源惠及更广大的民众。

我国美术馆的公共教育工作目前处于高速发展期，这既意味着无尽的可能和机遇，也包含着许多不足及挑战。目前，美术馆公共教育方向大致明确、体系基本建立，需要所有从业者创新思路、深入探索，实现更加专业化、体系化、规范化的公共教育功能，以更好发挥美术馆在公共文化服务体系中的作用。

乡村文化瑰宝

——中国村落森林文化解读

赵家华*

摘 要： 村落森林文化是"泛森林文化"的一个最基础、最核心的内容，也是"泛村落文化"和乡村文化的一个重要组成部分。它既是村落繁荣昌盛的一盏灯塔，也是村落健康、安全、和谐、持续发展的一个守护神。文章首次对深藏在中国传统村落森林中的传统文化瑰宝——村落森林文化进行了较系统的研究和解读，分析了这种文化逐渐被淡忘和缺失带来的危害，并提出了修复、普及、应用村落森林文化的相关对策和途径。

关键词： 中国 村落 森林 文化 解读

在中国传统村落的森林中深藏着一块乡村文化瑰宝——村落森林文化。村落森林文化是"泛森林文化"的一个最基础、最核心的内容，也是"泛村落文化"和乡村文化的一个重要组成部分。它不仅特点鲜明，内容丰富，而且自成体系。几千年来，村落森林文化既是村落繁荣昌盛的一盏灯塔，也是村落健康、安全、和谐、持续发展的一个守护神。但可惜的是，近半个世纪以来，村落森林文化要么在村落森林中越藏越深，要么与村落森林一起被

---

* 赵家华，摄影漫画新艺术——光漫艺术创始人，词作家，现任中国音乐文学会理事、云南省音乐文学会副主席，乡村公共文化研究学者，武汉大学国家公共文化政策研究实验基地研究员兼云南保山实验基地首席专家。

砍伐不见了踪影。本来都是众所周知的常识和文化传统，如今却变成了鲜为人知的稀罕物。当然，人们也为此付出了惨重的代价。

笔者对村落文化的研究始于2010年西南地区的大旱，因参与抗旱救灾受到启发，下决心从文化的角度来探寻灾难的根源和解决的途径。研究以云南著名侨乡保山市腾冲传统村落为主要背景（因为腾冲是那一年受灾影响较小的地方），兼及西南地区，采用查阅相关资料、走访考察传统村落等研究方式进行。现将取得的初步成果，简要解读如下。

一 村落森林文化的基本理念

村落森林文化从宏观上看有许多基本的理念，但笔者认为归纳起来主要是以下五大理念。

——森林是大自然赐予人类的珍贵礼物，必须珍视。森林不仅为村落提供宜居的环境，而且为村落提供重要的生产生活材料，对村落中居住的人群的生存繁衍具有极其重要的作用，有史以来人们就敬畏森林、珍视森林。

——森林与村落是一种共生共荣的关系。经过漫长的探索发现和智慧传承积累，人们深刻透彻地感悟了森林与村落的关系是一种直接的共生共荣的关系。森林茂，村落兴；森林毁，村落衰；一荣俱荣，一损俱损。其实，这也是森林与人的一个基本关系。

——森林是传统村落选址、规划、建设和持续发展中绝对不可忽视的重要元素。只有高度重视对森林的规划、森林的建设、森林的保护和利用，村落的规划和建设才会有水准，村落的宜居性和可持续发展的优势才会得到充分发挥。反之，如果忽视了森林这个重要的元素，忽视了森林的规划，忽视了森林的建设、保护和利用，村落的规划和建设必然是低水准的，村落的宜居程度和可持续发展的优势必将大打折扣，甚至灾祸不断，村民生存难以为继。

——正确处理和维系人与村落森林的关系是一种文化，并形成了较为完整的体系，这就是村落森林文化体系。经过几千年的智慧传承和积累，人们逐步形成了一套完整、实用而且有效的关于传统村落森林规划、建设和持续发展的优秀文化体系。这套文化体系深深地蕴藏在森林之中，蕴藏在村落里的老百姓的心中，代代相传，世代受益，人们不仅因此免遭灾祸，而且建成众多生态友好可持续发展的美丽村落。这种森林里蕴藏着的中国优秀传统文化成为乡村传统文化的一个重要组成部分。

——村落森林文化建设的终极目标和最高境界是以人为本，以村落为中心，建设一个功能较为完善，生态效益、经济效益、社会效益有机统一，可持续发展的村落森林微循环体系和人与森林友好和谐持续互动发展的循环体系，使村落既美丽、舒适、安全，又能世代繁荣昌盛、持续发展，实现青山常在、绿水长流、人寿物丰。

二 村落森林文化的基本内容

村落森林文化内容十分丰富，而且形式多样，不同村落、不同区域有不同的特点。这里主要介绍一些带共性的基本内容。

（一）对村落森林进行科学的功能分类

对村落森林进行科学的功能分类是村落森林文化和村落森林文化建设的一个最基础的内容。从相关记载和实际状况看，人们将传统村落森林主要分为以下9大类。

第一，水源林。水源林就是村落用来蓄水护源的森林。人们认识到水的源头在森林，森林茂盛水源就充足，水源充足了，村落居民的生命之源就有了充足的保障；水源充足了，才有充足的水来灌溉庄稼，让村落居民繁衍生息。反之，如果把水源林毁坏了，沟河就会干枯，无水无粮，好景不长。所以，水源林是最重要的林，对村落兴衰起着至关重要的作用。

第二，烧柴林。烧柴林就是专门用来供给烧火做饭取暖等生活所用木柴的森林。在水电、煤炭、液化气等能源还不普及的时代，烧柴林是极其重要的生活用林，因此紧排于水源林之后。

第三，建材林（有的也叫用材林）。建材林就是村落专门砍伐用于建房子、做家具等木材的森林。这种森林在过去钢筋水泥建筑还不普及的时代尤为重要，也是村落建设发展的刚需品。

第四，经济林。经济林就是用来作为村落经济支撑的森林。包括果木林、珍贵木材林和林下经济林三大类。果木林主要是用来收获水果、坚果、干果等，以此来发展经济。珍贵木材林主要是用来直接砍伐销售木材以发展经济。对林下经济林人们则利用它的遮阴效果来开展林下种植业和养殖业，从而发展经济。

第五，风景林（有的也叫景观林或景观生态林）。风景林就是用来绿化、美化村落的森林。包括村落整体景观和村落内微景观的建设两个方面，营造美丽、舒适、优雅的人居环境，满足人们的爱美之心和村落森林美学审美的精神层面上的需要。

第六，风水林。风水林就是按照传统的风水学理念要求，用来实现风水修补和强化的森林。根据中国风水理论，若人们认为村子或院落周围哪里地势低了，没有其他办法，只好种几棵树把它补起来；哪里有个风口子，种几棵树把它挡起来；哪里山石露出来了，也种几棵树把它挡起来、藏起来，以达到优化环境、趋利避害的目的。

第七，防护林。防护林是用来防护村落范围内相关堤坝、陡坡，防范自然灾害的森林。在一些风沙比较大的地方人们还通过种树来防风沙，因此也把防护林叫作防风林或者防沙林。

第八，混合林。这种混合林不是林业工作中所说的多树种混在一起种植的那种"混合林"，而是有两种或多种功能的森林。如腾冲县著名的银杏村中的银杏林就是一种兼有风景林和经济林两种职能的混合林。

第九，公益林。公益林就是用来支撑和发展村落公益事业，包括修桥补路，兴建教育、文化、卫生、养老等社会公益事业的森林。跟以上8种分类不同，公益林的分类是基于森林的所有权和社会功能来考虑的，是一种特殊的分类。

以上分类，奠定了村落森林文化基础，看似简单，实则非常科学，是中国传统村落建设中长期积累下来的一种大智慧。

（二）根据以上分类，对村落森林进行科学选择和优化

第一，水源林的选择和优化。水源林的选择主要考虑以下两个方面的因素：一是位置处在沟、河、江、湖的上游，也就是水的源头。二是树种要选择常绿、蓄水性能好、无毒、没有怪味的树木。然后根据这两方面的要求不断对水源林进行优化建设，使其达到理想的程度。

第二，烧柴林的选择和优化。烧柴林的选择主要考虑以下两个方面的因素：一是林地相对靠近村落，以便取拿运输。二是树种要求速生、快长、好烧火。

第三，建材林的选择和优化。建材林在选址上没有太多特别的要求，完全是因地制宜，但是对树种选择有特别的要求。一般将建材林分为三大类：第一类是杂树林。多以自生自长加上适当管理的方式形成。第二类是名贵特色树林。如秋木、樟木、黄花梨木等名贵树木，有天然的也有人工种植的。第三类是速生林。虽然不名贵，但长得快，也有市场，如西楠桦、水冬瓜树等，很多地方还把竹林也视为很好的速生林。优化的基本方向是取消杂树林，发展名贵特色林和速生林。

第四，经济林的选择和优化。经济林的选择有的在房前屋后，有的在田间地头零星规划种植，但大多数是成片规划种植，使其成规模、出效益。树种选择则以果木和药用木、珍贵木材为主。林下经济则大多自然天成，利用即可。经济林的优化主要有两条标准：一是土壤气候适宜，二是市场价值高、前景好。

第五，风景林的选择和优化。风景林的选择主要考虑在村前村后，房前屋后，道路、沟渠两旁以及学校、文化室、卫生室等村落公共设施周围。树种选择和种植，则大有学问，因人的认知水准、文化层次、审美水平高低以及地方习俗不同而不同。一般分为四大类型：第一类，绿化型风景林。只要求有树木在、常年绿就行。这是一种原始、最基础、最一般化或者叫最低层次的风景林类型。现在人们所谓"绿化乡村"、"绿化城市"就是居于这一层次的提法。第二类，美化型风景林。这种类型的风景林在绿化型风景林的基础上发展了一步，上了一个台阶，是一种较高层次的风景林类型。这种风

景林不仅要求有绿叶,而且要求有花开;树种要科学选择、合理搭配;种树也要讲究疏密有度,讲究审美设计;既要考虑局部的效果,也要考虑整体效果。现在所谓"美化乡村"、"美化城市"就是居于这一层次提出来的概念。第三类,果园型风景林。这种类型的风景林在美化型风景林的基础上又发展了一步,上了一个新的台阶,是一种更高层次的风景林类型。这种风景林不仅要求有绿叶、有花开;还要求春有花开,秋有果熟,不仅美观,而且实惠。第四类,人文关怀型风景林。这种类型的风景林不仅考虑了绿、美和果的因素,而且强化了以下两个新的元素。一是将其与人文进行有机对接,使其充分体现出人文美学的特色来。二是以人为中心,充分考虑了人们近距离观光、休闲、健身、聚会、娱乐等体验,实现了人文关怀与风景林的高度融合,把生态效益、经济效益和社会效益有机结合起来,实现了综合效益的最大化。这是一种最高层次的风景林,对规划设计者的素质要求很高,规划难度也不小。正是这种人文关怀型的风景林奠定了乡村旅游的一个重要基础,也为现代美丽乡村建设和现代城市景观建设提供了方向。

第六,风水林的选择与优化。风水林的选择主要是按村落、院落四周的地形地貌的情况来确定,有这方面的需要就确定,没需要就不定。风水林的优化也主要靠两种手段:一是种植竹林,因为竹子速生,能很快实现目标。二是种大的乔木,有种常绿性乔木的,有种大型果木的。基本的选择和优化的方式与风景林类似,但是以树高大叶茂密者为首选。

第七,防护林的选择和优化。防护林的选择和优化与风水林很相似,所不同的就是它更加关注森林的防风沙和固土、防滑坡和泥石流的特性和作用。

第八,混合林的选择和优化。混合林概念的形成是中国传统村落森林文化的一次跨越,它在过去单一功能种植林的基础上找到了一林多用的路子。因此,混合林的选择和优化的目标就是一林多用,在有限的土地上,在有限的树林中实现效益的最大化。当然这种选择和优化有时会有明显的侧重,要么侧重风水林,要么侧重风景林,要么侧重经济林等,各不相同。

第九,公益林的选择和优化。公益林的选择与优化,则与经济林相同,它所追求的是森林效益的最大化。此外，很多地方还把水源林、防护林和一些风水林、风景林确定为公益林，以便长期保护。

（三）按不同分类，对村落森林进行分类管理

传统村落对森林的管理大体分两类，并采取不同的态度和措施进行管理。

第一类为严格管理类。主要有水源林、风水林和防护林、风景林四种。其中水源林的管理是最严格的，因为这是村落的生命线。无论多么贫穷，无论多么缺钱花，无论多么艰难，都绝没有任何理由去砍伐。谁砍了水源林，谁就犯了不可饶恕的大罪，乡规民约就要惩罚他，社会舆论就要对他口诛笔伐，让他付出应有的代价。风水林、防护林的管理仅次于水源林，但也很严格，因为二者分别被视为村落的"健康线"和"安全线"。风景林的管理相对复杂一些，公共风景林管理非常严格，私家风景林管理相对宽松，而且有些风景林长到一定高度和一定年限后需要置换。

第二类是科学合理管理类。主要有烧柴林、建材林、经济林、公益林四种。这一类森林的管理最大的特点是科学合理。如烧柴林的管理一般有两种模式，一是轮伐，二是间伐。砍伐过后让它再长起来，周而复始。人们常说"留得青山在，还怕没柴烧"，这里不仅有做人的智慧，也有生态学的道理。建材林、经济林的管理与烧柴林的管理大同小异。公益林的管理，则因为它是公益性的，是大家共有的，因此管理除了要科学合理之外，也特别严格，主要是禁止任何个人擅自砍伐，特别是把水源林、防护林和一些风水林、风景林确定为公益林的就管理得更为严格。

此外，混合林的管理则根据其混合的实际情况，对应以上两大类的管理要求进行管理。如果它侧重的功能主要是第一类的，就按第一类的要求严格管理；如果它侧重的功能是第二类的，就按第二类的要求科学管理。

（四）传统村落森林管理的主要措施

传统村落森林管理的主要措施一般有以下两种。

第一，文化普及、传承管理。所谓文化普及、传承管理就是将传统村落森林文化的基本理念、基本内容和相应的要求，作为重要的村落传统文化和重要的乡村公共文化的内容在全体村民中进行普及教育和传承，使其深入人心、世代相传，从而提升人们对森林以及人与森林的关系的认知水平，增强敬畏心和自律心，共同建设森林、保护森林，共享森林的馈赠。这是一种最基础、最有效、最重要、最可持续的管理措施。

第二，乡规民约管理。用乡规民约管理森林是对文化普及、传承管理的补充，旨在强化人们的文化管理意识和自律性，并对意识淡薄、自律不强、擅自毁坏森林的人进行惩处。其实这就是传统村落中的"法律"，有的村落还将乡规民约刻在石碑上世代遵守和执行。

以上两种管理方式结合起来，再配以相应的护林员看守制度，村落森林保护方能行之有效。

三　村落森林文化缺失所带来的生态之痛与反思

以上"村落森林文化的基本理念"和"村落森林文化的基本内容"构成了中国传统村落森林文化的基本体系。几千年来，村落森林文化不仅成了村落繁荣昌盛的一盏指路灯塔，而且成了村落健康、安全、和谐、持续发展的一个忠实的尽职尽责的守护神。不仅有效指导了村落的建设和发展，而且有效保护了众多优秀的传统村落的森林，有效保护了众多优秀的传统村落的生态，更有效保护了人们的生存环境和持续发展的基础优势。然而，从20世纪中叶开始，随着新文化的迅猛兴起和人们对粮食和金钱的过分追求，中国传统村落森林里蕴藏的优秀传统文化渐渐被淡忘、被忽视、被破坏，成了鲜为人知的稀罕物。居住在传统村落中的人们渐渐失去了对这种优秀传统文化的认知和敬畏，失去了对这种优秀传统文化的悉心守护，人们开始变得十分短视、浅薄、浮躁，进而无所畏惧、利欲熏心、不计后果、为所欲为。为了搞到更多的粮食和金钱，许多过去根本无人敢去碰一碰的森林和古树应声倒下，与森林里蕴藏着的中国优秀传统文化一并被开成了梯田，变成了粮食或者卖成了票子,满足了人们鼠目寸光的一时的物欲快感。当然,接下来的就是大自然对不恭不敬者的无情的惩罚。有的村落水源干枯了,没水喝;有的村落发生了严重的洪水、泥石流灾害,付出了惨痛的代价;有的村落生态环境恶化,变成了不再宜居的不毛之地。

笔者的故乡腾冲县米果村,是一个坐落在古驿道上的典型的优秀传统村落。四面环山,一条小河在村前流过,几亩稻田、几座小桥、几个小村落,都安排得当,错落有致,掩映在莽莽苍苍的森林里,掩映在竹林、花果、马铃声声的诗意中。森林的规划、建设和保护发展,井井有条,按部就班,几乎全面体现了中国传统村落森林文化的基本体系,生活在这里的人,不算富裕,但是拥有用金钱也买不到的高贵的奢侈品——最优美的生态环境和最可持续发展的自然优势。可惜,当年为了实现"以粮为纲"的目标,把美丽的竹林开了梯田,诗一般的美景变成了历史的记忆。后来以经济建设为中心,为了钱,许多几百年的风水林古树被"勇敢"地砍去卖了钱,水源林也被砍了,改造成了经济林;集体林也在实行联产承包责任制的过程中不见了踪影。近些年,国家给米果村投入了很多资金,修了水泥路、建了小学,建了文化室,装了太阳能路灯。人们富裕了、欢乐了,幸福了,但是美丽的古村落已经不复存在,变成了全村人挥之不去的乡愁。米果之殇、米果之痛,让人们深思,让人们惋惜:如果原来的风光还在,米果只需开展乡村旅游就可以世世代代很好地繁衍生息。其实,米果村是很幸运的,尽管生态遭到了破坏,但是从来没有发生大的洪灾和旱灾,人们依然过得很惬意,而且现在的生态也正在恢复,相信不远的将来还会恢复一些历史的记忆。

但是,其他一些类似的村落就不那么幸运了,人们遭到了大自然的处罚。2010年,笔者去腾冲之外的一个村庄帮助抗灾,其实这个村庄经济还算富裕,但就是没水喝,连国家给钱架了几公里的水管都只是滴着几滴眼泪一样的水滴,看着很辛酸,很可怜,也很着急。环视四周,全村几乎没有一片森林——水源林、风景林、风水林、烧柴林、建材林、经济林统统都没有;只有一片片焦黄的甘蔗地和几棵红得像火一样的攀枝花,简直要把人的心都烧干、烧焦。为什么没水喝?为什么遭受这么严重的干旱?很多人还觉得很茫然、很无辜。那一年大旱过后，全国不少地方又是洪灾，又是泥石流。我们哀悼死难者，救助受灾者，一方有难八方支援，实在可歌可泣、感人肺腑！然而，笔者在思考，很多人都在思考，国家也在思考，灾害为何如此猖獗？是天灾还是人祸？纵然都是天灾，背后究竟有没有人为的必然？当人们寻找到了村落森林中蕴藏着的中国传统文化的时候，当人们以关于森林的优秀的中国传统文化体系作为一种标准去衡量的时候，人们就会恍然大悟、茅塞顿开，得出结论：生态之痛源于文化之殇！

四 村落森林文化的修复与应用

如前所述，村落森林文化建设的终极目标和最高境界是以人为本，以村落为中心，建设一个功能较为完善，生态效益、经济效益、社会效益有机统一，可持续发展的村落森林微循环体系和人与森林友好和谐持续互动发展的循环体系，使村落能美丽、舒适、安全，又能世代繁荣昌盛、持续发展，青山常在，绿水长流，人寿物丰。这也正是我们今天保护传统村落、建设美丽乡村所要追求的目标所在。但是，现在所面临的最大问题是对支撑实现这一目标的文化的淡忘和文化体系的缺失，当然也面临着村落森林和生态体系的缺失。因此，尽快修复村落森林文化，应用优秀的村落文化指导好传统村落的保护和美丽乡村的规划、建设与发展，是一项非常迫切、非常重要、非常有意义的工作。

要高度重视对村落森林文化的科学研究，进一步修复、丰富和完善村落森林文化体系，使之与时俱进，成为一种能够完全适应现实需要的文化。

要广泛组织开展村落森林文化普及传承的活动，将传统村落森林文化的基本理念和基本内容，作为重要的村落传统文化和重要的乡村公共文化的内容在相关人群中进行普及传承教育。优先普及的重点人群，一是美丽乡村规划设计人员、传统村落保护规划设计人员；二是乡村文化工作者、乡村干部；三是村民。

要应用村落森林文化的基本知识和最新研究成果指导乡村制定村规民

约，切实搞好村落森林保护，特别要全天候守住水源林等森林底线。

要进一步修改完善国家相关法律法规和政策，强化乡村森林文化工作和保护乡村水源林等森林底线等工作。

一种文化的创立、形成和完善，需要很漫长的时间；一种文化的淡忘和破坏，需要的时间却很短。同样，一种生态的建设、形成和完善，需要很漫长的时间；一种生态的毁坏，需要的时间却很短。二者的恢复重建，需要时间，需要经过不懈的努力。

参考文献

1. 张国庆：《文化、生态文化与中国和谐森林文化体系建设》，http://blog.sciencenet.cn/home.php? mod=space&uid=3344&do=blog&id=6374。
2. 赵振兴、刘峰：《景观生态林建设中的森林功能与森林文化》，《国土绿化》2007年第6期。
3. 张云香、郭晋平：《森林有限再生性与森林可持续经营》，《资源科学》2001年第5期。
4. 周生贤等：《中国可持续发展战略研究总论》，中国林业出版社，2002。
5. 肖君：《福建森林生态文化体系建设现状与对策》，《林业勘察设计》2011年第2期。

案例研究篇
Case Study

社会组织共建共享公共文化服务研究
——以重庆市九龙坡区为例

罗智敏 荣 辉*

摘 要： 为提振市民的文化自觉和文化自信，最大限度地满足人民群众多样化的文化需求，重庆市九龙坡区以"政府引导、社会参与、社会组织（企业）赞助、互惠共赢"为创建思路，以创建国家公共文化服务示范区项目为抓手，以引导扶持区域内现有社会组织（企业）为载体，探索公共文化服务体系的多种投入方式。本文分析了九龙坡区文化企业参与区内公共文化服务建设的基本情况、主要成效和存在的问题，以期进一步推动九龙坡区公共文化服务体系建设再上新台阶。

---

* 罗智敏，毕业于西南大学（原西南师范大学），副研究馆员，现任重庆市群艺馆副馆长，国家公共文化服务体系建设专家委员会委员，中国群众文化学会理事，《文化发展论坛网站》"专栏作者"，重庆群文学会副会长兼秘书长。

关键词： 社会组织　文化企业　公共文化服务　九龙坡区

"重庆市九龙坡区社会组织（企业）共建共享公共文化服务"自 2013 年中期，被国家文化部、财政部批准为第二批国家公共文化服务体系示范项目创建单位以来，九龙坡认真贯彻中央各项决策部署，结合本区实际，在前期有效推进社会组织（企业）共建共享、加快公共文化服务体系建设的基础上，紧密结合示范项目创建实践，以"动力机制"为切入点，深入研究政府公共文化服务机构、企业及其他社会力量的相互关系，以期打造出符合国家政策指引、体现九龙坡区鲜明特色的"政府主导、企业参与、社会化运营"的现代公共文化服务新模式。

一　九龙坡区公共文化服务建设基本情况

（一）公共文化服务基础良好

近 3 年来，区财政累计投入 1.05 亿元，全面建成国家一级图书馆和文化馆、国家三级博物馆和三星级电影院；区图书馆藏书量 63 万余册，全区人均藏书量达 0.64 册，均超过国家西部标准，区文化馆内文化设施利用率达到 80% 以上。17 个镇街综合文化站全部建成，建筑面积均达到 600 平方米以上，参加全国评估定级率达 100%，206 个村和社区全部建有文化活动室；区、镇（街）、村（社区）三级文化阵地全部配备专职工作人员，共 433 名。

2015 年，全年送演出进基层 500 余场次，播放惠民电影 2050 场次，受益群众达 22 万人。全年获得市级文化赛事 19 个奖项，示范创建项目获中国文化馆事业成就展优秀奖，走马传承人获第三届"中国曲艺之乡"故事大赛银奖。区文化馆、图书馆、博物馆月均接待市民 5.5 万人次。广播、电视覆盖率达 100%。[1]

---

[1] 九龙坡区统计局：《重庆市九龙坡区 2015 年国民经济和社会发展统计公报》。

（二）文化企业积极参与公共文化建设

区内文化企业众多，为公共文化建设提供良好基础。文化产业已经成为九龙坡区国民经济支柱产业，文化企业超过2000家，从业人员3.6万人。近年来，招商引资累计突破60亿元，文化创意产业年收入达200亿元，增加值达50亿元，占地区生产总值的比重达6.5%，连续4年全市领先。现在，全区已逐步形成了以文化艺术业、动漫游戏业、文化旅游业、印刷包装业、设计创意业、咨询策划业为主的文化产业体系，建成国家级文化产业示范基地1个，市级文化产业示范园区1个，市级文化产业示范基地3个，市、区级创意产业示范企业（基地）74个，为文化企业参与公共文化服务提供了良好基础。

政府引导文化企业参与公共文化服务。早在2012年初，区委、区政府就按照党的十七届六中全会关于"采取政府采购、项目补贴、定向资助、贷款贴息、税收减免等措施，鼓励文化企业参与公共文化服务"的精神，结合文化产业基础雄厚、产业结构门类齐全、文化企业数量众多的特点，在一以贯之扶持文化企业快速发展的同时，注重引导各类企业积极主动地参与公共文化服务，共建体系，共享成果。

二 共建共享项目进展描述

（一）以示范项目创建为抓手，推进公共文化服务水平整体提升

全面建成区、镇（街道）、村（社区）三级公共文化服务设施网络，实现数字文化服务全覆盖；打造基层公共文化服务特色品牌25个；年均开展图书、电影、演出、展览、培训等流动文化服务800余场次；文化专干、专业师资、业余文化骨干、文化志愿者"四支队伍"常年稳定在3.1万人左右；财政年均投入公共文化服务运行经费1400余万元，保持每年17%的增长幅度；区委、区政府将公共文化服务纳入区级部门、镇街综合目标考核。基本建成"农村半小时，都市十五分钟"文化服务圈。

（二）扎实开展示范项目创建，规划目标任务全面完成

各项创建指标达优。对照《第二批国家公共文化服务体系示范项目验收标准》五个方面17项指标，自查全部达到优秀等次；对创建规划提出的"三个一百"目标，全部超额达成。

企业参与公共文化服务平台基本搭建。一是坚持政府主导，搭建供需平台。以广大人民群众基本文化需求为导向，每年开展需求调查，根据政府财政承受能力，发布年度采购目录，向参与公共文化服务的企业公开信息。二是坚持政府引导，搭建企业反哺平台。凡被政府遴选为参与公共文化服务的企业，根据群众需求和文化行政部门要求，以发放文化消费券、免费开放场地设施、提供抵偿文化服务等方式，增加公共文化服务供给总量。三是坚持公开公正公平，搭建政府采购平台。依托区公共资源交易中心和区财政局政府采购系统，将每年政府采购项目纳入两个平台，采取单一来源采购、竞争性谈判、公开招标等方式，确定年度企业服务名单，建立企业参与公共文化服务良性竞争机制。

参与公共文化服务的企业日益壮大。一是着力培育本区文化企业。充分发挥九龙坡区在全市文化创意产业最多、产值最大、人才集聚的优势，紧紧依托黄桷坪、巴国城、坦克库等12个国家级、市级产业园区（基地），和文化艺术、动漫游戏、文化旅游、印刷包装、设计创意、影视传媒等六大产业，深度挖掘其与公共文化服务相关项目，扶持培育企业，从创建之初年均60家增加至年均200余家。二是大力引进区外企业。面对本地资源不足、专业水平不够的实际，本着人民群众所需，积极引进重庆皇庭珠宝广场有限公司等区外文化企业157家，公共文化服务供给主体不断增加。

三 共建共享项目内容分析

（一）主要做法

全区上下创建联动。成立了以区长任组长、分管区领导为副组长、区级

24个部门为成员的创建工作领导小组,下设5个工作组,统筹负责示范项目创建工作。领导小组办公室设在区文化委,承担日常创建工作。注重宣传,在《中国文化报》、《人民日报》、《重庆日报》等国家、市、区级主流媒体累计报道125次,在"文化九龙"官方微信等新媒体设系列报道专版,形成了政府主导、社会参与、企业共建的文化工作大格局。

专项资金投入撬动。设立政府向社会力量购买公共文化服务和企业扶持的专项资金每年1000万元,并纳入财政预算,每年撬动5000万元的社会资金参与公共文化服务。同时,建立监管制度,确保资金规范使用。

目标管理加压驱动。区政府与各成员单位签订责任书,与参与企业签订任务书,明确职责分工,层层分解落实创建任务,并将创建工作纳入全区重点项目,开展双月、半年、年度督查。将任务完成情况纳入年度综合目标考核。

效应凸显,带动文化共建共享。带动全社会参与,做亮地标性文化品牌,产生"三种效应"。一是"磁铁效应"。政府提供了优惠政策和资金扶持,优化了公共文化发展环境,吸引社会组织(企业)提供公共文化产品和服务,继而带动公众积极参与公共文化活动。参与公共文化服务的社会组织(企业)由创建前的6家增加到137家,服务范围涵盖了演出服务、艺术创作、讲座培训等类别。二是"雪球效应"。九龙坡区示范项目建设为主城及周边区县提供了良好的探索示范和理论成果借鉴,在传播、借鉴和融合的过程中,成果不断积累、完善,辐射范围呈放射性扩散,示范效果成倍扩大,"百姓大舞台"政企民合作模式运行成熟,影响广泛,被周边区县频频效仿,在全市掀起了一股"百姓大舞台"演出热潮。三是"万花筒效应"。在推进"文化强区"的道路上,九龙坡区敞开胸怀,吸纳和带动社会组织(企业)共建共享公共文化服务,形成了具有本区特色的公共文化发展模式。九龙坡区"幸福文化课堂"以"政府资源护航,企业内容创造"为合作模式,共举办知识分享会、主题沙龙等活动近150场,线下参与人数近2万人次,线上影响辐射全国,与上海、广州、香港、新加坡一起成为五大"万有青年烩"文化地标。

（二）主要亮点

组织支撑体系保障有力。成立了项目创建工作领导小组，明确职责分工，对职责分工和完成时限网格化管理，将建设任务完成情况纳入年度综合目标考核。出台了《关于加强社会组织（企业）参与公共文化服务共建共享的实施意见》、《重庆市九龙坡区社会组织（企业）共建共享公共文化服务示范项目实施方案》等指导性文件和24个规范性文件，财政投入逐年加大，年均投入7700万元，保持每年17%的投入增长幅度，为创建工作提供有力支撑。

制度设计研究成效显著。九龙坡区相继形成了《"PPP"：公共文化动力机制创新研究——重庆九龙坡区公共文化政企合作、共建共享制度设计研究》、《公共文化服务社会化供给模式研究》、《九龙坡区创新基层公共文化服务的成功实践》等理论成果3项，形成1.8万字的专题研究报告。为形成"政府、社会力量、公众三方利益互惠共赢"的参与模式提供了方法和路径，为"社会组织（企业）共建共享公共文化服务"的创新实践提供了有力的理论支撑。

政府引导社会措施有力。一是让有限的财政资金撬动了广泛的社会资源。通过创新"政府出一点、企业补一点、社会捐一点"的"1+2"模式，实现公共文化服务投入的多元化，以2739.75万元财政资金撬动了5000万元的社会资金，建立了公共文化服务经费保障机制。二是用政府的政策杠杆激活了更多的服务主体。九龙坡区在"政府引导、社会参与、共建共享、互促共赢"创建思路指导下，出台了《九龙坡区政府购买公共文化服务招标采购办法》、《九龙坡区关于进一步培育和扩大文化消费的意见》等24个规范性文件，通过优惠政策和资金扶持，有效调动社会参与公共文化服务的积极性，参与企业由创建前的6家增加到137家，培育非营利性公共文化组织20余家，政府、社会力量、公众三方利益互惠共赢的参与模式已经形成。

提升了公众参与度，扩大了供给覆盖面。通过服务方式、服务手段、服务内容的创新，实现形式内容从"单一匮乏"向"多元丰富"、"静态输送"向"动态交流"的转变，有效扩大公共文化服务的总量和丰富服务的内容，政府与社会组织（企业）携手提供的公共文化服务项目由2项增至23项。这一创新带来的效应就是：提高了公众参与文化活动的积极性，扩大了公共文化服务的覆盖面（从原来的30%提升至现在的近80%）。

（三）存在的问题

经过多年建设，九龙坡区公共文化服务体系基本形成、结构更加合理、产品日趋丰富、群众的满意度逐步提高，各项指标已基本达到"示范项目"的标准。但从总体看，"示范项目"的关键是在某一方面有重要突破，能够为重庆市乃至全国现代公共文化服务体系建设提供经验借鉴或启发。用这一高标准严要求来衡量，九龙坡的现代公共文化服务体系建设，特别是显示地方特色的"企业共建共享"模式，还需要进一步探索、实践和深化。主要表现如下。

政府购买公共文化服务的相关制度需要进一步完善，购买的品种、数量、方式需要进一步明确。

公共文化机构的职能与参与企业的联系与区别需要进一步梳理清晰，需要更好地发挥公共文化机构的骨干作用。

在公共文化服务的各方面和全过程中，始终要将社会效益摆在首位，这就需要进一步以机制和制度引导企业处理好社会效益与经济利益的关系。

面对以企业为重点的各种社会力量参与公共文化日趋踊跃的态势，需要同步提升企业及社会力量参与公共文化的规模、数量、质量和发展水平。

在现代公共文化服务体系建设大背景下，需要从标准化、均等化、数字化、体系化的"现代"高度加强对企业参与的引导、支持和规范。

以上这些突出的矛盾和问题，正是本示范项目创建过程中需要研究和探索的重点。

四 启示与成效

自创建工作开展以来，企业开放设施面积常年稳定在 7 万平方米，参与公共文化服务企业稳定在 137 家，服务项目累计 45 项 183 个，开展各类惠民文化活动和服务 82000 场次，服务覆盖人群 400 余万人次，取得了较为显著的成效。

（一）探索建立了社会力量参与公共文化服务的体系化、常态化机制

实现公办民办、区内区外、政府企业供给主体多元化，政府采购目录、人民群众需求与企业服务产品供需互动化，固定流动、线上线下、数字化服务方式多样化，演出培训、艺术品交易、技能分享、动漫游艺、展览讲座、观影 K 歌服务内容丰富化，"百姓之星"、"四季如歌"、"幸福文化课堂"服务项目品牌化，公共文化服务供给运作机制市场化、服务效能化的体系化社会服务模式，破解了政府大包大揽、资金投入不足、社会参与不够、服务和资源下移不到位的困局，增强了公共文化服务发展动力。

（二）实现了政府、公共文化机构、企业、人民群众四方互利共赢

推动了政府职能转变，构建了"党委领导、政府管理、行业自律、社会监督、企事业单位依法自主运营"的新型文化管理机制，逐步实现了文化行政主管部门由"管微观到管宏观，管脚下到管天下"的转变，提高了文化部门公共文化服务治理能力。通过政府扶持引导企业参与公共文化服务，倒逼政府举办的公共文化单位创新服务内容、转变服务方式、提高服务效能，同时，进一步明确公共文化机构职能职责，充分发挥其区域内服务示范引领作用，如区文化馆举办艺术公开课，常年巡回到镇街、村社举办培训班和示范文化活动，深受群众喜爱。促进了企业进一步发展壮大，解决了企

业公共文化产品适销对路的问题,实现了企业社会效益和经济效益双丰收,如天子之歌(钢琴)集团有限公司参与流动艺术课堂培训以及拍摄电影《大音》、《小事大爱》,成为公共文化服务不可或缺的重要力量。弥补了公共文化机构产品供给单一、数量不足的短板,满足了人民群众多层次的文化需求。

(三)培育和促进了文化消费

要求企业结合九龙坡区群众文化需求及文化资源优势,针对青年群体举办"幸福文化课堂",针对进城务工人员开展"农民工之家"技能与艺术培训定制服务,对少儿交响乐公益性演出、黄桷坪钢琴博物馆场地运营、西西弗书店和新华书店等实体书店购书、罗中立工作室等300家川美知名艺术家工作室免费开放、"新年艺术节"和"开放的六月"等地标性节会进行项目补贴,对三耳火锅博物馆、九滨路外滩文化广场采取民办公助、公办民营等多种扶持办法,夯实文化消费基础,改善文化消费条件,培育文化消费习惯,提高文化消费的便利性,释放居民文化消费需求。

公共文化服务的创新模式研究

——以西安市高陵区"110"模式为例

穆平潮*

摘　要： 近年来，西安市高陵区在服务群众、发展群众文化的过程中，借鉴公安"110"服务模式，探索建立了公共文化服务"110"示范项目，即"群众只要有文化诉求，只需拨打一个特设电话号码，就能及时享受到便捷、快速、均等的公共文化服务"，有效满足了农民群众不断增长的精神文化需求，在全区形成了人人参与公共文化、人人享受公共文化的良好氛围。

关键词： "110"模式　公共文化服务　高陵区

高陵区公共文化服务"110"示范项目的实施，使公共文化服务的综合服务效益得到显著提升，实现了公共文化服务的均等化，加快了高陵区现代公共文化服务体系的建设步伐。高陵区公共文化服务"110"实施以来，受到了人民群众的普遍好评。群众文化需求得到了最大程度的满足，人民群众参与公共文化活动的积极性普遍提高。全区现已形成百队、千场、万人参加的活动队伍，全年的各类文化活动已达到1000场次以上，群众参与率超过80%。

---

* 穆平潮，研究馆员，陕西省艺术馆馆长助理、陕西省公共文化服务体系建设专家委员会副主任、陕西省群众文化学会常务副会长、国家公共文化服务体系建设专家库专家、国家公共文化政策研究基地特约研究员，研究方向为群众文化、公共文化。

一 高陵区公共文化服务"110"模式的基本情况

(一)"110"模式的文艺基础

2007年,高陵区文化馆组织开展了"高陵农民文化节暨群众文化大舞台建设工程",这是一项集农民群众文艺演出、队伍建设、群众创作、理论研究、提高培训于一体的综合性文化惠民工程。大舞台活动分为三个层面:一是在春节期间和夏季举办了12场全区域的大型综艺性农民文化活动展演;二是组织全区有演出能力的60支文艺团队每月在乡村、社区进行演出;三是全区80余支文艺团队每周在当地进行单项研讨。这样便形成了年有大型活动、季有展演、月有会演、周有单项研讨的良好推进形式。

至2012年,全区已成立的文艺团队达100余支,经过文化馆验收挂牌的直属团队达28个。高陵群众文化大舞台活动已从最初的400人参与,逐渐发展成为如今百队千场、万人参与的大型活动。同时,全区成立了叶浓文化艺术研究会、美术家协会、作家协会、民间传统文化艺术协会、奇石博物馆、钱币博物馆、祥顺博物馆等10多个民间文化社团和机构,形成了省、市及各县文化界普遍关注的"高陵公共文化现象"。

(二)"110"模式的内涵

随着高陵经济的跨越式发展和群众对文化生活的渴求与期望愈加迫切,高陵区委、区政府提出了"发展成果全民共享"的惠民理念。为了更好地服务群众,高陵以县文化馆为主导,从2012年初开始探索试行公共文化服务"110"模式。

所谓公共文化服务"110",就是借鉴公安"110"模式,依托现有文化资源,满足基层人民群众在社会文化活动中的合理诉求。内容包括地方文艺队伍的创建、对艺术创作的指导与扶持、文化艺术成果的展示与推广、传统民间文化的挖掘与保护、自乐班团队的培训与演出等;特点是向社会公布特设电话号码，基层人民群众在组织或参与文化活动过程中遇到问题时可以拨打此电话号码向政府相关部门求助，工作人员接到求助电话后即在第一时间前往了解情况并协调处理；要求对每一个电话诉求均应有记录、有答复、有处理结果，快速高效地解决基层文化活动中最直接、最迫切的问题；宗旨是将昔日群众"有问题来汇报求解决"的传统工作模式创新性地转变为"你有合理诉求，我马上为你解决"的新型公共文化服务模式。

公共文化服务"110"模式，以基层人民群众在精神文化生活中的合理诉求为中心，合理配置国家投入与政府文化职能部门的资源，积极主动推进基层人民群众的精神文化活动的切实措施，代表着政府相关部门及其工作人员公共文化服务意识的提升，这种时刻将人民群众利益放在第一位的服务模式，是对党的十八大报告中关于"建设社会主义强国"方针的坚决贯彻，是对"为人民服务、为社会主义服务"方向的有力坚持，是对"贴近实际、贴近生活、贴近群众"原则的切实践行，为切实有效快速地解决基层人民群众在精神文化活动中的合理诉求奠定了坚实的思想基础，是改革传统公共文化服务模式的创新行为。

（三）"110"模式的优势

高陵公共文化服务"110"模式的优势在于，公共文化服务设施无盲区、流动服务无界限、阵地文化开放全天候、社会服务时间零时差，平衡并统一了政府公共文化服务的"供给"和基层人民群众的"需求"，打破了政府部门的上下班时限，快速高效地解决基层人民群众在参与公共文化活动中的各种问题。从此，基层人民群众在参与、组织公共文化活动中遇到的各种问题与合理诉求，都将在第一时间反馈到政府相关部门，并得到妥善解决，不再受政府部门上下班时间的限制，既方便又快捷，提高了政府相关部门的工作效率，回应了基层人民群众的合理诉求，拉近了政府与群众之间的距离，推动了该县人民群众精神文化生活的繁荣发展，一举数得，互惠双赢。

二 高陵区公共文化服务"110"模式的思路与流程

(一)主体思路

经过高陵区委、区政府及相关部门的共同努力及全面协作,高陵公共文化服务"110"模式被建设成为便民、利民、满足群众基本文化需求的文化民生项目。它聚集、整合现有的公共文化资源,合理分配,统筹利用,实现公共文化服务设施无盲区、流动服务无界限、阵地文化开放全天候、社会文化服务时间零时差,将政府公共文化服务的"供给"和群众的"需求"相平衡、相统一,拓展了公共文化服务新途径。公共文化服务"110"模式成为一个简便易行、操作性强、解决问题及时、方便群众享用的服务新方式,实现了文化服务的高效能。

它具体包含以下几方面工作:第一,以现有公共文化资源为支撑,提升服务能力,建设多种文化资源库;第二,由政府主导,全民参与,建设多种群众艺术成果展示平台;第三,多措并举,便捷高效,建设多介质的接收诉求和回复平台;第四,协力发展,共建支持,调动各相关部门的工作积极性,建设多部门联动工作机制;第五,注重研究,在实践创建过程中,积极总结,形成课题研究成果。

(二)服务流程与具体措施

高陵公共文化服务"110"模式的服务流程为:接访——记录——出动——考察——解决——回访六个环节。服务范围涉及文化信息提供、群众文艺队伍组建等多方面。为做好创建工作,区上设立了创建专项资金50万元,在文体局设立了公共文化服务"110"诉求调配中心,在文化馆、图书馆、各镇街文化站设立接诉点。

具体措施方面:①加强区、镇(街办、管委会)、村文化设施网络建设,将设施设备无偿、免费向群众开放。②常年举办全区农民文化节和群众

公共文化服务的创新模式研究

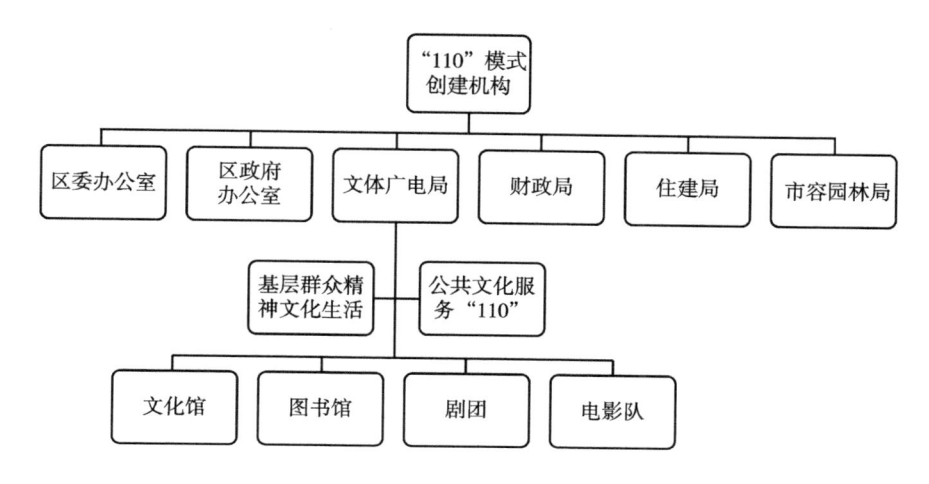

图1 高陵区公共文化服务"110"模式

文化活动大舞台活动，让群众实现人人出彩的文化梦想。③大力开展戏曲、舞蹈等培训活动，提升群众的文化艺术素养。

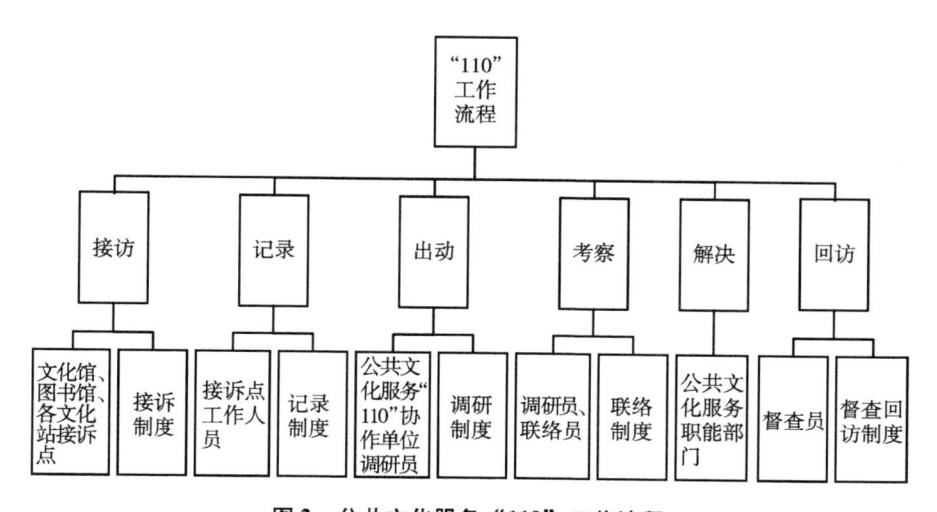

图2 公共文化服务"110"工作流程

（三）执行情况

2012年初，高陵区开始探索实行公共文化服务"110"模式。2013年

237

初,该模式开始正式运行,并成立了专门的组织机构。服务内容涉及群众文化生活的方方面面,从实施之初至今,政府各部门与文化职能部门共接收群众公共文化诉求信息2520次,已解决诉求2000次,投入资金12万元,帮助基层群众添置服装道具、出版书籍、推荐书画作品参展、参加文化产业博览会、进行文艺辅导培训等,解决诉求率高达79.4%,较大程度地实现了公共文化真正服务于人民群众的基本目标。

高陵公共文化服务"110"工作,是政府公共文化服务理念的一次大转变,是值得推广的经验。政府各部门与文化职能部门的工作人员走出办公室,深入群众、深入农村、深入生活,了解人民群众在精神文化生活中的迫切需求,将过去的"群众有问题来汇报求解决"的传统被动工作模式创新性地转变为"群众反映问题,工作中发现问题,马上解决"的积极工作模式,体现了政府及工作人员真心实意为群众办事的态度。事关群众精神文化生活的问题,无论大小,不分时间地点,无论身份,不分层次,工作人员都能认真倾听,耐心服务,并结合实际问题提出合理化建议和处理意见,本着"群众之事无小事"的原则,把群众关心、反映的"小事"当成"大事"来对待并解决,真正地将公共文化服务普惠到每一个人。这是政府对每一个群众的合法文化权益的尊重和重视,是政府部门及其工作人员公共文化服务意识增强的表现。

三 高陵区公共文化服务"110"模式的具体内容

公共文化服务"110"在实施过程中,严格实行规划创建、科学管理、细化推进、逐项落实、任务到人。

(一)夯实"四库",提供支持

为了有效解决人民群众的合理文化诉求,满足不同层次的需求群体,提高全方位的服务能力,按照规划要求,自2013年12月起,加强了公共文化服务"110"的四库建设,即文化人才资源库、资料库、动态信息储备库、物质库，现已全面建成，运行良好。

1. 公共文化服务"110"文化人才资源库

制定了《公共文化服务"110"文化人才资源库建设标准》和《公共文化服务"110"文化人才资源库使用标准》。库容人才 647 名，其中有省、市、区辅导员、文化志愿者 362 名，同时还将区教育系统 155 名文化人才和区体育中心的 130 名体育指导员并入人才资源库，协助回应群众的相关文化诉求，门类涉及戏曲、曲艺、书法、美术、舞蹈、摄影、文学、音乐、文物鉴赏、饮食娱乐、体育健身、休闲等 15 类。据不完全统计，组建至今这些文化人才共辅导、交流约 1.5 万次，受众约 20 万人次，为公共文化服务"110"模式的实施提供了人才保障，满足了人民群众在这方面的文化诉求。

2. 公共文化服务"110"资料库

制定了《公共文化服务"110"资料库建设标准》，以适应人民群众在现实生活中的急需性、必备性、实用性为建库原则，购置图书资料，内容有历史典籍、名人传记、古今中外名著、民族民俗传统文化、书画、文物鉴赏、地方文献、少儿读物、获奖名作、农业科普、电器维修、养生保健、艺术前沿等门类。为方便群众查阅、信息扩展、方式更新，根据群众诉求，购置电子读报机、电子期刊机，共接待群众查询 3 万余次。

3. 公共文化服务"110"动态信息储备库

制定了《公共文化服务"110"动态信息储备库建设标准》。目前已为群众提供最权威、准确、全面的文化信息 1463 项，库存内容为七大板块：群文动态（即时通告国内本区文化资讯）、公共文化服务"110""四库"资源、非遗保护（非遗法规宣传、非遗项目展示）、艺术欣赏（书画、摄影、文学、民间文艺）、远程辅导、综合文化资源（链接 12 个全国文化网站和数据库、全国文化信息资源共享工程信息）、在线咨询等。

随着高陵公共文化服务"110"模式影响面扩大、服务内容拓展，动态信息储备库的库容量在不断地扩大，力求提供丰富的文化信息，满足群众文化诉求和愿望。

4. 公共文化服务"110"物资库

制定了《物资库管理制度》、《物资库配发资助标准》和物资配发协议书。根据群众诉求，投资80万元建设物资配给库，主要有各类演出服装、道具、乐器、社火用品、中小型音响、锣鼓、腰鼓、广场舞服、体育健身器材等，实行配发与借用相结合。降低群众文化活动成本，扶持文艺团队发展。建库以来，累计配发物资价值150余万元。各种器材的利用率达300%以上，受众团队150余支5万人。交流赠送各类资料三千余册。

（二）搭建多种群众艺术成果展示平台

搭建多种群众艺术成果展示平台是促进群众广泛参与文化活动、满足当前群众主要文化诉求、实现其文化梦想的重要渠道。

1. 根据群众团体诉求，举办丰富多彩的文体活动

高陵区共举办群众艺术成果展览展示活动500余场次。其中主要有高陵区端午节传统手工艺作品展，"乐学尚读 我是小小朗诵家"朗诵比赛，泾渭之声文艺晚会，全区广场舞展演，"高川杯"群众秦腔大赛，西安市老年人体育示范社区、示范村体育健身大联展，高陵区小戏小品展演，全区文艺团队进社区、村演出等，涉及文化体育等门类，全区近10万人次参与了活动。

2. 建设网上展示平台

建设公共文化服务"110"网站，其中设艺术作品网络展示厅，应群众诉求，把全区美术、书法、摄影、文学、民间艺术等文化人才共124人的近千件作品进行了展示。另外，经过公共文化服务"110"推荐，高陵政府门户网站、高陵诗词楹联网站对全区文学爱好者150余人的作品进行了网络展示和传播。

3. 区电视台、区广播电台开办成果展示栏目

区电视台、区广播电台大力进行群众艺术成果的展示，两年来，共进行报道30余次，其中有韩景元自创现代彩版画展、王伟华迎春书画展、高陵民间春晚、百姓大舞台微信栏目等，激励群众把自身的文化艺术素质提高到

更高的层次。

4. 拓展推介渠道，推荐参加省市、国家级艺术展示活动

相继推荐参加 18 次国家、省、市艺术展示活动，参与人数 2076 人次。其中有塬后综艺队 41 人参加文化部大年小戏闹新春网上展示，程岗等 15 人参加全省中青年书画展，张菁等 31 人参加全省关爱女童书画大赛，炫丽舞蹈队 60 人参加全省"舞动三秦"群众舞蹈电视大赛。

5. 根据个人诉求，满足不同愿望

根据群众个体展示诉求，向《城乡统筹》等媒体推荐各种文艺作品 10 次，指导群众开展进村文艺演出 300 余场次，举办龙新社等个人书画展 5 次，扶持业余作者杨长安、耿玉瑞、王四良、魏岳东、白志民等出版作品集 5 部。

根据群众提升自身艺术水平的诉求，据公共文化服务"110"归纳分析，区文化单位集中举办舞蹈、书法、绘画、声乐、器乐、健身操、健身气功、文学创作、计算机、体育指导员等培训 23 期（次），3000 余人次接受了培训。

同时，公共文化服务"110"还解决群众关于网吧的诉求 19 次，解决群众关于文物的举报与鉴赏 22 次，解决群众文化活动场地纠纷 3 次，为农村群众放映电影大片 152 场，放映农村家庭防火常识、生活垃圾巧处理等公益宣传和教育小短片 340 次。同区纪委联手创编廉政体裁的作品，并在全区巡演。

（三）建设多介质的收受诉求和回复平台

在保持 2 个调配中心和 6 个横向联动单位电话接诉的同时，公共文化服务"110"还专门设立 55 个基层社区和村接诉点，安排接诉志愿者 70 人，把服务延伸到群众的身边。并建立公共文化服务"110"网上诉求收受和回复平台，接受和解决群众诉求 93 件。

（四）建立多部门联动的工作机制

1. 建设横向的联动网络

组建了以区文体广电局为龙头，区文化馆、区图书馆、区电影院、区剧团等为成员单位的横向联动网络。各成员单位也制定了相应的实施方案，并指定专人负责此项工作。在群众诉求到区文体广电局设立的接诉调配中心时，调配中心根据需要按照单位业务属性联系各联动单位，便捷了群众诉求的解决。各联动单位在正常接诉过程中遇到无法解决的诉求问题时，也可以提交调配中心商议解决，提高了项目的服务能力和速度。

2. 建设纵向的联动网络

建立了以区总工会、教育局、财政局、市容局、考评办及8个镇街管委会文化站、村文化室等单位为主体的纵向网络。首先通过协调机制把各镇街文化站、村文化室、私营和公益文化场所、区企事业单位文化场所及民办博物馆、文化培训机构的资源整合起来为周边群众文化活动所用。其次，对国家和个人的文化设施设备进行摸底调查、调配使用，在一定程度上满足了群众、企业的相关文化诉求。

纵向的联动网络建立以来，文化资源更加丰富，文化部门的同盟军扩大，群众的文化诉求解决起来更加顺畅。公共文化服务"110"调配中心为企事业单位、个人、团体解决诉求110余次，如为泾渭综合文艺队协调申请金三角广场进行文艺演出，为耿镇舞蹈队协调申请耿镇中学操场进行排练，为泾吴村协调泾渭运动中心举办村乒乓球比赛，为百灵鸟舞蹈中心申请区昭慧广场为演出场地，为龙艺堂联系申请参加西部文博会等。内容涉及沟通协调解决场地、举办文艺和健身活动、宣传企业文化、租借演出服装道具、开展文化辅导、提供旅游资源信息、进行文物鉴定、文化遗产保护等。全区文化发展逐渐走上正轨。

（五）建立公共文化服务"110"反馈制度和岗位目标责任制

高陵区文体广电局把项目创建任务纳入本部门目标责任制考核内容，设立了相应分值，在年底对各横向联动单位进行考核。区考评办把项目列入相关单位的目标考评内容之中进行考核。此外，区公共文化服务"110"调配中心还建立了反馈机制，共召开大型诉求反馈会3次，各成员单位召开小型诉求分析会15次，调整全区公共文化服务方向，研究群众诉求解决办法。

四　高陵区公共文化服务"110"模式的示范性

（一）创新性

一是服务理念的创新。公共文化服务"110"打破了常规的机关事业单位上下班的时间界限，在全国群众文化行业首开政府24小时服务先河、群众随时随地均可寻求文化服务的工作格局，设置并向社会公布专用电话，开通远程网络诉求门户，把服务送到群众的家门口。只需拨打一个电话、点一下鼠标，就能享受文化服务，高效便捷。

二是服务内容的创新。改变了以往的政府提供什么文化服务，群众就享受什么的被动格局。根据群众自己的需求，量身定做，满足不同层次的文化需求，针对性强，群众需要什么，政府就提供什么、服务什么。无论是大众的、群体的，还是独立的、个体的，一些细小的、与群众文化生活相关的诉求得到了满足，实现了公共文化服务的普惠性、均等化。

三是服务方式的创新。为满足群众合理的文化诉求，镇街文化站、村文化活动室、基层文艺团队一方面配备了必需的设施设备，另一方面也加强了队伍、阵地建设，形成了全心全意服务群众的立体、接地气、全方位的文化活动网络，保障了群众在家门口就能享受公共文化服务的权利。

四是服务管理的创新。公共文化服务"110"从满足诉求入手，通过分析调研，及时掌握群众文化需求动向，调整文化工作思路，顺应群众文化消费愿望，平衡了政府的"供给"和群众的"需求"。这种服务管理理念受到群众的欢迎和肯定，避免了以往政府劳心费力地为基层群众送文化，群众却不买账、不认可、不欢迎的窘状。

五是服务载体的创新。公共文化服务"110"通过建立协调机制，聚集整合全区文化资源和闲置设施，统筹成立集文化、教育、工会、市容、科技、民政、妇联、团委及8个镇街管委会等于一体的新的服务载体。例如，他们管理的101处文化场所（馆）、21个文化培训机构、2个科技文化展示培训基地、4家民营博物馆、30家体育活动场（馆），这些资源在过去和公共文化服务不沾边，但现在将这些资源覆盖全区，群众有诉求，只需拨打电话或上网，即可快速得到解决，基本实现了城乡公共文化服务资源的整合和互联互通。

（二）导向性

公共文化服务"110"项目实施以来，以服务理念的创新、服务方式的改变、服务内容的优化，特别是服务管理、载体的创新，建立了区域部门的联动机制，将分散的公共资源纳入统一的公共文化服务体系，协调利用，加快了构建现代化公共文化服务体系的步伐，实现了群众享有公共文化服务的标准化、均等化。由于该项目的实施，高陵区在2013年被文化部命名为全国文化先进区（县）、陕西文学之乡、陕西书法之乡。公共文化服务"110"项目已成为全区、全市乃至全省的文化品牌，《光明日报》、《中国文化报》、《中国艺术报》、《陕西日报》、《三秦都市报》、《西安日报》、人民网、光明网、《文化艺术报》等20余家新闻媒体对该项目做了宣传报道；陕西省文化馆工作交流会暨公共文化服务"110"现场观摩会在高陵区召开；西北五省群文高研班到高陵观摩；全国人大科教文卫主任一行来高陵调研公共文化服务体系建设；北京市文化局、山东省艺术馆、宁夏回族自治区等省际市县60余家部门单位到高陵区开展公共文化服务"110"观摩交流；陕西省委宣传部表彰高陵区文化馆为全省服务农民、服务基层先进单位，西安市委宣传部授予公共文化服务"110"创新奖；2015年12月底，在全省文化馆长年会上，公共文化服务"110"作为优秀项目和优秀课题被表彰；2015年10月，公共文化服务"110"被写入西安市政府加快构建现代公共文化服务体系建设的实施意见中，作为成功经验予以推广；2015年3月，西安市委、市政府在全市精神文明建设的综述中将高陵公共文化服务"110"的成功经验写入文件中加以褒扬；2015年11月，由陕西新华出版传媒集团、陕西旅游出版社出版的《陕西省公共文化惠民服务典型事迹选编》中纳入了《一个电话解决群众文化需求》，介绍高陵公共文化服务"110"项目。

（三）带动性

1. 带动了公共文化服务体系建设

通过项目的创建，使镇街文化站、村（社区）文化室的设施更加齐备，服务功能更加完善，服务群众的能力进一步增强，财政保障、人员配备齐全。目前，已达到了村文化活动室全覆盖、文化资源共享工程全覆盖、农家书屋全覆盖、村体育建设器材全覆盖，形成了以"三馆一站一团一院一室"为主体，文化信息资源共享工程服务点、农家书屋、农村文体广场及社会团体为补充的公共文化服务网络体系。区文化馆晋级为国家一级馆，区图书馆为国家二级馆，8个镇街文化站中75%以上成为国家等级站。高陵区荣获国家文化先进单位、全国体育健身示范先进单位称号。

2. 带动了基本公共文化服务标准化、均等化发展

公共文化服务"110"是以人民群众为服务对象，以满足基层群众的文化需求为目的，为保障群众基本文化权益而开展的服务，它向人民群众庄严承诺"公共文化服务设施无盲区、服务无界限、时间零时差、阵地全天候"的服务理念，就是对公共文化服务标准化、均等化的最好践行。该项目的"四库"建设，是针对不同的人群、不同的需求、不同的层次，为满足群众的文化愿望，24小时开放服务，"只需一个电话或网上诉求，文化服务到门前"的服务方式。保障了特殊群体、弱势人群的文化权益，有效地推动了公共文化服务标准化、均等化的进程。

3. 带动了城乡公共文化资源的协调整合利用

充分运用研究成果，出台《区公共文化资源协调利用的实施意见》，建立"公共文化资源协调机制"，把所有成员单位管辖的公共资源纳入公共文化服务"110"的服务体系中，统一管理，统一调配，全面实现对群众的免费开放，并鼓励社会团体、民间协会、私人企业所掌握的公共资源免费或优惠向群众开放，政府适当予以资助及合理购买，使公共文化资源从文化系统的"内循环"向社会各阶层的"大循环"逐渐转变。

4. 带动了文化体制改革的进一步深化

公共文化服务"110"实行24小时制的服务标准，工作量大，人员配备不足，业务第一线专业人才严重短缺，特别是设在基层的50多个服务点，人员不足成为问题。在服务水平上，由于公共文化服务"110"是一项接触面广、时效性强的特殊工作，长期坚守，难免出现工作人员不耐心、懈怠现象，尤其是在周末或重大节日，互相扯皮、推诿，不愿意接待群众的来访和诉求。《事业单位管理条例》的实施以及文化体制改革的深化，有效解决了这一顽疾。建立健全绩效考核制度、实行岗位聘任制、壮大文化志愿者队伍、政府购买公益性岗位等改革措施，在一定程度上缓解了人才不足问题，经过近两年的实践，专业在岗人员 + 业余骨干 + 文化志愿者 + 文化义工的队伍结构发挥了重要的作用。

5. 全区群众的文化艺术素质提高到一个新的阶段

高陵是一个传统的农业区，经过近20年的开放开发，经济社会状况逐渐好转，大部分群众的身份由农民转换成市民，但文艺底子相对薄弱。项目创建以来，群众自觉参与文化活动、自觉提高文化水平的愿望不断增强，通过公共文化服务"110"的各种服务，高陵群众在文化方面取得不凡成绩：成立了高陵首支群众合唱队，结束了高陵没有群众合唱队伍的历史。全市广场舞大赛中，高陵群众队伍3次获得二等奖，打破了高陵群众舞蹈在省市比赛中没有获奖的局面。在全省美术大赛中5人次获奖；在山西陕西两省眉户大赛中3人次获奖；在全市石榴花大赛中23人进入决赛，2人获得银奖。全区业余作者出版《花开时节》、《接轨》、《血色黄河》、《家梦》等文学作品5部。

经过几年来的运行，高陵区公共文化服务"110"实现了"公共文化服务设施无盲区、流动服务无界限、阵地文化开放全天候、社会服务时间零时差"，将群众"有问题来汇报，求解决，等结果"的现状，创新性地转变为"你只要说，我立马为你解决"的模式，将政府公共文化服务的"供给"和群众的"需求"相平衡相统一，有效推动了现代公共文化服务体系的科学发展。

博物馆馆际交流的成功尝试

——保山市博物馆开展馆际交流的实践与思考

段德李[*]

摘　要： 博物馆馆际交流，就是要让沉睡和"尘封"的藏品活起来，发挥它的使用价值和教育作用，进而提升博物馆免费开放的实效，不断丰富人民群众的精神文化生活，满足观众需求，实现提高公民思想道德和科学文化素质、促进爱国主义教育的目标。本文以保山市博物馆在免费开放以来的馆际交流实践为例，分析和展望博物馆开展馆际交流及文化传播的渠道、措施。

关键词： 博物馆　馆际交流　保山市

保山市博物馆于1999年2月奠基建设，当年9月底建成开馆。2003年被省人民政府确定为"云南省级科普教育基地"；2005年被保山关心下一代工作委员会确定为"青少年优秀文化教育基地"；2006年被市人民政府确定为"保山市首批爱国主义教育基地"；2006年被云南省文物局授予"云南省文物工作先进集体"称号；2007年被国家人事部、国家文物局授予"全国文物系统先进集体"；2009年被云南省人民政府确定为"云南省级爱国主义教育基地"；2010年被中国科学技术协会确定为"全国科普教育基地"；

---

[*] 段德李，保山市博物馆副馆长，武汉大学国家公共文化政策研究实验基地（云南保山）成员，研究方向为地方历史文化和博物馆理论与实践。

2013 年被评定为"国家三级博物馆"。

身处祖国西南边陲的地市级的保山市博物馆,自 2005 年 9 月 5 日起,实行固定展览向全社会公众全免票开放。这一重要举措,使保山市博物馆成为全国率先实行全免费参观的博物馆之一。自 2009 年国家实施免费开放以来,保山市博物馆围绕着把博物馆建设成为"爱国主义教育基地,传播先进文化、愉悦群众的精神家园,旅游业发展的新兴景点,对外文化交流的重要窗口,学术研究和科普教育的重要平台"这一目标,围绕着发挥藏品资源优势、打造精品展览、服务于观众这一主题下功夫,靠精品展览和优质服务,吸引更多观众走进博物馆,从而不断满足人民群众的精神文化需求;积极探寻免费开放的新路子,加强馆际交流,不断丰富人民群众的精神文化生活,满足观众需求,实现提高公民思想道德和科学文化素质、促进爱国主义教育的目标。

一 保山市博物馆开展馆际交流的实践

保山市博物馆自建馆以来,在充分展示地方历史文化、积极开展社会教育的同时,十分重视与其他博物馆之间的交流与合作,让沉睡和"尘封"藏品活起来,发挥它的使用价值和教育作用,进而提升博物馆免费开放的实效。

(一)推出展览

1. 新出土特色文物的省内巡展

2004 年,保山市博物馆(文管所)发现明代官至户部右侍郎的保山名士张志淳距今近 500 年的家族墓葬,同时发掘出土了张志淳夫人沈善正的干尸。考古发掘、资料整理完毕后,2006 年 12 月 29 日,保山市博物馆举行了"保山明代高官张侍郎墓葬及古尸展"。专题展览分为张志淳墓园及墓冢形制、家世及碑铭、古干尸及随葬品、干尸分类及成因和墓园模型再现等 5 个部分。该展览在本地获得巨大成功,赢得了社会各界的好评。此后,该展

博物馆馆际交流的成功尝试

览在省内的大理、丽江等多家博物馆进行巡展，向观众揭开了明代古墓和干尸的相关秘密。这一展览，也拉开了保山博物馆与其他博物馆开展馆际交流的序幕。

2. 抓住时机推进省外交流展

重要的时间节点往往是举办展览且收效最佳的机会，参观者有更充裕的时间来获取展览信息和文化知识。各博物馆也会充分利用这一节点吸引相关展览来惠及本地群众。

滇西战役是中国人民抗日战争期间发生在滇西国土上的一次大型战役。在这场战役中，滇西军民在做出巨大牺牲后，团结一致，奋勇抗战，终于将日本侵略者赶出家门，赢得了对日作战的伟大胜利。1999年9月底，保山市博物馆建成并率先开设了"滇西抗日战争"展厅，向世人展示这一段悲壮的历史，旨在让人们铭记历史教训、珍惜来之不易的和平生活。十多年来，无数的专家学者从这里汲取到营养，更有无数的年轻一代从这一展厅中知晓了这一段历史。

在中国人民抗日战争暨世界反法西斯战争胜利65周年到来之际，为弘扬抗战精神和爱国主义思想，博物馆结合本馆特色，先后在内蒙古包头市博物馆、广东革命历史博物馆、武汉革命博物馆举行了"血路·铁骨忠魂——中印缅战区滇西战役纪实展"。展览内容包括"血之路、国之痛、兵之烈、民之力、盟之谊、祭之永"等六个部分。此番馆际交流的尝试，不仅提高了民众对滇西战役的认知度，也让保山市博物馆对开展馆际交流的工作有了更多的经验与更强的自信。此后，在中国人民抗日战争暨世界反法西斯战争胜利70周年到来之际，博物馆在丰富了"血路·铁骨忠魂——中印缅战区滇西战役纪实展"的内容后，进一步打造了"铁血铸军魂——中国远征军中的黄埔军人"这一新的展览。展览内容包括"中华雄兵光耀异域，黄埔帅星运筹帷幄，黄埔军人铸造新军，黄埔将士血战沙场"等六个部分，从一个崭新的角度，回顾了这一段历史。在唤醒参战老兵记忆的同时，对观众也进行了一场爱国主义思想的洗礼。

在推广展览中，该馆采取辐射思维开展工作。即依托已建立的文化互知点，向周边区域逐步发散推广，进而形成展览推广面，多向开展巡展业务。近三年来，该馆先后在江苏、湖北、上海、福建、山东等省（市、区）的二十多个博物馆开展了巡展，并与之建立起良好的互动关系。上述两个展览都获得了巨大成功，2014年参观人数达65万人之多，2015年则突破了85万人。越来越多的民众从这两个展览中了解了滇西战役，也从中受到了爱国主义思想的教育，观众对和平、富强的理解也随之更进了一步。

（二）引进展览

博物馆开展馆际交流，要树立"普天下文物资源为我所用"的理念，有计划地引进重点展览，以满足广大观众的文化需求。保山市博物馆基于巡展业务和馆际交流，以及对承展方区域文化的了解，引进展览工作也就水到渠成。2014年，该馆从江苏省镇江引进了"古吴神韵——镇江出土吴文化青铜器精品展"，从湖北省荆州市博物馆引进了"楚风汉韵——荆州出土楚汉文物精品展"等两个大型展览。在与本地青铜器比较鉴赏中，市民增加了对青铜文化的认知，也从中发现了本地青铜文化的独特魅力。2015年，引进了江苏省淮安市博物馆"艺苑撷英——徐伯璞捐赠近现代名家书画精品展"、南京市江宁区博物馆"洗尽铅华是最美——南京市江宁区馆藏六朝青瓷精品展"、湖北省武汉市博物馆"天地精灵 璀璨江汉——武汉博物馆馆藏玉器展"、湖北省十堰市博物馆"酒瓶收藏精品展"等四个大型展览。2016年截至5月，已引进中国闽台缘博物馆"指掌春秋——闽台木偶艺术展"、西安半坡博物馆"半坡遗址与半坡文化展"、江苏镇江博物馆"古韵茶香——镇江博物馆馆藏历代茶具精品展"、福建民俗博物馆"瓷国明珠——福建德化瓷器展"等四个大型展览。

另外，博物馆还依托全国科普教育基地这一平台，于2014年引进了"体验科学——中国流动科技馆巡展"，以科普活动促进了博物馆社会教育功能的综合实现。依托文化局干部挂职锻炼这一渠道，引进了上海虹口区中共四大纪念馆"来者勿忘——上海虹口纪念中国人民抗日战争暨世界反法西斯战争胜利70周年图片展"，并有效建立起馆际交流的辐射点。

当然，馆际交流不只是针对省外的博物馆，与省内博物馆的交流也从不间断。丽江玉龙县文物管理所"丽江金沙江岩画、白沙壁画图片展"、大理摄影博物馆"不能忘却的纪念——纪念中国抗日战争和世界反法西斯战争胜利七十周年"等十多个展览先后走进保山市博物馆。

随着博物馆馆际交流的日益推进，交流成果也越来越丰富，交流的面也越来越广，交流的层次也越来越深入。与此同时，博物馆员工的业务水平与文化素养也得到了大幅度的提高，市民的精神文化生活也越来越丰富。

二　保山市博物馆开展馆际交流模式

博物馆馆际交流的核心是人的交流和对文化的认知、交流与传播。保山市博物馆在长期的实践中，探索出了一套符合自身文化特色和条件的馆际交流路子和经验。概括起来就是"互知、互补和互动"三个方面。

（一）互知

开展馆际交流，首先是人的交流。博物馆管理要在内强素质、外树形象的基础上，广交朋友，真正做到天下文博一家人。在与同行交流过程中增进对彼此文化的认识与吸收，才能推动馆际展览交流与文化传播。

展览交流是馆际交流的最佳途径。从文物本身的性质来看，博物馆所拥有的藏品是社会和人类共同的财富，应该为社会所共享。在博物馆的功能层面，藏品再丰富的博物馆，也难以满足文化多样性的需求。因此需要通过不同地区与文化之间的交流，进而实现文物价值最大化和博物馆功能的社会化。同时，博物馆开展馆际展览交流，不仅是行业内提高业务素养与文化素养的必然，也是满足人民群众日益增长的文化需求的必然。

文化传播是馆际交流的终极选择。博物馆自公元前三世纪诞生至今，经历了两千多年的发展，在传承古代文明的同时，也坚持传播着先进文化，进行社会教育。近代以来，博物馆在世界各地蓬勃发展，其社会教育功能也得到了进一步的强化。博物馆藏品是中华文明最厚重的部分，博物馆具有收藏精品的集中性，陈列展示的开放性以及文化内涵传播的丰富性和多重性。交流展览，让固定陈列的展品及藏品流动起来，让本地民众轻松地获得对域外文化的零距离接触与深入了解，丰富了精神文化生活，提高了公民思想道德和科学文化素质。

（二）互补

中华民族地域辽阔，文化底蕴深厚、源远流长。在长期的民族融合与发展过程中，有着共同的历史轨迹与审美取向，也有着各自不同的文化符号和风土人情。博物馆除了做好本地历史、自然、科学、艺术的文化传播外，还应该与不同地区的博物馆开展交流。通过展览，让本地群众获得更多的文化熏陶，让域外观众从不同角度了解展览方的历史文化，进而促进文化繁荣与发展；在博物馆的社会教育下，实现各民族间的文化认同，增强全民族的文化自信。在引进展览时，保山博物馆一方面考虑选择突出相关博物馆及其地方特色的展览内容，另一方面也考虑规避引进展览的重复性，进而为不同群体提供文化服务。即使是同一类型文物的展览，也要尽可能展示其地域文化特征，从不同角度和层面展示其深层的文化内涵。如青铜文物，2014年6月引进了"楚风汉韵——荆州出土楚汉文物精品展"，2015年初又引进了来自江苏的"古吴神韵——镇江出土吴文化青铜器精品展"。虽然都是青铜器展览，但一个展现的是楚文化，一个则是吴文化的代表。观众在参观过程中，既能感受到两种文化的共性，也能识别其异性，同时与本地出土的哀牢时期的青铜器进行比较，就能从工艺、形制、体系等方面去发现历史的契合与变异。

（三）互动

交流展览的关键是互动体验。通过互动体验来实现文化传播的实效。其中，一方面是馆际员工互动交流，另一方面是观众的互动体验。

就馆际员工而言，除了对博物馆陈列展览的参观学习、布展互动交流外，还应该围绕展览主题开展深度的文化体验活动。为了让交流单位的员工对滇西抗战有更为深入的了解，除了让他们参观本馆展览和开展专题讲座外，我们还组织他们到松山战役遗址、董家沟日军慰安所、怒江江防遗迹群考察，甚至还组织他们沿着中国远征军的足迹徒步翻越高黎贡山，感受那云天上的战斗的艰辛与惨烈。

博物馆馆际交流与文化传播的核心是观众。没有观众就没有文化传播，馆际交流也就失去了应有的社会教育功能。受众面决定了文化传播的价值域，而观众的互动体验程度又决定了文化传播的深度。因此，保山市博物馆在引进展览时，就主动与展览方协商增强展览的互动体验功能。如，引进江苏江宁博物馆的六朝青瓷展时，通过触摸、把玩青瓷片的体验活动，让学生在感受六朝青瓷艺术魅力的同时，学会鉴赏、区别青瓷的基本技巧；又如，引进中国闽台缘博物馆"指掌春秋——闽台木偶艺术展"时，除了开展木偶表演外，还组织观众参与了木偶脸谱彩绘和木偶头泥塑活动。观众在互动体验活动中，轻松自如地把文化带回了家。

三 保山市博物馆开展馆际交流的实效

（一）提高了员工的文化素养与业务水平

博物馆尤其是中小型博物馆开展馆际交流，首先对员工的知识结构、文化素养和业务能力提出了新的挑战。对于引进的展览，展览人员要熟悉展览的内容、文物的形制及其相关文化才能有效开展布展和讲解工作；而对于推出的展览，要能结合承展方的展厅及其展线，合理地布置展板与文物。针对这一情况，博物馆在引进展览时，都要求员工先熟悉文物的形制和展板的内容与结构，进一步了解并深入学习相关历史文化，然后做出布展预案并进行研讨。这一做法，有效地促进了员工业务水平和文化素养的提高。

同时，通过展览及工作经验的交流，很好地加深了馆际了解，联络同行感情，搭建起博物馆与博物馆之间、博物馆与受众之间的良性互动的交流平台，凝聚各文博单位的智慧和力量，充分发挥博物馆的核心展示功能；通过业务发展规划、内部运行管理制度、日常工作流程的交流，让先进的管理理念和工作方法得到有效的传播和运用，提高社会影响力；通过学术交流，促进博物馆提升自身学术水平，建设自己的学术研究梯队。

（二）丰富了市民的精神文化生活

古人说："仓廪实而知礼节，衣食足而知荣辱。"随着人们物质生活水平的日益提高，人们对文化的需求也越来越多，因此，博物馆的发展，要在有利于文物保护的前提下，使其中蕴含的信息量最大限度地释放出来，从而达到为社会所用、为人类谋利的目的。

博物馆作为一个公益性的公共文化服务机构，其主要工作职能是收藏、研究和展示。要实现博物馆为社会及其发展服务的价值取向，新时期就必须把"宣传展示、服务社会"确定为博物馆工作的主要职能，把社会服务和教育功能作为博物馆的核心功能。要按照"三贴近"（贴近实际、贴近生活、贴近群众）的要求，让社会大众享受文化遗产，让历史传统更贴近大众的文化生活，从而增强社会的认同感和凝聚力，促进社会和谐。

然而，就博物馆的功能层面而言，博物馆的馆藏即使再丰富，也难以满足人民群众文化多样性的需求。另外，受人口素质、地域差距、生活习惯等因素的影响，能够主动走进博物馆参观文物展品的人毕竟是少数，特别是外地观众极少有为了看文物展览专程而来的。这就需要博物馆通过交流展览，让本地群众轻松地获得对域外文化的零距离接触与深入了解，进而丰富精神文化生活，实现提高公民思想道德和科学文化素质、促进爱国主义教育的目标。

（三）强化了特色文化的影响力与辐射力

馆际交流展览，从本质上讲就是对本地文化的表达。这种表达，应该是特定文化社群的价值、信念、信仰和意志的表现，是该社群对宇宙、自然、他者和自我认识的反映，是该社群的发展意愿和发展实践的写照，是展示、寄托设计创作者的信念和追求的有文化内涵的活动。不同地区博物馆之间开展展览交流，可以实现文物价值最大化和博物馆功能的社会化，从而增强全民族的文化自信。

《博物馆条例》第三十条第二款强调：博物馆陈列展览要"突出藏品特色"。这一点对馆际交流展览也同样适用。在馆际交流展览中，具有本土特色的藏品及其文化最能吸引观众的注意力，也是观众最感兴趣的。特色藏品及其文化的展示，对于地方特色文化的宣传至关重要。布展过程中，要注意通过刺激物的强度、刺激物间的对比关系、刺激物的活动变化和刺激物的新异性等，进行合理的参观线路组织、空间处理、展柜安排、色彩线条和灯光的运用等，引导观众的注意力，增强特色文化的影响力。

保山是滇西战役的主战场，保山博物馆设计开发的"血路·铁骨忠魂——中印缅战区滇西战役纪实展"和"铁血铸军魂——中国远征军中的黄埔军人"两套展览内容，充分展示了滇西战役历史，它是保山历史文化中的一个特色。地处滇西边陲的保山市，又是云南省古人类活动的重要区域，是哀牢古国的腹地，是南方丝绸之路上的枢纽，是多民族聚居地。因此，诸如哀牢青铜器、高黎贡山人类与环境、古道文化、移民与民族文化等，都是保山的地方特色。博物馆在长期考古发掘与文物征集过程中，收藏了大量相关文物，这些特色文物都将成为保山博物馆与其他博物馆开展馆际交流的重要内容。这些特色文物不间断的巡展，必将强化本地特色文化的影响力与辐射力。

四 促进馆际交流的几点建议

尽管保山市博物馆的馆际交流已迈出成功的一步，但就目前及今后的发展而言，由于受信息平台、运输条件的制约，保山市博物馆的馆际交流还有很大的提升空间，本文认为可从如下几个方面来促进馆际交流。

国家与省级文物部门应建立全国各博物馆特色展览信息库，并通过网络平台对外公布，方便博物馆了解彼此的情况，以适时开展馆际交流和文化传播。

国家与省级文物部门应与公安、交通、航空等部门进行协商，联合出台相关制度文件，对已界定为文物的枪支、炮弹、子弹、刀具等，由地方文化（物）局、公安局出具证明后，给予通行方便，以更全面地展现历史文化、弘扬爱国主义。

各级政府和财政部门，给予更多的财政支持，以用于交流展厅的建设（含配套设施设备），及馆际交流和文化传播。

各级政府在友好（姊妹）城市的建设过程中，应当把博物馆馆际交流与文化传播纳入其中，以利于城市间的深度交流、促进文化繁荣发展、提高中华民族优秀传统文化的影响力和辐射力。

文化和教育部门联合编制乡土教材，在传播弘扬地方历史文化的同时，每年印制交流展览特刊，以全方位传播中华传统文化，增强每一个炎黄子孙的文化自信。

博物馆要注重文化创意设计和员工素质培训，提高员工布展能力和文化素养，以利于更好地为文化交流与传播服务。

博物馆要加强与学校、社区、军营的文化共建，形成文化传播辐射群，培育更多的受众，以全面弘扬地方历史文化和中华民族优秀文化。

边疆万里数字文化长廊试点建设观察报告

——以云南省德宏州陇川县为例

鲁兴勇[*]

摘　要： 边疆万里数字文化长廊建设是我国新开展的一项重要文化惠民工程。文化部于2013年选择在内蒙古、黑龙江、云南、新疆4省（区）启动"边疆万里数字文化长廊"建设试点工作。而云南的试点则定在德宏傣族景颇族自治州陇川县。本文通过大量的调查研究，对陇川县试点工作进行了宏观概述和亮点解剖，阐述了该试点在选点布局、设施配置、服务开展、成效经验、存在短板、建议意见等方面的情况，以期为此项工作的推行提供参考。

关键词： 边疆万里　数字文化长廊　试点建设　陇川县

边疆万里数字文化长廊建设是我国新开创的一项重要文化惠民工程。该项工程在环绕我国陆疆、海疆的辽宁、吉林、黑龙江、内蒙古、甘肃、新疆、西藏、云南、广西、海南、广东、福建、浙江、上海、江苏、山东、河北、天津18个省（区、市）和新疆生产建设兵团组织实施，主要形式是在已建的全国文化信息资源共享工程服务点和公共电子阅览室的基础上，整合

---

[*] 鲁兴勇，云南省保山市图书馆研究馆员、武汉大学国家公共文化政策研究实验基地观察员。

边疆特色数字文化资源,运用互联网和移动通信等现代信息技术,构建环绕我国边疆地区的广覆盖、高效能的公共数字文化服务网络,提升边疆地区公共文化服务效能,打造边疆公共文化服务品牌,最终达到促进边疆民族团结、保障边疆文化安全、维护边疆和谐稳定的目的。依据《全国文化信息资源共享工程"十二五"规划纲要》和文化部相关要求,文化部全国公共文化发展中心于2013年选择在内蒙古、黑龙江、云南、新疆4省(区)启动"边疆万里数字文化长廊"建设试点工作。而云南的试点则定在德宏傣族景颇族自治州陇川县。经过两年多的试点工作,陇川县在边疆万里数字文化长廊方面探索出了许多经验并取得了突出的成果。

一 "边疆万里数字文化长廊"建设试点情况

云南地处中国西南边陲,与缅甸、老挝、越南三国接壤,是中国连接东南亚各国的重要陆路通道。全省共有25个边境县,国境线长4060公里,有16个民族跨境而居。独特的区位,决定了云南重要的文化战略地位。文化部安排在云南率先开展边疆万里数字文化长廊试点工作,对此云南省文化厅高度重视,成立了以厅领导为组长的领导小组。为确保试点工作顺利推进,厅领导先后4次率领厅公共文化处、省图书馆领导和相关工作人员深入基层调查,最后决定在德宏傣族景颇族自治州陇川县开展试点工作。

陇川是一个多民族边境县,位于德宏州西南部,东、南、北三面分别与芒市、瑞丽、梁河及盈江接壤,西与缅甸毗邻,国境线长50.899公里,县内有国家二级口岸——章凤口岸。全县辖4镇5乡和1个农场管委会,总人口18.12万人,居住着汉族、景颇族、傣族、阿昌族、傈僳族、德昂族、白族、回族等23种民族,其中少数民族人口占总人口的55.18%,是一个典型的边疆少数民族聚集县。在具体设点的布局上,选定了陇川县的10个乡村作为首批示范点。具体包括我国与缅甸国家级口岸雷基(洋人街)市连接的拉影口岸、县城所在地章凤镇等两个乡镇示范点;选定了迭撒村弄颜小组、迭撒村拉丙三队、芒弄村南多自然村、芒拉村芒岭自然村、拉勐自然村、陇把镇龙安村委会、昌良村委会及户撒阿昌族乡坪山村委会等8个村级数字文化驿站。这些布点之间平均距离约20公里。实施试点后能有效实现全县边境公共数字文化建设的全辐射、全覆盖。

在试点工作中，主要开展了以下几项建设内容。

（一）提升配置，打造乡镇示范点

在已建文化共享工程乡镇服务点和公共电子阅览室的基础上，新配备移动数字加油站、摄像机、中国文化网络电视互动播出终端、平板电脑等设备。

乡镇示范点采用家居式设计和装修，凸显人性化理念，打造轻松、愉悦的数字乡村空间。每个示范点面积约为300平方米，主要功能区域如表1所示。

表1 乡镇示范点功能分区

功能区	用途	备注
公共电子阅览区	提供上网服务	配备不少于10台计算机
公共文化综合服务区	提供传统阅读及数字文化体验服务	配备投影仪及幕布、中国文化网络电视互动播出终端、音响设备、活动桌椅等
多功能厅	组织培训、举办讲座、收看节目、举办群众文化活动等	
文化陈列室	展示非遗作品、举办群众文化展览、陈列地方特色藏品等	
工作区	为工作人员提供资源制作加工、日常办公场所	配备摄像机、刻录机及计算机
室外区	因地制宜地开设篮球场、健身苑等服务区域	

说明：各地可适当增加少儿专区等特色服务区域，实现WiFi信号全覆盖，为基层群众提供随时随地的公共数字文化服务。

增强配置后的乡镇示范点可实现数字文化资源的在线访问、下载、上传、离线播放，为所辖区域内的数字文化驿站提供资源更新服务。赋予乡镇示范点地方特色资源采集功能，通过摄像机采集少数民族节庆文化、边贸习俗等边疆特色文化，展现边疆人文特色。

（二）建设数字文化驿站

数字文化驿站通过乡镇示范点实现数字文化资源的加载、更新，为边疆军民提供固定数字文化服务，同时通过 WiFi 无线覆盖周边一公里区域，方便基层群众通过智能手机、平板电脑、笔记本等数字终端随时随地获取数字文化资源。在不具备网络条件的地方，通过中国文化网络电视互动播出终端和平板电脑离线播放数字文化资源，开展流动服务。并为数字文化驿站配备数字服务一体机、中国文化网络电视互动播出终端和平板电脑，参考功能区布局、配置标准及拓扑图，参考面积约为 150 平方米。

（三）研发"边疆万里数字文化长廊服务专版"

由发展中心牵头，会同有关试点省，研发"边疆万里数字文化长廊服务专版"，纳入国家公共文化数字支撑平台特色应用服务系统，重点推出数字文化长廊移动 APP 应用。加大少数民族语言资源译制工作力度，在服务专版上整合、汇聚边疆地区特色专题资源，发布乡镇示范点采集的数字文化资源，提供多语种、支持多终端的数字资源专题服务。

通过近三年的试点建设，陇川县拉影文化中心和章凤镇综合文化站在硬件建设上基本达到或超过了试点建设要求。现分别介绍如下。

1. 乡镇示范点

（1）陇川县拉影文化中心

拉影文化中心位于国家二类口岸——章凤镇口岸的中心——拉影，与缅甸国家级口岸雷基（洋人街）市相连。拉影隶属陇川县章凤镇迭撒村，全村有农户 803 户，有乡村人口 3457 人。驻军有武警拉影边防站，还有另一条边民互市通道——南等。拉影文化中心建筑面积 831 平方米，现在已按照乡级站点标准完成共享工程建设，同时设立了农民素质网络培训学校。内设公共电子阅览室、图书室、多功能报告厅、展厅及室外灯光球场。目前设备有：读者用计算机 16 台，服务器一台，投影设备 1 套，图书 11000 册，书架 20 组、阅览桌 2 套，数字农家书屋，移动数字加油站、平板电脑、摄像机、中国文化网络电视互动播出终端、大屏幕电视机、音箱设备、DVD、打印机、中央控制台、设备远程管理软件、光盘刻录机及光盘架。开通了电信网络（10 兆光纤）。

（2）章凤镇综合文化站

章凤镇综合文化站位于陇川县城，章凤镇辖 7 个村民委员会，89 个自然村，148 个村民小组和 2 个社区居民委员会，24 个居民小区，43 个居民小组，共 12490 户 46142 人，驻军有武警二、三中队及章凤边防派出所。辖区内有拉影口岸及拉勐口岸。章凤镇综合文化站建筑面积 300 平方米，已按照乡级站点标准完成共享工程的建设，设立了农民素质教育网络培训学校。内设公共电子阅览室、图书室、农民素质教育网络培训学校教室，目前设备有读者用计算机 10 台、服务器一台、移动数字加油站、平板电脑、摄像机、中国文化网络电视互动播出终端、大屏幕电视机、音箱设备、DVD、打印机、中央控制台、设备远程管理软件、光盘刻录机及光盘架、投影设备 1 套、图书 4600 册、书架 10 组、阅览桌 1 套，开通了电信网络 10 兆光纤。

2. 数字文化驿站

（1）陇川县章凤镇迭撒村弄颜小组

弄颜小组地处中缅边境，位于吨洪通道。与南等、迭撒两个自然村连成一片，属傣族聚居区。3 个自然村共 244 户农户 1002 人。弄颜小组目前有 100 平方米的村文化活动室。

（2）陇川县章凤镇迭撒村拉丙三队

拉丙三队处于中缅边境，位于迭撒村与芒拉村交界处，与拉丙二队、拉丙一队及姐海等 3 个自然村连成一片，4 个自然村共 222 户农户 1000 人。拉丙三队目前建有 200 平方米的村文化活动室，分别设有农家书屋、卫星数字农家书屋及老年人活动室。

现有设备：图书 2000 余册，书架 4 组，阅览桌一套，音箱设备一套，培训用桌椅 10 套。能接收到包括中央 1 台在内的 20 套以上电视节目的信号。

(3) 陇川县章凤镇芒弄村委会南等自然村

南等自然村位于陇川县、瑞丽市及缅甸的交界处，与南兰自然村连成一片，属傣族聚居区。2个自然村有农户223户938人。南等自然村目前有100平方米的村文化活动室。

(4) 陇川县章凤镇芒拉村委会芒岭自然村

芒岭自然村属章凤镇芒拉村委会，芒岭自然村有农户54户246人。芒拉村委会辖21个村民小组，共有农户1029户4493人。芒岭自然村现建有200平方米的村文化活动室。

(5) 陇川县章凤镇拉勐村委会拉勐自然村

拉勐自然村属章凤镇拉勐村委会，拉勐自然村有农户161户650人。拉勐村委会辖28个村民小组，共有农户1342户5968人。拉勐自然村现建有200平方米的村文化活动室。

(6) 陇川县陇把镇龙安村委会

龙安村委会辖8个村民小组，共有农户668户2367人。现有设备：图书2000余册，书架4组，阅览桌一套。龙安村委会现建有110平方米的村文化活动室。

(7) 陇川县陇把镇吕良村委会

吕良村委会辖6村民小组，共有农户282户1123人。现有设备：图书2000余册，书架4组，阅览桌一套。吕良村委会现建有110平方米的村文化活动室。

(8) 陇川县户撒阿昌族乡坪山村委会中寨村民小组

中寨村民小组有农户51户220人。坪山村委会辖6个村民小组，有农253户1082人。中寨村民小组现建有110平方米的村文化活动室。

二 文化服务活动内容

在试点工作中，陇川县通过设施的配置，搭架起了边疆数字文化长廊建设的硬件平台，为开展数字文化服务工作创造了必备条件。更重要的是通过这个平台，开展了大量形式多样、内容丰富的数字文化服务活动，让中缅两国的边民普遍得到数字文化带来的实惠。

（一）广泛开展讲座、培训等工作

在开展的讲座、培训项目中，科学技术、文化知识、劳务知识法规、禁毒防艾知识等公益讲座达50余场次，甘蔗、烟草、油菜等各类实用致富技术培训达40多场次。2014年，以拉影文化中心为重点，陇川全县启动边疆万里数字文化长廊示范点"边境村民学电脑建设数字文化新边疆"活动，共培训边民1000多人次。陇川县还借助边疆万里数字文化长廊，针对缅方人员开展专项培训。如2011年、2012年，应缅甸雷基市邀请，县文化馆、景颇民族文化工作团利用边疆万里数字文化长廊的平台，为他们开展了为期两个月的舞蹈培训。又如2014年9月4日至5日，陇川县图书馆借助边疆万里数字文化长廊平台，联合陇川县公安局外管大队、陇川县公安局拉影警务站、陇川县防艾局，在拉影国门书社（文化中心）开展缅籍务工人员专项培训，共有76名缅籍务工人员参加。培训中讲授了《中华人民共和国出境入境管理法》、《云南省中缅边境地区境外边民入境出境管理规定及德宏州境外边民入境务工管理暂行办法》、《中华人民共和国禁毒法及治安管理处罚法》、艾滋病基本知识等。通过培训，缅籍务工人员对中国实施外籍务工人员管理的相关法律法规有深入的了解，从而可以在我国合法地开展各种务工活动，以提高收入、改善生活。截至2015年底，陇川县利用边疆万里数字文化长廊平台，共培训边民7000多人次，其中培训缅甸学员4000多人次。

（二）广泛开展文体活动

这些活动包括电子阅览、图书借阅、农民素质教育网络学校学习、电影放映、中缅篮球友谊赛、中缅书画摄影展、中缅文艺联欢等活动。从2014年开始，在德宏州民族出版社的支持下，德宏州图书馆和陇川县图书馆在拉影文化中心联合成立了国门书社，积极组织拉影国门小学和缅甸雷基（洋人街）市华侨学校的学生开展中缅中小学生读书活动。如在2015年10月16日开展的第二届中缅中小学生读书活动中，邀请了陇川县拉影国门小学及缅甸雷基（洋人街）市华侨学校共450多名师生参加，分别设立了汉语朗读、讲故事、作文及绘画书法比赛及内容丰富多彩的游园活动。同时将他们的好作品推荐参加德宏州文体局组织的"我的书屋——我的梦"读书活动，拉影国门小学的一名学生获美术组优秀奖，缅甸雷基（洋人街）市华侨学校一名学生获书法组优秀奖。还在缅甸雷基（洋人街）市华侨小学设立了流动图书室，并将每年的4月份定为中缅文化交流月。依托数字文化驿站，为广大边民放映爱国主义题材和民族团结主题电影达上百场次，服务人群上万人次。

（三）积极服务产业发展，带动边民致富

由于陇川县地处中缅边境，20世纪80年代后期，因缅甸连年战乱，经济大幅下滑，黄赌毒越来越泛滥，这一切给生产生活在中缅边境的中国边民带来了严重的影响，特别是毒品问题给有的家庭带来了毁灭性的打击，不良文化渗透也相当严重。陇川县依托数字文化长廊的先进技术，打开国门，积极向境外推广甘蔗、烟草、油菜、西瓜等种植技术，种植户享有与该县种植户同等的各种补贴等惠民政策，有效替代了境外罂粟种植，增加了边民的经济收入。拉影文化中心还帮助缅甸入境打工人群解决了工资被拖欠的问题，受到了缅方的高度赞誉。同时，文化中心还协助举办了陇川名特优产品展览，拓展了两国边民的眼界，帮助当地农户打开了市场。利用数字资源指导陇川边民大力发展旅游业、户撒刀等特色文化产业，帮助农民成立文化产业合作社，带动农民增收致富，在数字文化的帮助下，一些户撒刀专业户的年产值达到了百万元。

（四）利用数字文化长廊的网络资源，为中缅边民开展网络代购服务

通过开展"边疆万里数字文化长廊"试点工作，陇川县各乡镇示范点

和数字文化驿站直接服务基层群众达 8 万人次，服务面覆盖全县 18 万人，初步打造了边境公共数字文化服务品牌，默默传播中缅两国人民的"胞波"情谊，守护着边境，从根基上固守着边境文化的安全和边民的幸福安康。

2013 年 3 月，国家文化部副部长杨志今到拉影文化中心调研，对拉影文化中心开展边疆万里数字文化长廊试点工作给予了充分的肯定，并希望其最大限度发挥文化设施的阵地作用，突出边境、民族特色，逐步建立多层次、多语种、全方位的服务体系。

三 基本经验总结

（一）主要成绩

云南省陇川县通过开展边疆万里数字文化长廊试点工作，主要取得了以下几个方面成绩。

进一步推动了边境农村公共文化服务体系建设。通过"边疆万里数字文化长廊"试点工作，进一步整合了边境一线农村的公共文化资源，初步建成了连点成线、连线成片的高效能公共数字文化服务网络，使其能够直接服务于"三农"，更加有效地发挥文化共享工程先进成熟的网络技术、设施设备和信息资源优势，推动了边境农村公共文化服务体系建设。

进一步增强了边境农村公共文化服务能力。通过"边疆万里数字文化长廊"试点工作，进一步提升了乡、村文化站（室）的数字化服务能力，使之不仅能够为边境军民提供丰富的公共数字资源和文化服务，扩展信息来源和信息渠道，丰富精神文化生活，而且实现了实用人才培训、图书借阅、公共文化鉴赏、科普文化教育、文化娱乐等多种服务功能。

进一步加强了边境文化安全工作。通过"边疆万里数字文化长廊"试点工作，进一步促进了社会主义先进文化的传播，增进了对外文化交流，有效抵御了外来的"黄赌毒"等不良文化渗透，巩固了边境文化阵地，充分发挥了公共数字文化服务在维护边境文化安全、促进边境和谐稳定等方面的重要作用。

（二）基本经验

组织领导做到"三个明确"。一是明确试点建设目标，即：统筹全县文化服务设施及网络建设，整合乡镇、村所有公共文化、宣传、党员教育、科学普及、体育健身等设施和服务资源，连点成线，打造边境综合性文化服务中心。二是明确资金来源。在全国公共文化发展中心向云南省拨付20万元经费的基础上，由省文化厅另行补助经费23.42万元，合计43.42万元，为试点工作提供资金保障。三是明确各级单位的职责和任务。省文化厅、德宏州及陇川县文化行政主管部门在试点建设中负有不可推卸的领导责任，在项目规划、资金保障等方面担负起了主要职责；省图书馆负责业务指导，按照全国公共文化发展中心的要求，制订实施方案，沟通协调各任务环节，负责设备统一招标、指导设备安装、服务工作等相关事宜；德宏州、陇川县文体广电旅游局配套落实各示范点的场地、座椅板凳、互联网及网络设备等，并督促各示范点及数字文化驿站开展好工作。

具体工作做到"两个把握"。一是始终把握住试点任务，就是以文化共享工程县级支中心为纽带、乡镇农文网培学校为节点、村级服务点为阵地，建成连点成线、连线成片、全面覆盖与缅甸接壤的文化阵地的数字文化服务网络，同时把边疆万里数字文化长廊建设与其他文化惠民工作紧密结合起来，推动农村公共文化资源的优化组合，全面提升服务水平。二是始终把握住试点方式，就是以各级文化部门为主导、各级公共图书馆为骨干，以乡镇综合文化站和村文化活动室为平台来实施；同时严格标准，规范组织架构和工作内容，做到软硬件"两手抓、两促进"。

工作创新做到"两个突破"。一是在工作机制上取得突破，建立健全了从省、州市，到县、乡、村都支持和参与建设的工作机制，并不断完善绩效考核和责任追究体系，逐步形成了上下联动、齐抓共管的建设格局。二是在服务内容上取得突破，做到了进一步充分利用和发挥文化共享工程的网络和资源优势，使边境一线的乡镇、村服务点能够提供更加便捷丰富的数字文化服务。通过对边境公共文化服务方式方法进行大胆创新，全面拓展了公共文化服务的内容，使之能够根据边民的不同需求，提供不同内容、多样化、多层次的文化服务。

主管人员做到"两个清楚"。一是对本地情况清楚，二是对数字技术清楚。主抓陇川县边疆万里数字文化长廊建设的是陇川县图书馆馆长杨从良。杨馆长是陇川拉影人，从小就生活在中缅边境，加之爷爷奶奶和两个叔叔及姑姑生活在缅甸雷基（洋人街）市，他对两国边境缺少文化服务带来的不良影响有着深刻的认识，所以多年来不遗余力地开展边境文化工作。另外，他对电脑技术等的使用非常熟练，是云南省县级图书馆中掌握现代服务技术的骨干。由这样的人才来具体负责实施此项工作，无疑是最合适的。

四　存在的问题和应对措施

（一）存在的问题

陇川县实施边疆万里数字文化长廊试点以来，也凸显了许多短板。具体表现为以下几点。

示范点管理员及村民文化素质偏低。由于示范点都建设在边境沿线，管理员基本上都是由自然村里的村社干部兼任，他们普遍工作繁杂，加之文化水平和技术水平偏低，所以管理起来往往力不从心。再就是村民们的文化素质普遍偏低，普遍缺乏计算机基础知识，这一切使边疆万里数字文化长廊的服务效果打了折扣。

资金投入不足。由于陇川县财政困难，到目前都无法解决管理员的待遇问题，在一定程度上也影响了管理员的积极性，导致示范点的开放时间无法得到保障。

有的文化驿站的设备还不能如期到位。在数字驿站建设中，除陇川县章凤镇迭撒村拉丙三队有数字服务一体机、平板电脑、中国文化网络电视互动播出终端、互联网网络、服务器、大屏幕电视机、投影机、DVD 及相关网络设备外，其他驿站的设备还没有全部配齐。

（二）相关应对措施

为更好地做好试点工作，并在推广工作中全面、深入、有效地开展好边疆万里数字文化长廊建设工作，应加强以下几个方面的工作。

一是加强人才培养。在现在开展的国家文化项目中，经费和设备已不是最棘手的问题，而人才缺少才是最棘手的问题。所以要逐步形成国家培养省级专门人才，省级培养州市级专门人才，州市级培养县级专门人才，县级培养乡村级专门人才的机制。只有专门的管理人才培养起来了，管理工作和服务工作才能很好地开展起来。

二是安排后续管理与运行专项经费。在国家开展的文化项目中，常常是刚开始轰轰烈烈，设备崭新地配下来，但由于缺乏后续的配套资金，渐渐就失去了活力。该配套资金包括基层管理人员劳务费、开展基本服务的补助费、设备的维护费、人才培训费等方面，而且应该年年配齐。

名人纪念馆免费开放服务实践与创新

——以浠水县闻一多纪念馆为例

蔡 诚*

摘 要： 闻一多纪念馆是爱国主义教育基地、湖北省国防教育基地、国家公共文化政策研究实验基地。而免费开放政策则是充分发挥这类基地作用的最优方法。纪念馆（博物馆）免费对公众开放，不仅已是许多国家的惯例，亦是当今世界纪念馆发展的一大趋势。本文以浠水县闻一多纪念馆为例，在总结实践经验的基础上，对于如何做好名人纪念馆的免费开放工作进行了分析。

关键词： 闻一多纪念馆 免费开放 实践与创新

为贯彻落实党的十七大精神，充分发挥博物馆、纪念馆宣传和传播先进文化的重要作用，加强公共文化服务体系建设和公民思想道德建设，闻一多纪念馆于2008年5月1日正式对社会免费开放。在各级领导和社会各界人士的重视、关心与支持下，闻一多纪念馆各项工作取得了良好的社会效益。纪念馆现已成为鄂东地区爱国主义教育的中心展馆，为弘扬爱国主义精神、培育爱国情操、激励报国之志、促进精神文明建设发挥了重要作用。

---

* 蔡诚，中级职称，闻一多纪念馆副馆长，研究方向：群众文化。

一　闻一多纪念馆概况

浠水县闻一多纪念馆于1984年经中共中央宣传部批准建立，1988年开始动工兴建，1992年9月江泽民总书记题写了馆名，1993年5月18日开馆。2001年被中宣部确定为全国爱国主义教育示范基地，是国家AA级旅游景点、国家重点博物馆、中国民主同盟湖北省委盟员爱国主义教育基地、武汉统一战线爱国主义教育基地。

纪念馆坐落在诗人故乡凤栖山麓的清泉寺遗址上，总投资120万元，占地15亩，建筑面积3000平方米，主体工程是一座庭院式的仿古建筑群。这里聚"清泉梵响"、"陆羽茶泉"、"羲之墨沼"、"凤顶当空"等浠川八景其中之四景。刘禹锡、苏东坡、魏了翁等许多历代文化名人来此游历过，并留下了许多诗词名篇，是历史悠久的旅游胜地。馆内陈列着闻一多先生的著作、诗、文、书、画、篆刻、金石手稿和遗物，还陈列着毛泽东、朱德、宋庆龄、郭沫若、胡耀邦、江泽民等无产阶级革命家和近现代中外文化名人、学者、艺术家关于闻一多的文论、专著、题词、诗文书画原迹，及有关文献资料。

自开馆以来，纪念馆年均接待观众5万余人次，2008年5月1日对社会免费开放后，年参观人数已突破10万人次，接待未成年人观众年均7万人左右。

二　闻一多纪念馆免费开放前后对比

在免费开放政策实施前，闻一多纪念馆同全国其他许多名人纪念馆一样，面临着"曲高和寡"、"无人问津"的局面。而之所以如此，除了文化习惯、历史传统、社会风尚等原因外，一个不容回避的原因是纪念馆票价高过大多数人的心理承受线。湖北省博物馆前馆长包东波说，他曾多次看到父

名人纪念馆免费开放服务实践与创新

母带着孩子在博物馆外徘徊,但最终因门票价格望而却步的场面。在经济较发达的省会城市尚且如是,在浠水县这样经济比较落后的地区情况更甚。而免费开放后,门票这一横亘在人民群众与纪念馆之间的鸿沟便不复存在。故而,闻一多纪念馆实施免费开放后,观众数量急剧上升,几乎出现"井喷"之势。

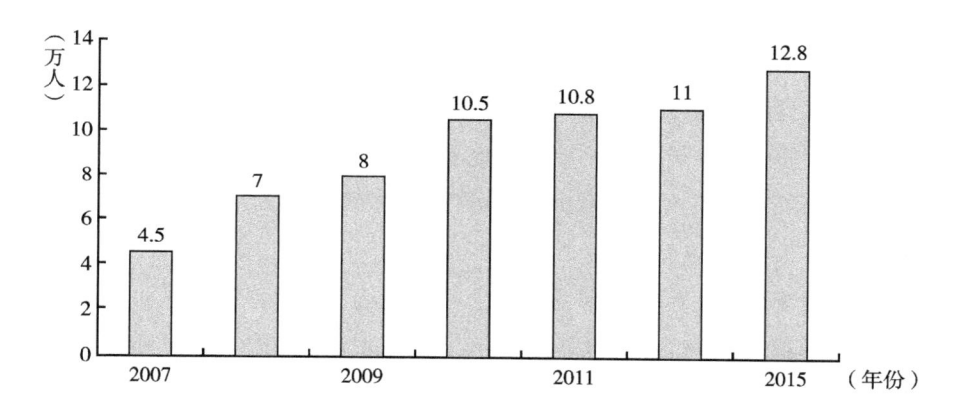

图1　闻一多纪念馆免费开放前后参观人数对比

在纪念馆参观人数发生巨大变化的同时,纪念馆从业人员的结构及素质也发生了极大的改变。

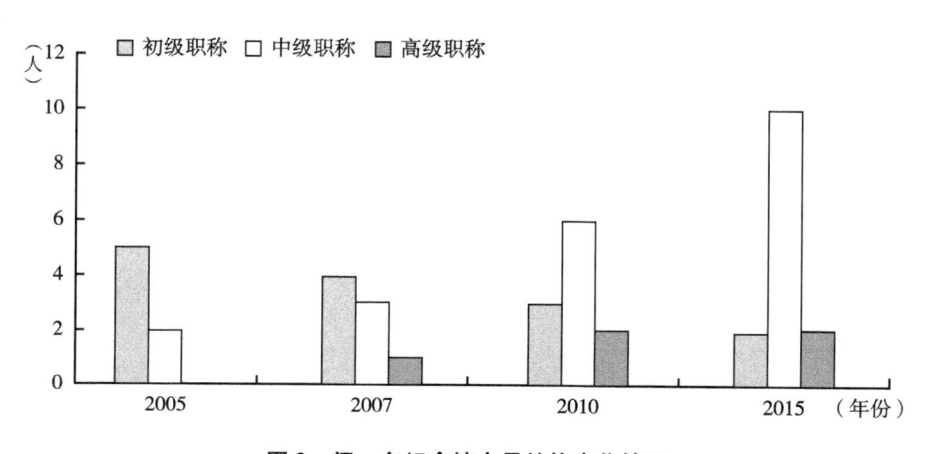

图2　闻一多纪念馆人员结构变化情况

271

2015年高级职称2人，中级职称10人，初级职称2人，分别占全馆总人数的12.5%、62.5%、12.5%。本科4人，中专及高中12人，分别占全馆总人数的25%、75%。党员10人，盟员1人，占全馆总人数的62.5%、6.2%。

免费开放前，纪念馆参观人数有限，有时甚至无人问津。"无人来参观，无人需讲解"的直接影响就是极大挫伤了工作人员的工作积极性及职业认同感。工作人员打不起精神，不愿做事或自觉无事可做，个人业务能力及工作态度自然节节后退。同时，许多文化活动没有开展的群众基础，工作量的有限性使工作人员缺乏相应的锻炼机会。久而久之，工作人员讲解不到位、服务态度缺乏热情，进一步降低群众来纪念馆参观的意愿，最终形成恶性循环。

免费开放政策实施后，即便称不上"门庭若市"，前来参观的群众也可谓"络绎不绝"。参观人数的大幅上升，对纪念馆的接待能力和接待质量都提出了较高的要求。在新的形势下，工作人员或自愿或被动，都走上了"自主学习、钻研业务、端正态度"的自我提升之路。毫不夸张地说，免费开放政策赐予了闻一多纪念馆新生，既促进了闻一多纪念馆进行自我完善和自我进步，也给予了闻一多纪念馆真正发挥其职能的机会。

三 为贯彻免费开放政策而进行的实践

（一）山光悦鸟性——改善周边环境

纪念馆的周边环境是指围绕纪念馆的一切外在条件，包括自然环境如气候条件、地理条件等和人为环境如交通条件、空气的污染状况等。它不仅具有物理的、化学的意义，还具有社会化的、心理的意义。不言而喻，纪念馆周边环境的优劣，不仅会直接影响到纪念馆的展品与藏品的保护功能和纪念馆环境的观赏功能，还会影响到纪念馆的社会效益和经济效益的好坏。

随着时代发展和社会进步，人们的环境审美意识日趋增强，不论是购物就餐还是参观旅游，都把对环境的审视放在重要位置，这说明环境已成为社会服务部门能否取得效益的重要因素。因此，纪念馆的周边环境治理值得高度重视。按照重点保护区、一般保护区和建设控制地带，对纪念馆周边环境进行彻底治理，有计划地对纪念馆进行绿化、美化，营造一个能够呼应、烘托和揭示博物馆主题及展示内容的传情达意环境形象和环境氛围，使观众在纪念馆求得知识和获得精神食粮的同时，也得到美的享受。

正因如此，闻一多纪念馆自2008年5月免费开放以来，在整顿周边环境上下了很大功夫，如以前坎坷泥泞的进馆道路，现在变成了宽阔平整的"红烛大道"，两旁丹桂四季常绿，景色宜人；以前狭窄破落的铜像广场，绿苔杂草随处可见，现在不仅面积扩大了一倍，而且铺设了整齐划一、磨光如镜的花岗岩石，还附设了盲人通道；以前风来到处枯叶、雨过遍地泥泞的环境，现在绿草如茵、盆景点缀、花香四溢，就在这草上花下，亦露着造型以假乱真的音响，四面八方轻音乐回荡；以前工作人员穿衣自便、生活散漫、安于现状、不思进取，现在服装统一、挂牌上岗、微笑服务、争创服务标兵，给人留下难忘印象。从前观众描述这里是"野鸡不下蛋的山窝"，现在观众赞美这里是"休憩休闲的精神港湾"。

（二）胸藏文墨怀若谷——充实纪念馆馆藏

不断充实馆藏物品是发挥免费服务功能的基本条件，实物性是名人纪念馆的主要特征。收集、保存文物典籍，展示史料和研究遗产是名人纪念馆的基本职能，也是开展免费开放服务的基本条件。然而，文物尤其是稀世珍品的收藏价格不菲，免费开放需要资金保障。为了得到专项资金的支持，纪念馆工作人员夙兴夜寐，在北京、武汉等地辗转奔波，通过多途径项目申报，于2010年争取到位项目资金180余万元。通过合理利用这些专项资金，闻一多纪念馆增添了数件弥足珍贵的文物，如闻一多自用印章、《九歌》手稿等，确保了藏品的数量与质量不影响到免费开放服务，软硬件设施建设得到了不断完善，满足了广大观众需求。

（三）润物细无声——提高服务质量

闻一多纪念馆实施免费开放初期，参观人数急剧上升，当时的服务模式与接待方式已远不能满足访客的需求。针对新形势、面对新变化，闻一多纪念馆及时调整了应对策略，并于细节处用心，努力使参观群众感受到"春风般的温暖"。

在新形势下，闻一多纪念馆及时增加了服务人员的数量和延长服务时间，并完善相关服务设施。例如，每天提前半小时上班做好服务准备，推迟半小时下班延长服务时间，并为观众免费提供物品寄存、纪念馆介绍、基本陈列介绍、临时展览介绍、文物藏品介绍、文化产品介绍、参观导览、宣传册、饮用水、卫生设施、休息和查阅资料等服务，同时，设计出新形势下的操作模式：利用网络平台自创闻一多纪念馆网站，细化预案、措施得力并落实到位，顺利度过免费开放带给观众的"兴奋期"。

四 为提升免费开放服务进行的创新

（一）不断创新理念——追求卓越

创新，是闻一多先生对青年人寄予的厚望，也是闻一多纪念馆人追求的理念。闻一多纪念馆有着辉煌的历史。2001年，"诗人、学者、爱国主义战士"图片展先后在武汉、黄冈、英山、黄石七中等巡回展出，让闻一多精神走进校园，走进社区，走入周边城市。"诗人、学者、爱国民主战士闻一多图片展"是闻一多纪念馆为纪念澳门回归祖国5周年而设计制作的短期的专题陈列，2004年12月11日，在澳门南光大厦二楼展览厅展出。澳门行政长官何厚铧，全国人大前副委员长彭佩云、王汉斌，中联办副主任徐泽，澳门基金会行政委员会主席吴荣恪，闻一多先生家属代表闻立雕等参观了展览，并给予了高度评价。

只有不断改进和丰富展出方式才能扩大免费开放服务的外延，更好地发挥纪念馆免费开放服务的功能，必须主动创造有利条件，加大投入，不断地改进和完善陈列内容、手段。高水平的陈列展览是名人纪念馆最直接、最有效地开展免费服务的一环。2012年闻一多纪念馆在上级部门的大力支持下，筹集资金200万元，对固定陈列进行重新布展，并对物品保护和安防系统进行了改造。

但纪念馆的展览怎样才能做到坚持"贴近实际、贴近生活、贴近群众"和"面向现代化、面向世界、面向未来"呢？这就要求在内容上、手段上、形式上都必须创新，而所有的创新都要以"弘扬爱国主义精神"和"为人民服务、为社会主义服务"为基本出发点和原动力。为此，我们邀请了省、市专家、学者及闻一多亲属对展览内容、形式反复斟酌酝酿，最终落锤定音。

今天的观众，获取知识信息的方式已和过去不同，他们倾向于听故事，并且从故事情节中提取有用的信息。因此，闻一多纪念馆将展览中的文物、照片融入故事情节和历史背景之中，用讲故事的方式组织展览内容。这种创新式的布展，既满足了展览的要求，又符合现代观众的口味，为更好的免费开放服务提供了条件。

娱乐性是观众喜欢的体验。闻一多纪念馆在布展过程中运用各种方式，特别是加入了一系列参与互动的设计，旨在营造一种生动活泼、参与性强的氛围，引导观众，使之"耳听、眼看、手动、心跳"，愉悦地参观学习。例如，在展示闻一多的《七子之歌》时，采取投影的方式。当观众点击琴键，像电影一样的画面呈现在眼前，在举国被蹂躏、山河破碎的凄凉背景上，《七子之歌》歌词浮出幕面，这时舒缓而深沉的音乐响起，稚嫩的童声"你可知妈港不是我真姓……"响起，催人泪下，让观众感受到山河破碎，诗人闻一多"先天下之忧而忧"、"眷怀祖国之哀忧"的悲愤心情，以及他那"励国人之奋兴"的博大胸怀和厚望。

观众喜欢临场逼真的体验。闻一多纪念馆采用"真实再现"的艺术手段还原历史。例如，闻一多的《最后一次演讲》就使用了虚拟的三维立体影像技术，还原了历史，让观众进入历史"现场"，亲耳聆听闻一多先生气壮山河、铿锵有力的讲演，产生共鸣。

观众喜欢探寻历史真相。闻一多纪念馆在小广场的 LED 宽大的电子屏幕上不间断地播放《民国司法十案录——闻一多案》、《闻一多之死——五四之子命运坎坷》等纪录片，让观众感受到在当时复杂的环境中闻一多遇害的真实历史背景及闻一多被刺后国共两党追凶、幕后凶手直到新中国成立后才被查出的情况。台湾学者朱文长教授撰文指出："在国共两党的政治斗争史上，闻一多之死是一个里程碑。由于闻一多过去的背景，他的死对国民党产生了不利的影响。其重要不下于金圆券的发行与失败。"发表该文的主编，恰是当年西南联合大学的学生。这位属于"走过来"的人在按语中亦坦率承认："闻一多之死，其影响绝不在于平津等重要城镇的沦陷之下……"

更新改造后的"闻一多先生生平事迹展"从根本上改变了原来展览形式单一、陈旧、效果不佳的现状，一些视听设备、电子图表、多媒体等陈列技术有机融入，把图片、图表与珍贵的文物实物相结合，平面布置与立体相结合，静态表达与动态运用相结合，教育性与观赏娱乐性相结合，按时间顺序安排，仿佛时空隧道，具有强烈的吸引力、感染力和震撼力，适应了时代的发展和参观者的需求。许多观众在参观后说，这里展览内容生动丰富，实物展品众多，很吸引人，很教育人。

（二）讲解与观众互动——教学相长

教与学相辅相成。闻一多纪念馆是国家级的爱国主义教育示范基地、湖北省国防教育基地，除了展示文物、模型、文字、图片给人以直面震撼外，讲解、表演也是必要的服务手段。

闻一多纪念馆有一支高素质、多层次的讲解队伍，针对不同层次的观众，设计出适宜的讲解内容，采取不同的方式"因人施讲"、"有的放矢"，开展多层次的讲解服务，让相应的观众获得相关的信息。如：接待小学生观众，讲解员用通俗易懂的浅显语言讲解，注重故事性和趣味性；针对中学生观众群，则选派一位有一定讲解经验的讲解员用简明扼要、准确无误的语言进行启发诱导式讲解，引人入胜，增强吸引力，增强学习效果；遇到高中生、大学生观众群则选派一位经验丰富、综合素质突出、熟悉历史的业务骨干或具有中高级职称、专业能力极强的人员讲解，让参观者享受到有深度、有广度的讲解。通过不同的讲解服务让不同层次的观众对闻一多先生的爱国精神留下刻骨铭心的感悟：感知诗人、学者、民主斗士闻一多一生的光辉历程，以及他遗存的翰墨文章、书法绘画、金石篆刻等瑰宝的魅力；悟出诗人主要的天赋是"爱"，"爱他的祖国，爱他的人民"和"莫问收获，但问耕耘"的力量源泉。

不仅如此，闻一多纪念馆还对未成年人采取了与学校共建的模式。在当地教育主管部门的牵头下与当地的实验小学、师范附小、二小、实验中学等结成了社会主义精神文明共建单位，开展以爱国主义教育、国防教育服务为主要内容的各种共建活动，定期组织学生前来参观。2012年，在当地实验中学成立了"讲解员兴趣小组"。经过培训，由小小讲解员用他们特有的孩子的语言为前来参观的学生们讲解，这些小小讲解员不仅亲身体验到免费开放服务，而且在思想上受到了爱国主义教育，在语言表达和组织能力等方面也得到了锻炼。校方对于这一举措大为赞赏，认为不仅对学生进行了爱国主义思想教育，而且让学生体验到免费开放服务的乐趣，从小树立起为社会服务的信念。

为了更好地免费开放，闻一多纪念馆不断提高讲解员的整体业务水平和综合素质，纪念馆邀请湖北省博物馆胡伟庆主任、武汉革命博物馆袁亚妮主任对讲解员进行一对一的培训。从讲解词的撰写到普通话的发音，从谈吐举止到着装、化妆、礼仪等进行了细致入微的严格指导，讲解员们如饥似渴地汲取养分，生怕有一点疏漏，这种严教勤学，让讲解员们受益匪浅并学以致用。

闻一多纪念馆讲解员不仅要学说，还要学写、学编。闻一多纪念馆编写了《"红烛"小报》、《红烛书画精萃》、《闻一多的故事》等通俗读物。2011年，编制制作了"廉政文化展墙"，当地党员干部参观后均表示获益匪浅。

（三）加强横向联系与交流——扩大免费开放服务

名人纪念馆要做好、做强、做大，对外交流和联合是一个有效的途径。

近几年闻一多纪念馆在积极地进行尝试，并多次到周边县、市、区名人纪念馆参观学习，不断提升其免费开放服务质量。

闻一多纪念馆经常参加湖北省博物馆协会举办的学术研讨会并积极开展学术研究活动，2014年有4篇论文入选湖北省博物馆协会学术研讨会论文集，其中2篇获二等奖、2篇获三等奖，2015年1篇荣获一等奖。

改革开放以来，尤其是澳门回归祖国之后，武汉澳门两地间来往日趋频繁，政府间合作日益密切，武汉闻一多基金会发起并推动成立澳门闻一多文化促进会，该会旨在增进与海内外爱国文化教育团体、知名人士的友好往来，推进以爱国主义为核心的中华优秀文化在海内外的传播，开展武汉澳门两地青少年文学、美术、艺术交流及公益募资等活动，为武汉澳门两地的民间交流开辟新的渠道。

2014年9月3日，闻一多纪念馆与澳门闻一多文化促进会结成战略合作伙伴签字仪式在武汉市民主党派大楼三楼会议室举行。其宗旨是推动闻一多研究，宣传和弘扬闻一多的爱国主义精神，促进国内外及澳门与内地闻一多研究者开展学术交流。在纪念闻一多诞辰115周年之际，应澳门闻一多文化促进会邀请，11月26日，"闻一多先生生平事迹图片展"在澳门展出。

2014年10月15日，闻一多纪念馆与云南省昆明市盘龙区文物管理所开展交流活动，双方有意在昆明市龙泉古镇一期建设项目"闻一多纪念公园暨闻一多展陈馆"的建设中，合作完成"闻一多生平事迹展览"布展等工作，双方互相实地考察后签订了纪念抗日战争胜利70周年《闻一多先生生平事迹展临时展览协议书》，2015年1月与昆明市盘龙区文物管理所达成联合举办"纪念抗日战争胜利70周年——龙泉记忆·闻一多纪念特展"的协议。闻一多纪念馆抽调业务骨干，成立专班，6月完成"闻一多纪念特展"展览陈列大纲的撰写、展览形式和展览版面设计工作。7月上旬圆满完成展览布展，15日，"纪念抗日战争胜利70周年——龙泉记忆·闻一多纪念特展"在昆明市博物馆隆重展出。该展览9月20日在昆明市博物馆展出结束后，相继在云南师范大学（原西南联合大学）、云南红河州博物馆展出。

通过对外交流，闻一多纪念馆把免费开放服务拓展到了外省，让更多的人享受到文化惠民的改革成果。不断提高免费服务质量,创新免费服务手段,充实免费服务内容,更好地实行免费开放服务是闻一多纪念馆弘扬闻一多精神的一种方式,充分体现了纪念馆爱国主义教育、国防教育的功能,也是纪念馆日常工作,它不仅反映了纪念馆人业务素质,而且是衡量纪念馆陈列布展工作水平的标尺。

创新现代公共文化服务的地方经验

——以乐山市文化馆实施"文瀚嘉州·百姓直通车"为例

陈一华 胡海琪 魏源 甘澍*

摘 要： "文瀚嘉州·百姓直通车"是乐山市成功创建的国家第二批公共文化服务示范项目，该项目将公共文化服务与地方经济发展有机融合，创造了个政府搭台、资源整合、直通百姓的公共文化服务模式。"文瀚嘉州·百姓直通车"以四大品牌项目为抓手，实现了五个直通，并以此探索出了乐山公共文化服务体系建设的基本模式。

关键词： 公共文化服务 乐山市 文化馆 均等化

近年来，在国家公共文化服务体系建设快速推进的背景下，乐山市公共文化服务体系建设取得较快发展，极大地满足了群众文化需求。目前，全市市级文化馆1个，市级图书馆1个，县级文化馆11个，县级公共图书馆10个，乡镇综合文化站211个，农家书屋2032个，社区文化活动室258个，国有博物馆7个，民营博物馆4个，大剧院2个，中心城区特色文化广场12个；各类文艺作品共获国家级奖项20余个、省级奖项50余个；打造文化大

---

* 陈一华：乐山市文化馆馆长，四川省文化艺术专家库专家，乐山市摄影家协会副主席，乐山市书法家协会副秘书长，长期从事公共文化管理工作、公共文化理论研究工作。胡海琪：乐山市文广新局公共文化科副科长，主要从事公共文化管理工作；魏源：乐山市文化馆办公室主任，乐山市摄影家协会副秘书长，乐山市民间艺术家协会副秘书长，研究方向：群众文化发展；甘澍：乐山市文化馆馆员，乐山市民间艺术家协会会员，研究方向：群文调研。

篷车、嘉州大庙会等一批特色文化活动，惠及群众150万余人次。

2013年11月，乐山市"文瀚嘉州·百姓直通车"项目入选第二批国家公共文化服务体系示范项目创建名单，同时荣获第十届中国艺术节项目类群星奖。三年来，乐山市以"文瀚嘉州·百姓直通车"创建国家公共文化服务体系示范项目为抓手，以"完善体系、创新服务、提升效能、促进均等"为重点，以中共中央、国务院办公厅《关于加快构建现代公共文化服务体系的意见》（中办发〔2015〕2号）为指导，以财政部、文化部《创建国家公共文化服务体系建设示范区（项目）过程管理几项规定》为依据，形成了构建现代公共文化服务体系的地方经验。

一 项目概况：依托地方文化资源，打造四大品牌

为深入挖掘嘉州文化内涵，传承嘉州文脉，依托"名山、名佛、名人、名城"等丰富的历史文化资源、广场品牌文化、嘉州画派等地方特色文化资源，2006年在乐山市文广新局指导下，乐山市文化馆牵头实施了公益性群众文化活动项目——"文瀚嘉州·百姓直通车"，以嘉州歌台飞莺、嘉州画派传承、嘉州古艺萌春、嘉州讲堂承韵四大公共文化服务品牌为载体，在打造独具地域特色魅力的公共文化服务体系建设项目方面进行了有益探索。

（一）嘉州歌台飞莺

嘉州歌台飞莺项目通过整合地域文化，统筹区域内各类演出资源（专业和非专业演出团队），以主题性、思想性、艺术性、教育性、娱乐性为宗旨，形成了演出形式设计规范化、节假日演出主题化、演出内容多样化、引进社会力量多元化、培训辅导常态化、赛事定期化的活动模式。几年来，乐山市打造了区域内月月有演出、月月有培训、季季有赛事的局面，有效地保障了老百姓的文化权益，同时也全面提高了文艺社团、骨干专业技能和老百姓的综合文化素质。该项目的基本经验如下。

1. 整合文化资源

一是将全市文艺社团统筹安排，将有能力独立承担演出任务的团队纳入市文化馆管理，由市文化馆派专业干部深入社团指导、编排节目，根据全年演出安排分配各艺术团演出任务；二是整合各区县文化馆演出资源，由市文化馆下文统计各区县具有特色的演出团队和节目，根据需要邀请其参与演出活动；三是挖掘本土艺人，通过开展各类舞台赛事活动挖掘和培养本地演出资源；四是整合省内外、国家级资源，根据活动开展的需要邀请省级、国家级专家、演出队伍前来指导和演出，为地方公共文化服务上档升级提供支持。

2. 专业带动业余

以项目创建为契机，形成了专业人才带动业余人才的人才培养模式。一是组建精英人才队伍，定期开设培训班。通过举办"乐艺大舞台—文艺培训周"、"乐艺大舞台—音乐舞蹈培训班"、"乐艺大舞台—艺术欣赏讲座"等，在农村和社区培养一大批文化骨干，以文化骨干带动培养地方和基层业余文化人才。二是成立基层文化服务队，深入基层辅导和交流。由全市文艺骨干组成服务队深入各区县、乡镇、村、社区等进行辅导培训，近3年共举办培训活动70余场。

3. 面向基层、服务基层

嘉州歌台飞莺项目立足于草根和基层群众，形成面向基层、服务基层的活动形式。利用嘉州歌台飞莺组织了"乐艺大舞台"公益演出活动，活动辐射全市各区县、乡镇、村，通过"文化走基层"、"社区明星公益活动"、"百姓才艺大比拼"、"百姓舞台专场秀"、"五一专场晚会"、"六一公益晚会"、"知青专场晚会"、"乐山特殊学校精品节目巡演"、"送文化下乡"、农民春晚、农民工专场演出等活动，满足基层老百姓的文化需求。三年来，进广场、进社区、到农村、到工地共进行公益演出1000多场，参演社团达到200多支，演职人员达12000余人次，观众达200万余人次。

4. 鼓励社会参与

为提高社会影响力，该项目积极鼓励社会参与项目开展和实施。一是队伍引入，根据举办的活动类型与全市各部门、企事业单位共同承办，让各领域都能参与其中。二是资金引入，策划有影响、有特色的演出活动和赛事，积极鼓励企业出资赞助文化项目。如成功举办的"全国精品文艺节目走进乐山"、"百姓才艺大比拼"、"青春集结号"等活动，就有社会资本的进入。这种方式大大提高了品牌知名度，促使公共文化服务从封闭走向合作开放。

通过以上举措，嘉州歌台飞莺品牌已深入人心，达到了良好效果。通过品牌活动挖掘的节目、团队及个人经过专业人员打磨，参加省级、国家级赛事频频获奖，2014年通过"乐艺大舞台"推出的节目参加"四川省农民艺术节暨四川省第十六届群星奖"评选和"四川省第七届少数民族艺术节"获得一等奖4个、二等奖2个、三等奖5个，赛事获奖总数在全省名列前茅，2015年通过该平台报送的节目获全国优秀奖三个，省级比赛一等奖三个、二等奖七个、三等奖五个，以及优秀组织奖和优秀表演奖等等。

（二）嘉州画派传承

嘉州画派传承项目是以嘉州画派为载体，以弘扬优秀传统文化为目的，通过画家扎根基层深入城乡，在区域内、省内外建立写生基地、培训基地、研究基地等，成立农民画研究中心、嘉州画派上海推广中心等方式，开展绘画传承发展的公共文化项目。通过项目的实施，初步实现了该项目的普及传承性、学术交流性、示范带动性、惠民乐民性等社会效应。

乐山市文化馆将本地最具影响力的"嘉州画院"引入馆内，提供办公、交流场所，组织专业人士定期开展研讨、交流等活动，以"嘉州画院"为中心，促使嘉州画派传承品牌之路越走越宽。该项目的基本做法如下。

1. 整合各类书画团体资源

在全市范围内形成了覆盖11个区县的书画创作立体网络，不断挖掘书画创作人才，完善了书画艺术人才数据库，成立了特色书画艺术创作基地11个，组建了书画文化志愿者服务队，结合各地的群文特色，成立了如五通桥小西湖画院、大佛画院等数十个特色书画院，嘉州画派书画艺术形态已成为本土文化对外交流的一张名片。

2. 开展艺术培训等活动

近两年，市文化馆组织嘉州画派艺术家定期为老百姓提供艺术指导，面向社会开办各层次书法美术免费培训班，馆内年均培训辅导群众约800人次，近三年总培训辅导群众约2500人次，馆内年均开展各类固定的美术、书法展览多达20余场，最多一月办展4场，年均受众约10万人次。

3. 打造"朝圣峨眉·典藏金秋"峨眉山秋季书画艺术品拍卖会项目，推动文化产业的发展

为更好地普及书画艺术，由市文化馆经过五年时间打造形成的书画拍卖品牌"朝圣峨眉·典藏金秋"峨眉山秋季书画艺术品拍卖会，已成为乐山市重要的文化产业品牌项目，该品牌活动的成功举办在收藏界、艺术界引起新的波澜，进一步推进了文化产业品牌的建设。

嘉州画派传承项目的惠民乐民系列活动为广大群众提供文化艺术的多方位参与平台，汇聚书画艺术的多种表现形式，取得重要成效。近两年，在嘉州画派传承项目开展的活动中涌现出一大批优秀人才及作品，并参加全国、省、市赛事，获奖颇丰。如在中国美协首届"八大山人"全国山水画展上获入选奖，在中国美协"中国梦·黄山魂"全国山水画中国画作品展上获入选奖，在中国美协第二届"恽南田"全国花鸟画展上获入选奖，在四川省文化厅主办的四川省第二届文华美术奖上获入选奖等。

（三）嘉州古艺萌春

嘉州古艺萌春是以乐山丰富的非物质文化遗产资源为载体，创新文化遗产保护与开发的文化项目。该项目采取"五结合"的形式，即与国际展览、展演相结合，与地方文化活动相结合，与文化产业相结合，与百姓生活相结合的方式，让乐山非遗项目走向新的发展。

非物质文化遗产的保护工作，是一项系统性工程，该项目创建以来，充分发挥其文化传承和文化创新的作用，不仅满足了老百姓的精神文化需求，提高了民族文化素质以及在对外文化交流等方面发挥了积极作用，还在保持本真特点和核心技艺的前提下，探索资源的合理利用，融入当地旅游业、演

艺业、新农村开发里，促进项目的传承与发展，为乐山经济、社会全面协调可持续发展做出了贡献。2013～2015年，基于嘉州古艺萌春项目的推进，成功申报省级非遗名录2项，省级非遗代表性传承人1个；评出市级非遗名录9项，市级代表性传承人63个；同时评审出非遗生产性保护示范基地2个，非遗传习基地9个。该项目的基本做法如下。

1. 传承传统技能，实现专业生产

一是制定传承人保护方案。乐山市非物质文化遗产有国家级代表性传承人1人，省级代表性传承人22人，市级代表性传承人118人。乐山市通过加强对传承人的保护工作，制定相关方案，充分发挥传承人的咨询、论证和专业指导作用。

二是有效实现非遗项目的产业化发展。嘉州古艺萌春品牌，要想具有生命力，必须寻求市场化手段来保护、开发和应用。经过几年的项目创建，乐山市4项国家级非遗项目已百分之百实现产业化发展，省级和市级非遗项目已有一半以上实现产业化发展。国家级非遗项目——夹江竹纸制作技艺，将传统木刻水印工艺与书画纸生产结合起来，创造出140余个书画纸新品种，手工造纸年均达3万吨，销售额达6亿元。夹江年画年均生产画作和产品上千件，年均销售额约6万元。省级非遗项目德昌源"桥牌"豆腐乳，年产1100多吨，销售额达2千多万元。

2. 促进传播流布，拓展文化影响

一是进行展览馆常态开放，把观众请进来。为加强老百姓对嘉州古艺萌春品牌的认识，乐山市文化馆增设"乐山市非遗专题展览馆"，并常年对外开放。展馆面积350多平方米，精选了乐山市26项已列入国家、省、市级非遗保护名录的项目，其中4项国家级项目、18项省级项目及4项市级项目，通过视频、音频、图片、文字、实物等途径将乐山市非遗精髓向大众展示，让更多老百姓感受非遗文化。

二是开展宣传展览活动，把非遗文化送出去。一是连年参加"成都国际非物质文化遗产节"，并荣获第四届乐山市展览、展演特别奖。二是每年定期开展"文瀚嘉州·百姓直通车"——"欢乐迎新年·文化进万家"系列活动，走进全市11个区县集中展示乐山市代表性非遗项目及近年来乐山市各类非遗宣传活动图片，并现场发放非遗宣传资料。三是每年开展"文化遗产日"活动，利用项目产品、文字、图片、标语、宣传资料等在全市人口集中地段，包括景区范围内进行宣传普及活动。两年多来，乐山市文化馆组织开展嘉州古艺萌春宣传展览活动共计46场，发放品牌宣传资料5000册，张贴各类宣传标语、海报等10000份。

三是重视活态传承，烙下文化记忆。通过组织专业干部进行艺术加工，将20多个非遗项目舞台艺术化。两年来，开展嘉州古艺萌春展示表演活动共计14场，受众2万人次，打造出如峨眉武术、峨眉佛教音乐、嘉阳河川剧艺术、民间狮舞、峨边彝族服饰刺绣与传统民歌等非遗类节目，赢得各级领导嘉宾、中外观众和媒体记者的广泛好评，如成功参加"首届四川国际旅游交易博览会暨民间民俗文化展演"，向世界人民展示了乐山非物质文化遗产的独特魅力。

（四）嘉州讲堂承韵

嘉州讲坛承韵是以普及文化、艺术知识为主题的讲座活动，该活动由乐山市文化馆组织的讲堂品牌"百姓讲坛"将各界知名人士、专家教授列入讲座人才库，采取阵地讲座、流动讲座、网络讲座的形式，走进社区、校园、监狱、企业、区县、乡镇等地，把活动办到了群众身边。

2013年至今，共组织活动40余场，直接参与活动的社会各界群众达2万余人次，间接网络服务30万人次，让讲座更接地气，让广大群众轻松愉快地接受知识，这一品牌活动真正实现了传播正能量鼓舞人、养生健身惠及人、艺术民俗教育人，成为老百姓喜爱的百科讲堂。该项目的基本做法如下。

1. 创新讲座内容与形式，促进公共文化服务均等化

为实现公共文化服务均等化，让不同领域的老百姓享受文化盛宴，每年"百姓讲坛"授课形式和内容不断调整，通过深入社区、社团、老百姓身边调研，寻找新的课题，创新服务方式，讲群众想听的、对群众有用的内容。同时，注重讲座内容多样化，将单一的讲座内容进行调整，增加了养生、健康保健、消防安全、家庭安全用药、舞蹈知识、红色教育、抗战纪念等主题，以此引领社会新风尚。

此外，讲座还不断创新授课形式，不仅注重讲座模式的多元化，还改变传统讲座方式，走进社区、校园、监狱，深入基层，让不同人群都能享受文化大餐。

内容和形式的创新并不是独立进行的，而是实现了有机结合，在内容创新的同时结合形式创新，以促进内容的有效传播。内容主要有：一是体现时代主题的革命教育主题，如讲堂走进社区开展"七一讲座"、走进监狱开展"革命历史讲座"、走进学校开展"学校雷锋讲座"等。二是提升群众文化艺术修养的艺术民俗主题。讲堂开展大量艺术性、学术性、民俗性的文化讲座，邀请各艺术门类的资深民俗专家、文学艺术家走进学校开展"美学鉴赏讲座"，走进企事业单位开展"公务礼仪讲座"，走进区县开展"地方民俗文化讲座"等。三是强化群众健康意识的养生健身主题。如走进敬老院开展"用药安全讲座"、走进社区开展"疾病预防讲座"、走进乡镇开展"中医理疗讲座"等。

2. 网络"搭台"，形成示范带动效应

一是推动了全市讲座网点建设。乐山市文化馆牵头对各区（市）县文化馆开展的同类活动进行指导，实现区县各文化馆月月有讲座，并形成讲座品牌11个，如峨边县"黑竹沟讲坛"、峨眉山市"百姓大讲堂"、金口河区"大瓦山讲坛"、马边县"大风顶讲坛"、夹江县"纸乡讲坛"、沐川县"竹乡讲坛"、沙湾区"沫若讲坛"、五通桥区"通财讲坛"、犍为县"岷江讲坛"、井研县"茫溪讲坛"、市中区"嘉州讲坛"等讲堂品牌。

二是建立数字网络。定期将讲座视频上传到网络，并与各区县讲坛品牌链接，实现网络讲坛共享，让更多老百姓足不出户享受文化大餐。

二 项目创新：实现"五个直通"，提升社会经济价值

"文瀚嘉州·百姓直通车"通过"嘉州歌台飞莺、嘉州画派传承、嘉州

讲堂承韵、嘉州古艺萌春"四大品牌项目的实施,从演艺、绘画、非遗保护传承、讲座四个领域进行了公共文化服务实践的探索。通过"五个直通","文瀚嘉州·百姓直通车"在传承文化艺术、传播文化艺术知识、满足群众文化需求、提高群众文化素养方面发挥了重要的作用,同时也将公共文化服务与社会和市场接轨,实现了其社会经济价值的最大化。

(一)直通百姓,服务群众

以老百姓为服务对象,建立城乡群众基本文化需求反馈机制和互通机制是项目取得良好效果的首要条件。在项目创建期间,乐山市文化馆定期开展公共文化服务满意度测评以及示范项目创建问卷调查,总计发放调查问卷近2000份,回收问卷1400多份,其中有效问卷1260份,结合群众反馈情况及时调整项目活动内容与形式,群众评价成为服务项目生存、发展的直接依据。

(二)直通历史,发掘文化资源

乐山市文化馆在项目创建的过程中,注重挖掘历史,打造地方文化特色。突出历史文化特色,实施了"一个县域一个特色、一个品牌","一乡一品一特色"工程。沐川草龙、井研农民画、小凉山彝族文化等一个个老百姓耳熟能详的特色群众文化品牌,深受群众喜爱。成功申报16个省级民间文化艺术之乡,沐川县、井研县分别被文化部命名为"中国草龙之乡"和"中国农民画之乡"。井研农民画被中宣部选定为全国精神文明公益广告画。以地方特色文化为主体创作的群文作品,获全国金奖1项、省级奖25项。

(三)直通阵地,实现网络化布局

公共文化服务的阵地建设是优化和调整"供给侧"的基本抓手,通过各层级文化机构阵地的整合、链接和布局,形成了乐山网络化的文化阵地。一是制定了乐山市《图书馆评估定级标准》、《乡镇综合文化站等级评估标准》、《省级示范乡镇综合文化站建设标准》。12个文化馆、11个图书馆90%以上达到评估定级必备条件，218个乡镇（街道）综合文化站有省级示范站22个，自评等级站100个。二是着力解决城乡、彝汉、社会各阶层之间的公共文化服务资源合理配置。建立"农民工文化中心"、"留守学生（儿童）文化之家"，启动实施音乐、美术、非遗文化扶贫工程。沙湾区嘉农镇综合文化站、犍为县芭沟镇综合文化站、井研农民画基地、夹江年画研究所等基层公共文化服务阵地建设得到各级主管部门的充分肯定。

（四）直通市场，鼓励社会力量参与公共文化服务

公共文化服务尽管是以政府供给为主体的一项文化民生工程，但并不排除社会力量，且社会力量在参与公共文化建设中还扮演着重要作用。"文瀚嘉州·百姓直通车"项目积极向外拓展，鼓励社会力量参与公共文化服务。一是实施内引外联，把公共文化服务的供给从文化系统的"内循环"转变为市场的"大循环"，培育群众文化非营利性组织、涉文群团200多个。二是实施文企联姻，培育企业文化。举办"魅力蓝山湾——全国精品群众文艺巡演"、"俄罗斯交响乐团新年音乐会"等精品文艺活动，探索建立与企业合作的双赢模式。三是创新政府购买公共文化服务模式。市文化馆"文化惠民周"将精品书画作品以慈善抽奖模式送到普通群众身边，市川剧研究院"喜神三国"精品戏剧10元低票价，引导群众进行文化消费，场场爆满，受到全市群众热捧。

（五）直通网络，提升数字化水平

实施数字图书馆推广工程和文化馆数字化服务，开设网上文化艺术培训、网上讲堂、网上书画展厅、网上非遗展厅等项目，11个区县文化信息资源共享工程、电子阅览室互联互通，免费实现数字文化进入百姓家。

三 基本经验：围绕"一个目标"，实施"六个确保"

"文瀚嘉州·百姓直通车"站在"十三五"的起点，在项目创建的基础

上围绕"一个目标",推动实施"六个确保",形成了乐山公共文化服务体系的建设经验。

（一）一个目标

"十三五"期间,乐山市的基本目标是:立足乐山特色,将公共文化服务体系建设与构建"国际旅游目的地"结合,打造世界双遗产佛禅主题文化圈、名人故里郭沫若主题文化圈、欢乐假日主题文化圈、乌蒙山田园生态休闲主题文化圈等"四个主题文化圈";建设博物馆集群漫游文化走廊、小凉山彝族民俗文化走廊、民间艺术文化走廊、工业遗产文化走廊等"四个文化走廊"。"四个主题文化圈"和"四个文化走廊"整体规划、统一包装,文旅资源共建共享,形成既是乐山"风景旅游圈"又是"公共文化服务体验圈"的全域式布局。围绕这一目标的实现,乐山市通过"六个确保"继续深入推进"文瀚嘉州·百姓直通车"项目,促进现代公共文化服务体系建设。

（二）六个确保

一是确保阵地服务常态化。以公共文化服务均等化、标准化、多元化、信息化"四化"建设为基础,推进嘉州歌台飞莺、嘉州讲堂承韵、嘉州画派传承、嘉州古艺萌春"四大平台"基地建设,坚持定点定期开展服务。

二是确保财力投入机制化。在确保现行投入不减的前提下,完善投入机制,建立健全专项资金保障系统,加大投入力度,充分保障人员经费、活动经费、维修经费、奖励经费投入,符合"建得起、转得动、有实效"的经费要求。

三是确保队伍建设规范化。挖掘"四大平台"人才,充分发挥"四支队伍"的作用,完善四级群众文化人才演艺网和嘉州画派书画人才网。立足校地合作,依托名校资源,加大文化人才培养力度,全面提高全市公共文化从业人员的业务素质。

四是确保项目制度科学化。加强领导,统筹实施,完善梯级服务网络,深化项目课题研究，深化制度设计，转化制度设计成果，形成宽领域、多层次、全覆盖的组织支撑系统。

五是确保成果运用普及化。总结示范项目的创建过程，挖掘示范项目的创新点、成功点和不足点，抓好嘉州歌台飞莺、嘉州讲堂承韵、嘉州画派传承、嘉州古艺萌春四大平台建设，深化五个直通运行机制。巩固创建成果，扩大服务范围和受益人群，实现示范项目效益最大化。

六是确保项目服务机制持续化。完善公共文化服务协调机制、政府购买与社会参与的激励推动机制、交流提升机制、志愿服务机制，加强宣传推广，增强项目的影响力和吸引力。

创新文化服务方式　让老百姓唱主角

——以十堰市群艺馆"社区群众文艺辅导员"服务模式为例

韩　谦　陈秋娟*

摘　要： 十堰市城区"社区群众文艺辅导员"作为十堰市群众艺术馆文化惠民服务的创新模式，为构建本地区全覆盖、普惠型、均等化、标准化的公共文化服务体系，以公共文化服务助推社区文化建设等方面产生了积极的影响。该项目自实施以来，培育出了一大批社区群众文化艺术骨干力量，激发群众参与力，也加强了社区间的文化交流，更促进了社区与文化单位的服务对接，让群艺馆"送文化"、"种文化"的理念得以落地生根，让文化活动的根系深扎遍布于全市各社区，真正让老百姓成为群众文化的主角，形成了全市人人乐享文化服务、人人参与文化活动的大好局面。

关键词： 社区文艺辅导员　服务创新

十堰市位于湖北省西北部，是鄂、豫、陕、渝毗邻地区唯一的区域性中心城市。十堰是世界著名道教圣地武当山、南水北调中线工程调水源头丹江口水库、中国第一世界前三的东风商用车公司总部所在地，"武当山"、"丹江口"、"汽车城"是十堰响亮的三张世界级的名片。十堰市辖三区四县一

---

* 韩谦，十堰市群艺馆副馆长，群文专业副研究馆员，武汉大学国家公共文化政策研究实验基地特聘观察员；陈秋娟，十堰市群艺馆业务干部，群文专员。

市及两个市政府派出机构区（即茅箭区、张湾区、郧阳区、郧西县、竹溪县、竹山县、房县、丹江口市和十堰经济技术开发区、武当山旅游经济特区），总面积2.4万平方公里，人口350万。至2015年，市城区143个社区中有65个社区由政府部门配发了电脑、图书、音响、乐器、道具、健身器材等设施设备，惠及张湾、茅箭、白浪、武当山4地80余万居民。

湖北省十堰市群众艺术馆成立于1972年，是鄂西北地区主导地方文化的"四大中心"即群众文化活动服务中心、群众文艺辅导培训中心、群众文化研究创作中心和非物质文化遗产保护传承中心。在第三次全国文化馆评估定级中被评为国家"一级文化馆"。近几年，十堰市群艺馆扎实地面向基层群众提供内容丰富的"零门槛"公益性文化服务，在"免费开放"工作中积累了不少经验。2015年十堰市群艺馆准确把握群众文化工作的新动态，以围绕中心、服务大局、深接地气、文化惠民为工作统领，以创新公共文化服务、打造公共文化活动品牌为核心，成立了鄂西北地区第一支"十堰市城区社区群众文艺辅导员"队伍，开创了湖北省内"种文化"的惠民服务创新模式。群众文艺辅导员来自社区群众，服务于社区群众，带动了更多的群众参与文化活动。该服务项目实施一年多来，深受广大群众的欢迎。这种创新的服务模式有助于构建本地区全覆盖、普惠型、标准化、均等化的公共文化服务体系。笔者结合工作实际，以十堰市群众艺术馆的"城区社区群众文艺辅导员"模式为例，浅谈该模式的创新及文化惠民项目精准落地的经验与方法。

一 "社区群众文艺辅导员"模式的产生背景

自2011年开始实施美术馆、图书馆、文化馆（站）"免费开放"以来，各地都开展了"零门槛"的文化服务项目。湖北省十堰市群艺馆积极发挥其在公共文化事业服务中的作用，紧紧围绕艺术辅导培训，播撒文化种子，培育艺术人才；常年举办形式多样、内容丰富的各类群众文化活动，做到送文化服务，惠百姓生活；十堰市的群众文化工作稳中求新、稳中求实、稳中求进，实现了月月有活动、季季有亮点、年年有创新。免费开放的大门敞开了，市群艺馆免费开放年服务人次达10万以上，并逐年递增，2015年免费开放服务惠及人次达18万以上。虽然免费开放惠民人次每年都有所提升，但是走进来的毕竟是有限的文艺爱好者，为了使文化服务实现全面覆盖，使文艺活动能走进千家万户，还要把品牌活动送进广场，把免费培训送到社区。

正如十堰市群艺馆馆长尤成立所强调的："群众文化的主角其实就是我们的'人民群众'。作为文艺工作者，为人民大众服务是我们的天职，让老百姓们成为文化生活的主角，才是我们的工作职责。"本着深入基层，深接地气的宗旨，在群艺馆举办的各种文艺演出、品牌活动中，有以社区表演团队为主体的《人民广场大家乐》，有以少年儿童为活动主体的《少儿艺术节》活动，还有以业余戏迷为表演主体的《今天我是角儿》活动，这些品牌活动都是深植在市民心中的、倍受喜爱的群众文化活动品牌。这些品牌活动和丰富多彩的文化活动也成为十堰一道靓丽的文化风景线。

在十堰市群艺馆每年组织的社区群众舞蹈大赛、社区声乐大赛、戏迷票友唱段大赛等比赛中，都会有成百上千的参与者，但是参赛者的素质、文化素养是参差不齐。群众文化艺术普及性工作面对的人数巨大，免费开放的培训班次显得极为有限，仅靠40余人的群艺馆来提升全市大众文艺欣赏整体水平远远不够。但有压力才有动力，在反复的工作实践和长期的论证中，市群艺馆在2014年开始策划组织，筹备了"十堰市城区社区群众文艺辅导员"选拔赛。希望通过"送文化服务"加上"种文化种子"的形式，培养社区的群众文化艺术人才，让他们成为可以燎原的文化火种。让社区文艺辅导员在市群艺馆免费学习舞蹈、声乐等文化艺术课程，回社区后对当地群众进行普及工作，让每个社区都有一个文艺带头人，建有一支自己的文艺队。通过发展辅导员的模式，十堰市公共文化服务的根系深入城市各个角落，不断发展壮大，并根据群众的文化需要制定各式"文化套餐"，激发更多的老百姓们参与到文化活动中，从而让平常百姓们成为群众文化舞台上真正的主角。

二 "社区群众文艺辅导员"模式的运行及成效

（一）运行模式

1. 人员选拔机制

随着我国经济的发展，人民生活水平不断提高，群众对精神文化的需求进入一个前所未有的旺盛时期。和很多城市一样，十堰市的广场、小区空地、河道边、公园常有跳广场舞、唱戏、下棋等自娱自乐的人群。人们的娱乐兴趣盎然，很多表演者的表演虽然欠缺美感，但丝毫不影响他们的表演积极性。类似这种民间"草根"组织、文艺团队多是自发、四散分布、无组织的，也缺乏统一管理机构，缺乏专业老师指导。十堰市群艺馆设想为这些散兵游勇式的团队提供统一的培训、引导，及排练、展示的场地，让这些自发的文艺团队提高表演水平从而给予观众美的享受，也对繁荣群众文化、建设和谐社区起到积极作用。基于以上原因，2015年1月22日，十堰市第一批"社区群众文艺辅导员"选拔聘用机制应运而生。此次选拔活动是在长期组织社区文化活动的基础上，对城区社区文艺团队进行调研后，经过2014年底市群艺馆精心组织、认真筹备后举办的，历时约三个月。十堰市"社区群众文艺辅导员"由市群艺馆具体负责组织，市文体局领导、分管文化的科长和市群艺馆的专业老师组成评委进行考核选拔，对象要求为十堰市城区社区各文艺团队从事舞蹈编导的同志，每个社区团队限报一人。在首次报名的近百人中，通过个人才艺展示、群众文化基础知识问答、即兴表演等环节，有19人通过了考试，由市文体局局长亲自颁发聘任书，聘任书由市文体局签发，要求辅导员参与各项活动必须挂牌行动。2016年2月8日全市第二批37人被聘用。为了更好地、极大地激发社区各表演团队的创作热情，聘任社区文艺辅导员（舞蹈编导），同时授予其所在团队"十堰市群众艺术馆社区文化活动示范点"荣誉称号，将社区文艺辅导员及辅导员所在团队的成员们聘为"文化志愿者"。

2. 人员培训机制

2015年2月4日，十堰市城区社区首批群众文艺辅导员聘书颁发仪式在市群艺馆举行。自实施"社区群众文艺辅导员"项目以来，市群艺馆加大力度，有的放矢，不断提升社区文艺团队的软实力。为社区文艺团队骨干举办了可免费参加的音乐、舞蹈、摄影创作等多种艺术门类多班次的辅导培训班。还紧密结合免费开放工作，组织广大文艺爱好者来馆里开展各类文化活动，并为他们提供免费的艺术辅导培训。2015年十堰市群艺馆组织社区文艺辅导班声乐类、舞蹈类、摄影类每个季度一期，其中舞蹈班、声乐班在学员们的要求下增加了上课次数和课时，还针对社区文艺辅导员举办了多期群众文艺创作、艺术表演培训班。2015年6月6～8日，专门针对首批辅导员对广场舞的热爱，群艺馆在北京邀请了广场舞"男神"饶子龙老师给广大社区文艺辅导员们授课；同年6月17～18日，由群艺馆租车并免费为社区文艺辅导员提供食宿，组织其到河南省开封市观摩群众文化活动；2016年3月21～24日邀请到了北京市石景山区文化馆的徐恒、石琴两位老师和湖北省群艺馆的徐超、沈欣老师为第二批辅导员培训广场舞、体育舞蹈和群众文化知识、声乐知识。这些免费的培训活动，为群众文艺辅导员提供了强有力的技术支持，也对提升群众文艺辅导员的业务能力起到了积极作用。市群艺馆对文化活动示范点、文艺辅导员每季度进行工作检查。按年初工作要求，辅导员每个月编排一个舞蹈，每年编排舞蹈不低于十个，一年两次进行汇报演出，对完成工作目标者还给予一次性物质奖励。

3. 人员管理与奖励机制

群艺馆培训部主要负责全市社区群众文艺辅导员的管理，培训部郭学忠主任自选拔第一批文艺辅导员后就建立了全市群众文艺辅导员的QQ群、工作联系簿、微信朋友圈。只要单位举办培训班、广场演出、文化活动、各类赛事就提前通知各社区辅导员部署工作，每月定期举行全市群众文艺辅导员交流座谈会，每年组织社区辅导员外出观摩学习一次。培训部不定期到文艺辅导员所在团队进行辅导、抽查、测评，与社区团队成员面对面交流，并以组织参与比赛活动等工作成绩对文艺辅导员进行考评。自2015年起，培训部就成了群众文艺爱好者来访人数最多、访问最频繁的部室，也被戏称为十堰市的"中老年之家"。通过群众文艺辅导员这条纽带，社区活动文艺队与群艺馆的联系也更加紧密，社区文艺爱好者们说"群艺馆就是我们的家"。为了管理好并激发辅导员们的工作积极性，群艺馆还明确了对社区群众文艺辅导员的奖励机制。2015 年底，市群艺馆根据"社区群众文艺辅导员"一年来的工作成效，评选出王道琴等 17 位城区社区优秀群众文艺辅导员，给予每人 2000 元的物质奖励，对长期积极参与活动又有一定演出水准的辅导员团队，多安排演出活动，配发演出所需的服装、道具，给予特殊演出活动补贴，每个节目 500~800 元不等，对于不参加、不支持活动或参加活动前要酬劳的辅导员给予清退、解聘处理，2015 年 10 月退聘 1 人，年底考核时，1 人不允许参加下任选拔聘用。

4. 辅导员的串联与辐射

辅导员的聘用考核机制是为了抓辅导员以点带面，实现全辐射。辅导员是群艺馆的抓手，他们涉足城区的各个角落，最终实现网络全覆盖。经过 2015~2016 年的两任聘用，辅导员也逐渐散布开来，北到郧阳区，南到武当山特区，东到张湾区黄龙镇，西到东风公司各专业厂。市群艺馆借全省"优质服务项目"人民广场大家乐品牌活动走社区、进基层进行文化惠民演出，组织辅导员队伍进行串联，分片开展演出活动。在张湾区演出，主要以张湾片的辅导员队伍为主，还特邀茅箭区或武当山片区部分辅导员参与节目演出。在茅箭片演出，专邀其他片区参与，这种加强片区交流的同台演出，既是辅导们学习提高的机会，也是检验和增进友谊的平台。群艺馆选拔的首批社区文艺辅导员 19 人、第二批 40 人（其中 3 人在第一批中德艺双馨表现好，在第二批聘任时免选拔，直接聘用为群众文艺顾问）是十堰市城区社区文艺爱好者中的领头雁，也是引领社区文化健康发展的排头兵。在首批 19 名群众文艺辅导员中有 18 名女性，1 名男性。这名男性辅导员名叫白秉来，是市委党校原副校长、退休老教师，爱好文艺，能说会唱，组织能力也强。他在社区辅导员工作交流座谈中多次提到，辅导员要有"三多"，即多找（在社区中多寻找发现新队员，多找好的活动场地）、多联（要多联系，与其他社区团队联系，与想参加的个人、单位联系，与文化部门多联系）、多看（多学习多看先进的文化，多参与各类社区活动）。的确，社区文艺辅导员要在灵活、积极、主动的工作方式方法中发展新成员、壮大文艺队伍，让更多的老百姓参与文化活动。的确，有了社区文艺辅导员，很多社区群众都找到了知心的朋友，找到了生活的乐趣。2015年初，在市群艺馆登记的十堰社区文艺表演团队有62个，到2016年初发展到92个。2015全年社区文艺辅导员共编创节目100多个，辅导编排节目近200个，演出活动150多场次，极大地丰富和活跃了十堰广大群众的精神文化生活。2016年初，市群艺馆从广大文艺爱好者中选拔、聘任了2016年度城区社区群众文艺辅导员40名。自首批选拔聘用社区辅导员到现在的一年之间，群艺馆的引领示范作用和搭建的培训、辅导、演出平台得到了基层群众的好评，首批辅导员们不负众望，也吸引了更多的社区文艺团队慕名前来市群艺馆取经。到第二批辅导员的成功聘用时，社区辅导员们已串联成网、辐射到面，以点带面的格局已形成。

5. 服务与保障机制

辅导员团队归属市群艺馆培训班管理。通过出台人员聘用、目标考核、培训辅导、设备馈赠、展示交流、总结表彰系列措施，形成辅导员的保障机制，确保该项工作有声有色地推进。在辅导员队伍成立之始，培训部就建立了辅导员们的QQ群和微信平台，出台了辅导员管理办法，建立了辅导员绩效评价机制。若有培训辅导和赛事安排，则通过网络平台第一时间告知辅导员。群艺馆组织培训辅导的项目、内容按辅导员们的意向分门别类地安排。就培训辅导效果和服务质量，培训部进一步征求辅导员们的意见，尽量符合学员们的要求，最终使辅导员们满意。在2015年，市群艺馆为文艺辅导员团队配发便携式音响一批，为文艺辅导员的工作开展提供了硬件设施保证，也极大地鼓舞了社区文艺辅导员的工作热情。2016年1月底，在春节到来之前，市群艺馆经过充分走访调研，根据社区文艺团队的实际需求，有针对性地配备了适合春节期间使用的彩船、花轿、龙灯等一批演出道具，分发到了全市20多个社区，进一步改善了社区文艺团队的设施条件，也为提高社区文艺团队演出质量、活跃群众文化生活起到了积极的促进作用。

（二）主要成效

十堰市各社区文艺团队在馆内举办的"欢欢喜喜过大年"、"人民广场大家乐"、群众文化艺术节等群众文化品牌活动中均有不俗表现。有的团队还通过市群艺馆选拔、推荐参加了市"五城联创"宣传演出、第五届全市职工运动会开幕式等文体表演活动，充分展现了群众文化的风采，也让属于老百姓的舞台热闹红火起来。

2015年，十堰市首届城区群众文化艺术节、第二届十堰市城区社区群众舞蹈大赛、"文化力量 民间精彩"湖北省第二届群众广场舞展演十堰赛区比赛等各类群众文化活动如火如荼，盛况空前。特别是十堰市首届城区群众文化艺术节，共有181个节目2300余人报名参赛，年龄最大的达85岁，是十堰市举办群众文化活动以来，参赛范围最广、参赛人数最多、节目最多的一次。

2015年湖北省文化厅命名表彰了一批优秀社会文艺团队为"湖北省百佳社会文艺团队"，十堰地区有9个社会文艺团队荣获"湖北省百佳社会文艺团队"称号。其中"社区群众文艺辅导员"所在的张湾区轻舞飞扬舞蹈队、郧阳区滨江舞蹈队榜上有名。

"社区群众文艺辅导员"模式是群众文化发展中的一个重要环节，这些辅导员就如同文化大树的分支根系，主根在文化部门，副根在辅导员。辅导员遍布全市各个社区，他们是上传下达的文化纽带，既能将文化活动培训输送到基层，又能向文化部门真实反映群众的文化需求。社区群众文艺辅导员的环节抓好了，社区群众文化建设便有了导向，群众文化活动也有了自己的源头活水，自然会枝繁叶茂。

三 "社区群众文艺辅导员"模式的现实意义

（一）激活群众文化活动源头

目前，大多数的城区社区活动室都配备有相应的现代化文化设施设备,如何长久、持续地开展群众文化活动,为老百姓们搞好服务,让社区群众喜欢参加文化活动?十堰市群艺馆把社区中的群众作为文化活动的原动力,以"社区群众文艺辅导员"来带动一方百姓,让群众文化骨干带领群众自办社区文化活动,从而激活群众文化活动的源头,让文化建设的根深扎在基层社区。

"社区群众文艺辅导员"模式是激活群众文化活动源头的创新模式,是湖北省内率先创新的文化惠民服务方式。十堰市群艺馆发挥文化部门的职能作用,以精神文化滋养群众,给社区注入文化活力,营造出良好的文化氛围,为和谐社会构建提供基础环境保障,也引导社区文化健康有序发展。自2015年运行"社区群众文艺辅导员"以来,"社区群众文艺辅导员"已从最开始的19人增至2016年度的40人,群众文艺辅导员遍布全市各街办社区,还涵盖了郧阳区、武当山经济特区等偏远城区。

(二)拓展群艺馆基层服务范围和能力

辅导员是群艺馆工作的一个抓手,对辅导员开展培训辅导和组织演出活动,也是群艺馆的职能和职责所在。辅导员的编导、排练、演艺和创作水平虽然处于初级阶段,但是他们的思想最能代表基层心声,接地气,充满生活气息,深受群众欢迎。其创作和编排的作品贴近生活、贴近百姓,经群艺馆的专家修改加工润色后,搬上舞台,就有血有肉。比如,结合十堰"五城联创"活动编写的说唱《逛新城》,把十堰的社会经济发展变化写进去,深入社区、工地、学校、军营、福利院等地,通过舞蹈形式展现给观众,也在慰问农民工、残障人士等活动中受到好评。

群艺馆(文化馆)有政府的经费保障,把维护百姓的公共文化权益放到议事日程上,重点抓好"社区群众文艺辅导员"工作,用心地将实现公共文化的标准化和均等化目标落实到日常工作中。市群艺馆在对这支队伍实行规范化的管理中,一方面采取集中培训以提高其业务能力、配发排练辅导专用音响设备、组织外出观摩学习以开阔其视野等扶持方式;另一方面严格管理和奖惩,对完成工作目标任务者给予一定物质奖励,不合格者被淘汰出局。这种每年聘用选拔、每年考核考评的制度,不仅能保持"社区群众文艺辅导员"的血液新鲜,也将保证"社区群众文艺辅导员"的工作效能。辅导员是群艺馆联系大众的纽带,也是群艺馆完善服务的外延。群艺馆有了辅导员们的助力,对群众的文化服务辐射范围也能不断扩大、服务效能也能倍增。

(三)推进基层公共文化服务提质增效

目前,十堰市基层公共文化服务发展系统还处在初级建设阶段,城乡差距较大,提供的文化服务质量、数量也普遍不高。如何使文化服务提质增效?笔者认为,要做好以下三点。

第一,要增强文化工作者的责任感和使命感。特别是群艺馆(文化馆)业务人员要把提高自己的业务技能与服务基层百姓的责任统一起来,要将职能、职责和目标任务与绩效挂钩,对业务人员深入社区辅导的次数、质量和效果进行反馈,把当前为老百姓提供优质文化服务作为群艺馆的头等大事抓实抓牢抓出成效。首批社区文艺辅导员田田是东圣艺术团的舞蹈编导,在参加了2016年4月22~26日群艺馆组织开展的社区舞蹈骨干培训班后,她高兴地说:"民族舞蹈是我们想学很久但一直都没能学到的课程,在此次专业的培训班上我圆了梦。学成之后,我会把所学到的知识用于我和我的团队,多编排一些节目,为繁荣活跃社区文化发挥积极的作用。"在辅导员们培训、学习时,不仅辅导员们的业务水平提高了,文化业务干部也在培训中加强了业务学习和锻炼,达到了教学相长、双赢共进的效果。

第二,要增强文化工作者的审美情趣。群艺馆要站在一定的高度上加强对辅导员审美情趣的培养,让辅导员引导所属团队。在辅导员对音乐的选择、舞蹈的编排、队形的调度、服装发型的设计等方面,都要进行美感升级,要把观众欣赏演出时的"看热闹"升级为"看门道"。2016年3月,在天鹅艺术团的辅导员张娥带领队伍参加市群艺馆组织的第三届十堰市社会文艺团队舞蹈比赛获得一等奖后,其他团队辅导员说,张娥编导的节目《向天歌》获得一等奖是实至名归,她能花八千多元购置演出服,使得舞台效果更加出色，24个演员也是从社区文艺队中精挑细选的，身高体态标准得如同一人，无论是队形调度、演员表情，还是音乐旋律、肢体语言，都给观者以美的享受。

第三，要搭建展示平台。群艺馆要多为百姓搭建舞台，多组织活动，要在舞台包装上下功夫，用现代化的舞台声光电提升舞台演出效果，营造社会文艺团队积极参加演出的氛围，彻底让"地摊"式的简单舞台向更高雅的舞台转化；根据群众需求以预约式的方式，多形式多门类地组织活动深入农村、企业、工地、军营、校园开展文化惠民演出，唯有如此，演出质量方能提高，公共文化服务效果才能得以彰显。同样的，湖北省文化厅公共文化处处长李波在观看了第三届十堰市社会文艺舞蹈比赛后感慨道："十堰群艺馆的辅导员选拔聘用模式，不仅走在全省前列，组织的活动次数、规模、文艺团队技能展示都胜过其他地区，舞台设备、技术支持、舞台效果更是全省一流。"

预计未来三年内十堰市"社区群众文艺辅导员"将超过100人，实现对十堰城区社区的基本覆盖，实现每个大社区都有一名社区群众文艺辅导员。群众文艺辅导员们在社区发挥自身示范、引领作用，既能提高全市社区群众文化活动的整体质量和水平，也能逐步形成文化活动以点带面、全面发展、遍地开花的良好态势，推动十堰市群众文化事业创新发展，对早日实现公共文化服务均等化、标准化、优质化，满足广大人民群众的文化需求起到了积极作用。

（四）创新基层群众文化服务方式

"请进来，走出去"是十堰群艺馆创新群众文化活动的观念之一。每年1~2次邀请北京和武汉两地的专家为基层文化馆站业务干部、社区群众文艺辅导员们做有针对性的业务辅导培训。进行免费培训期间，辅导员们与老师直接对话、相互切磋，并邀请周边省市群艺馆业务干部到十堰来开展城市之间的文化交流，组织馆内业务人员带上辅导员到外地观摩交流。2016年，市群艺馆开展乡镇文化站站长业务培训班，工作重心下移，触手伸向基层，形成市县乡互动,建立一体化的网络化服务系统。在总结往年文化活动的基础上,由市群艺馆策划建议后,十堰市人民政府出台了"十堰市群众文艺展演季"文件。活动由政府主办,文化、财政、公安、报社、电视台等单位承办,市群艺馆执行,两年一届,拨专款,成立工作专班,市长任名誉主任,分管副市长任执行主任,政府副秘书长和文化局局长任副主任,设音乐、广场舞、民族舞、民族民间文艺、美术、书法、摄影等十个门类,从农村层层选拔优秀节目,最后集中到市里进行总决赛。十堰市群众文化活动规范化、创新化的步伐在加快。正如习总书记要求的,唯有发展才有出路,唯有创新才有未来。创新文化服务才会让更多的老百姓得到实惠,让更多的老百姓分享文化发展的成果。

四 结语

"社区群众文艺辅导员"模式是群艺馆面向基层、深接地气的服务举措。"社区群众文艺辅导员"是群艺馆深入人民大众的纽带,也是完善文化惠民服务的外延,更是基层文化单位播撒在老百姓中的"文化种子"。要大力建设群众文艺辅导员队伍,把市内分散的辅导力量进行集中整合,并充分发挥这些"文化种子"的作用,促进十堰市公共文化服务体系建设,使文化服务网络不断健全、完善。

"问渠哪得清如许,为有源头活水来"。要统筹文化服务设施网络建设,促进基本公共文化服务标准化、均等化,改善群众文化生活,在从硬、软件入手抓好社区文艺团队建设的同时,要积极为群众搭建活动平台,组织社区文艺团队参加群众文化艺术节等群众文化品牌活动,让群众文化之树得以常青常盛。

传承传统文化　抢救濒危剧种

——以山东大弦子戏"三位一体"保护和传承模式为例

李 磊*

摘　要： 山东省艺术研究院实施的"齐鲁文化传承传播工程"之菏泽大弦子戏项目使大弦子戏剧目在消失将近半个世纪之后被重新搬上了舞台，使这一消失多年的剧种重新出现在齐鲁大地上。该项目实施的"三位一体"模式对于做好山东地方戏的保护与传承工作、促进山东地方戏曲的繁荣发展起到积极作用，该模式开创了濒危剧种抢救与保护的新模式，在全国范围内具有一定的创新性和示范性。

关键词： 大弦子戏　濒危剧种　保护　传承

"齐鲁文化传承传播工程"之菏泽大弦子戏项目由山东省艺术研究院、菏泽市文广新局共同承担，山东省艺术研究院派出剧目主创、科研、纪录片摄制等专业团队与菏泽市地方戏曲传承研究院展开全方位合作，使用跨剧种"依团代传"方法，形成了理论研究、剧目创作、纪录片拍摄三位一体的保护与传承模式，使大弦子戏得以重新登上舞台。这种模式为研究地方戏曲濒危剧种的保护与传承提供了一个范本，也为其他濒危剧种提供了可资借鉴的模板。

---

* 李磊，山东省艺术研究院助理研究员，公共文化政策研究所副所长。

一 戏曲保护和传承陷入困境

戏曲是一种历史悠久的综合舞台艺术样式,也是中国传统文化的重要组成部分。中国戏剧自宋元形成,走过了千年的历程,在中国广袤的大地上形成了三百多个剧种,各剧种在表演、音乐、剧目、唱腔等方面,具有鲜明而独特的艺术风格,包含着丰富而厚重的文化内涵。正如傅瑾先生所言:"地方戏剧种不仅是一种戏剧艺术活动,同时更是地方音乐、舞蹈以及民风民俗的载体,蕴含着异常丰富的地方文化与艺术内涵,是一个融精神追求与物质生活于一体的民俗文化宝藏,堪称我国传统文化艺术的宝贵财富,其中蕴含着丰富的文化信息,以特殊的方式折射出我们这个古老民族千年来凝聚于其中的思想、情感、伦理道德与价值观念,是一笔珍贵且不可再生的文化遗产。"[①]

但是,随着时代的发展和社会的变迁,出于文化环境和政治方面的种种原因,有2/3左右的剧种正面临衰亡或已经衰亡。据不完全统计,1983年中国共有地方剧种374个,但是到2012年,这一数字已锐减到286个,平均每年有3个剧种消失。已知有记录的山东地方剧种有近40种之多,目前尚有专业剧团的仅剩14个剧种,70%的剧种已经消失……这些珍贵且不可再生的民族文化资源,正在以我们难以想象的速度迅速流失。在众多的濒危剧种中,绝大部分剧种是地方性的,往往只在一两个县的小范围内流行,很多剧种仅存一个专业院团,被称为"天下第一团",但这并不是一个令人骄傲的称呼,反而预示了剧种生存的巨大隐忧。还有很多剧种已经没有专业院团,消失于舞台多年,只剩下零星老艺人还延续着艺术的火种。若再不加以保护和抢救,很多珍贵的文化遗产就面临灭绝的命运,抢救和保护濒危剧种的工作已经刻不容缓。

作为非物质文化遗产的传统戏剧(戏曲)目前的生存状况可分为三类:

---

① 傅瑾:《有多少濒危剧种亟须救援》,http://fujin.nacta.edu.cn/show.php?contentid=84&page=1。

第一类是流布区域较广、剧团较多、总体生存状况较好的；第二类是流布区域较小、剧团较少（有的一直剧团较少，有的是剧团逐渐减少）、亟须认真保护的；第三类是虽然剧种还存在，但已没有专业剧团（包括国营剧团和民间职业剧团）了，就是说真正处于濒危状态了，对这类剧种必须抓紧抢救。目前，山东省存留的地方戏剧种24个，其中有专业艺术院团的地方戏剧种14个，已经列入国家级或省级非物质文化遗产名录但没有专业剧团的剧种还有大弦子戏、鹧鸪戏、蓝关戏、周姑戏、一勾勾、东路梆子、王皮戏、皮影戏、木偶戏、蛤蟆嗡等10个剧种，菏泽境内的大弦子戏就是其中之一。

二 大弦子戏"三位一体"保护和传承模式

（一）"依团代传"，复排传统剧目

2008年6月，大弦子戏被列入第一批国家级非物质文化遗产扩展名录。同时，对于它的抢救性保护工作也被提上了日程。由于长期没有专业剧团和演员，挖掘整理的音乐唱腔以及传承人（老艺人）身上的技艺找不到合适的人员学习继承，面临"有剧种无剧团，有技艺无人传"的传承困境，随着传承人年龄的增长，抢救性保护工作迫在眉睫。因此，菏泽市地方戏曲传承研究院创新观念，独辟蹊径地提出了跨剧种"依团代传"模式：从现有剧团挑选青年演员组成"加强营"，师从老艺人对濒危剧种进行学习研究，最终实现"薪尽火传"效应。随着"依团代传"保护模式的持续推进，研究院决定复排一出大弦子戏传统经典剧目，使大弦子戏以完整的剧目形式重新登上舞台。

作为一门综合性的舞台艺术，戏曲的活力表现为舞台上的反复搬演。拥有多少出能够呈现在舞台上的代表性剧目和经典剧目，是判断一个剧种水平和生命力的重要标准。因此，对剧种的保护，仅仅有抢救保存珍贵资料、保护传承人、开展传习活动等内容，是远远不够的。剧目的保护也非常关键。复排大弦子戏《两架山》，不仅仅是抢救恢复了一部大戏，更为重要的是由

此培养了一批大弦子戏的年轻演员，恢复了一批曲牌和唱腔，让大弦子戏复活为可以进行大型演出的剧种。这对于一个地方剧种的保护和传承的作用尤为重要。复排工作不满足于一般性地恢复和再现，还基于将此剧做成艺术精品的目标，细节上精益求精，舞美、服装和化妆都很精致，唱腔和表演则很传统，这使此戏十分好看、耐看。《两架山》不仅成为保护非物质文化遗产的一个有力成果，还贡献了一部质量上佳的戏曲剧目，对于我国当前的非物质文化遗产保护工作具有十分重要的意义。

（二）借力科研团队，形成"三位一体"保护和传承模式

由于菏泽当地专业技术人才匮乏，编剧、导演、音乐、舞美等工作仅靠当地的资源难以完成，急切需要各方面的支持。因此，山东省艺术研究院发挥省直院所的人才优势，派出学术科研、剧目主创、纪录片摄制等专业团队与菏泽市地方戏曲传承研究院展开全方位合作，一起开展大弦子戏剧种的抢救性保护工作。经过近一年的努力，工程的首个重点课题——菏泽大弦子项目圆满完成并形成了国内首开先河的理论研究、剧目创作、纪录片拍摄"三位一体"的科研成果——大弦子戏成果集。成果集由大弦子戏传统剧目《两架山》、纪录片《扯不断的大弦子》、调研报告《地方戏曲濒危剧种的保护与传承模式研究——大弦子戏在山东的重生之路》三部分组成，科研课题为主体，剧目复排与纪录片的拍摄为两翼。

大弦子戏传统经典剧目《两架山》首创省直艺术科研机构与地方戏曲院团联合对濒危地方戏曲剧种进行保护的新模式。复排的大弦子传统经典剧目《两架山》以一个崭新的面貌重新出现在了山东的戏曲舞台上，使人们能从舞台上直观感受到这一古老濒危剧种的艺术魅力，引起了山东及全国戏曲界的广泛关注。《两架山》的复排不仅仅是一出传统老戏的复活，更是一个剧种在齐鲁大地的一次重生。

大型纪录片《扯不断的大弦子》是山东首部以地方戏曲为切入点的大型文化纪录片。该片将当代电视表现手法和学术理论相结合，以纪实、访谈、情景再现和动画等手段，展示地方戏曲的历史形成、繁盛和衰落；以山

东省艺术研究院科研人员抢救濒危戏曲剧种为切入点，记录了科研人员和基层文艺工作者在挖掘、复排大弦子戏传统经典剧目《两架山》中所付出的艰辛努力，以及生活在这片文化沃土上的人们对地方戏曲的喜爱和痴迷。

调研报告《地方戏曲濒危剧种的保护与传承模式研究——大弦子戏在山东的重生之路》首次对地方戏曲濒危剧种的保护与传承模式进行系统研究并加以理论化。该调研报告以详尽的调查研究作为学术支撑，考察还原菏泽市大弦子戏"依团代传"运作模式并加以理论化。这一创新保护传承模式理论的提出，对其他濒危剧种的保护与传承工作具有极强的示范意义，也为省级艺术科研机构理论联系实际、学术服务社会提供了成功范例。

大弦子戏在山东的重生是濒危剧种的保护与传承工作的成功范例，其"依团代传"的创新保护传承模式，对濒危剧种的保护与传承工作具有极强的示范意义；省级艺术科研机构理论联系实际、学术服务社会，积极参与艺术创作与生产，为学术科研部门参与艺术实践提供了范例；文化主管部门、科研院所、艺术团体和电视媒体联合开展地方戏曲濒危剧种的保护工作，探索了一条保护传承传统文化的新路径。

三　关于濒危剧种保护和传承问题的若干思考

同大弦子戏的命运相似，目前全国有不少流布范围较小、剧团数量少的稀有剧种面临传承困境。这些剧种陷入濒危境地，一方面是因为社会环境变化，多元文化娱乐方式的冲击造成了戏曲受众的锐减和戏曲市场的萎缩；另一方面，剧种与观众之间的联系逐渐被割裂，也是一个不可忽略的因素。大弦子戏在菏泽的重生之路不仅为我们提供了一个抢救和保护濒危剧种的创新保护模式——"依团代传"，同时也引发了我们对于濒危剧种保护和传承问题的一些思考。

（一）确定亟须抢救和保护的濒危剧种

中国目前亟须抢救和保护的濒危剧种有很多，各剧种的情况又千差万别，并非对所有剧种都有条件马上实施抢救性保护，也并非所有的剧种都适合使用"依团代传"的保护模式。正如傅瑾先生所说："在大量的濒危剧种里，除了像昆曲这样曾经盛极一时的大剧种外，数量最多的是地方性的、往往只在一两个县的小范围内流行的小剧种。现实地看，我们要清醒地认识到，事实上我们没有可能也没有必要将所有剧种纳入保护与抢救的范围内。保护与抢救需要分门别类。中国戏剧有 300 多个剧种，除了 60~80 个生存状况较好、尚无失传之忧的大剧种外，其他剧种普遍状况不佳，现实与前景的差异很大。我并不认为余下的所有剧种都有保护和抢救的可能性与必要性。"那么，确定一个濒危剧种是否亟须抢救与保护，可以有以下三个选择标准。

（1）该剧种具有悠久的历史传统和丰富的文化内涵。大弦子戏吸收了唐代大曲、元杂剧曲牌、明清俗曲小令等元素，形成了三百多支曲牌，其中"既有古朴高雅的古典大曲，又有通俗易懂的俗曲小令；既有雄浑激越的青阳腔，又有清新宜人的罗罗腔；既有起伏跌宕的沟沟腔，又有婉约华丽的昆山腔和优雅缠绵的石牌腔"。南词北调，包罗万千，具有很高的音乐价值和艺术价值。一个剧种在长期的历史流变过程中，保存和积累了最重要也最丰富的历史文化内涵，这样的剧种具有抢救和保护的价值和意义。

（2）该剧种已经濒临消亡，无论是优胜劣汰的自然选择，还是政治运动的牺牲品，总之，靠它自己的力量已经不可能继续维持下去，若再不加以抢救和保护，短时间内就会面临彻底消失的命运。尤其是那些只剩下一两个剧团的剧种更需要抢救，因为这类剧种的生命力最脆弱，完全可能因为这一两个剧团遭遇偶然性的挫折而消亡。而已经没有了剧团、只剩下零星老艺人的剧种，情况则更为紧急，"人在艺在，人亡艺亡"，若再不抓紧抢救和保护，随着时间的推移，剧种的彻底消亡是必然的结果。

（3）像大弦子戏一样，该剧种还存在抢救、恢复的可能。也就是该剧种必须还有一两个剧团或者部分老艺人、部分唱腔唱段、保留剧目，尚能演出或恢复一些足以体现该剧种特色的折子戏和传统大戏，通过努力有可能恢复本剧种的基本面貌。即使是那些很有价值的古老剧种，当它的音乐与表演艺术精华已经基本丢失之后，再去对它实施抢救与保护，就已经失去了继承遗产所具有的文化价值与意义。已经彻底消亡了的剧种就只能成为学者们研究的对象，它们已经丧失了传承的可能与必要，丧失了抢救与保护的具体内涵。

（二）把握好抢救和保护濒危剧种的重点

每一个地方戏剧种都是一个独特的个体，虽然都包含着唱、念、做、打等戏曲基本程式，但是在唱腔、音乐、表演、剧目等方面有着自身独特的元素，从而形成了或深幽婉约或慷慨粗犷的审美特点，具有独特鲜明的艺术元素和艺术风格。

我们在抢救和保护一个剧种的过程中，必须要明确的是，我们抢救和保护的重点是什么。毫无疑问，首先是唱腔和音乐，这是一个地方戏曲剧种区别于其他剧种最根本的东西。大弦子戏的音乐是曲牌联套体，有七大声腔，三百多个曲牌。其主要伴奏乐器有"文场面"和"武场面"之分，"文场面"的三大件是锡笛、笙和三弦，"武场面"的特色是"四大扇"和"尖子号"。在抢救和恢复大弦子戏的过程中，最艰难的部分也就是唱腔和音乐。由于演员是跨剧种学习大弦子戏，面临着诸多发声位置、发声方法、唱腔、韵味儿等方面的问题，但是无论如何艰难，这种困难都要克服，必须保证剧种唱腔和音乐的纯正和原汁原味，如果唱出来的戏已经失去了大弦子戏的韵味，那么这种恢复工作的意义就大打折扣。

其次，在选择恢复剧目上，必须是该剧种的代表性剧目。所谓代表性剧目，就是能够较全面地代表本剧种艺术特色的传统剧目。《两架山》一剧生、旦、净、丑各行当齐全，其惩恶扬善、邪不压正的主题仍具有一定的现实意义，虽是古装戏，但符合老百姓的欣赏要求；该剧角色行当齐全，人物个性鲜明，音乐曲牌丰富，能充分体现大弦子的特点，是大弦子戏的传统经典剧目。《两架山》一剧所使用的唱腔曲牌有十余种，其中既有属于"六字调"的"细曲子"〔海里花〕，又有"上字调"的"粗曲子"〔赞〕；既有"四字调"的"锡笛曲"〔林锦序〕、〔三板风入松〕，又有"尺字调"的

"竹笛曲"〔昆山坡羊〕；不仅有弦索声腔中的曲牌，还使用了其他声腔的曲牌，如〔大青阳〕、〔勾儿腔〕等，充分体现了大弦子戏曲牌音乐的丰富性和多样性。通过这一剧目的复排和演出，可以使观众较全面地了解大弦子戏的艺术特点，把握大弦子戏的精髓。

（三）正确处理继承与创新的关系

继承与创新是戏曲保护工作的两个重要方面，在濒危剧种的抢救和保护工作中，正确处理好继承与创新的关系尤为重要。

首先，继承是第一位的。每一个地方剧种都有它独特的音乐系统、表演程式、方言念白等，这是一个剧种区别于其他剧种最根本的东西。在保护和传承这些剧种的时候，首先就要最大限度地继承和保留剧种本身的东西，因为失去了这些，一个剧种便失去了它的本来面目。长期以来，相当多的小剧种缺乏足够的自信，总觉得应该向大剧种学习，于是努力模仿大剧种。其实每个剧种都有自己的音乐系统、剧目系统和表演系统，它的价值就应该从它自身来衡量，而不是以另外一个剧种来衡量。在抢救和保护濒危剧种的工作中，首先应该认识到剧种本身独特的价值，并且充分发掘剧种本身的特点和魅力，从而寻找它自己的生存与发展之道，如此才能使抢救与保护濒危剧种的意义有所归依。反之，如果以其他剧种为参照，过多地加入所谓的大剧种的音乐元素、表演程式等，这样无疑改变了传承和保护的初衷，从某种程度上讲是在创造或者改造一个新的剧种。

其次，创新是必然的。时代在发展，人们的观念也在发展和变化，当今观众的文化水平、知识结构、审美需求和情感需求也在发生着变化。所以，在继承剧种优良传统的同时，也应该与时俱进，适当进行改革与创新。

以大弦子戏为例，我们可以设想一下，当年大弦子戏演出的时候，"四大扇，尖子号"齐鸣，锣鼓喧天，舞台上真刀真枪，配以出彩、吊辫子、爬铡等特技，场面火爆甚至惊悚。这样的演出形式显然已经不适合当代观众的审美需求和情感需求，而且，随着演出场地从农村草台到城市剧场的转变，"四大扇"和"尖子号"也会刺激观众的听觉神经，在恢复剧种时要有选择、有节制地使用。在恢复剧种的同时，不得不扬弃一些与时代脱节、与观众审美需求相悖的因素，这是时代发展的必然，也是剧种生存下去、使现代观众易于接受所做出的必然改变。于是，在复排《两架山》时，主创人员有意识地注意到了这些问题，并做了恰当的处理，"四大扇"和"尖子号"作为大弦子戏的特色乐器使用得恰到好处，结合剧情需要和情感需要，很好地传达了情绪，并没有喧宾夺主之感。

最后，继承与创新要适度结合，在继承传统的基础上进行适度的创新。还是以大弦子戏的抢救性恢复为例，《两架山》一剧的舞美设计就是一个成功的例子。大弦子戏传统舞台布局就是简单的一桌二椅，《两架山》在尊重传统的基础上，将舞台布置成了古戏楼的样式，上下场门分别是"出将"和"入相"，以红色为主色调，搭配白色的地面，整个舞台简洁大方又古典厚重，突出厚重的历史底蕴和独特的艺术美感。这种稍显刻意的回归传统，从某种意义上讲，也是一种创新。它既尊重了传统，保留了大弦子戏传统舞台的特色，又融入了现代的舞台手段，符合现代人的审美需求和欣赏品味。这种恰到好处的继承与创新是该剧舞美的一大亮点。

强调继承，不是因循守旧、刻板保守；强调创新，也不是求新求变、改变剧种本色。在剧种自然发展的过程中和在濒危剧种抢救和保护的过程中，继承与创新的问题都难以避免。关键是把握一个合适的度，才能既不改变剧种基因，又能适应时代的需要。

（四）保护濒危剧种的关键在于专业人才的培养

地方戏曲是我们祖先数千年以来创造的极其丰富多彩和宝贵的文化财富，是我们发展先进文化的精神资源与民族根基。但地方戏曲大多没有文字记载，只是凭借着口传心授这种相当脆弱的方式代代相传，缺乏传承保护模式的借鉴和利用，一旦没有传承人，就会濒临消失。

戏曲表演艺术是以人的身体记忆为载体传承的，这是它最大的特点之一，也是它独具魅力之处。千百年来，中国戏曲都是通过口传心授的方式代代传承的，演员是戏曲表演艺术的中心。所以，抢救、继承与保护濒危地方剧种唯一的方式，也是通过人，将它的表演技艺传承下去。只有做到了这一点才是真正有文化意义的传承。剧种的传承需要人才，濒危剧种要长远发展下去，培养一批专业的人才是关键。因此，培养优秀的专业人才是抢救、继承与保护所有濒危剧种的关键。

一方面，要充分发挥老艺人的积极性。中国戏曲千百年来一直以"口传心授"的形式传承延续，即使有大量的文字和视频资料，如果没有老艺人的亲自传授，后学者也无法领会一个剧种的精髓。老艺人是剧种的活字典和教科书，很多濒危剧种仅仅剩下为数不多的几位老艺人，而且年事渐高，再不传承下去就面临着失传的命运。要充分发挥老艺人对剧种的热情和责任心，鼓励年轻的演员拜师学艺，支持老艺人收徒授艺，通过口传心授的方式尽可能多地保留剧种的唱腔、音乐、剧目，通过师徒机制进行"传帮带"，培养和造就新的艺术人才。

另一方面，充分发挥专业戏曲院校的作用，通过开设濒危剧种学习班，招收年轻的学员，聘请健在的老艺人授课。对学员实行定向培养，做好就业保障工作，避免出现学生毕业没有出路、濒危剧种又无人传承的矛盾局面。

总之，濒危剧种人才的培养要有一定的计划和步骤，不能急功近利，有效率地培养新学员，才能使传统剧种的薪火代代相传。

（五）濒危剧种的未来需要依靠自身的发展

一个剧种能否长远发展，是其是否具有生命力的直接体现。依团代传是过渡时期的做法，长远来讲剧种还需要剧团支撑。没有长效机制，会直接影响大弦子的传承。大弦子戏的长远发展，还需要有能长期演出的本剧种演员梯队，有一定能反复上演的本剧种剧目，有属于自己的剧团，有一定的熟知本剧种的创排人员。从这个角度说，目前的"依团代传"对于大弦子戏来说只是一种迫不得已的救急手段。要从"依团传承"发展到大弦子戏的独立良性传承，未来还有很多的工作要做，也将面临更大的问题和困难。这种抢救性保护只能解决一时的问题，一个剧种的命运与自身的发展与完善息息相关。

首先，需要培养戏曲观众。观众是一个剧种赖以生存的土壤，出于种种原因，大部分濒危剧种已经失去曾经的观众，影响力也变得越来越微弱，甚至很多剧种和菏泽大弦子戏一样，消失于戏曲舞台多年，对于观众而言变得十分遥远而陌生。因此，通过各种方式提升剧种影响力和知名度，借用一切传播媒介让观众有机会了解并接受这一剧种，是培养戏曲观众的前提。可以通过走基层、送戏下乡、戏曲进校园等方式，来拓宽剧种的传播渠道，扩大剧种的传播范围和影响力。

其次，运用市场规律，多渠道拓展剧种生存空间。与旅游项目结合，开展文化旅游、特色旅游项目，既能促进旅游项目的开发，又能扩大剧种的传播范围；与商业演出相结合，参加各种节日、庆典活动，既能顺应市场需求创造效益，又能从某种程度上培养戏曲观众；还可以与目前仍有市场空间的地方剧种相互结合、相互支撑，以"两下锅"的方式带动濒危剧种的传承。

此外，仅仅恢复一两部传统剧目对于濒危剧种的抢救和保护来说，是远远不够的。一方面，需要努力挖掘和恢复一些有代表性的传统经典剧目，并争取将其打造成该剧种的保留剧目。挖掘和恢复传统剧目的过程，不仅能够带动对剧种的再认识，而且能够实现对演员的培养和提高。另一方面，要根据剧种特点和受众范围创排可以发挥剧种特长、贴近时代和观众生活的新剧目，比如有的地方剧种主要的传播范围是广大的农村，那就需要根据农村和农民生活特点、审美特点创作一些贴近农村观众生活的剧目。

四 结语

山东省艺术研究院实施的"三位一体"保护模式，使大弦子戏得以重新登上舞台，为我们研究地方戏曲濒危剧种的保护与传承提供了一个范本，也为其他濒危剧种的保护提供了可资借鉴的模板。从目前来看，山东省级非遗项目中没有专业剧团有接近10个剧种，现在这些剧种的保护单位有的是文化馆，有的是业余剧团，还有的是某个村庄，由于专业人才和保护经费不足，导致剧种的艺术、学术价值在倒退，以致逐渐失去其应有的价值。在大弦子戏重生过程中所形成的"依团代传"的创新保护模式为全国的濒危剧种保护工作指引了方向，具有较强的创新性和示范性。但是必须注意的一点是，中国目前亟须抢救和保护的濒危剧种有很多，各剧种的情况又千差万别，并非所有剧种都有条件马上实施抢救性保护，也并非所有的剧种都适合使用"依团代传"的保护模式。由于濒危剧种的数量太多，每个剧种的情况又不一样，试图用一种方法解决所有濒危剧种的问题，那是不现实的。但若由此能为已经岌岌可危的地方戏剧种提供一剂良方，艺术科研工作者的心血也算没有白费。根据各剧种的实际情况探索出一条行之有效的新路子，是当前濒危剧种保护与传承工作的当务之急，也是每一个文艺工作者义不容辞的历史责任。

创新发展模式　传承地方戏剧

——以孝感楚剧"1+7"模式为例

肖正礼　李　玮[*]

摘　要： 地方戏剧是中华传统文化的重要组成部分，是彰显地方特色文化的主要载体。孝感市以"孝感楚剧展演活动"为抓手，积极开展协调机制、保障机制、人才机制、运行机制、展演机制创新，形成组织机构联动、资金投入联手、服务队伍联合、文化品牌联盟、楚剧惠民联网的"1+7"模式。"1+7"模式具有一定的示范借鉴作用，本文旨在总结"1+7"模式的做法和经验，进而为全国地方戏剧的传承与发展提供借鉴样本。

关键词： 孝感　楚剧展演　机制创新　"1+7"模式

发源孝感、流传湖北、辐射中部的楚剧，于1926年由黄孝花鼓戏直接更名而成。历史上，楚剧是湖北省群众普及面最广、参与度最高的地方剧种。如今，在新媒体广泛应用的信息时代，楚剧处于"夕阳红"状态，编、导、演以中老年居多，青少年儿童对这类地方戏剧越来越不感兴趣。保护、传承、发展楚剧，是孝感人民责无旁贷的历史使命。孝感市委、市政府和省市文化职能部门，以"孝感楚剧展演活动"为抓手，积极开展楚剧传承与

---

[*] 肖正礼，湖北省公共文化服务专家库专家、研究馆员。李玮，湖北省孝感市群众艺术馆馆员。

发展机制创新，形成孝感楚剧展演"1+7"模式，其做法和经验，对全国地方戏剧的传承发展，具有一定的示范借鉴作用。

一 开展协调机制创新，形成"1+7"的组织机构联动模式

早在1990年，第一届湖北省楚剧艺术节在楚剧发源地孝感市举办，深受孝感人民群众的欢迎。2006年5月，湖北楚剧被纳入第一批国家级非物质文化遗产名录。当喜信传到孝感时，全市上下为之振奋。为了振兴楚剧艺术、盘活地方剧团、解决人民群众看戏难的问题，2006年9月，由孝感市委宣传部和孝感市文体局主办，福星集团冠名赞助，举办了第一届孝感楚剧展演。展演活动期间，通过整合全市7个专业楚剧团、市体育艺术学校、汉川市歌舞团等文化资源，将戏台搭在市人民广场，连续举办9场楚剧晚会，自此开创了孝感市政府主导、企业资助、剧团展演、群众免费看戏的服务新模式。

2009年，为了进一步扩大楚剧的影响力和社会参与度，经省文化厅与孝感市委市政府组织协调、共同商定，将第四届湖北省楚剧艺术节与第四届孝感楚剧展演合办，吸引了湖北省楚剧团、武汉市楚剧团、黄陂楚剧团等全省所有16个楚剧团前来参加，共展演剧目52个，观众达13万人次。省市楚剧联展活动的成功，给人们树立了进一步振兴楚剧的信心，省文化厅将孝感定为湖北省楚剧艺术节永久举办地，全省专业楚剧团每三年一次齐聚孝感，实现了节演联办，形成了"每年一展演，三年一盛节"的活动定式。

鉴于孝感楚剧展演的成就，2013年10月，"孝感楚剧展演活动"被列为"第二批创建国家公共文化服务体系示范项目"。在创建中，成立了孝感市楚剧展演创建国家公共文化服务体系建设示范项目工作领导小组，领导小组由孝感市文体局局长任组长，孝南区、汉川市、应城市、云梦县、安陆市、大悟县、孝昌县等7个文体局分管领导为成员；明确孝感市文体局文化科长为主任，7个县（市、区）文体局相关部门负责人为成员，组建创建工

作办公室；并明确了专家委员会专家名单。通过建立市政府主导、县（市、区）联动、相关部门分工负责、社会团体参与、专业剧团联演的协调工作机制，促进孝感楚剧展演资源共享。

领导小组印发《关于在全市范围内开展公共文化服务体系建设示范项目创建工作的通知》，制定了《孝感市楚剧展演创建规划》、《孝感市楚剧展演创建国家公共文化服务体系建设示范项目实施方案》、《创建任务分解表》、《创建过程管理规定》、《督导检查制度》。领导小组先后召开了5次工作协调联系会，组织督导检查4次，及时解决楚剧展演中存在的问题。通过组织协调，上下联动，文化部门负责，财政、公安、消防、电力、城管、医卫、宣传等相关部门配合，将楚剧展演列入年度文化工作计划和公共文化服务供给项目，开展菜单式、订单式服务。

通过建立常态化的组织协调机制，在省、市、区、县组织协调和社会各界的联动以及人民群众积极参与下，楚剧展演如火如荼、蓬勃开展，从2006年至今，孝感楚剧展演活动已连续举办10届。每年金秋十月，是楚剧展演之月；每年元旦春节，是楚剧乐活之季；春夏秋冬，是楚剧唱票之时。春之声，夏之韵，秋之风，冬之魂，楚腔楚韵不绝于耳，乡音乡情动人心弦。孝感人民在楚剧展演中，获得地方戏剧艺术的享受。

二 开展保障机制创新，形成"1+7"的资金投入联手模式

孝感人爱楚剧，在孝感，从广场到社区，从集镇到街巷，从田间到谷场，一年四季，从早到晚，楚风楚韵的楚剧时常可以听见。民间楚剧团和戏班的各类演员及文艺骨干达到2万多人，他们有节目排练、登台演出、自我展示、继续提高的要求。解决人民群众看楚戏、唱楚戏、演楚戏的问题，被列为孝感市委市政府的文化惠民工程。通过政府公共财政投入的主导作用，建立7种途径的多元化经费保障机制，形成政府、企业、部门、团队、集体、个人联手的资金投入模式。

1. 孝感市公共财政投入

为充分发挥政府公共财政的主导作用，建立楚剧展演投入保障机制，孝感市创建领导小组制定了《孝感市国家公共文化服务体系示范项目专项资金管理办法》，财政每年拨款130多万元用于项目创建。同时，在示范创建的实践中，不断探索资金保障的途径，在总结经验的基础上，于2015年制定了《孝感市人民政府关于公共服务领域推广运用政府和社会资本合作模式的实施意见》，探索建立多元化公共文化投入机制，引导、鼓励社会力量对文化建设的投入，拓宽经费共筹渠道。

自创建工作开展以来，公共财政将项目创建专项经费纳入每年财政预算，市级财政每年对公共文化服务体系建设投入的增幅不低于每年财政经常性增长的幅度。2014年和2015年，孝感市公共财政投入540万元，其中，市直部门投入25万元，县市投入290万元。孝感市、县群艺馆（文化馆）、图书馆、博物馆及乡镇文化站实现了免费开放，免费开放经费（包括中央财政补贴和地方配套资金）100%落实到位。孝南区财政两年先后投入100万元和150万元分别用于楚剧剧目《槐荫谣》和《弯树直木匠》的创编。

2. 省文化厅专项资金拨款

"孝感楚剧展演活动"在湖北省文化厅、孝感市及各县（市、区）的大力支持下，形成湖北最具特色的群众性戏剧活动，在湖北省产生了广泛的影响，湖北省文化厅将湖北省楚剧艺术节的永久举办地确定在孝感，彰显了孝感地方戏剧优势。2013年和2015年，第十届、十一届湖北戏剧牡丹花颁奖盛会在孝感举办，戏曲名家悉数亮相，这对于继承、发展地方戏剧，开展戏剧惠民活动，具有一定的借鉴作用和较大的推广应用价值。为促进地方戏曲的繁荣发展、提升楚剧艺术质量和展演水平，湖北省文化厅在每届楚剧艺术节和湖北戏剧牡丹花颁奖会之前，下拨专项资金30万元。

3. 企业冠名赞助

出于企业文化建设的需要，出于对楚剧的热爱，民营企业福星集团自发组建了专业性的福星楚剧团，并且在第一届孝感楚剧展演活动中，就出资30万元支持楚剧展演活动。2014年4月30日，福星集团控股有限公司出台

《关于省、市举办"福星杯"楚剧艺术节给予冠名费的通知》，由福星集团旗下的星惠誉房地产公司，向福星集团独家冠名、每年举办一届的孝感市"福星杯"楚剧展演拨付30万元冠名费，向每三年举办一届的湖北省"福星杯"楚剧艺术节拨付60万元冠名费。福星集团每年另以数百万元的资金投入，扶持福星楚剧团，开展剧目创作、表演与推广。2013年和2015年，第十届、十一届湖北戏剧牡丹花颁奖盛会在孝感举办，福星楚剧团邀请省内15家院团到汉川各乡镇演出梅花奖、中国戏剧奖等大奖剧目。通过楚剧展演，福星楚剧团的专业水平得到极大提高，被中宣部、文化部评为"全国服务农民、服务基层先进集体"。

中盐宏博集团长期扶持云梦楚剧团，每年投入15万元用于楚剧新剧目创作，促进了剧团的艺术生产与良性发展。云梦楚剧团新编大型历史剧《云梦黄香》，传承黄香文化，弘扬孝道美德；创作反腐倡廉小楚剧《吊子卖鞋》先后获得"中国戏剧奖"、"湖北省第五届'五个一'工程奖"。

4. 演出收入

无论是专业剧团还是业余剧团，除了参加政府组织的惠民公益性演出和楚剧展演外，根据单位和市民的文化消费需求，进行行业晚会和家庭红白喜事戏剧演出，增加剧团收入，进一步发展事业。例如，云梦楚剧团每年新创作或移植、改编剧目6~8个，常年在省内外演出240场左右，年创收60多万元。一般的业余楚剧团，年创收也有几万元。

5. 社会集资

孝感人爱楚剧，学楚剧、唱楚剧的风尚日盛。特别是村湾、社区，为了庆祝传统节日，经常举办楚剧展演活动，用以聚集人气、营造节日的欢乐气氛。其经费筹措往往采取集资方式进行。例如，2015年，孝感楚剧展演就通过社会集资50万元。

6. 社团集体筹资

业余楚剧团的生存发展，往往是由一批志同道合的票友，以团费、服装制作租赁费等名目进行集体筹资，请老师进行剧目的排练、作品的修改提高，租借演出行头，以及进行楚剧交流演出、联谊活动。2015年孝南区十几个业余楚剧团队和戏班，共筹资 20 多万元。

7. 个人出资

业余楚剧团开展楚剧展演活动时，往往是一人展演，全家参加，亲朋观赏。例如孝感市双峰风景管理区红旗村，每年正月初一至十五，天天由村业余楚剧团表演楚剧，村民们接亲请友，前来看戏，家家户户把请客看戏作为新春厚礼送给至爱亲朋。这种群众性的楚剧展演、欣赏活动，提高了楚剧展演活动的影响力和辐射力。这些业余楚剧团的展演活动经费，每场为 2000 元至 5000 元不等，多的达到万元以上，通常是由办红白喜事的个人出资解决。

三 开展人才机制创新，形成"1+7"的服务队伍联合模式

为加大楚剧的保护与传承力度、促进楚剧艺术发展，孝感市在楚剧展演过程中，针对楚剧人才青黄不接的问题，采取 7 项措施，重点解决楚剧人才队伍建设问题，实行楚剧活态传承。

1. 开展楚剧新苗培养计划

楚剧是湖北地方戏剧，其人才培养问题必须由地方解决。市政府投入 220 万元，在孝感市体育艺术学校开办了第一届"楚剧新苗班"，从各县（市、区）挑选 9~14 岁的戏曲艺术苗子共 83 人，进行为期 3 年的专业楚剧培训，毕业之后，由市编委落实编制，有 67 人被分配到各县（市、区）专业剧团工作。第二届"楚剧新苗班"投入 150 万元，招收定向学员 40 人，毕业后全部输送到福星楚剧团。

市艺校不断改进人才培养模式，制定了《艺术教学工作制度》、《艺术教师管理制度》、《楚剧新苗班学生管理制度》；在专业教学工作上，制定了《楚剧新苗教学大纲》、《教学计划》、《实践培训方案》等制度，为楚剧的人才培养提供了制度保障。并且，实行专业课教学与社会实践相结合，通过文化三下乡等社会公益活动积累学员表演经验，在楚剧展演期间，根据学员

特点编排节目，参与开、闭幕式演出，毕业前夕举办学员汇报演出。运用各种方式，实现了楚剧艺术人才培养常态化。

2. 开展楚剧讲座培训

在孝感图书馆开设"楚剧讲坛"，邀请国家一级作曲家、孝感文化名人饶平想开展"漫谈戏曲"、"漫谈楚剧"的专题讲座6期。在孝感群艺馆戏曲爱好者举办艺术培训班、戏迷交流会，培养观众，夯实楚剧的群众基础。市艺研所面向各专业剧团，开展以赛代训、短期轮训等活动，结合楚剧展演举办青年演员大奖赛，每年举办短期戏曲编剧、表演、器乐培训班，请省专家老师授课，提高基层楚剧艺术队伍的整体素质。

3. 开展楚剧艺术互动

在湖北工程学院、湖北职业技术学院举办"荆楚文化与戏曲艺术互动"活动，推进楚剧艺术进学校。在楚剧展演期间，湖北省著名楚剧表演艺术家走进社区与楚剧票友互动、同台联袂演出，实行专业与业余之间的无界传承。

4. 开设楚剧电视专栏

在孝感电视台开设楚剧专栏，共进行楚剧电视讲座、展演8期，传播楚剧知识，进一步推动楚剧传承社会化。

5. 开展楚剧非遗代表性传承人申报

面向各县（市、区）开展楚剧传承人申报工作，每一个传承人都能享受每年三千元的传承活动经费，确认国家级、省级、市级楚剧传承人12名。

6. 设立楚剧传承奖

在组织楚剧展演过程中，面向孝感楚剧艺术工作者，开展"楚剧传承贡献奖"、"楚剧传承特别贡献奖"、"孝感名家"的评选和表彰活动，用激励措施鼓励各路人才发展楚剧。

7. 举办楚剧青年演员表演比赛

在第九届"福星杯"楚剧展演中，同时举办"首届青年楚剧演员小戏折子戏比赛"，全方位开展楚剧传承保护工作。

孝感市通过培养、整合人才资源，造就了一批年轻楚剧人才，形成充满活力的楚剧队伍，通过人才队伍建设，促进楚剧的生产和服务供给。

四 开展运行机制创新，形成"1+7"的文化品牌联盟模式

通过孝感楚剧展演活动，带动了孝感各县（市、区）打造特色鲜明、影响广泛、常态化发展的"一县一品"文化品牌。

1. 云梦县的"云梦黄香文化节"

黄香是江夏安陆（今湖北云梦）人，以孝闻名，以才著称，其"扇枕温衾"的孝行载入《三字经》，被列为中国古代"二十四孝"之一，成为"孝"的典范、"廉"的榜样、"忠"的楷模、"能"的范本，被千古传颂。黄香孝行故事被列入湖北省非物质文化遗产保护名录。在楚剧展演活动的带动下，云梦县以"传承黄香文化、共建美丽云梦"为主题举办黄香文化节，弘扬中华孝文化传统。以"黄香故里，忠孝之乡"为主题，投资5300万元，建成集忠孝文化、品德教育、旅游观光多功能于一体的"中华黄香文化园"。

2. 安陆市的"九九重阳楚剧节"

安陆发挥特色资源优势，注重挖掘文化内涵，引入人文因素，体现文化特色，以楚剧展演为载体，举办"九九重阳楚剧节"。从2013年起，安陆市老龄委、文化体育新闻出版局、广播影视局、街道办事处共同举办"九九重阳楚剧节"。活动分参展项目、参赛项目和参演项目三大块。安陆文化体育新闻出版局、安陆楚剧团于每年"九九重阳楚剧节"期间，历时10天，在安陆剧院上演大型传统和新编楚剧，深受人民群众的欢迎。

3. 大悟县的"大别山（大悟）红叶文化旅游节"

大悟是一块千秋彪炳的红色胜地，红色历史璀璨，文化底蕴深厚，是全国著名的革命老区和将军县。"金秋好时节，大悟赏红叶"已成为大悟生态文化旅游业的风景线。大悟县已成功举办了三届大别山（大悟）红叶文化旅游节。通过多项活动，看楚剧、观红叶、思先烈、树信心、强身体、奔小康，深化了红叶文化旅游节的内涵。

4. 应城市的"文化赶集"

应城"喜迎新春·文化赶集"活动，2015年起由应城市委宣传部和应城市文化体育新闻出版局联合举办，市文化馆、市楚剧团、市老年大学等部门和单位共同承办。演出节目有楚剧、高跷、舞狮、民间唢呐、打莲湘、手拍鼓、秧歌、体育舞蹈，形成你方唱罢我登台的热闹场面。在阵阵激越的歌舞声中，将迎新春"文化赶集"活动的浓郁氛围推向一个又一个高潮，营造了健康文明、喜庆祥和的节日氛围，丰富了人民群众的节日文化生活。

5. 汉川市的"中国楚剧之乡·福星"文化品牌

2014年，汉川市和福星惠誉集团充分发挥地方优势，盘活楚剧艺术资源，联合打造"中国楚剧之乡·福星"文化项目，获得省委宣传部、省文化厅、省文联联合表彰的第三届湖北省"一县一品"文化品牌奖。

民营企业福星集团自发组建了专业性的福星楚剧团，长期坚持为基层群众免费演出4200余场，培养出一批又一批楚剧戏迷，在汉川呈现"企业兴办剧团、民间自建剧团、社会关爱剧团"和全市男女老少爱看楚戏、爱哼楚戏、爱迷楚戏的喜人景象，形成了"楚剧之乡"的基本格局。福星剧团新编大戏《人在福中》进京演出广受好评，并在"中国长江流域文化艺术节"上被评为"最受观众欢迎剧目"。

在福星集团的支持下，其旗下房地产公司每年出资30万元支持孝感楚剧展演活动，连届主办"福星杯"湖北楚剧艺术节，参与承办牡丹花奖颁奖演出活动，举办福星杯"百日演出季"活动。省、市、区、县的楚剧、汉剧、黄梅戏、京剧、豫剧、南剧等10个戏剧院团、6大剧种、32台经典剧目参与展演，活动不仅惠及当地居民，还吸引从孝感、天门、仙桃、应城、云梦等周边市县乡镇闻讯赶来的外地群众，为推动我省戏剧事业繁荣发展做出了突出贡献。

6. 孝南区的"杨店高龙庙会"

"杨店高龙庙会"源于杨店龙灯之乡，全镇有126条"龙灯"。他们把传统的农耕文化与现代的市井文化相结合，独特的地理环境与淳朴的民风相结合，衍生了"杨店高龙"这一民间奇艺。每年正月十三出行、上庙、喝彩，近百条龙灯穿行于杨店的老街小巷，举行舞龙灯、踩高跷、舞狮、划采莲船、楚戏巡演等系列民俗文化活动。每年正月十五元宵节，孝南各乡镇组织唱"春戏"（楚剧），直至正月结束。杨店人崇龙灯、爱龙灯、玩龙灯，也爱楚剧、学楚剧、唱楚剧。龙灯玩得热闹、玩得和气、玩得传统、玩得规矩；楚剧学得地道、唱得腔圆、演得精彩。"杨店高龙庙会"是湖北特色民俗文化之一，已被列入孝感市第二批及湖北省第三批非物质文化遗产名录。

7. 孝昌县的"书·时光"阅读品牌

孝昌县大力实施文化惠民工程，打造"书·时光"阅读品牌。全县建设445个行政村农家书屋，投资20余万元建成了少儿图书室，完成了445个行政村农家书屋的图书更新工作，开办了一月一讲（期）的"书·时光"公益讲坛和期刊，将"书·时光"公益讲坛送到了机关、学校、乡镇等各种场所，提升全县人民群众的文化素质和阅读品位。"书·时光"阅读品牌被市委宣传部评为"全市宣传思想工作创新奖"，2014年孝昌县被表彰为全省"十佳书香县（市）"。

五 开展展演机制创新，形成"1+7"的楚剧惠民联网模式

百年楚剧，十年繁荣，三年创建，传承发展。"孝感楚剧展演活动"在湖北省文化厅、孝感市，以及各县（市、区）、乡镇（街道）、村（社区）五级联网，在满足群众文化需求的基础上，建立了"1+7"的惠民展演模式，形成楚剧乐享家园。

1. 楚剧展演"1+7"模式的基本内涵

通过对《孝感市公共文化服务分会场运行机制研究》等科研成果的应用，于2014年第九届"福星杯"楚剧展演活动中，明确提出"1+7"的楚剧展演模式。即在孝感市举办楚剧展演活动时，以孝感市为主会场，在7个县（市、区）设立分会场，7个县（市、区）楚剧团轮流到两个分会场交流演出，并在主、分会场集中展演后，将展演活动从城市延伸到农

村。参演楚剧团以流动舞台车为戏台，深入各乡镇，为农村群众免费唱戏，使农民不必进城，也能与城里人一样享受到一年一度的楚剧盛会，产生了演出场次的几何效应，实现大面积、广范围、多层次的楚剧展演，扩大了楚剧展演的社会效益，推动了楚剧的普及、传承、发展、繁荣。

2. 楚剧展演"1＋7"模式的延伸

通过建立并不断完善制度措施，将"1＋7"的楚剧展演模式不断延伸，进一步传承和弘扬楚剧艺术，建设群众乐享的戏剧家园。

一是开展楚剧"四进"活动。群众艺术馆、文化馆等群众文化事业单位，常年开展楚剧进社区、进学校、进军营、进乡村的"四进"活动。专业剧团一年一度的"演出季"活动，延伸了公共文化服务。各专业、业余楚剧团所到之处戏迷众多，一唱就是十天半月，丰富了城乡人民群众的精神文化生活。

二是楚剧名家下基层种戏。邀请国家级、省级戏剧艺术名家下基层、进乡村，为人民群众送戏、种戏。2016年元月，孝昌县邀请楚剧名家走进丰山镇井边湾，与农村群众面对面交流互动，看楚戏，学楚戏，体验孝昌民间年俗文化。群众观看楚剧表演，幸运观众着戏服、化戏妆，在现场向艺术名家学唱腔、学表演，着实好好过了一把戏瘾。

三是整合民间楚剧资源。孝感文化部门开展全市社会文艺团队普查，登记建档的业余剧团20多个，民间戏班327个，全部参与公共文化服务和各类演出。在社区、公园、广场，在节庆活动和乡村红白喜事中，处处活跃着民间艺术团队，并且广受人民群众的喜爱，业余剧团和戏班，形成良性互动，共同发展。据不完全统计，业余剧团和戏班每年演出上万场，推动了群众楚剧的普及。

四是扩大楚剧对外交流。将楚剧展演从孝感本地扩展到市外。鼓励孝感各专业剧团到省内多个城市和乡村演出，尤其新春前后，不断转换演出场地。这样的演出活动能不断延伸楚剧展演的辐射面和影响力。

五是加大孝感楚剧传承保护的力度。面向孝感楚剧艺术工作者开展"楚剧传承贡献奖"、"楚剧传承特别贡献奖"的评选和表彰，加大孝感楚剧传承保护的力度。不断丰富和提升理论研究成果，并在实践中运用、检验之，确保理论成果的实用性、指导性和科学性，推动艺术创作、楚剧革新，探索楚剧音乐、唱腔改革，吸引更多年轻人热爱楚剧、传承楚剧，加强楚剧等地方戏的保护和开发，年均出1台新戏。2014年3月，孝感市积极向文化部申报"孝感楚剧"为国家级非物质文化遗产项目。2014年11月，国务院公布"孝感楚剧"被纳入第四批国家非物质文化遗产代表性项目扩展名录。

六是实行楚剧展演均等化服务。全市专业楚剧团、业余楚剧团、民间戏班，全部参与公共文化服务和各类楚剧演出，通过楚剧展演、巡演，保证每年送1场演出到村、社区。在乡村文化建设上，以一个乡镇文体站为基层公共文化服务中心，着力打造一乡一品、一村一色、一季一节、一人一技、一月一活动的特色基层文化，努力构建城乡一体、均等化的楚剧发展新格局。

基层公共文化服务体系建设中的农村演艺发展

——以泸县农民演艺网为例

孔芒 肖鹏[*]

摘 要: 文艺是民族精神的火炬,是时代前进的号角,最能代表一个民族的风貌,最能引领一个时代的风气。"泸县农民演艺网"按照整合演艺资源、加强运行保障、提升演艺质量、拓展演艺市场的工作思路,形成了全方位、广覆盖的公共文化服务体系。本文在介绍泸县农民演艺团队的基本情况、发展经验及现实贡献的基础上,提出了推动农村文艺发展的几点建议,以期促进基层公共文化体系建设。

关键词: 泸县 农民演艺网 公共文化服务体系

在泸县,婚丧嫁娶、红白喜事中的农民文艺表演并不罕见。而农民演艺的主力,则是泸县一群土生土长的"草根艺人",他们结成大大小小近百支演艺团队,常年走村串户,为婚丧嫁娶的人家聚人气、造氛围。经过两年的发展,这支团队逐步形成了"县有演艺中心、镇有演艺站、村有服务点"的演艺服务网络。在政府的有效规范和引导下,这张庞大的网络已经成为繁

---

[*] 孔芒,四川省泸州市对外宣传文化中心主任,高级编辑,主要从事新闻采访与写作;肖鹏,四川省泸县文体新广局宣传股长,毕业于西北工业大学,法学学士,主要从事演艺业研究。

荣泸县农村文化和推动全县公共文化服务体系建设的"排头兵"。2013年10月,"泸县农民演艺网"正式成为首批国家公共文化服务体系建设示范项目。目前,泸县农民演艺团队已经壮大到97支,演员人数超过3000人,年演出1.6万多场次,演出收入达8000多万元,演出足迹遍及川、滇、黔、渝,观众达2000多万人次,唱红了大西南,成为西南地区乃至全国独特的文化现象。

一 泸县农民演艺团队的基本情况

(一)泸县农民演艺团队的雏形

泸县农民演艺团队源于20世纪80年代初泸县农村的"清吹"。每逢当地农村有红白喜事,一些爱好文艺表演的农民就前去演一场自编自导的歌舞小品。离开时,主办的村民就给十元八元的酬劳。这种自编自导表演歌舞小品的行为被大家称为"唱清吹"。"那时我们表演,在主人家的坝子里用吃饭的方桌摆在一起就是舞台,最初就是四张桌子,一场只有8块钱,8个人每人只能分1块钱"。泸县农民演艺的创始人之一、如今73岁高龄的泸县石桥镇马溪社区居民鲁刚友老人谈到当初的表演经历,记忆犹新。

随着改革开放的推进,泸县30万劳务大军涌向沿海,涌进城市。经济的快速发展让泸县农民的腰包渐渐鼓了起来,外出打工富裕起来的农民为了表达对家乡亲人的感激和眷念,但凡有红白喜事,请"清吹"的现象越来越普遍,而且出价越来越高。为了迎合庞大的市场需求,专门从事"唱清吹"的人越来越多,"清吹"逐步走上了团队化、专业化、规模化的道路,泸县最早的农民演艺团队就这样雨后春笋般产生了。

(二)泸县农民演艺团队的发展困境

随着农民演艺团队数量的增加,问题也随之而来。泸县各个演出队还处于低级竞争的水平,"乱杀价"现象严重,泸县心连心艺术团团长朱裕国无奈苦笑道:"相互杀价的结果,是演出质量得不到任何保证。节目长度缩水,也没钱排新节目。有的团还悄悄搞低级庸俗的节目。"

相互挖墙脚、抢演员的情况也很普遍。农村汉子韦格仁所在的泸县格仁演艺团,在当地算叫得响的团体,但往往每到夏天,便会绷紧神经,原因是进入演出淡季,收入减少,演员结构会出现一次大调整,好的演员经常会被其他团队出高价挖走。

(三)泸县农民演艺团队的组建过程

1. 政府支持,拓展市场

泸县农民演艺团队的无序竞争状态引起了泸县政府部门的关注,他们认为农民演艺团队的问题在于缺乏市场。于是,为了帮助演艺团队拓展市场,泸县在2006年组织了农民演艺团队到泸县人比较集中的四川攀枝花、广东中山和贵州贵阳、六盘水等地开展"乡音乡情"慰问演出,所到之处,不仅让泸县在外务工人员感受到了家乡的文化味道,还在当地引起了极大轰动。在攀枝花演出后,当地宣传、文化部门专门召开研讨会,讨论农民演艺这个"泸县文化现象";在贵阳,从未接待过市级以下团队演出的贵阳大剧院,特别为泸县这群"草根艺人"敞开大门,从没上过专业舞台的农民演员们深受鼓舞,演出特别投入,观众们也看得很过瘾,泸县农民演艺给他们留下了深刻印象。

2. 整合资源,成立演艺中心

2009年9月,泸县及时将县里的80多家演出队进行资源整合,成立了四川龙城农民演艺中心,过去一盘散沙的演出队从此抱团经营。"要是以前,人家绝不敢把上百万的大单给一个农民演出团来做",泸县土生土长的巴蜀笑星张德高说。中心成立后,不仅不会向各团队收取任何费用,还解决了单个队伍不能承接大订单的难题。中心出面承接大额订单,再根据客户需求把演出任务分解到各演出团体,不少演出团也依托中心打出名气,上百万元的大单也能"吃"下了。

3. 构建农民演艺网

为了进一步加强引导、拓展演艺市场，2010年，泸县出台了《"112"农村文艺演出服务工程实施意见》（每年每个村两场公益性文艺演出），把为农民演艺团队提供公益性演出机会正式提上了议事日程。2011年，泸县又提出了"县有演艺中心、镇有演艺站、村有服务点"的"农民演艺网"公共文化服务网络体系的概念。2011年6月，"泸县农民演艺网"获得首批国家公共文化服务体系建设示范项目创建资格。在当年年底召开的中共四川省委九届九次全会上，"农民演艺网"式的公共文化服务模式还以丘陵地区公共文化服务典型模式被写入大会决定。

4. 参与公共文化体系建设

基于以上准备，泸县农民演艺团队参与全县公共文化服务体系建设势在必行。除了重大文化活动优先采购农民演艺团队的节目外，"泸县农民演艺大舞台"从2012年开始便以春节氛围营造为重点，固定在每年春节举办，每年有10~20支农民演艺团队参与。2014年又开展了"践行党的群众路线文艺巡演"。2015年春节前还将农民演艺送到全县20个镇、街道敬老院的老人身边。2015年下半年，玉蟾街道、石桥等镇举办的党风廉政文艺演出远比空洞的说教深入人心。2016年，泸县计划以农民演艺团队为主要宣传载体，继续加大党风廉政建设和弘扬社会主义核心价值观系列文艺宣传活动力度。

二 泸县农民演艺团队的成功经验

（一）源于生活，表演内容贴近农民实际

作为农村演艺资源富集地，泸县不少镇和村每年都要自办节庆文艺活动，如牛滩镇自办中秋晚会、得胜镇仁和村自办春节联欢会。得胜镇仁和村是省级非遗得胜花灯的发源地，是闻名全县的花灯之乡，也聚集了不少农民演艺团队。靠着厚重的文化底蕴和丰富的演艺资源，村里每年春节都要自办

春节联欢会。2014年腊月二十六，村民们像往年一样聚集在村委会广场上观看村里自办的春节联欢会。歌舞、小品、花灯等传统文艺节目让大家乐开了怀。其中一个反映尊敬老人、家庭和睦的小品让台下一位村民感动得热泪盈眶。联欢会结束后，他找到演员说："你们那个小品演得太好了！跟我家里的情况几乎一模一样！我再也不虐待老人了！"这是泸县农民以身边人、身边事为题自编节目、自娱自乐，同时也起到教育引导、涵养道德作用的冰山一角。

"以前我们没有剧本，只是根据生活中听到的发生在身边的故事，现场给演员们说戏，现场表演，这样起到的效果非常好。"泸县农民演艺团队创始人之一的鲁刚友老人说。将生活中的积累改编成小品搬上舞台，生动又有活力，能深入老百姓心中，大家非常喜欢。鲁刚友老人一生自编小品30余部，绝大多数都是根据生活中听到、看到的真实故事改编而来的，曾感动无数观众。如今，鲁老的儿子、孙女都参与了演艺事业，成立了红豆歌舞团。儿子鲁继邹不仅擅长小品创作与表演，还学得一手金钱板绝活，在2015年8月全国50多家主流网络媒体到泸县的非遗采风活动中给媒体记者们留下了深刻印象。

人民是文艺创作的源头活水。泸县农民演艺团队以身边人、身边事为表现主题，不断赢得群众的"巴巴掌"。"巴蜀笑星"张德高是泸县农民演艺的领军人物，他的方言小品具有浓郁的川南风味：《耙耳朵》讲述的是四川汉子怕老婆的故事；《棒棒》讲述了在具有独特的川南"山城"地貌的城里打工的"棒棒"的故事，歌颂了中华民族助人为乐的美德。小品《耙耳朵》因为登上2006年央视春晚，让"耙耳朵"这一名词为全国人民熟知，而《棒棒》则获得了央视小品大赛"优秀奖"。泸县心连心艺术团的朱裕国也是一名小品创作和表演的"土专家"，他自编自演的小品《带公公出嫁》讲述的是在自然灾害中不幸失去丈夫的儿媳妇把带着公公一起生活作为改嫁前提而再嫁的故事，这个小品还曾获得泸州市庆祝建党九十周年文艺调演一等奖。

另一位"草根明星"——有着"泸县章子怡"之称的黄跃蓉也极受欢

迎。在长期的农民文艺表演过程中，黄跃蓉将自学的钢管舞与老百姓的爱好结合起来，自创了一套在钢管顶端边旋转边唱歌，而且唱歌的气息、声调丝毫不受影响的钢管舞绝技。凭借这一独门绝技，黄跃蓉征服了上海东方卫视"妈妈咪呀"栏目的评委和观众，赢得了该栏目 2014 年度全国冠军，并一路冲上央视舞台，赢得央视"黄金 100 秒"等栏目冠军。

不仅演出内容来自身边人、身边事，泸县农民演艺的表演形式也带着浓郁的川南乡土艺术气息。四川方言小品、四川清音、四川盘子、花灯、莲枪、评书、民间吹打、音乐说唱、金钱板等群众耳熟能详的传统曲艺都是他们的表演形式。凭借着深厚的曲艺底蕴、丰富的曲艺资源和广泛的曲艺普及活动，2015 年，泸县继成功创建"四川省曲艺之乡"后又成为四川省第四个"中国曲艺之乡"，为泸县的农民演艺事业注入了新的内涵，增添了新的发展动力。

（二）文艺培训、艺校合作提升演员素质

农民演艺团队的优势在于扎根农村、紧贴农民、接地气，但也正是因为农民演员长期生活在基层，他们很少或者说从未接受过专业的艺术训练。随着群众欣赏水平的提高，他们这种原始的创作和表演已经越来越难以满足群众的需求了。加强艺术培训、提高表演水平，是泸县农民演艺团队的唯一出路。

在这样的背景下，泸县政府于 2010 年与四川师范大学音乐学院签订了培训协议，邀请学校的专业教师到泸县给农民演员们授课。2011 年，泸县更是请来了赵本山、郭冬临团队的创作骨干何庆魁、王承友，以及省内的严西秀、严复昌、金乃凡等知名专家，指导泸县农民演艺团队的小品创作和表演。此后，泸县又相继邀请了著名表演艺术家陈巧茹、童祥苓、杨燕毅，"中国民族组合之父"陈川，四川省舞蹈家协会副主席曹平等一大批国内、省内顶尖的艺术家到泸县培训。2012 年，泸县联合四川省演艺行业协会开展了全省首创的演员资质考核认定，350 多名农民演员通过考核取得演员资格证书。"拿着这个证，出去演出的时候就感觉自己更有底气了。"有着泸

县"阿宝"之称的农民歌手苟峰说。有了资格证还不够，2013年，泸县又在全省率先开展民间艺术职称评定，给184名草根艺人评上了原来只有文化艺术事业单位、国有文艺院团专业演员才能享有的艺术职称，这引起了极大关注，文化部文化艺术人才中心、四川省文化厅将此举作为文化艺术人才职称制度改革的典型进行了专题调研。不仅如此，泸县还组织农民演艺团队观摩学习了达州全国新农村文化艺术展演，广元、达州举办的全省戏剧小品比赛等省内重大文化活动，参观了在浙江义乌举办的全国文化产品交易博览会，参加了泸州市与中国人民大学、浙江大学等高校联合举办的文化艺术培训班，开阔了农民演员创作视野，提升了他们的艺术素养。经过有效提升，4支泸县农民演艺团队在2014年举办的泸州市演艺团队比赛中脱颖而出，荣获"泸州市十强演艺团队"称号。"明年，我们计划和四川艺术职业学院联合开办为期一至两年的农民演艺专题培训班，把优秀的农民演员送到艺术院校去深造。"泸县文体广电局局长游书勇介绍说。

（三）以人为本，创造机会吸引文艺人才

泸县农民演艺在给政府带来社会效益、给老百姓带来精神欢乐的同时，也在给农民自己带来实惠。据初步调查统计，泸县一般农民演员的月收入普遍在4000元以上，而一些稍有实力的演员则年薪10万元左右，这让当下"就业难"的大学生们看到了机会。"我和我老婆以前都在成都打工，听说家乡的农民演艺有干头，而且我大学也是学音乐的，就辞职回来办起了自己的演艺团队。"毕业于四川音乐学院的腾飞大地歌舞团团长李飞谈起自己的创业历程，颇为自信。大学毕业后，李飞当过酒吧歌手、中学音乐老师，开过琴行。看到老家的农民演艺事业有舞台有观众又有市场，李飞决定回乡就业。在当地一家演艺团体当过一阵学徒后，2011年初，李飞创办了自己的演艺团队，开始了创业之路。为了降低成本，他一人要兼任歌手、主持人、编剧和货车司机。在演出中，李飞尝试着运用自己所学的专业知识，把乡亲们熟悉的一些生活、文化元素编排进节目，收到了意想不到的好效果。"虽然我们演艺团现在规模小，收入也一般，但老乡们喜欢我的表演，我会坚持

下去，给他们献上更精彩的节目。"李飞对未来充满信心。

一批具有艺术教育背景的大学生的加入，给当地演艺市场带来了新变化。"大学生的加入使我们团成了全县艺术水平最高的表演团队之一，经常协助政府外出参加舞蹈比赛。"泸县大学生演员最集中的农民演艺团队——红牡丹演艺团团长母丹介绍说。据了解，在全县注册的90多家演艺团队中，有大学生参与的团队很普遍，目前活跃在泸县农村舞台上的大学生已达200余名，他们在节目的创作中引入了很多鲜活的题材和故事，很受群众欢迎。吸引大学生加入的同时，泸县演艺市场也吸引了全国各地的民间艺人加盟，河南的杂剧、贵州的苗族歌舞、东北的二人转，央视"星光大道"获奖者等都出现在泸县农村演艺舞台上。"比看电视更真实，更精彩！"这让泸县老百姓看得直呼过瘾。与此同时，泸县农民演艺的专业化、规模化还催生出一大批演艺关联产业。"我这里有大型LED显示屏、专业级舞台、灯光，还提供设备运输和调试服务！"来自湖南、人称"三毛"的谢永艳在泸县演艺市场上专门从事高端演出设备租赁。据介绍，在泸县经营演出设备租赁的不光有谢永艳，县城和各镇都有舞台、灯光租赁店，县城还有数十家演出服装租赁商店，与农民演艺相关联的演出设备、道具、服装租赁等演艺产业链正在悄然形成。

三 泸县农民演艺团队的现实贡献

（一）弘扬社会主义核心价值观

文变染乎世情，兴废系乎时序。近两年来，国家每有大事发生，泸县农民演艺总能感国运之变化，立时代之潮头，发时代之先声，为全县人民举精神之旗、立精神支柱、建精神家园。党的十八大刚结束的2013年，四川掀起了"实现伟大中国梦，建设美丽繁荣和谐四川"主题教育活动高潮。在"中国梦"主题教育活动中，泸县草根艺人们将十八大精神排练成歌舞、小品、音乐说唱等群众喜爱的舞台艺术形式，走村串户，深入农村院坝，在全县巡演38场,将十八大精神和泸县百万干部群众奋力谱写"中国梦"泸县篇章的伟大实践送进千家万户。2014年,在群众路线教育实践活动如火如荼开展之际,泸县农民演艺团队又以10场巡演、1场13个团队参与的比赛,诠释了群众路线的真谛,让群众路线在全县干部群众中真正入脑入心。"这种形式生动、形象、直观,既达到了教育活动全覆盖、广受益的目的,又进一步凝聚了全县干部群众的共识,激发了干事创业的激情。"泸县县委书记郭庆说。十八大以来,一场强大的反腐风暴扫荡全国,一股为民、务实、清廉之风扑面而来,泸县农民演艺团队编排的《廉二嫂》、《话年味儿》等文艺节目则是泸县党风廉政建设在农民演艺舞台上的生动再现。

(二)促进公共文化服务体系建设

泸县农民演艺繁荣农村文化、凝聚发展正能量、弘扬社会主义核心价值观的作用大大刺激了政府加大对文化投入的力度,这就是"软提升"带动"硬投入"。"泸县农民演艺网"入围首批国家公共文化服务体系建设示范项目以来,综合文化站、农家书屋、社区书屋相继覆盖全县20个镇、街道,251个行政村,46个社区。县文化馆成为国家一级文化馆,县图书馆成为国家二级图书馆。泸县宋代石刻博物馆完成主体工程,进入展陈施工阶段,泸县龙城文化艺术中心、体育场等重要公共文化基础设施建设项目得以顺利推进。"十三五"期间,泸县将继续以农民演艺的培育为主抓手,进一步健全公共文化设施,加强文艺精品创作,出台文化产业激励政策,抓好优秀传统文化保护传承,努力构建现代公共文化服务体系和现代文化市场体系。

(三)推动城乡一体化进程

泸县是一个农业大县,其城乡二元化结构突出。近年来,泸县农民演艺还在城乡一体化进程中做出了自己的特殊贡献。在城乡一体化进程中,促进农民思想观念的转变,是从农民向"市民"转变的关键环节。2013年3月,四川省"文化强省"调研组在泸县调研时指出,农民演员在从事文艺演出的过程中不仅自身逐渐融入城市生活,从思想观念上逐渐转变为"市民",

还在深入田间地头送文艺演出、送精神食粮的过程中使农民享受到了和市民一样的精神文化生活，这就缩小了城乡居民在精神生活上的差距，促进了农民思想观念向市民靠拢。泸县农民演艺团队是一支推动城乡一体化的生力军。

四 推动农村文艺发展的启示与思考

文艺是民族精神的火炬，是时代前进的号角，最能代表一个民族的风貌，最能引领一个时代的风气。文艺事业是党和人民事业的重要组成部分。我党历来高度重视文艺工作，在革命、建设、改革各个时期，充分运用文艺引领时代风尚、鼓舞人民前进、推动社会进步。实现中华民族伟大复兴，离不开中华文化繁荣兴盛，离不开文艺事业繁荣发展。举精神旗帜、立精神支柱、建精神家园，是当代中国文艺的崇高使命。弘扬中国精神、传播中国价值、凝聚中国力量，是文艺工作者的神圣职责。在繁荣发展社会主义文艺的重大历史机遇面前，泸县农民演艺必将抓住机遇，乘势而上，推动泸县文化大发展大繁荣。

（一）必须扎根基层，农村文化才能生生不息

从起源到发展壮大，无论是节目内容还是表演形式，无论是在城市演还是在农村演，无论是公益性演出还是商业性演出，泸县农民演艺在市场经济大潮中坚定了自己"为什么人"的价值取向，始终坚持为农民抒写、为农民抒情、为农民抒怀，把人民群众的喜怒哀乐作为表现主题。只有扎根农村、依靠群众，农村文化才能不断吸取丰富的营养，生生不息，枝繁叶茂。

（二）必须与时俱进，农村文化才能历久弥新

诗文随世运，无日不趋新，创新是文艺的生命。从起初的四张桌子拼接成舞台，到如今价值数十、上百万元的专业演出设备，从起初单纯以身边人、身边事为创作题材，到如今引入十八大精神、群众路线、社会主义核心

价值观等为创作题材，泸县农民演艺的发展在不断紧跟社会发展的步伐，紧跟群众艺术欣赏能力和文化需求不断提高的节奏。农村文化建设只有与时俱进、不断创新，才能永葆生机、历久弥新。

（三）必须有序引导，农村文化才能良性发展

在改革开放大潮中应运而生的农民演艺，随着改革开放的深入而发展壮大，继而陷入相互杀价、"挖墙脚"甚至演低级庸俗节目的无序竞争乱象，再到政府的政策激励、培训提高、活动展示，逐步让农民演艺走上正轨。可以说，泸县农民演艺的发展史也是一部政府对农村文化的引导史，这再次告诉我们，社会主义市场经济不仅仅是市场的经济，政府必须主动作为，"该出手时就出手！"。

（四）必须加强自律，农村文化才有内在动力

从起初的无序竞争，到政府主导成立农民演艺中心的有序引导，再到农民演艺团队自发成立演艺协会的行业自律，泸县农民演艺走过了一条从不规范到"要我规范"再到"我要规范"的规范发展道路。外疾之害，轻于秋毫，人知避之；内疾之害，重于泰山，而莫之避。对于泸县农民演艺质量低、市场秩序乱、市场范围窄、单打独斗等现象，政府所做的一切都只是治本，真正要治标还要靠农民演艺团队自身认清形势，积极主动，团结协作，加强自律。唯此，才能不断激发农民演艺持久、永续发展的内在动力。

基层公共文化服务体系建设路径探究

——以浩口镇综合文化站"十五分钟公共文化服务圈"为例

潘世茂　张秋发　刘文虎*

摘　要： "十三五"规划建议明确指出："区域协同、城乡一体、物质文明精神文明并重"是今后五年文化改革发展的重要指针。补齐基层尤其是农村公共文化服务的"短板"，成为"公共文化服务体系基本建成"目标实现的关键。本文以潜江市浩口镇的文化实践为例，研究如何利用平原人口聚集、交通便利、资源丰富等优势，打造"十五分钟公共文化服务圈"，把文化服务送到家门口，将农民请进文化站享受文化成果。

关键词： 浩口镇　文化站　基层　公共文化服务圈

中共十七届五中全会公报提出"基本建成公共文化服务体系"，再次重申和强调了加强公共文化服务体系建设的重要性。2015年1月，中共中央办公厅、国务院办公厅印发的《关于加快构建现代公共文化服务体系的意见》中指出，在新的形势下，构建现代公共文化服务体系，是保障和改善民生的重要举措，是全面深化文化体制改革、促进文化事业繁荣发展的必然要求，是弘扬社会主义核心价值观、建设社会主义文化强国的重大任务。在

---

* 潘世茂，潜江市浩口镇综合文化站站长，工艺美术师，书法协会会员，国家级社会体育指导员，国家公共文化政策研究实验基地浩口镇实验基地特约研究员；张秋发，文化宣传员，地方志研究员；刘文虎，文化员，国家级社会体育指导员，国家公共文化政策研究实验基地观察员。

广袤的农村,尤其是在江汉平原,公共文化服务体系建设正在如火如荼推进。本文以潜江市浩口镇的文化实践为例,研究如何利用平原人口聚集、交通便利、资源丰富等优势,打造"十五分钟公共文化服务圈",把文化服务送到家门口,将农民请进文化站享受文化成果。然而在调研中,我们也发现,农村基础条件薄弱等劣势因素正逐步显现,直接影响了公共文化体系建立后的持续发展。如何破解当前农村地区公共文化发展困局值得深思和探究。

一 基层公共文化服务体系建设的现实意义

近年来,随着新型工业化、信息化、城镇化和农业现代化进程加快,城市流动人口大幅增加,基层群众的精神文化需求呈现多层次、多元化特点,现有的基层文化设施和服务已难以满足广大人民群众的实际需要。具体表现是基层农村公共文化设施总量不足、布局不合理,西部地区和老少边穷地区尤为突出;面向基层的优秀公共文化产品供给不足;公共文化资源难以有效整合,条块分割、重复建设、多头管理等问题普遍存在,基层公共文化设施功能不健全、管理不规范、服务效能低等问题仍较突出。

随着经济不断发展,群众受教育水平得到普遍提高,相应地,群众对文化的需求越来越多样化、优质化。我国农村地区以留守儿童、空巢老人这样的特殊群体为主,他们的活动半径小、接受文化信息的渠道较为狭窄,公共文化服务无法实现有效供给。补齐基层尤其是农村公共文化服务的"短板",成为"公共文化服务体系基本建成"目标实现的关键。让他们共享发展成果,畅通公共文化服务体系建设的"最后一公里",成为当前公共文化服务体系建设的重中之重。

二 浩口镇打造"十五分钟公共文化服务圈"的探索之路

(一)浩口镇综合文化站基本情况

浩口镇综合文化站位于浩口镇中心,始建于1977年,当时仅一个人、一枚章、一块牌。1979 年开始着手进行镇文化中心建设，文化站先后建起了影剧院、文化宫、灯光球场和文化站办公楼。现全站占地面积 11000 平方米，建筑面积 6500 平方米，各种配套设施固定资产达千余万元，被评为全国先进文化站。

目前，文化站常年开展活动的设施包括：一个可容纳 1200 名观众的影剧院，一条供进行时事、政治、科普宣传的橱窗长廊，有藏书 2 万余册的文化宫二楼图书馆，电子阅览室和舞蹈书画培训室，还有一个常年开展室外活动的站前小广场等。

随着人民群众物质生活水平不断提高，农民对文化生活的需求和兴趣越来越广泛，村级文化设施和群众业余文艺组织不断发展壮大。浩口镇以综合文化站为核心，建起辐射全镇 31 个村的"农家书屋"及村级文化广场，每个"农家书屋"都配有专职村文化员，还有农民演出乐队 6 支，1 支皮影戏队，业余文艺骨干达到 350 余人，较好地开展了村级文化活动。

（二）浩口镇综合文化站"十五分钟公共文化服务圈"的建设现状

近年来，浩口镇综合文化站坚持把文化活动的季节性与经常性、集中性与分散性、阵地性与流动性有机结合起来，通过"走出去"和"请进来"相结合的方式，常年坚持开展图书借阅、信息共享等免费开放的文化活动，经常性开展各种有针对性的文化惠民活动和送戏下乡活动，常年坚持农村数字电影免费放映等，让公共文化服务的阳光雨露普照乡村每个角落。

1. 以图书馆为核心地，打造乡镇文化营地

2015 年，浩口镇综合文化站投入 20 余万元，更换书架，增添新图书，增加藏书量，添加电脑 10 台，供公共文化信息共享的电子阅览设备达到 20 余台，并安装了三台大功率空调。另外，投入 2 万余元建设室外自然休闲区，加盖透明顶棚，种植花草，配置棋牌器具，使人们在读书休闲时与大自然亲密接触，放松心情，充分享受读书休闲的乐趣。随后，文化站又在图书馆设立茶室、棋牌室等公共活动空间。为了丰富图书种类，文化站还主动与

市图书馆联动，构建以潜江市图书馆为总馆、浩口镇图书馆为分馆的上下联动体制，实行市、镇、村图书资源的互动与共享。如今，浩口镇图书馆藏书丰富，环境设施焕然一新。这样大投入、高水平的乡镇一级图书馆，不仅在潜江市首屈一指，在江汉平原也是十分难得的。

浩口镇综合文化站发展基层公共文化服务的一个目标，就是打造"十五分钟公共文化服务圈"的文化营地，即把优秀文化资源从分散状态聚集起来，最大限度提升文化的核心吸引力。这一探索开始初见成效。从单一的借阅书籍到多方面开展文化活动，图书馆平均每天接待120人次，这一数字是最初建馆时的4倍。有了这一基础，图书馆开始着力培养读者。眼下，随着互联网的广泛应用，文化传播也进入了快餐时代，如何让读者走进图书馆呢？文化站深入学校和社区，宣传免费开放政策，将免费"借阅卡"送到读者手中。尤其是与学校合作，通过"小手拉大手"，让学生带动家长走进图书馆看书、学习。

文化站还紧紧抓住农村群众想通过发展产业致富的心理，引进一批如小龙虾养殖技术、西瓜种植管理等技术类书籍，让不爱看书的农民也愿意走进图书馆，相互交流、探讨养殖种植方面的经验，为农民致富增收做出了一定贡献。大兴村六组的陈中才就是因为走进农家书屋学习《专业户养猪手册》、《养猪技术资料》，被专家的理论讲述深深地吸引，才着手办起了养猪场的。刚开始他是抱着试一试的想法，饲养了十几头猪。由于没有经验，一到夏天，猪就得了一种"高温病"而死去。这时候他又是进书屋，又是找镇兽医站的同志求医解答。通过实地观察以及学习《养猪防疫消毒实用技术》、《科学养猪》等著作后，才搞懂所谓的高温病就是要用凉水冲洗猪舍散热降温，千万不能洒到猪身上。他照书上说的在每间猪舍抽水降温，勤打扫重防疫，果然见成效。通过自身的努力学习，他从饲养到防病、治病，进而亲手给猪打针吃药。不久，他再次扩建了猪舍，饲养了八头母猪，生猪存栏上百头，他也成了远近闻名的养猪专业户。

同时，文化站定期举办"我的书屋我的家"和"中国梦、我的梦"等大型读书征文及演讲大赛，选送征文参加省、市"全民阅读主题征文"的评选。如镇三小学生罗小妹的《读〈和乌鸦做邻居〉有感》就参加了全省第十届"童之趣"快乐书旅征文大赛，并荣获大赛一等奖，从而激发了更多学生读书写作的热情。并且，文化站还特别关爱留守儿童，在假期里举办留守儿童读书培训活动，给农村留守少年儿童提供了一个好的学习环境。

如今，爱读书、读好书的新风已在浩口镇悄然兴起，浩口镇综合文化站利用图书馆，面向农民群众广泛开展文化知识传授、政策理论宣讲、文明礼仪教化等活动，着力丰富和充实农民群众的精神世界，推动了单纯文化活动场所向综合精神家园的"华丽转身"。

2. 发挥农家书屋的文化"卫星"作用

"农家书屋"是公共文化服务体系农村文化网络设施建设的重要组成部分，犹如文化服务体系的"卫星"。浩口镇31个村都建立了"农家书屋"，并配有专职村文化员。然而，现在青年人大量外出务工，留在农村的老人孩子走进"农家书屋"的频次并不高。以浩口镇许桥村为例，2012年，农家书屋登记的借阅数为820次。

为使"农家书屋"真正发挥作用、惠及大众，浩口镇文化站首先从"农家书屋"的管理人员入手，摸清人员素质，稳妥、有序地进行大胆"手术"，将管理权限下放到村里，由村支部书记作为第一责任人，由村里与书屋管理员签订合同，在镇政府备案后，将合同签订情况报送市业务主管部门，这样村支部、村委会有了人事管理权和监督权。

"农家书屋"管理员都是由村里具备一定文化素质和较强责任心的人来担任。综合文化站制定了"农家书屋"管理办法，规定了开放的时间，从制度层面确保管理员都能按时按要求开展"农家书屋"的借阅工作。在2015年浩口镇开展的村级广场舞培训和展示大赛、图书有奖征文等各项文体活动中，管理员还能很好地起到村级"文化指导员"的组织、引导作用，开展知识竞赛、科普宣传、电影放映等一系列活动，丰富村民的文体活动，培养农民的阅读习惯，提高了农家书屋的利用率，帮助农民通过阅读学到一定技能，农家书屋为村民学科学、学技术提供了有效平台，成为村民掌握科学知识、致富的"加油站"，全村群众展现出了新的面貌、新的风尚，农村精神文明随之迈上了新的台阶。

进行"农家书屋中心点"的试点工作。在办好村级农家书屋的同时，在工作实践中积极发挥"农家书屋"的最大惠民效力，采取全方位、多样式、立体化的方式探索"农家书屋"新的发展方式。借助社会力量，将"铁将军"把门的书屋进行整改，让农家书屋进"超市"、进"医务室"和进文化大院，在原有农家书屋的基础上寻找人口密集、多村交界的结合部位，利用"商店超市"新建"农家书屋中心点"，如该镇观音庵村的"王老三超市"里就开辟出一块图书阅读专区，极大方便了周边农民的图书借阅。

3. "群星闪耀"，丰富群众文化生活

凡遇重大节日都要举办各种民间民俗文艺表演。每年春节、元宵节，举办大型舞龙、舞狮、彩船、花灯表演活动；"五四"青年歌手大奖赛已举办了10届；"万人健身活动特色项目展示大赛"已举办4届；国庆篮球运动会举办了29届；"七一"党庆文艺会演每年如期举行，搭建起群众自我展示的舞台，让群众演、群众乐，让广大群众都有出彩的机会。

加强对非物质文化遗产的挖掘和收集整理。在收集整理文字资料的同时，注重对传承人的查找和培养，经常组织省级高台舞狮传承人陈眷友及市级民歌传承人肖艳梅、梁丽华等参加各种演出活动，真正做到传承有序。不仅邀请专业的花鼓戏、皮影戏艺人来演出、交流，还多次举办浩口镇"潜江民歌"传承培训、展演，让更多的人积极参与到潜江民歌的传承活动中来，为潜江民歌传承提供"精神回归"的新土壤。

落实国家农村数字电影放映工程。通过"一月电影早知道"的宣传，精选一系列群众喜爱的影片进行放映。尽量选择人口较密集、村与村之间相邻的地方放映，让尽量多的村民能看到电影、看好电影。同时，定期请集镇周边的群众到影剧院中免费观看电影，为他们提供更为舒适的环境，使其免受"露天"之苦。

经过文化站多年的组织引导，浩口镇一批农民体育协会相继成立并积极开展活动。腰鼓秧歌协会浩口分会、太极拳浩口分会等每天早、晚都在文化广场组织群众进行健身锻炼。为加大宣传推广力度，文化站还多次在举办的各种大型活动中将他们推上舞台向全市人民进行展示。

三 基层公共文化服务体系建设中的问题和相关建议

当前，浩口镇打造的"十五分钟公共文化服务圈"确实让群众在家门口就享受到丰富的文化大餐，但由于地处基层，人力、财力、物力等不足的问题也逐渐显现，影响了公共文化服务更好、更深入的普及、推广及文化惠民的质量。

（一）存在的问题

1. 文化形式单一，文化设施基础薄弱

目前从潜江市来看，城乡之间的公共文化服务设施建设还有着较大的差距，城区拥有群艺馆、博物馆、体育中心、曹禺公园、梅苑、南门河游园等众多公共文化设施，基本能满足城区群众精神文化需求，而乡镇的公共文化设施只有综合文化站、农家书屋，这远远不够。虽然潜江每年都开展文化三下乡活动，但是质和量都难以满足群众快速增长的文化需求。

2. 文化队伍不稳定，文化人才匮乏

由于农村的基础条件比较薄弱，人才的流失以及后备人才的不足问题十分突出。青年与外界的信息交流比较多，见识广，农村传统的文化节目无法对他们产生吸引力，因而其参与的积极性相对较低，主要是部分老年人和少部分中年人参与。有兴趣参与农村文化活动的农民数量虽然较多，但由于大多数农民没有相应的技能，同时又没能对积极分子进行相关组织和培训，使之成为农村文化能人，以致农村很难组织开展活动。

3. 财政扶持力度不够，发展文化的氛围不浓

农村文化活动依赖乡镇资金的拨款支撑，乡镇本来财政就比较窘迫，在这样的情况下文化工作更是难以为继。"农家书屋"的书刊、报纸仅限于上级发放的,种类少,针对性和时效性差。农村文化建设经费没有保障,文化活动也难以持续开展,使得公共文化服务的职能无从发挥。

(二)相关建议

1. 完善农村文化活动网络,加强文化基础设施建设

做好基层文化工作不仅要有办公场地,更重要的是要有一个较齐备的阵地或文化活动场所,配备文化宣传栏及广播音响、健身器材等必需的文化活动器材,让基层群众乐意、便利地开展文化活动,真正突出文化的公益性。此外,要着力实现市、镇、村三级文化渠道的畅通,不能孤立地开展文化活动。要让普通群众至少有电视、手机、农家书屋等三种以上的文化接受渠道,如何才能为文化传播提供健全的、可持续的网络支撑。

2. 发现农村"文化能人",发挥他们的带动作用

发挥本土文化对精神生活的影响和对经济发展的作用,在基层寻找优秀文娱人才是农村文化建设的一条必由之路。比如浩口镇文化站业务考核要求:凡是在文化站工作的干部职工对与文艺相关的"琴棋书画、吹拉弹唱"都要有相应了解,并成为相应领域的内行和专业人才,达不到要求,按考核标准扣发绩效工资。先后选派陈忠梅、樊晓梅、肖艳梅、田蓉到省农民体办参加各类舞蹈培训,邵士金、张秋发、刘文虎参加市电影放映培训、电大文化知识的学习,使他们成为真正的"文化人"。建立高素质、高水平的文化团队,全方位、高层次、多渠道培养文化体育骨干。

积极发挥"协会"与群团组织的作用,将教育战线上的文艺教师和医疗战线上的文艺爱好者吸纳进来,大力培养一批农村业余文化骨干,来充实基层文化辅导的力量。如浩口卫生院的马德芳、田蓉,浩口一小、浩口三小的樊晓梅、柳再珍等,都是文化站广场健身舞的教练和每年大型文艺活动的创编人员。

3. 加大对基层文化事业经费的投入

乡镇图书馆的开放、每年图书报刊的增添、举办各类活动都要有经费保障。另外,还应有必要的设备设施维护修缮资金,对年久陈旧的场所设

施进行必要的维修,这单靠基层文化站的力量很难实现。建议财政每年做出支出预算,专门用于基层文化站活动开展、设施维修更新等。并在年底对基层文化站工作开展情况进行考评,进行奖励性补助,切实保障基层文化站的运行,进一步提高基层文化工作者的工作热情。

四 结语

文化的力量,或者我们称之为构成综合竞争力的文化软实力,总是"润物细无声"地融入经济力量、政治力量、社会力量之中,成为经济发展的"助推器"、政治文明的"导航灯"、社会和谐的"黏合剂"[①]。文化之所以能"润物无声",是因为它是多样性的传播载体。要更好、更有效地传播文化,离不开一个个最基层的文化平台作为文化传播载体。一直以来基层文化站依托地域特色,不断探索着基层公共文化服务的最有效方式,打造出文化服务的优秀品牌,切实让文化惠民的阳光播撒在每一处希望的田野上,从而实现着"成风化人"的目标。

---

① 习近平:《之江新语》,浙江人民出版社,2007。

Abstract

This report is based on the observed data and theoretical thinking of the 85 national experimental bases for public cultural policy research. Centered on the important issue of our country's cultural policy, this report surveys and analyzes the micro process of the reform and development of primary-level cultural units, which mainly reflects the policy issues for public culture development and cultural system reform in recent years, so as to view and evaluate our country's cultural policy effect and provide theoretical and practical support for the improvement of national public cultural policy.

The book consists of four parts: general report, industry observation, theoretical research and case study. General report analyses the development of our country's public cultural policy and its phrase characteristics in three years from a macro perspective, and based on the observation of national experimental bases for public cultural policy research, general report also views our country's cultural policy effect, points out existing problems during the implementation of cultural policy, and proposes some suggestion for the optimization of our country's public cultural policy. Industry observation centres on the experimental base, and carries on the industry observation and research to the current public cultural industries such as libraries, museums, cultural centers, cultural stations and theatrical performances in order to show the current development trend of the public cultural industry from a micro or macro perspective. Theoretical research collects the theoretical thinking of primary-level cultural units' staff, elaborate the existing problems in libraries, museums, mass cultural organizations, and the protection of intangible cultural heritage, and reflects their demands for public cultural policy. Case study includes the experience of several national experimental bases for public cultural policy research, and concentrates on the primary-level cultural units' mechanism innovation, management innovation, social service innovation, etc., and aims to provide a watch window for people to understand the front and trend of our country's primary-level public cultural reform and development.

Contents

General Report

Report on National Public Cultural Policy Experimental Base
in 2014 −2015　　　　　　　　*Fu Caiwu, Guo Yang and Wei Ji* / 001

Abstract: The observation of public cultural policy experimental base indicates that from 2015, under the construction of modern public cultural service system of the strategic objectives established by the Third Plenary Session of 18th CPC Central Committee, from the service to performance, the museums, libraries and cultural centers and the other public cultural institutions have been comprehensive and continuous improved. The funds of free admission are basically available, and the activity of social participation in public cultural services has improved steadily. And also found that some institutions begin to show diminishing marginal utility in public input. The way and the standard of financial security need to be optimized; The social forces to participate in the construction of public cultural are in small scale and at low base, and incentive policies are have difficulties in implementation, it is recommended to further research and formulate the implement details of central government policies to achieve implementation. Meanwhile, to strengthen the input-output performance evaluation of public cultural institutions, and establish the rewards system which is performance evaluation results oriented.

Keywords: Public Cultural Policies; Public Cultural Services; Performance

Industry Observation

Study of the Status quo, Problems and Countermeasures
of Implementation of Free Opening Policy
—*Based on the Field Survey of "Four Venues-One Station"
of 31 Provinces in 2015* 　　　　　　*Peng Leiting, He Lu* / 015

Abstract: This article based on the field surveys of implementation of free opening policy in 116 libraries, 114 museums, 108 cultural center (community art center), 42 art galleries and 105 cultural station of 31 provinces (municipalities and autonomous regions), believe that free opening policy of "Four Venues-One Station" is getting results, the hardware and software facilities in public cultural venues have been enhanced, the factors which influence people using facilities of public cultural services are becoming increasingly diverse, and the policy have been recognized by the widespread public. But there are some problems like the low rate of venues participation, areas imbalance, hierarchy imbalance, dislocation of part of the supply and demand, single sources of funding, and lagged propaganda at the present stage. It's urgent to promote the "supply-side reform", expand the functions of public cultural venues, innovate the way of services, improve the service performance.

Keywords: "Four Venues-One Station"; Satisfaction; Standardization; Equalization Innovation

Evaluation of the Museum Public Cultural Service Performance
—*Investigation of 114 Museums from 31 Provinces*
　　　　　　　　　　　Chen Bo, Yang Rui and Li Tingting / 035

Abstract: After the free opening, the museums enter into a fast development period, museums investment and the supply of public cultural services have made great progress, but the museum public cultural services still have problems like unbalanced government financial input, uneven proportions of professionals harmonious, insufficient supply of effective cultural products and other issues, this paper base on the status quo and combing problem, coming up with strategies to improve the performance of museum public cultural service supply

Keywords: Museum; Public Cultural Services; Supply Performance

Research on the Performance Evaluation of public libraries after the Free Opening.
—*Investigation of 116 Libraries from 31 Provinces*

Sun Ying, Chen Geng / 053

Abstract: The public library is a part of public cultural service system construction. Since the free opening, public libraries increased dramatically in the service content, service level and service people, and achieved important results. According to the field questionnaire survey of 116 libraries from 31 provinces, free opening public libraries are achieving good level in general, but there are also many problems need to solve. The important paths to enhance the level of free opening libraries are strengthening the library software and hardware construction, developing the export-oriented service model and enriching the service content and style.

Keywords: Public Libraries; Free Opening; Performance Evaluation; Public Cultural Services

Performance Evaluation of Art Museums Free Opening

Li Zhaohui / 069

Abstract: Art museum, as an important part of public cultural service system, is a crucial vehicle to protect people's basic cultural rights and interests. At present, art museums in our country have outstanding performance in venues environment and service contents, as well as highlighted advantages of eastern and provincial venues, but there are issues such as low opinions of several factors in infrastructure, "polarization" distribution exposed in service level, eastern, central and western venues advantages stepped decline, and relatively behindhand service content of central galleries. In the future, free opening of galleries should innovate the mechanism of public input, increase social forces to participate in infrastructure construction, improve the performance evaluation system, improve the level of the peripheral extension of services, promote the "supply-side reform", achieve equalization of public cultural services, pay attention to the special nature of the central region, ensure the synchronous development of services and hardware facilities and enhance the performance evaluation standards of galleries opening for free.

Keywords: Art Museum; Public Cultural service; Free Opening; Performance Evaluation

Public Cultural Service Performance Evaluation and Optimization Path of Troupes
—Based on Observation of Troupes National Experimental Bases for Public Cultural Policy   Wang Qiongbo / 084

Abstract: Providing the art performance for grassroots is one of the basic public cultural services that should be guaranteed by the government. Troupes are important vectors of providing distribution performance, and the performance of public services and the optimization of the quality of public services of which have an important implication in protecting people's basic cultural rights and interests and promoting the construcion of modern public cultural service system. Taking 9 art troupes of Wuhan University national public cultural policy research base for the case, this paper analyzes the public cultural service performance of troupes briefly, proposes the policy advice and optimization path to enhance troupes public cultural service efficiency.

Keywords: Troupes; Performing Arts Industry; Public Cultural Service; Reform

Research on the Cultural Services and Effects of Township Cultural Center
—*Analysis of Public Participation in 105 Township Cultural Stations from 27 Province*　　　　Mo Zheng, Zeng Rui / 097

Abstract: Implementation of free opening policy in township cultural center has been widely welcomed, groups involved in the activities of township cultural center become more diversified, as well as the factors and gains of participation. In this situation, we need to practice the supply-side reform and build grass-roots comprehensive cultural service platform with the purpose of speeding up the construction of modern public cultural service system, and promoting the development of township cultural stations. In particular, the main function of cultural centers demand to be identified, the management mode innovated, the volunteer activities actively developed, the concept of letting people ordering implement, and the "Internet +" era being entered into.

Keywords: Township Cultural Stations; Public Cultural Service; Comprehensive Cultural Service Platform

Theoretical Research

Research on Museum Audience, Media Attributes and Propagation Mode　　　　Yu Miao / 110

Abstract: In the media age, the traditional museum's functions basing on collection, conservation, research and display are turning to modern museum conception centered on the cultural transmission. With the view on "the museum as an intermediary" have been recognized and practiced, the big data analytics on audience become the core resources to participate in market competition. Media pursue the effect maximum, systematic inform the characteristics of visitors, which are the foundations of the awareness of the museum transmission effect. The study takes the communication theory as a guide, and discusses under the current situation, the museum, as a mass media, should be informed audience characteristics in detail, commit to providing diverse cultural products, break through the venues limitations by means of media technology, and to upgrade from heritage exhibition place to ubiquitous cultural exchange platform.

Keywords: Museum; Media Attributes; Audience Research; Propagation Mode

Thought on the Cultural Function of the City Museum in Contemporary
—A Case Study of Wuhan Museum　　　　　　　*Ren Xiaofei* / 122

Abstract: With the acceleration of globalization, informatization and urbanization, the traditional function including collection, research, display and social education is expanding and extending. The one of the core functions of museum today is carrying urban history, saving urban memories, telling the stories of the city, exploring the context of urban culture development. City Museum is also an important factor in shaping the modern urban civilization, which expands urban cultural space and make positive contribution to building a cultural identity of the city, improving the urban public cultural service system and promoting cultural exchanges between the cities. City museum lead the future development direction of urban culture, which is the most dynamic element in the field of urban culture, the leader of urban cultural innovation, as well as the incubator of the city's cultural creativity.

Keywords: City; Museum; Culture Function; Wuhan

Contents

Research on the Performance Evaluation
of Chongqing Museum Free Opening *Xie Shuo* / 134

Abstract: The museum is an important place for displaying, performing, and promoting the cultural and natural heritage of human beings, a crucial part of the national education system, and is an important initiative to further improve the government public services and cultural level of the whole society. In 2014, Chongqing assessed the performance of free opening museum and memorial in this area, combining the new dynamics and new requirements of the local museum development, and then teased and analyzed the status quo, explored the problems and causes, and proposed the measures.

Keywords: Museum; Free Opening; Performance Assessment.

Public Library Management Mode of Volunteer Service

Xia Hanqun / 143

Abstract: In recent years, with the growing number of registered volunteers of national public library, the participation of library volunteer service and acceptance of volunteerism have been enhanced, the number of voluntary organizations have grown rapidly, and organization and institutionalization construction has become more strengthened, which have provided a good social foundation and organizational guarantee for the further development of voluntary service. However, the most of libraries pay little attention and understanding on volunteer management which doesn't forms normalization. A long-term management mechanism isn't built, a systematic connection between libraries isn't established, neither. This article makes a preliminary study of public library management mode of volunteer service.

Keywords: Library; Volunteer Service; Management

Research on Evaluation System of Anti-war Document
Resources Construction in Chongqing Library.

Wang Zhaohui, Yan Feng / 150

Abstract: Evaluation of document resources is not only the basic content but also an important part of the library collection development and construction. By constructing evaluation index system of the anti-war resource, evaluating all aspects of resource construction, promote anti-war resources construction of Chongqing library developing more scientificly and healthily, steadily and continuously, and, in the meanwhile, to provide a reference samples for anti-war resource construction of the other libraries.

Keywords: Chongqing; Library; Anti-war Document

The Digital Library Construction and Services Promotion

Zhou Wei / 160

Abstract: The digital library is based on the network environment to build a extensible co-operation and sharing knowledge network system, compared with traditional library, it has new features like intelligence, networking, sharing and so on. Since China formally proposed the conception in 1996, digital libraries has made a more rapid development. This paper discusses the definition and characteristics of digital libraries, by comparing with the traditional library, to explore how to build a digital library, and make digital library services and promotion.

Keywords: Digital Library; Services Promotion

Study on Current Situation of the Development
of Public Cultural Centers in Sichuan

Zhao Hongchuan, Deng Huanan and Mao Ling / 169

Abstract: The public cultural centers is the main cultural field to carry out mass cultural activities and to provide the main public places for cultural activities. After the development of "Twelfth – Five" period, the public cultural centers of Sichuan Province have achieved leapfrog upgrade in both hardware and software and have made a series of achievements, but at the same time, there are also some problems. This article is intended to sort the development effectiveness, as well as rational response to practical problems, to put forward a number of targeted measures.

Keywords: Sichuan; Public Cultural Centers

Research on the Basic Experience, Problem and Countermeasures of Free Opening Work in Shiyan Mass Art Gallery *Qin Li, Wen Jing* / 182

Abstract: Mass art gallery opening for free is a choice of service methods under the overall strategy of national public cultural service system construction, is the main supporting force and basic content of public cultural service system, and is also a rich cultural feast for public, it helps to ensure that our citizens enjoy basic cultural services and promote civic literacy. Basing on the past five years practice, Shiyan Mass art museum focuses on summarizing the basic experience of mass art museum free opening work and proposes the problems and related countermeasures of sharing resources, qualified personnel construction and satisfaction evaluation methods.

Keywords: Mass art Gallery; Free Opening; Performance Management

Discuss on The Status Quo and Reform of Cultural Center Periodicals
—Case Study of North Springs Song of Beibei Cultural Center
Tang Qiang / 194

Abstract: Cultural Centers Periodicals as the important media channel and platform, undertakes the promotion and exhibition, team cohesion, exchange of learning, art popularization, mass cultural research and other work functions of Cultural Center. However, there are many current extensive problems in cultural centers periodical field such as low quality, poor readability, uneven distribution of resources and so on, it cannot fully play its important role in practice of mass culture construction and public cultural service. Taking *North Springs Song* of Beibei Cultural Center as an example, this paper tries to propose some suggestions on museum periodicals innovation in new period and environment from funding, character position, content selection, form exploring, resource allocation and other aspects and look forward to provide a little reference of cultural centers periodicals reform and development.

Keywords: Cultural Centers; Journal; Beibei; *North Springs Song*; Public Culture

Status quo, Problem and Countermeasures of Gallery Public Education
——*Case Study of Some Chinese and Foreign Galleries*　　Li Xiao / 202

Abstract: In recent years, with the rapid development of the public education in the gallery, each art galleries all focus on this. The paper attempts to analyze the social and cultural context of this phenomenon and describes the current status of public education work. Meanwhile, aiming to the insufficient of the public education, the paper makes suggestions from changing evaluation mechanism, focusing on audience research and strengthening institutional cooperation and other aspects; and it also makes considerations from transformation of curatorial way, personnel training concern and so on. The paper cited many cases of domestic and foreign galleries, strives to regard both theory and example as equally important, and gives more available inspiration to readers.

Keywords: Art Museum; Public Education; Countermeasures

Contents

Rural Culture Treasure

—Interpretation of Chinese Village and Forest Culture

Zhao Jiahua / 213

Abstract: The culture of village and forest is one of the most basic and core contents of "pan-forest culture", and it is also an important part of "pan-village culture" and rural culture. It is not only the lighthouse of village prosperity, but also the patron saint of village health, safety, harmony, and sustainable development. This paper makes a systematic study and interpretation of Chinese traditional culture rarity which is hidden in the traditional Chinese village and forest: the culture of the village and forest, analyzes the harm of this faded memory and loss of culture, and puts forward the related countermeasures of repairing, popularization and application of village and forest culture.

Keywords: Chinese; Village; Forest; Culture; Interpretation

Case Study

Research on Social Organization Co-construction and Sharing of the Public Culture Service

—Case Study of the Jiulongpo District of Chongqing

Luo Zhimin, Rong Hui / 224

Abstract: In order to enhance the cultural awareness and cultural self-confidence of the public, and to meet the diverse cultural needs of the people at maximum extent, The Jiulongpo district of Chongqing keeps the idea that "government guidance, community involvement, social organizations (companies) sponsorship, mutual benefit", regards the items of demonstrating national public cultural service area as cater, and takes guiding and supporting organizations (companies) existing in the area as the carriers, to explore a variety of input ways of public cultural service system. This paper analyzes the basic case, main achievement and problems of the construction of public cultural service in the cultural enterprise participate zone of Jiulongpo, hoping to further promote the construction of public cultural service system to a new level.

Keywords: Social Organizations; Cultural Enterprise; Public Cultural Services; Jiulongpo

Research on Innovative Model of Public Cultural Services
—*Case Study of "110" Mode of Gaoling District of Xi'an*

Mu Pingchao / 233

Abstract: In recent years, in the process of serving the masses and the developing the mass culture, Gaoling district of Xi'an has explored and established the demonstration project of public cultural services, using the public security "110" service model for reference. That means "as long as people have cultural appeal, they only need to call the AD-hoc phone, and they can timely enjoy the convenient, rapid and equal public cultural services", which effectively meets the farmers' growing spiritual and cultural needs, and forms the great atmosphere of everyone participating and enjoying the public culture.

Keywords: "110" Mode; Public Cultural Service; Gaoling District

Successful Attempt of Communication among Museums
—*Practice and Thinking of Baoshan Museum Carrying Out Communication among Museums*

Duan Deli / 247

Abstract: The communication between museums is an activity to live up the dusty collection and let them play their value and educational role, then to enhance the effectiveness of the open for free museum, enrich people's spiritual and cultural life, meet the needs of the audience, and finally achieve the goal of improving ideology morality and scientific and cultural qualities of citizen and promoting the patriotism education. The paper takes the Baoshan museum practice of communication between museums after free opening for example, and analyzes the channel, measure and expectation of the exchange among museums and cultural dissemination.

Keywords: Museum; Communication Among Museums; Practice and Thought

Report on Pilot Construction of Miles Frontier Digital Cultural Corridor
—*Case Study of Dehong Prefecture Longchuan County of Yunnan Province*   Lu Xingyong / 257

Abstract: The construction of Miles Frontier Digital Cultural Corridor is an important project of "culture benefit the mass". Ministry of Culture selected Inner Mongolia, Heilongjiang, Yunnan and Xinjiang as the pilot provinces (districts) of the Miles Frontier Digital Cultural Corridor construction. The pilot area of Yunnan located in Longchuan county of Dai and Jingpo autonomous prefectures in Dehong. Through extensive research, the macro overview and highlight analysis of pilot construction in Longchuan are described in this paper, stating the selection layout, facilities configuration, service implementation, results and experience, shortage and advice, looking forward to provide a reference for the implementation of this work.

Keywords: Miles Frontier; Digital Cultural Corridor; Pilot Construction; Longchuan County

Free Opening Service Practice and Innovation of Hall of Fame.
—*Case Study of Wen Yiduo Memorial in Xishui County*   Cai Cheng / 269

Abstract: Wen Yiduo Memorial is the education base of patriotism, and Hubei national defense as well as the experimental base of national public cultural policy research. The free opening policy is the best method to make it fully play the role of such a base. Memorial (museum) free open to the public, is not only the convention of many countries, but also a major trend in today's world memorial development. On the basis of practical experience, This paper takes the Wen Yiduo memorial in Xishui as an example, and analyzes how to do a good job of the free opening work of Hall of Fame.

Keywords: Wen Yiduo Memorial; Free Opening; Practice and Innovation

Local Experience of Innovative Modern Public Cultural Services
—Case study of "Wenhan Jiazhou. Train of the masses"
Carried by Cultural center of Leshan

Chen Yihua, Hu Haiqi, Wei Yuan and Gan Shu / 280

Abstract: "Wenhan Jiazhou. Train of the masses" is the second batch of successful national public cultural service demonstration project, which organically integrated the public cultural service and local economic development, carried out a public cultural service mode established by government with integrated resources that connected directly to the people. The project took four brands as cater, achieved "five straight" and explored a basic pattern of Leshan public cultural service system.

Keywords: Public Cultural Services; Leshan; Cultural Center; Equalization

Innovation of the Cultural Service Mode, Letting People Play the Leading Role
—Case Study of "Mass Cultural and Art Counselor of Community" service model of Shiyan Community Art Center

Han Qian, Chen Qiujuan / 292

Abstract: Shiyan take the "Mass Cultural and Art Counselor of Community" as innovative service model of "culture benefits the mass" in the

Shiyan Community art center, which have positive influence on the construction of full coverage, inclusive type, equal and standard public cultural service system in this region and the exploration of public cultural service boosting the cultural construction in community. Since the implementation of this project, many culture and arts backbones of the community have been cultivated, public participation of community source have been activated, cultural exchange of community have been strengthened and docking of community and cultural institution have been promoted. Thus, community art center's concept of "sending culture" and "planting culture" could be rooted, cultural activity is rooted deeply in all of community in this city, people truly become the protagonist of mass culture, phenomenon that everyone in the city can enjoy the cultural services and get involved in cultural activities is formed.

Keywords: Mass Cultural and Art Counselor of Community; Innovation of Service

Inheriting Traditional Culture, Saving Endangered Opera
—*Case Study of "Trinity" Protection and Inheritance Pattern of Shandong "Big String Opera"*　　　　　　　　Li Lei / 304

Abstract: The "Qilu cultural heritage dissemination projects" implemented by Shandong art institute in Heze, has brought the "big string opera" back on to the stage after disappearance of nearly half a century, the drama that has been lost for years reappears in Shandong province. The "Trinity" mode has positive influence on the protection and inheritance of Shandong local opera, as well as the prosperity and development promotion of Shandong local opera. It creates the new mode of rescuing and protecting the endangered drama, showing certain innovativeness and demonstrativeness on a national scale.

Keywords: "Big String Opera"; "Endangered Drama"; Protection; Inheritance

Innovation of Development Mode, Heritage the Local Opera
—Case Study of "1 + 7" Mode of Chu Opera of Xiaogan

Xiao Zhengli, Li Wei / 316

Abstract: The local theater is an important part of traditional Chinese culture, it is the main carrier to show the local cultural characteristics. Xiaogan takes the "Chu opera of Xiaogan performance event" as the cater, actively develops the innovation of coordination mechanism, security mechanism, personnel system and performance mechanism, and forms "1 +7" mode which means joint organizations, joint funding, joint service teams, joint cultural brand alliance and joint internet of "Chu drama benefit masses". "1 +7" mode can be used to reference and demonstration. So this paper aims to summarize the practices and experiences of "1 + 7" model, and then provides reference sample to the development and heritage of local theater in our country.

Keywords: Xiaogan; Chu Opera; Innovation of Mechanism; "7 + 1" Mode

The Development of Rural Area Performing Art Grass-Roots Public cultural service system.
—Case Study of Farmer Performing Art Network in Lu County

Kong Mang, Xiao Peng / 328

Abstract: Art is the torch of the national spirit, is the clarion of the times, is the most representative of a nation's style, and it can best lead the tendencies of an era. In accordance with work ideas that integrating performing arts resources, strengthening the security operation, enhancing the quality of the performing arts, and expanding the performing arts market, "Lu county performing arts network of farmers" formed a comprehensive and wide coverage public cultural service system. Based on introducing the basic situation, development experience and real contribution of farmer performing art team, this paper makes several suggestions to promote rural development of arts, and in order to develop public cultural system.

Path Inquiry of Grass-Root Public Cultural Service System Construction
—Case Study of "Fifteen Minutes Public Cultural Service Circle" of Haokou Town Cultural Center

Pan Shimao, Zhang Qiufa and Liu Wenhu / 339

Abstract: 13th Five-Year Plan clearly states: "Cooperation of regions, integration of urban and rural, equal emphasis on both material and spiritual civilization" is an important indicator of cultural reform and development in the next five years. Supplement the shortage of the grass-roots public cultural service especially in rural, becomes the key to achievement of "basically construction of public cultural service system". In this paper, taking the cultural practice in Haokou town of Qianjiang, it researches on how to take advantage of the population convenient transportation and abundant resources and so on in plain area, creates the "fifteen minutes public cultural service circle", delivers the cultural service to the door, invites the farmer to enjoy the achievement of the culture in cultural center.

Keywords: Haokou Town; Cultural Center; Grass-roots; Public Cultural Service Circle

图书在版编目(CIP)数据

中国公共文化政策研究实验基地观察报告.2016－2017／傅才武主编．－－北京：社会科学文献出版社，2017.3（2017.9重印）
ISBN 978－7－5201－0194－3

Ⅰ.①中⋯ Ⅱ.①傅⋯ Ⅲ.①文化事业－方针政策－研究报告－中国－2016－2017 Ⅳ.①G120

中国版本图书馆 CIP 数据核字（2017）第 000866 号

中国公共文化政策研究实验基地观察报告（2016~2017）

主　　编／傅才武

出　版　人／谢寿光
项目统筹／桂　芳
责任编辑／桂　芳

出　　版／社会科学文献出版社·皮书出版分社（010）59367127
　　　　　地址：北京市北三环中路甲29号院华龙大厦　邮编：100029
　　　　　网址：www.ssap.com.cn
发　　行／市场营销中心（010）59367081　59367018
印　　装／北京京华虎彩印刷有限公司
规　　格／开　本：787mm×1092mm　1/16
　　　　　印　张：23.75　字　数：360千字
版　　次／2017年3月第1版　2017年9月第2次印刷
书　　号／ISBN 978－7－5201－0194－3
定　　价／98.00元

本书如有印装质量问题，请与读者服务中心（010－59367028）联系

▲ 版权所有 翻印必究